Die Auschwitzleugner

Brigitte Bailer-Galanda,
Wolfgang Benz, Wolfgang Neugebauer (Hg.)

Die Auschwitzleugner

„Revisionistische" Geschichtslüge
und historische Wahrheit

ELEFANTEN PRESS BERLIN

Antifa Edition
herausgegeben von Jens Mecklenburg

Inhalt

Anhang

Vorbemerkung I

Seit der Befreiung Europas vom Nationalsozialismus verbreiten alte und neue Nazis »revisionistische« Propaganda. Allen Erkenntnissen und Tatsachen zum Trotz wird der nationalsozialistische Massenmord an den europäischen Juden geleugnet, verharmlost oder relativiert; die Ursache für den Zweiten Weltkrieg wird bei anderen Ländern, nur nicht bei Deutschland, ausgemacht. Schier unerschöpflich sind die Bemühungen der sich selbst als »Revisionisten« bezeichnenden Rechtsextremisten, den deutschen Faschismus von seinen schwersten Verbrechen zu »befreien«, um ihren politischen Spielraum zu erweitern. Die »Auschwitzlüge«, Inbegriff der Leugnung des Holocaust, steht im Mittelpunkt der international organisierten neonazistischen Propaganda. Die Verharmlosung der nationalsozialistischen Gewaltverbrechen geht aber weit über den Kreis des organisierten Rechtsextremismus hinaus. Das Buch informiert umfassend über Inhalte und Träger dieser Propaganda und stellt den »revisionistischen« Geschichtslügen die historische Wahrheit entgegen.

Erstmals erschien der Band 1995 bei Deuticke in Wien. Die vorliegende Fassung wurde teilweise aktualisiert und um neue Beiträge erweitert, einige Beiträge entfielen.

Aktualisiert und erweitert wurden die Beiträge von Wilhelm Lasek über »revisionistische« Autoren und ihre Publikationen sowie von Martin Dietzsch und Anton Maegerle über die Verbreitung der »Auschwitz-Lüge« via Internet.

Neue Beiträge in dieser Ausgabe thematisieren die internationalen Aktivitäten der »Revisionisten«-Szene (Juliane Wetzel), die Lügen und Diffamierungen um das Konzentrationslager Dachau (Barbara Distel), die besonderen Methoden der Frey-Presse (Fabian Virchow) und Versuche, den Nationalsozialismus zu »modernisieren« und zu verharmlosen (Wolfgang Wippermann). Adelheid Schmitz stellt Überlegungen bezüglich der »Auschwitz-Lüge« für den schulischen Unterricht an, und Constantin Goschler beschäftigt sich mit der sogenannten Wiedergutmachung an den Opfern des Nationalsozialismus. Goschlers Beitrag rückt die in Zusammenhang mit Entschädigungszahlungen an die Opfer des Nationalsozialismus immer noch vorhandenen latenten antisemitischen, haltlosen Behauptungen und Vorurteile, die weit über den Kreis des organisierten Rechtsextremismus in der Bevölkerung verbreitet sind, zurecht.

Vorbemerkung II

Eine immer stärker werdende, auch vor Schulen nicht haltmachende rechtsextreme Propaganda zur Leugnung der NS-Verbrechen ließ die lange Zeit praktizierte Ignorierung dieses »Geschichtsrevisionismus« seitens der Geschichtswissenschaft nicht länger zu. 1991 gab das Dokumentationsarchiv des österreichischen Widerstandes gemeinsam mit der Abteilung Politische Bildung des österreichischen Unterrichtsministeriums eine Publikation heraus, die sich eingehend mit den »Argumenten«, Methoden und dem politischen Hintergrund der »revisionistischen« Geschichtsschreibung auseinandersetzte.[1] »Amoklauf gegen die Wirklichkeit« lautete der Titel, der an ein Zitat von Martin Broszat, dem verdienstvollen Direktor des Instituts für Zeitgeschichte München und Vorkämpfer in der Auseinandersetzung mit NS-apologetischen Geschichtsauffassungen, anknüpfte. Die Nachfrage nach dieser sowohl im Schulbereich als auch in Fachkreisen sehr positiv aufgenommenen Publikation[2] übertraf alle Erwartungen, und innerhalb eines Jahres waren zwei Auflagen mit über 10.000 Exemplaren vergriffen.

Neue Entwicklungen und Themen, vor allem aber die zunehmenden internationalen Verflechtungen des »Revisionismus«, wie sie etwa in internationalen Kongressen oder in der Einspeisung »revisionistischer« Propaganda in das Internet sichtbar wurden, machten nicht nur eine Neubearbeitung der Broschüre notwendig, sondern legten auch eine Kooperation mit bundesdeutschen Fachleuten nahe. Wolfgang Benz, der Leiter des Zentrums für Antisemitismusforschung in Berlin und Verfasser zahlreicher einschlägiger wissenschaftlicher Arbeiten, stellte sich als Mitherausgeber zur Verfügung und lieferte einen Beitrag über »Revisionismus« aus deutscher Sicht. Der inhaltliche Schwerpunkt der Publikation liegt in der Auseinandersetzung mit der Holocaust-Leugnung, wobei die Massenmorde in Auschwitz im Mittelpunkt stehen. Die neue »naturwissenschaftliche« Argumentationsweise der »Revisionisten« wird vom

Chemiker Josef Bailer einer vernichtenden Kritik aus naturwissenschaftlicher Sicht unterzogen. Einer der profundesten Kenner der Geschichte des Zweiten Weltkriegs, Gerd Ueberschär, weist in seinem Beitrag die neuerdings wieder verstärkt vorgebrachte These, beim Überfall auf die Sowjetunion 1941 habe es sich um einen »Präventivschlag« gehandelt, zurück. Die Methoden der »Revisionisten« analysiert der Wiener Historiker Gustav Spann. Ein Beitrag über die rechtliche Situation in Deutschland rundet das Buch ab.

Motive und Anliegen der Autor/inn/en und Herausgeber/in lassen sich in zwei Punkten zusammenfassen:

– die Inschutznahme der Opfer des Nationalsozialismus vor Verunglimpfung und Beleidigung, wie sie die »revisionistische« Leugnung der NS-Verbrechen darstellt, und
– die Immunisierung der jüngeren Generationen gegen rechtsextreme Propaganda und Verhetzung.

Simon Wiesenthal, dessen gesamtes Lebenswerk diesem Anliegen verpflichtet ist und dessen Vorbildwirkung sich kein in der politischen Bildung und in der zeitgeschichtlichen Aufklärung Tätiger entziehen kann, ist für sein Vorwort zu danken.

Anmerkungen

1 Dokumentationsarchiv des österreichischen Widerstandes/Bundesministerium für Unterricht und Kunst (Hrsg.), Amoklauf gegen die Wirklichkeit. NS-Verbrechen und »revisionistische« Geschichtsschreibung, Wien 1991, 2. überarb. Aufl. Wien 1992.
2 Siehe dazu etwa die Rezension in der »Neuen Zürcher Zeitung« vom 7. 9. 1993.

Simon Wiesenthal

Vorwort

Als während des Kalten Krieges (1948–1960) in neonazistischen Zeitschriften Stimmen laut wurden, die die Existenz der Gaskammern in Konzentrationslagern zum Zweck der massenhaften Tötung von Menschen bezweifelten, war es ein schwerer Fehler von uns – den wir heute eingestehen müssen –, daß wir entweder geschwiegen oder die Angelegenheit als zu absurd angesehen haben, um uns ernsthaft damit auseinandersetzen zu müssen. Jedermann betrachtete diese Äußerungen als untauglichen Versuch, den Nationalsozialismus zu entlasten, denn die Verbrechen, die in den Gaskammern begangen wurden, waren die schwerwiegendsten Beschuldigungen, die man gegen die Nazis vorbringen konnte.

1947 und 1948 gab es vor dem amerikanischen Militärgericht in Dachau Prozesse gegen die Wachmannschaft von Mauthausen. Dort wurde Anton Slupetzky aus Linz, der Mann, der die Gaskammer in Mauthausen mit dem Giftgas Zyklon B versorgte, verurteilt. Zu jener Zeit ist weder von den Verurteilten noch ihren Verteidigern jemals Protest erhoben oder die Behauptung aufgestellt worden, Gaskammern wären nicht vorhanden gewesen.

Im Auschwitz-Prozeß in Frankfurt, der 1965 endete, hat keiner der Angeklagten die Existenz der Gaskammern und ihre Funktion geleugnet. Was sie leugneten, war nur ihre eigene Rolle, die sie bei den Vergasungen gespielt hatten.

Ich war Zuhörer beim Prozeß in Düsseldorf, der 1965 gegen den Kommandanten des Vernichtungslagers Treblinka, Franz Stangl, stattfand. Die Anklage gab ihm die Mitschuld am Tod von 400.000 Menschen in der Zeit, in der er Lagerkommandant war. Stangl versuchte bei seiner Aussage, Mitleid für die Schwierigkeiten, die er zu bewältigen hatte, vom Gericht zu erheischen. Er berichtete als Beweis für die Schwere seiner Tätigkeit, daß an manchen Tagen 15.000 Juden per Bahn »angeliefert« wurden, die in die Gaskammern hineingetrieben und wieder herausgeholt und anschließend vergraben werden mußten. Die Waggons mußten ja leer zurückgeschickt werden, und im Lager war kein Platz, die zur Vergasung Bestimmten auch nur kurzfristig unterzubringen.

Zu Beginn der siebziger Jahre gab es in Wien einen Prozeß gegen Walter Dejaco und Josef Ertl von der Zentralen Bauleitung in Auschwitz. Die beiden SS-Offiziere hatten den Bau der Gaskammern und Krematorien durchgeführt bzw. die Durchführung überwacht. Im Laufe des Prozesses erzählte Dejaco, daß er vor der Errichtung der Vergasungs-Anlage in Auschwitz mit seinem Vorgesetzten nach Kulmhof (Chelmno/Polen) geschickt worden war, um dort eine ähnliche Anlage zu besichtigen und zu studieren. Die dorthin deportierten Menschen wurden in entsprechend umgebauten Kastenwagen durch die ins Wageninnere geleiteten Auspuffabgase ermordet. Diese Eingeständnisse und das allgemeine Wissen um die Einrichtungen in den verschiedenen Konzentrationslagern, die ja teilweise als Vernichtungslager geführt wurden, hat uns die trügerische Sicherheit vermittelt, daß die Existenz der Vergasungseinrichtungen von keiner Seite jemals in Frage gestellt werden würde.

Wir könnten noch viele Prozesse anführen und Aussagen daraus zitieren. Die neonazistische Presse mußte auf diese Aussagen reagieren – und sie reagierte mit der Behauptung, die Aussagen der Angeklagten bei den einschlägigen Prozessen seien mit Hilfe von Folterungen erpreßt worden.

Ich glaube, es ist noch niemandem gelungen, Gerichte in der Bundesrepublik Deutschland und in Österreich der Erpressung von Geständnissen mittels Folter zu überführen.

Wie kam es eigentlich, daß die Nazis zu dieser unpersönlichen Form von Mord, den Vergasungen, übergegangen sind? Es kam – insbesondere im Osten – immer wieder vor, daß SS-Männer, die zu Hause ja auch Frauen und Kinder hatten, die Exekutionen von Frauen und Kindern nicht verkrafteten. Manche von ihnen begingen Selbstmord. In Berlin suchte man daher nach einer anderen Möglichkeit der Vernichtung, da man ja vorhatte, hunderttausende oder gar Millionen Menschen auszulöschen.

Der oberste SS-Arzt, Dr. Karl Brandt, hatte darüber nachgedacht und sich an Walter Rauff gewandt, der der Leiter der technischen Abteilung II D des SS-Reichssicherheitshauptamtes war. Es sollten Autos zur Vergasung von Menschen eingesetzt werden, indem man die Auspuffgase in das Wageninnere leitete, um sie damit zu erstikken. Nach anfänglich unbefriedigend verlaufenden Versuchen mit Personenkraftwagen ging man dazu über, Lastwagen mit geschlossenen Aufbauten zu verwenden, da man bei einer Fahrt 60 bis 100 Menschen durch das Hineinleiten von Auspuffgasen töten konnte. 1941 wurden probeweise fünf Saurer-Lastwagen angeschafft, und die Firma Karosseriebau-Gaubschat in Berlin besorgte die Herstellung der nötigen Aufbauten. Die Einsatzgruppen A, B, C und D, die im Mai 1941 aufgestellt worden waren, hatten die Aufgabe, in den besetzten Ostgebieten hinter der Front mit Hilfe der örtlichen freiwilligen Hilfsverbände – an denen Ukrainer, Weißrussen, Litauer, Letten und Esten mit besonderem Eifer beteiligt waren – die Vernichtung der Juden durchzuführen. Diese Einsatzgruppen bekamen dann die Spezialwagen zur Verfügung gestellt, sie machten auch ausgiebig Gebrauch von ihnen. Man ging dazu über, Gräben auszuheben, zu denen man mit den Lastwagen direkt hinfuhr und die Leichen in die Gruben leerte – dazu baute man eine spezielle Kippvorrichtung der Wagen ein.

Beim Prozeß gegen den SS-Führer von Minsk, Heuser, kamen diese Verbrechen zur Sprache. Wie wir wissen, wurden nicht nur Juden aus Deutschland, sondern auch 15.000 Wiener Juden nach Minsk deportiert und vom Bahnhof direkt in die Gaswagen verladen. Nach und nach brachte man sie zu vorbereiteten Gruben, nach einer Fahrzeit von einer halben Stunde konnten die Leichen dort ausgekippt werden.

Ein Dokument, in dem ein Untergebener von Walter Rauff seinem Chef am 5. Juni 1942 als »Geheime Reichssache« über die Erfahrungen mit den Gaswagen berichtet, beginnt mit den Worten: »Seit Dezember 1941 wurden beispielsweise mit drei eingesetzten Wagen 97.000 verarbeitet, ohne daß Mängel an den Fahrzeugen auftraten.« Derartige Spezialwagen wurden auch in Polen und Jugoslawien eingesetzt. Auch im Konzentrationslager Mauthausen wurde ein solcher Wagen angefordert und verwendet, bevor man zum Bau der Gaskammer geschritten ist.

Auch wenn der Einsatz der Gaswagen an und für sich erfolgreich war, so dauerte doch der Erstickungstod auf diese Weise zu lange. Weitere Versuche mit anderen Gasen führten zur Verwendung von Zyklon B, einer Blausäureverbindung; man baute abgedichtete Räu-

me neben den Krematorien zur Rationalisierung des Vernichtungs-
vorganges. Mit Zyklon bzw. Auspuffgasen wurden in den Vernichtungslagern Treblinka, Majdanek, Belzec, Sobibor und Auschwitz
weit über drei Millionen Menschen umgebracht.

Die große Vernichtungswelle begann – verständlicherweise – erst,
nachdem die Gaskammern in den Konzentrationslagern fertiggestellt waren und darin tausende Menschen vernichtet werden konnten. Interessanterweise wird von der Seite der Neonazis die Verwendung von fahrbaren Gaskammern in Rußland, Polen und Jugoslawi-
en, die durch so viele Zeugen und Prozesse belegt ist, mit keiner
Silbe erwähnt, sie kommen immer nur auf die stabilen Kammern in
den Lagern zurück. Alle bereits geschilderten Fakten und Beweise
störten die, die den Nationalsozialismus reinwaschen wollten, nicht.
Auf der anderen Seite war die mangelhafte Reaktion der Behörden
in Deutschland und Österreich auf den Inhalt neonazistischer Zeitschriften, in denen die Existenz der Gaskammern geleugnet wurde,
gang und gäbe. Das hat die Frechheit der Schreiberlinge noch ge-
steigert.

Mit der Zeit hat sich eine Reihe von »Intellektuellen«, auch Professoren, der Sache – d.h. der Leugnung der Existenz der Gaskammern – angenommen. Es ist zwar kein Historiker unter ihnen, dafür
aber z. B. ein inzwischen entlassener französischer Professor für Literatur, Robert Faurisson, der sich unermüdlich für die Entlastung
der Nazis einsetzt. Die Aussagen bei Prozessen über die Gaskammern, die in der ganzen Weltpresse veröffentlicht wurden, machten
aber auf Faurisson und Leute seines Schlages keinen Eindruck.

Bald tauchte ein neuer Stern am Himmel der Leugner und Verteidiger auf, es war ein Professor für Elektronik an der Northwestern
University in Chicago namens Butz, der das Buch »The Hoax of the
Twentieth Century« verfaßte. Es dauerte auch nicht lange, bis in den
USA eine Organisation entstand, die sich »Institute for Historical
Review« nannte. Diesem »Institut« gehören einige Professoren an –
wie bereits erwähnt, ist kein Historiker darunter –, aber auch bekannte Neonazis. Dieses »Institut« veröffentlicht eine Vierteljahres-
zeitschrift, die die Geschichte revidieren soll. Zu den »Revisioni-
sten« dieser Vereinigung gesellt sich eine Reihe von Leuten, die die
Wiedergeburt des Nationalsozialismus herbeisehnt.

Über die Seriosität des »Institute for Historical Review«, das an der Universität von Torrance in Kalifornien beheimatet ist, konnte ich mir ein persönliches Bild machen. Ich bekam einen Vorschlag übermittelt, wonach ich 25.000 $ erhalten sollte, wenn ich den Beweis erbringen könnte, daß das Tagebuch der Anne Frank keine Fälschung sei. Man machte mir diesen Vorschlag, weil ich den Polizisten Karl Silberbauer, der die Familie Frank in Amsterdam verhaftet hatte, in Wien gefunden habe. Karl Silberbauer leugnete übrigens diese Tatsache gar nicht. Ich akzeptierte daher diesen Vorschlag und schrieb dem Direktor des »Institutes«, Lewis Brandon, wie ich mir die Abwicklung der Beweisführung vorstellte.

Das ausgelobte Geld wollte ich der Anne Frank Stiftung spenden. Ich wollte das holländische Justizministerium bitten, die handgeschriebenen Tagebücher von Anne Frank, die sich zusammen mit den noch erhaltenen Schulheften des Mädchens im Königlichen Institut für Kriegsdokumentation in Amsterdam befinden, von einem Polizeilaboratorium auf Alter und Identität der Schrift überprüfen zu lassen. Das Ergebnis sollte vom Justizministerium bestätigt und diese Bestätigung von der US-Botschaft in Den Haag noch beglaubigt werden. Als Schiedsrichter schlug ich einen Richter des Supreme Court ihrer Wahl in Kalifornien vor, aber es könnte auch ein pensionierter Richter des Supreme Court sein. Diesem Richter sollte der Scheck übergeben werden, und nach der Begutachtung der Dokumente sollte er den Scheck entweder mir übermitteln oder dem »Institut« zurückgeben.

Die Antwort des »Institutes« war, daß man keinen Richter brauche. Die Ergebnisse der Untersuchung würden von einer Kommission, die das »Institut« selber nominieren wollte, beurteilt werden. Ich schrieb dem Direktor des »Institutes«, daß er als Akademiker doch einsehen müsse, daß dem »Institut« nicht gleichzeitig die Rolle des Richters und des Staatsanwaltes in einer Person zustehe. Das war auch schon das Ende meiner Beziehungen zu diesem »Institut«, und ich habe daraus den Schluß gezogen, daß man diese Leute nicht ernst nehmen kann.

Dasselbe »Institut« hat in Kalifornien 50.000 $ ausgelobt für den Beweis der Existenz der Gaskammern. Ein ehemaliger Insasse von Auschwitz, Mr. Mel Mermelstein, konnte diesen Beweis tatsächlich erbringen. Es kam jedoch nie zur Zahlung des ausgelobten Betrages, sodaß Mermelstein das »Institut« verklagte. Das Resultat war, daß das »Institut« außer den 50.000 $ noch beträchtliche Prozeßkosten zahlen mußte.

Vor einigen Jahren hat der deutsche Bundestag das »Auschwitz-Lüge-Gesetz« beschlossen und damit ein Instrument zur Bekämpfung von neonazistischer Propaganda geschaffen. Inzwischen hat auch der österreichische Nationalrat eine Novellierung des »Verbotsgesetzes« beschlossen, die jede Verharmlosung, Leugnung oder Rechtfertigung des NS-Völkermordes unter Strafe stellt.

Das Leugnen der Gaskammern ist aber keineswegs zu Ende. Eine Reihe von Personen, die diese Geschichtsfälschung vertreten, hat sich dadurch Prozesse eingehandelt, so z. B. Ernst Zündel, ein in Kanada lebender Deutscher, der auch verurteilt wurde. Bei seinem Prozeß wurde zur Verteidigung ein »Sachverständiger« zugezogen, der vorher die Gaskammer-Ruinen von Auschwitz – 45 Jahre nach der Zerstörung der Gebäude – untersucht hatte. Dieser »Experte«, Fred Leuchter, erklärte, daß er keine Spur von Gas oder Rückständen desselben gefunden habe. Außerdem bezeichnete er sich als Fachmann, da er in den USA – wo es in einigen Bundesstaaten auch heute noch die Todesstrafe gibt, die mittels Gas ausgeführt wird – Vergasungsanlagen gebaut hätte, allerdings nur solche, die für Einzelpersonen geeignet waren. Bei der eingehenden Befragung durch das Gericht stellte sich heraus, daß Fred Leuchter keinen Ingenieurtitel besaß, daß er sein Studium vorzeitig abgebrochen hatte und nur über enzyklopädisches, stichwortartiges Wissen über Physik und Chemie verfügte. Sein »Gutachten« über das Nicht-Vorhandensein von Gasrückständen in Auschwitz hatte somit keinerlei Gewicht, und Leuchter konnte Zündel nicht als Entlastungszeuge helfen. Die Neonazis nehmen den Durchfall und die Blamage »ihres« Leuchters nicht zur Kenntnis, für sie ist er nach wie vor eine wissenschaftliche Leuchte!

Parallel zu der Leugnung der Gaskammern läuft seit längerer Zeit der Kampf gegen die Zahl von sechs Millionen Juden, die von den Nationalsozialisten ermordet wurden. Dabei bedient man sich verschiedener Ausflüchte und unbeweisbarer Behauptungen. So habe die Wannsee-Konferenz nie stattgefunden, und Hitler hätte – nach dem englischen »Historiker« David Irving – keine Ahnung von der Massenvernichtung der Juden gehabt, ganz zu schweigen davon, daß er sie jemals angeordnet habe. Es stimmt, daß bisher kein Dokument aufgetaucht ist, das eine persönliche Weisung Hitlers zum Massenmord der Juden beinhaltet. Hitler hat sich dabei oft seiner Stellvertreter bedient – so unterschrieb Rudolf Heß 1935 die Nürnberger Gesetze. Die Order zur Vorbereitung der »Endlösung« an Reinhard Heydrich kam von Hitlers Stellvertreter Hermann Göring am 31. Juli 1941. Aber hinter all dem stand Hitler.

Ich lege diesem Vorwort ein Dokument bei, das im Nürnberger Prozeß nach dem Krieg unter der Chiffre NO 511 registriert wurde. Es ist die Meldung Nr. 51 von Himmler an den »Führer«, geschrieben auf der »Führer«-Schreibmaschine mit 1 cm großen Typen. Hitler war nämlich weitsichtig, und es wäre seiner Meinung nach für das Volk unzumutbar gewesen, den »Führer« mit einer Brille zu sehen. Daher wurden die Berichte an den »Führer« auf dieser Spezialmaschine geschrieben. Das Dokument vom 29. Dezember 1942 mit dem Titel »Meldung an den Führer über die Judenbekämpfung« enthält die Ergebnisse von Aktionen in der Ukraine, Rußland-Süd und Bialystok im Verlauf von vier Monaten: 363.211 Juden wurden exekutiert. (Zu dieser Zeit waren auch andere Teile Rußlands bis zum Kaukasus, ganz Polen und das gesamte Baltikum in den Händen der Nazis, wo auch die Judenvernichtung auf Hochtouren lief.) Wenn man nur diese eine Meldung über die Vernichtung von über 360.000 Juden mit den lächerlich geringen Zahlen vergleicht, die so manche »Wissenschaftler« im Dienst der Neonazis als Zahl getöteter Juden angeben, ist klar ersichtlich, daß allein dieses Dokument genügt, um zu beweisen, daß Hitler ganz genau über das Ausmaß der Judenvernichtung informiert war.

In der zweiten Hälfte von 1944, nach der Landung der amerikanischen Truppen im Westen und dem Vorrücken der Roten Armee im Osten, als viele Bahnlinien durch Bombardements zerstört oder unterbrochen waren, hatten die Züge nach Auschwitz mit den todgeweihten Menschen Vorrang vor den Transporten mit Munition und Lebensmitteln zu den kämpfenden Truppen.

Beim Prozeß gegen Franz Novak, Eichmanns Transportoffizier, hörte ich seine Antwort auf die Frage des Richters, was er sich dabei gedacht habe, als er hunderttausende Menschen zu so einem winzigen Ort (Auschwitz) in Polen transportieren ließ. Er sagte: »Für mich war Auschwitz nur ein stark frequentierter Bahnhof.« Als er mit seiner ehemaligen Sekretärin konfrontiert wurde, die vor Gericht ausgesagt hatte, daß alle im Büro wußten, daß die Menschen in den Zügen in den Tod fuhren und daß viele von ihnen schon auf dem Transport starben, war Novak nicht dazu zu bewegen, die Wahrheit einzugestehen.

Die Nazis wußten ab Mitte 1944, wenn nicht schon früher, daß sie den Krieg an allen Fronten verloren hatten. Daher wollten sie wenigstens an einer Front, der der Judenvernichtung, gewinnen.

Brigitte Bailer-Galanda

»Revisionismus« – pseudowissenschaftliche Propaganda des Rechtsextremismus

Der Begriff des »Revisionismus«

Die Verbreitung nationalsozialistischer Ideen und Werthaltungen stieß nach 1945 nicht zuletzt auf die Schwierigkeit, daß diese untrennbar mit den Verbrechen des Nationalsozialismus verbunden waren. Zur Beseitigung dieses Stigmas entstanden schon in den ersten Nachkriegsjahren in Westeuropa Publikationen,[1] die das NS-Regime zu beschönigen versuchten und den Holocaust leugneten oder verharmlosten. In einer Selbstbezeichnung nennen sich die Repräsentanten dieser zu einer internationalen Bewegung angewachsenen Spielart rechtsextremer Publizistik »Revisionisten«.

In der Fachliteratur über den Rechtsextremismus wird der »Revisionismus« vielfach mit Holocaust-Leugnung gleichgesetzt[2] bzw. vorgeschlagen, diesen Begriff anstelle des an sich verharmlosenden Ausdrucks »Revisionismus« zu verwenden. In der neuesten Literatur wird für diese Form rechtsextremer Tendenzgeschichtsschreibung der Begriff »Negationismus« eingeführt.[3] Beide Konzepte übersehen jedoch, daß »revisionistische« Literatur ein weiteres Themenspektrum umfaßt als die Leugnung des nationalsozialistischen Massenmords an den europäischen Juden. Die Holocaust-Leugnung kann nicht von den übrigen Inhalten dieser Pseudogeschichtsschreibung getrennt werden. Daher verwendet das Dokumentationsarchiv des österreichischen Widerstandes trotz der noch zu diskutierenden Problematik der Verharmlosung in seinen Publikationen den Begriff des »Revisionismus«, aber stets unter Anführungszeichen gesetzt, um ihn von den sonst üblichen Verwendungen des Wortes[4] abzuheben. Wir verstehen darunter alle Bemühungen, Geschichte im Sinne einer Verharmlosung, Beschönigung, Rechtfertigung oder Entkriminalisierung des Nationalsozialismus für persönliche, vor allem aber politische Zwecke umzuschreiben bzw. durch Aufrechnung alliierter Grausamkeiten die Verbrechen des

19

Nationalsozialismus zu relativieren. Jeder Versuch dieser Art ist untrennbar mit den politischen Bemühungen rechtsextremer bzw. neonazistischer Kreise verbunden. Selbst Arbeiten von ursprünglich nicht rechtsextremen Autoren werden rasch vom Rechtsextremismus instrumentalisiert, die Verfasser finden meist bald den Weg in einschlägige Zirkel oder zumindest deren Umfeld.[5]

Geschichte des »Revisionismus«

Die Anfänge des »Revisionismus« liegen nicht nur in den Kernländern des Nationalsozialismus, Deutschland und Österreich, sondern in nicht geringem Ausmaß in Frankreich und den USA. In den USA bezieht sich der Begriff des Revisionismus auf Bemühungen der seriösen Historiographie, nach Ende des Ersten Weltkriegs regierungsoffiziellen Darstellungen über die Rolle der Vereinigten Staaten während des Kriegs kritisch entgegenzutreten. Damals schon vertrat der Zivilisationshistoriker Harry Elmer Barnes einen pronociert deutschfreundlichen Standpunkt. Bereits während des Zweiten Weltkriegs wurde daraus eine deutlich pronazistische Haltung, die er auch nach Kriegsende beibehielt. Barnes wurde nicht zuletzt als Betreuer des US-»Revisionisten« David L. Hoggan[6] zu einer Art »Stammvater« des amerikanischen »Revisionismus«. Diese sich selbst als »Revisionisten« bezeichnenden NS-Apologeten versuchten, in den USA aus propagandistischen Gründen an die erwähnte geschichtswissenschaftliche Tradition der zwanziger Jahre anzuknüpfen und ihren Geschichtsfälschungen damit den Anschein von Seriosität zu verleihen. In Europa wurde diese Selbstbezeichnung übernommen, deren Traditionen im deutschsprachigen Raum Wolfgang Benz im vorliegenden Band erläutert. Mittlerweile ist sie im gesamten internationalen Netzwerk und Zitierkartell der NS-Apologetik gebräuchlich geworden.

Von diesen geographisch breit gestreuten Anfängen her hat sich in der Zwischenzeit eine offensichtlich gut funktionierende internationale Kooperation zwischen Europa und Übersee entwickelt, deren Zentren vermutlich nicht zuletzt als Folge der dortigen Rechtslage in den USA und Kanada beheimatet sind. In den Vereinigten Staaten übernimmt das »Institute for Historical Review« mit seiner Zeitschrift »Journal of Historical Review« die Rolle einer amerikanisch-europäischen Drehscheibe, in Kanada ist der aus Deutschland kommende Ernst Zündel publizistisch höchst aktiv. Er versorgt von Toronto aus auch Deutschland und Österreich mit Publikationen sowie seit längerem auch mit einschlägigen Videoproduktionen.[7]

Der Bereich des »Revisionismus« stellt nicht nur funktionierende Kontaktschienen für Apologeten des Nationalsozialismus dar, sondern ist darüber hinaus ein wesentliches Vehikel für die Vermittlung von weltweiten Kontakten rechtsextremer und neonazistischer Organisationen. Einschlägige Kongresse werden bzw. wurden von Aktivisten der deutschen Neonazi-Szene ebenso besucht wie vom Organisator der NSDAP-AO in den USA, Gary Lauck, oder vom mittlerweile verurteilten österreichischen Führer der »Volkstreuen Außerparlamentarischen Opposition« (VAPO), Gottfried Küssel.[8]

Themen »revisionistischer« Geschichts(um)schreibungen

Die Entwicklung des thematischen Spektrums des »Revisionismus« kam bis zum Ende der siebziger Jahre zu einem Abschluß. Seither haben zwar Methoden und Technik nochmals Veränderungen bzw. »Verfeinerungen« erfahren, inhaltlich neue Bereiche jedoch wurden kaum mehr aufgegriffen. Die Anfänge des »Revisionismus« waren vor allem von einer Verharmlosung der deutschen Kriegsschuld und Verherrlichung bzw. Entschuldigung nationalsozialistischer Führerpersönlichkeiten gekennzeichnet. Erst Ende der sechziger, Anfang der siebziger Jahre griff die neonazistisch-»revisionistische« Publizistik das gegenwärtige Zentralthema auf, die Leugnung des Holocaust.[9]

Aus der Geschichte des Nationalsozialismus wählen die »Revisionisten« jene Bereiche, die am deutlichsten den kriminellen Charakter des Regimes verdeutlichen und daher die schwerwiegendsten Hindernisse für eine neuerliche Propagierung des nationalsozialistischen Gedankenguts darstellen oder aber am stärksten geeignet sind, innerhalb der deutschen und österreichischen Bevölkerung, vor allem der sogenannten »Kriegsgeneration«, Reaktionen von Schuld und Scham auszulösen.[10] Etwas vereinfacht können zwei große thematische Bereiche »revisionistischer« Geschichtsverfälschungen festgestellt werden, die sich mit zum Teil unterschiedlicher Intention teilweise auch an ein unterschiedliches Publikum wenden.

a) Kriegsschuld und Kriegsverbrechen

Der eine Bereich befaßt sich mit dem Themenkomplex des Zweiten Weltkriegs, wobei vor allem die Frage der Kriegsschuld (1939 und 1941) im Mittelpunkt steht. Die Verantwortung für den Ausbruch des Zweiten Weltkriegs wird Polen bzw. Großbritannien und seinen Verbündeten angelastet. Angeblich wäre diesen Deutschland zu mächtig geworden, worauf sie Polen angestiftet hätten, den Krieg vom Zaum zu brechen. Eine in den letzten Jahren wieder stärker belebte Spielart dieses Argumentationsstranges behauptet, der Angriff auf die Sowjetunion im Juni 1941 wäre zur Abwehr eines sowjetischen Angriffs auf das Deutsche Reich erforderlich gewesen.[11]

In diesem Kontext steht auch die Idealisierung führender Nationalsozialisten, wie z.B. des Stellvertreters des »Führers« Rudolf Heß als angeblichen Friedensbringer[12] oder die Stilisierung des Kriegsverbrechers Walter Reder, verantwortlich für den Massenmord an italienischen Zivilisten im Raum von Marzabotto, zu einem unschuldig inhaftierten Märtyrer.[13] Nach seiner Entlassung aus italienischer Haft verlor Reder deutlich an Bedeutung für das rechtsextreme Lager. Als in Österreich lebender alter Mann war er als Kultfigur nicht mehr recht brauchbar. Der Mythos von Heß lebt hingegen fort. Derzeit kolportieren rechtsextreme Autoren entgegen den festgestellten Tatsachen, Heß sei im Gefängnis von Spandau ermordet worden. Eine jener »revisionistischen« Verdrehungen, denen übrigens der ehemals seriöse Faschismusforscher Ernst Nolte gewisse Glaubwürdigkeit nicht abspricht.[14] Auf diese Weise wertet Nolte rechtsextreme Geschichtsschreibung auf und wurde daher in den letzten Jahren zu einem beliebten Alibi und Aushängeschild des »Revisionismus«.

Wenn nationalsozialistische Kriegsverbrechen nicht gänzlich geleugnet werden, bemühen sich »revisionistische« Autoren um Verniedlichung, Verharmlosung oder aber Aufrechnung mit Verbrechen anderer Regime oder Staaten. So werden z.B. die alliierten Bombenangriffe auf deutsche Städte, insbesondere Dresden, angeprangert, so als ob die deutschen Taten weniger kriminell würden, wenn auch die Kriegsgegner unverhältnismäßige Maßnahmen ergriffen haben.

Ausgehend von einem Buch des kanadischen Journalisten James Bacque behauptet eine neue Argumentationslinie, in US-amerikanischen Kriegsgefangenenlagern hätten die Verantwortlichen rund eine Million deutscher Kriegsgefangener absichtlich verhungern lassen. Obschon Bacque den Beweis für seine Behauptungen schuldig bleibt und nur auf der Ebene ungeklärter Statistiken operiert, wird sein Buch in rechtsextremen Blättern sowie in Organen von Veteranenverbänden positiv besprochen und beworben.[15]

Eben diese Veteranenverbände wie der »Österreichische Kameradschaftsbund« oder die »Kameradschaft IV« (Vereinigung ehemaliger Waffen-SS-Angehöriger) sind Zielpublikum der mit der deutschen Kriegsführung zusammenhängenden Geschichtsklitterungen. Die Wirkung dieser Art der Verharmlosungen weist aber weit über den Personenkreis der ehemaligen Soldaten hinaus, wie es der Slogan der »Deutschen National-Zeitung« verdeutlicht: »Unsere Väter waren keine Verbrecher«. Die Entschuldigung und Entlastung der Kriegsgeneration sowie deren Nachkommen betreibt gezielt auch der Obmann der Freiheitlichen, Jörg Haider, wenn er beim Neujahrstreffen 1992 den »Schluß« der »Kriminalisierung der eigenen Geschichte« forderte.[16] Zielen die »Freiheitlichen« auf Stimmengewinne, geht es der »Neuen Kronen Zeitung« um Lesermaximierung, wenn der einschlägig bekannte Publizist Ingomar Pust sich in seinen Kolumnen der Vertreibung der Deutschen aus Osteuropa oder der Verherrlichung der Deutschen Wehrmacht annimmt.[17]

Obschon die Situation der Österreicher anders war als jene der Deutschen, fällt solche Entlastungsapologetik auch in Österreich auf fruchtbaren Boden. Damit wird die Zwiespältigkeit der Zweiten Republik deutlich. Das offizielle Österreich begriff und begreift sich als erstes Opfer der nationalsozialistischen Eroberungspolitik und leitet aus seinem Untergang als Subjekt des Völkerrechts seine Unschuld an allen im Namen des Nationalsozialismus begangenen Verbrechen ab, während die Bundesrepublik Deutschland auch rein rechtlich gesehen die Nachfolge des Deutschen Reiches antrat. Trotz dieser Abgrenzung Österreichs blieben zahlreiche ehemalige Angehörige der Deutschen Wehrmacht deren Traditionen verbunden und haben – uneingestandenermaßen – ein Bedürfnis nach

Schuldabwehr und Rechtfertigung, woraus sich die Attraktivität apologetischer Kriegsdarstellungen für diesen Personenkreis sowie deren Nachkommen ableitet. Selbst für die nachfolgenden Generationen gestaltet es sich schwierig, sich den Taten der Väter und Großväter zu stellen.[18]

b) Antijüdische Verbrechen, Holocaust

Der zweite zentrale Themenbereich des »Revisionismus«, nur in Teilaspekten mit dem ersten verzahnt, umfaßt die Verharmlosung oder Leugnung der an den Juden begangenen Verbrechen, insbesondere des Holocaust. In diesem Bereich dominiert neben der Entlastungsfunktion von etwaigen Scham- und Schuldgefühlen die antisemitische Ausrichtung. Deutlich wird dies u. a. daran, daß wohl die Giftgasmorde an den Juden, nicht jedoch die tausendfachen Morde an Behinderten und Geisteskranken bestritten werden, die ebenfalls mittels Giftgas begangen wurden.[19] Die Leugnung der antijüdischen Gewaltverbrechen benutzt lange tradierte antisemitische Vorurteile als Argumentationshilfen und stellt insgesamt eine neue Form antisemitischer Artikulation dar.[20] Da es tausende Dokumente, Zeugenaussagen und andere Beweise für die Tatsächlichkeit der nationalsozialistischen Gewaltverbrechen gibt, setzt die »revisionistische« Leugnung zumindest implizit voraus, daß eine weltumspannende Fälscherfabrik bzw. »jüdische Weltverschwörung« alle diese Beweise in ihrem Sinne »produziert«, Zeugen beeinflußt, Tätergeständnisse erpreßt hat und die internationalen Medien beherrscht. Denn anders kann wohl logisch nicht erklärt werden, daß nur die »Revisionisten« im Besitze der »historischen Wahrheit« seien. Als Motive des »Weltjudentums« werden die alten antisemitischen Stereotype der »Geldgier« und des Ringens nach »Weltherrschaft« genannt. Der Holocaust sei nur erfunden worden, um »auf ewig« von Deutschland Wiedergutmachungsgelder erpressen und die Deutschen selbst mit Kollektivschuldvorwürfen unterdrücken zu können. Die Argumentation der Holocaust-Leugner bedient sich also der Strategie der Opfer-Täter-Umkehr, wie sie aus anderen Entlastungsdiskursen bekannt ist.[21] Ein klassisches Argument dieser Art verbindet die Negierung von Kriegsschuld und Kriegsverbrechen mit der Leugnung der antijüdischen Gewaltverbrechen. Die Schuld am Ausbruch des Zweiten Weltkriegs wird in »revisionistischer«

Sichtweise nicht nur den Westalliierten, in erster Linie Großbritannien, sondern auch einer »Kriegserklärung des Weltjudentums« angelastet. Dabei handelte es sich um einen Bericht einer englischen Tageszeitung, die unter der Überschrift »Judea declares War on Germany« am 24. März 1933 ihre Leser »über Proteste und Androhungen von Boykottmaßnahmen englischer und amerikanischer Juden als Gegenreaktion gegen antijüdische Aktionen der Nationalsozialisten« informierte.[22] Weiters veröffentlichte die britische Zeitung »Times« am 6. September 1939 einen mit 29. August 1939 datierten Brief des Präsidenten des Zionistischen Weltkongresses und Leiters der Jewish Agency for Palestine, Chaim Weizmann, an den britischen Premierminister Neville Chamberlain, worin Weizmann, wiederum als Reaktion auf die antijüdischen Maßnahmen in Hitlerdeutschland, erklärte, daß im Konfliktfall »die Juden bei Großbritannien stehen und an der Seite der Demokratien kämpfen werden«. Die von Weizmann vertretene zionistische Weltorganisation umfaßte 1939 »etwas über eine Million Juden (nur wenig mehr als 6 % der gesamten jüdischen Bevölkerung auf der Welt) und nur einen Bruchteil der damals noch in Deutschland lebenden Glaubensjuden«[23].

Trotzdem werden mit dieser angeblichen »jüdischen Kriegserklärung« antijüdische Maßnahmen des NS-Regimes, wie beispielsweise die Deportation der Juden in Konzentrationslager, von »Revisionisten« und Rechtsextremen gerechtfertigt. Denn als »Feindnation« des »Dritten Reiches« hätten die Juden eben mit Internierung zu rechnen gehabt. Damit wird letztlich behauptet, daß die Juden »selbst schuld« gewesen seien an ihrem Schicksal – eine Argumentation, die weit über den Rechtsextremismus hinaus verbreitet ist. So meinte beispielsweise in einer 1991 vom Gallup-Institut durchgeführten Studie die Hälfte der Befragten, daß die Juden zumindest teilweise an ihrem Schicksal selbst schuld seien.[24] Zentralen Stellenwert innerhalb der »revisionistischen« Propaganda nimmt seit den siebziger Jahren die Leugnung der Massenmorde mittels Giftgas ein, wobei sich die Argumentation vorwiegend auf die Verbrechen im Konzentrations- und Vernichtungslager Auschwitz konzentriert. In Auschwitz bzw. Auschwitz-Birkenau wurden einerseits über einen längeren Zeitraum als in anderen Vernichtungsstätten Massenmorde verübt, andererseits kehrten aus keinem Vernichtungslager vergleichsweise so viele Überlebende zurück, die von den Vorgängen im Lager Zeugnis ablegen konnten. Beide Faktoren mögen zur Zentralität von Auschwitz beigetragen haben.[25] Der Titel einer Broschüre des in Dänemark lebenden Alt- und Neonazis Thies Christophersen, »Die Auschwitz-Lüge«, wurde sogar zum Synonym für die rechtsextreme und neonazistische Leugnung des Holocaust.[26] Die Leugnung und Verharmlosung der gegen Juden gerichteten nationalsozialistischen Gewaltverbrechen beinhaltet knapp gefaßt folgende Argumentationslinien:

- die Leugnung der Absicht und Planmäßigkeit der Ausrottung der Juden ausschließlich wegen deren behaupteter Rassezugehörigkeit;
- die Leugnung des Gebrauchs und der Funktionsfähigkeit von Gaskammern zur planmäßigen, industriell durchgeführten Ermordung der Juden sowie Zweifel an der technischen Durchführbarkeit der massenhaften Leichenverbrennung;[27]
- Zweifel an der Zahl der Opfer, die in immer neuen Varianten vorgebracht werden.[28]

Die Auffassung, Verbrechen an den Juden wären nur die Taten untergeordneter Funktionäre des NS-Staates gewesen, führende Nationalsozialisten wie Hitler oder Heß hätten davon nichts gewußt, ist in den letzten Jahren etwas in den Hintergrund getreten. Ebenso haben die Zweifel an der Echtheit des Tagebuchs der Anne Frank an Bedeutung verloren, seit eine umfangreiche Studie des Niederländischen Staatlichen Instituts für Kriegsdokumentation die Authentizität der Tagebücher zweifelsfrei nachweisen konnte.[29] Vergleichsweise neu hingegen sind Versuche der »Revisionisten«, selbst andere antijüdische Maßnahmen, wie beispielsweise die Verbrechen im Rahmen des Novemberpogroms 1938, in Frage zu stellen.[30] Offenkundig ist die rechtsextreme Publizistik bestrebt, nach und nach die gesamte Judenverfolgung durch das NS-Regime ins Reich der »jüdischen Erfindungen« zu verweisen. Für Österreich und die zeitgeschichtliche Bildungsarbeit unter Jugendlichen spielt die Gedenkstätte im ehemaligen Konzentrationslager Mauthausen in Oberösterreich eine wichtige Rolle. Es verwundert daher nicht, daß der österreichische Neonazi Gerd Honsik oder der nur kurzfristig in der »Revisionisten«-Szene wichtig gewesene Emil Lachout sich bemühen, die Morde mittels Giftgas in Mauthausen in Abrede zu stellen. Unterstützung erhielten sie dabei durch den selbsternannten US-Gaskammerexperten Fred Leuchter, der auch einen »Bericht« über Mauthausen [31] verfaßte. Dieser erzielte jedoch nicht annähernd jene Wirkung wie sein erster Bericht über Auschwitz, den er im Rahmen des Gerichtsverfahrens gegen den Deutsch-Kanadier Ernst Zündel in Toronto vorgelegt hatte.

Methoden des »Revisionismus« [32]

Während in der Nachkriegszeit vor allem mit angeblichen »Erinnerungen« oder geschönten Autobiographien die Verharmlosung des Nationalsozialismus betrieben wurde,[33] hat sich seither eine ganze Reihe von »revisionistischen« Methoden etabliert. Vor allem ist es den Apologeten des Nationalsozialismus darum zu tun, sich den Anschein seriöser Wissenschaftlichkeit zu geben. Dazu werden die Publikationen mit einem auf den ersten Anschein beeindruckenden Anmerkungsapparat ausgestattet, der einerseits meist zahlreiche Zitate anerkannter Historiker aufweist, andererseits aber seine Substanz aus dem wechselweisen Zitieren anderer »Revisionisten« bezieht. Ein wichtiges Moment »revisionistischer« Argumentationstechnik ist das Heraussuchen eines unklaren oder vorgeblich falschen Details, anhand dessen dann ein ganzer Bereich in Frage gestellt oder die gesamte Glaubwürdigkeit eines Zeugen oder Wissenschaftlers angezweifelt wird. Alle über dieses Detail hinausgehende seriöse Information wird einfach weggelassen, sodaß für einen uninformierten Leser der Eindruck entsteht, als ob tatsächlich nur dieses eine zweifelhafte Beweisstück vorhanden wäre, um die Tatsächlichkeit z. B. des Holocaust zu untermauern.

So erwähnt beispielsweise der US-Amerikaner John Clive Ball Luftaufnahmen des Konzentrationslagers Auschwitz-Birkenau, die seiner Meinung nach vom CIA gefälscht worden seien, um den Holocaust zu beweisen. Er umgibt diese Behauptung mit einer anschaulichen Geschichte über seine Recherchen in den National Archives, Washington, wo diese Fotos seiner Angabe nach nun für alle Zeiten gesperrt seien, da er die Fälschung nachgewiesen hätte. Er verschweigt, daß dieselben Fotos im Staatlichen Museum Auschwitz eingesehen werden können und daß eine Fülle weiterer Fotos die Vorgänge in Auschwitz-Birkenau in vieler Hinsicht belegt.[34]

Grob können die Arten »revisionistischer« Propaganda folgendermaßen kategorisiert werden: a) die einfache Leugnung, die ohne wissenschaftliche oder seriöse Verbrämung die Massenmorde in den Konzentrationslagern einfach in Abrede stellt; dazu gehört z. B. Gerd Honsiks[35] Buch »Freispruch für Hitler? 37 ungehörte Zeugen wider die Gaskammer«, das trotz gerichtlicher Beschlagnahme weiter aus dem Ausland bezogen werden kann; b) die Herstellung gefälschter »Gegenbeweise«, wie etwa die von Emil Lachout verbreiteten gefälschten »Dokumente«,[36] die seit ihrem ersten Erscheinen 1987 beträchtlich an Aktualität eingebüßt haben; c) die selektive und manipulative Interpretation historischer Quellen, wie sie der Brite David Irving betreibt, der mit historischem Material arbeitet, dieses jedoch entsprechend seinen Propagandathesen tendenziös auswählt und interpretiert;[37] d) die Herstellung angeblich naturwissenschaftlicher »Gutachten«.

Wurde bis 1988 mit vorgeblich geschichtswissenschaftlichen Behauptungen und Widerlegungen argumentiert, stehen seit damals naturwissenschaftlich verbrämte angebliche »Gutachten« im Mittelpunkt der »revisionistischen« Propaganda europäischer und amerikanischer neonazistischer Gruppen. Als erstes derartiges »Gutachten« wurde der sogenannte »Leuchter-Bericht«, ausgehend von Kanada, international verbreitet.[38] Der US-Amerikaner Fred Leuchter, selbsternannter Ingenieur ohne technische Ausbildung,[39] erstellte im Auftrag des kanadischen »Revisionisten« Ernst Zündel einen Bericht über die angebliche Unmöglichkeit von Menschentötungen mittels Giftgas in den Konzentrationslagern Auschwitz und Majdanek. Mittlerweile liegt eine Fülle von Literatur vor, die den »Leuchter-Bericht« und auch die folgenden von Leuchter verfaßten Elaborate eindeutig widerlegt und in den Bereich neonazistischer Propaganda verweist.[40] Die internationale »Revisionisten«-Szene reagierte prompt. Leuchter gilt heute als »Erfinder« der naturwissenschaftlichen Argumentationsweise; seine Behauptungen haben aber in der neuesten »revisionistischen« Literatur nur mehr untergeordnete Bedeutung. Er hat jedoch Nachahmer gefunden. Dabei ist vor allem der deutsche Diplomchemiker Germar Rudolf zu erwähnen, dessen

»Untersuchungen« über die Verwendung von Zyklon B zur Menschentötung im Vernichtungslager Auschwitz-Birkenau mittlerweile in einigen verschiedenen, jeweils angeblich »verbesserten« Fassungen vorliegen.[41]

In Österreich verfaßte 1991 der damalige Präsident der Bundesingenieurskammer Walter Lüftl, zu dieser Zeit gesuchter Gerichtsgutachter, Stellungnahmen, worin er – von falschen Voraussetzungen ausgehend – die technische Möglichkeit der Menschentötung in den Gaskammern von Auschwitz-Birkenau bestritt.[42] Lüftl selbst hält sich aus rechtlichen Gründen bedeckt – eine Voruntersuchung gegen ihn wurde unverständlicherweise von der Oberstaatsanwaltschaft Wien eingestellt –, seine Elaborate werden aber in der österreichischen und internationalen »revisionistischen« Literatur verbreitet. Insbesondere die Einstellung des Verfahrens gegen ihn wird als »Sieg« des »Revisionismus« gefeiert.[43]

Der »Revisionismus« in Österreich

Wie oben bereits ausgeführt, besteht ein beinahe weltumspannendes internationales Netzwerk des »Revisionismus«, dessen Ausläufer sogar bis Japan reichen. Ein japanisches Nachrichtenmagazin wurde Anfang 1995 wegen der Veröffentlichung eines Artikels eingestellt, der die Existenz von Gaskammern in nationalsozialistischen Vernichtungslagern bestritten hatte.[44]

Im Rahmen der internationalen Kontakte spielen auch österreichische Rechtsextreme und »Revisionisten« eine nicht unbeträchtliche Rolle. Vor allem die vom Vorarlberger Neonazi Walter Ochensberger herausgegebene Zeitschrift »Sieg« erfüllte eine wichtige kommunikative Funktion, die von Österreich und Deutschland über das übrige Westeuropa bis in die USA und Südafrika reichte.[45] Nach der Verurteilung von Walter Ochensberger wurde eine Briefkampagne für Ochensberger und andere »Revisionisten« gestartet. Beim Helsinki-Komitee in Wien langte im Frühjahr bzw. Frühsommer 1993 eine beträchtliche Zahl von Briefen ein, die angebliche Menschenrechtsverletzungen bei der gerichtlichen Verfolgung von Neonazis beklagten. Die – offensichtlich auf ein und dasselbe Musterschreiben zurückgehenden – Schreiben kamen mehrheitlich aus Deutschland, einige aber auch aus den USA, Australien und Südafrika.[46] Gerd Honsik, Herausgeber der neonazistischen Zeitschrift »Halt« und Verfasser mehrerer »revisionistischer« Bücher, entzog sich einer drohenden rechtskräftigen Verurteilung und Haftstrafe durch Flucht ins Ausland. Er fand bei Gesinnungsfreunden der spanischen CEDADE (Circulo Espanol de Amigos de Europa) in Barcelona ebenso Unterschlupf wie der aus Deutschland geflüchtete Alt- und Neonazi Otto Ernst Remer.[47]

Deutlich werden die gutfunktionierenden Kommunikationsnetze einerseits im durchorganisierten internationalen Versandhandel »re- -visionistischer« Produkte,[48] andererseits vor allem dann, wenn es gilt, neue »revisionistische« Argumentationsmuster, Publikationen oder »Beweise« gegen den Holocaust zu verbreiten. Als der österreichische evangelische Religionslehrer Emil Lachout Ende 1987 ein angebliches »Dokument« in Umlauf brachte, worin die Existenz von Gaskammern in einer Reihe von Konzentrationslagern, darunter auch Mauthausen, bestritten wurde, avancierte er binnen kurzem zu einer international bekannten Persönlichkeit des »Revisionismus«. Er reiste sogar 1988 nach Toronto, Kanada, um dort als Zeuge der Verteidigung für den »Revisionisten« Ernst Zündel auszusagen. Der Anfang der neunziger Jahre international am meisten beachtete österreichische »Revisionist« war der ehemalige Präsident der Bundesingenieurskammer Dipl. Ing. Walter Lüftl, der – wie erwähnt – zu einer Zentralfigur des internationalen »Revisionismus« aufgerückt ist.

In Österreich bieten Blätter so gut wie aller rechtsextremer Gruppierungen »revisionistischen« Argumenten Raum. Die sich an ein eher intellektuelles Publikum wendende »Aula« veröffentlichte einen Artikel über die Verfahrenseinstellung gegen Walter Lüftl. Unter der Überschrift »Naturgesetze gelten für Nazis und Antifaschisten« meint der »Aula«-Autor »Hans Moser« (möglicherweise ein Pseudonym), Lüftls Arbeit sei als »seriöse wissenschaftliche« vom Gericht anerkannt worden. In Hinkunft dürfe daher »ungestraft« festgestellt werden, daß »Massenvergasungen« weder mit Zyklon B noch mit den Abgasen von Dieselmotoren möglich gewesen wären. Aufgrund dieses Artikels wurde gegen die Zeitschrift ein Gerichtsverfahren wegen Verdachts des Verstoßes gegen das Verbotsgesetz eingeleitet. Unverhohlen leugnen neonazistische Blätter wie »Halt« oder »Sieg« (seit der Verhaftung Ochensbergers nicht mehr erschienen) den Holocaust, während Publikationen des eher gemäßigt auftretenden Rechtsextremismus auch in ihrer Verharmlosung des NS-Regimes vorsichtiger auftreten und ihren Schwerpunkt – mit Ausnahmen – eher in der positiven Darstellung nationalsozialistischer Führerpersönlichkeiten bzw. der Relativierung der deutschen Kriegsschuld setzen.

Über den engeren Kreis des Rechtsextremismus hinaus finden Verharmlosungen des Nationalsozialismus Raum in Blättern und Publikationen der »Freiheitlichen«,[49] aber auch in der »Neuen Kronen Zeitung«, der mit Abstand meistgelesenen Tageszeitung Österreichs. Neben dem oben erwähnten Ingomar Pust schreibt des öfteren Richard Nimmerrichter (»Staberl«) Kommentare an der Grenze zum »Revisionismus«. Im Mai 1992 stellte er unter dem Titel »Methoden eines Massenmords« fest, es seien »nur verhältnismäßig wenige der jüdischen Opfer« tatsächlich »vergast« worden, »die anderen sind verhungert oder erschlagen worden«.[50] Der Artikel führte zu keinem Gerichtsverfahren gegen »Staberl«, da dieser die nationalsozialistischen Gewaltverbrechen nicht »gröblich« verharmlost habe.[51] Nur der österreichische Presserat verurteilte die Schreibweise.[52] Daraufhin bekundete die Leitung der Zeitung ihre Absicht, aus dem österreichischen Presserat auszutreten.[53] Die Wirkung solcher über die »Neue Kronen Zeitung« verbreiteter Verharmlosungen des NS-Regimes sowie antisemitischer Stereotype darf nicht unterschätzt werden. Ohnehin in der Bevölkerung vorhandene Einstellungsmuster werden auf diese Weise vehement bestärkt, wie kommunikations- und sozialwissenschaftliche Studien bestätigen.[54] Publikationen wie der im einschlägig bekannten Grabert-Verlag erschienene, mehrfach zitierte »revisionistische« Sammelband »Grundlagen zur Zeitgeschichte« reichen nur wenig über den unmittelbaren Kreis des organisierten Rechtsextremismus hinaus. Trotzdem zeigen auch sie in eingeschränktem Rahmen Wirkung. So fühlte sich ein wegen militant ausländerfeindlicher Haltung sogar aus der FPÖ ausgeschlossener Bezirksrat, Dipl. Ing. Wolfgang Fröhlich, bemüßigt, in einem Schreiben an Univ. Prof. Dr. Gerhard Jagschitz unter Berufung auf dieses Buch die Frage zu richten, ob es denn Literatur gebe, die die Massentötungen mittels Zyklon B »naturwissenschaftlich untermauert«: »Es wäre schließlich abwegig, ein halbes Jahrhundert in allen Medien der Welt über millionenfachen Mord in Gaskammern zu berichten [...], ohne daß dies auch naturwissenschaftlich abgesichert wäre.«[55]

Über die Auseinandersetzung mit dem »Revisionismus«

Die Notwendigkeit der inhaltlichen Auseinandersetzung mit dem »Revisionismus« ist unter Wissenschaftern nicht unumstritten. In einer ersten Reaktion auf derartige Pamphlete ist man stets geneigt, die oft absurden Behauptungen einfach zu negieren. Jede ernsthafte Auseinandersetzung mit den Geschichtslügen birgt die Gefahr der Aufwertung dieser Lügen in sich. Wenn die seriöse Wissenschaft sich die Widerlegung einer solchen »Argumentation« aufzwingen läßt, wenn sie sich genötigt sieht, die Wahrheit aufs neue zu beweisen, gesteht sie den »Revisionisten« dann nicht den Rang ernstzunehmender Beweisführungen zu? In Österreich entbrannte diese Diskussion u. a. im Rahmen des Prozesses gegen den Neonazi Gerd Honsik, als das Gericht den Wiener Universitätsprofessor Dr. Gerhard Jagschitz mit der Erstellung eines Gutachtens über die Tatsache der Massenmorde in Auschwitz beauftragte. Die Sinnhaftigkeit dieses Vorgehens des Gerichtes wurde damals von Historikern und Journalisten in Frage gestellt, insbesondere als der Angeklagte Honsik dies als Zweifel des Gerichts an der Tatsächlichkeit der Giftgasmorde interpretierte. Die Wissenschaft kann sich im Dienste von Demokratie und Vernunft aber nicht ihrer Aufgabe entziehen, wenn aus der Öffentlichkeit, insbesondere aus Lehrerkreisen, ihre Unterstützung gefordert wird.

Je erfolgreicher die »Revisionisten« an Schulen oder – wie in den USA – sogar an Colleges und Universitäten[56] agieren, desto größer die Herausforderung für die Fachwissenschaft. Trotzdem läuft man bei dieser Auseinandersetzung stets Gefahr, »versehentlich in eine Debatte hineingezogen zu werden, die keine Debatte ist, in einen Streit, der kein Streit ist«.[57] Über die geeignete Strategie der Bekämpfung »revisionistischer« Geschichtsverzerrungen und Lügen gehen die Meinungen auseinander. Seit Martin Broszat in den siebziger Jahren als einer der ersten die Auseinandersetzung mit NS-Apologetik auch auf einer inhaltlichen Ebene aufgenommen hat,[58] wurde – vor allem in den letzten Jahren – angesichts des auch international anwachsenden »Revisionismus« eine Reihe von Büchern veröffentlicht, die versuchten, auf rationaler Ebene gegen die neonazistischen Propagandabehauptungen anzukämpfen.[59] Das Vorgehen mit juristischen Mitteln, wie es etwa Österreich, Deutschland, Frankreich und Kanada versuchen, ist gleichfalls nicht unumstritten. Die österreichischen Erfahrungen der letzten Jahre weisen jedoch auf gewisse Erfolge legistischer und gerichtlicher Maßnahmen hin. Die Verurteilungen mehrerer neonazistischer Aktivisten, darunter die auch in der internationalen »Revisionisten«-Szene bekannten Zeitungsherausgeber Walter Ochensberger (»Sieg«) und Gerd Honsik (»Halt«), bewirkten einen deutlichen Rückgang neonazistischer und »revisionistischer« Publizistik in Österreich. Die manchmal gehörte, auch vom immer weiter nach rechts abdriftenden Fachhistoriker Ernst Nolte vertretene Klassifizierung des »Revisionismus« als diskutierenswerte »abweichende Meinung« verkennt dessen zentrale Komponente: Es geht nicht um Meinung oder Wissenschaft, auch wenn die »Revisionisten« selbst diese Argumente gerne ins Treffen führen, sondern um die eindeutig politisch motivierte Leugnung geschichtlicher Tatsachen und des millionenfachen Leidens der Opfer und deren Hinterbliebener. Damit weist die Holocaust-Leugnung eine gänzlich andere Qualität auf als jede einfache Meinungsäußerung oder wissenschaftlich fundierte These.

Insbesondere die Achtung gegenüber den Opfern des Holocaust gebietet unseres Erachtens die vehemente Zurückweisung jeder dieser Geschichtslügen. Denn neben deren politischen Implikationen darf nicht übersehen werden, daß damit die Toten und die Überlebenden der NS-Verfolgungen zutiefst verletzt werden. Letztlich verunglimpfen und verhöhnen die »Revisionisten« die Trauer aller jener Menschen, die Eltern, Kinder, Freunde, andere Verwandte durch die nationalsozialistischen Gewaltverbrechen verloren haben.

Anmerkungen

1 So veröffentlichte der Franzose Maurice Bardèche bereits 1947 und 1948 »revisionistische« Literatur. Siehe dazu: Anne Frank Stichting, The Extreme Right in Europe and the United States, International Seminar November 1984, Amsterdam 1985, S. 18 f.; Deborah E. Lipstadt, Betrifft: Leugnen des Holocaust, Zürich 1994, S. 72 ff.
2 Siehe dazu beispielsweise: Lipstadt, S. 38 ff.; Shelly Shapiro (Hrsg.), Truth Prevails. De-

molishing Holocaust-Denial: the end of »The Leuchter-Report«, New York 1990, S. 1.

3   Hellmuth Auerbach, »Auschwitz-Lüge« in: Wolfgang Benz (Hrsg.), Legenden Lügen Vorurteile. Ein Wörterbuch zur Zeitgeschichte, durchgesehene und erw. Aufl. München 1992, S. 36 f.; Rainer Fromm/Barbara Kernbach, Europas braune Saat. Die internationale Verflechtung der rechtsradikalen Szene, Bonn 1994.

4   Siehe dazu den Beitrag von Wolfgang Benz, »Revisionismus« in Deutschland.

5   Ein Beispiel dafür ist Dipl. Ing. Walter Lüftl.

6   Zu Hoggan siehe den Beitrag von Wolfgang Benz sowie von Wilhelm Lasek, »Revisionistische« Autoren und ihre Publikationen.

7   Zu Zündel und dem »Institute for Historical Review« siehe den Beitrag von Wilhelm Lasek, »Revisionistische« Autoren und ihre Publikationen.

8   Zu diesem Netzwerk siehe u. a. den ausgezeichneten Film von Michael Schmidt, Wahrheit macht frei, publiziert als: Heute gehört uns die Straße. Der Inside-Report aus der Neonazi-Szene, Düsseldorf-Wien-New York-Moskau 1993.

9   Zur Entwicklung siehe neben Lipstadt auch Hermann Graml, Alte und neue Apologeten Hitlers, in: Wolfgang Benz (Hrsg.), Rechtsextremismus in Deutschland. Voraussetzungen, Zusammenhänge, Wirkungen, Frankfurt am Main 1994, S. 30–66, sowie den Beitrag von Wolfgang Benz im vorliegenden Band.

10 Siehe dazu u. a. Wolfgang Benz, Die Abwehr der Vergangenheit. Ein Problem nur für Historiker und Moralisten?, in: Dan Diner (Hrsg.), Ist der Nationalsozialismus Geschichte? Zu Historisierung und Historikerstreit, Frankfurt am Main 1987, S. 17–33.

11 Zu dieser sogenannten »Präventivschlagsthese« siehe den Beitrag von Gerd Ueberschär im vorliegenden Band.

12 Zu Heß siehe: Brigitte Emmerer, Heß' Englandflug, in: Benz (Hrsg.), Legenden, S. 94 f.

13 Zu Reder siehe: Dokumentationsarchiv des österreichischen Widerstandes (Hrsg.), Am Beispiel Walter Reder. Die SS-Verbrechen in Marzabotto und ihre Bewältigung, Wien 1985.

14 Ernst Nolte, Streitpunkte. Heutige und künftige Kontroversen um den Nationalsozialismus, Frankfurt am Main 1993.

15 Zu Bacque siehe: Rolf Steininger, Kriegsgefangenschaft, in: Benz (Hrsg.), Legenden, S. 126 ff.; Hitler's Apologists: The Anti-Semitic Propaganda of Holocaust »Revisionism«. An Anti-Defamation League Publication, New York 1993, S. 49 ff.

16 Neue Freie Zeitung, 15. 1. 1992. Zur Entlastungsfunktion derartiger Haider-Auftritte siehe: Harald Goldmann/Hannes Krall/Klaus Ottomeyer, Jörg Haider und sein Publikum. Eine sozialpsychologische Studie, Klagenfurt/Celovec 1992.

17 Aus einer Vielzahl von Artikeln sei als Beispiel die Serie über die Vertreibung der deutschen Minderheiten im März/April 1994 herausgegriffen. Pust ist auch Autor in rechtsextremen Zeitschriften, wie z. B. der »Aula«, und Verfasser einschlägiger Bücher.

18 Vgl. Peter Sichrovsky, Schuldig geboren. Kinder aus Nazifamilien, Köln 1987; Nadine Hauer, NS-Trauma und kein Ende, in: Anton Pelinka/Erika Weinzierl (Hrsg.), Das große Tabu. österreichs Umgang mit seiner Vergangenheit, Wien 1987, S. 28–41; Peter Malina, Erinnerung statt Entschuldigung. Für eine neue Gedächtniskultur, in: Dokumentationsarchiv des Österreichischen Widerstandes (Hrsg.), Handbuch des österreichischen Rechtsextremismus, Wien 1993, S. 527–545.

19 Der »Revisionist« Ernst Gauss (Deckname für German Rudolf) nennt die Morde im Rahmen der sogenannten »Euthanasie«-Aktion unter den »weitgehend unstrittigen Fragen des NS-Unrechts«: Ernst Gauss, Streitpunkt Judenvernichtung. Eine Einleitung, in: ders. (Hrsg.), Grundlagen zur Zeitgeschichte. Ein Handbuch über strittige Fragen des 20. Jahrhunderts, Tübingen 1994, S. 25.

20 Brigitte Bailer, Die sogenannte »Auschwitz-Lüge« – neue Ausdrucksform für althergebrachten Antisemitismus, in: Die Macht der Bilder, Katalog zur gleichnamigen Ausstellung in der Volkshalle des Wiener Rathauses, Wien 1995.

21 Ruth Wodak u. a., »Wir sind alle unschuldige Täter!« Diskurshistorische Studien zum Nachkriegsantisemitismus, Frankfurt am Main 1990.

22 Siehe: Hellmuth Auerbach, »Kriegserklärungen« der Juden an Deutschland, in: Benz (Hrsg.), Legenden, S. 118 f.

23 Siehe ebenda, S. 120 f.

24 Österreichisches Gallup-Institut/Dr. Karmasin Marktforschung, Fremdenfeindlichkeit und Antisemitismus. Präsentation der Ergebnisse einer international vergleichenden Repräsentativbefragung in Österreich anläßlich einer Pressekonferenz am 24. 10. 1991 im Presseclub Concordia.

25 Pierre Vidal-Naquet, Who are the Assassins of Memory?, in: ders. (Ed.), Holocaust Denial in France. Analysis of a Unique Phenomenon, Limor Yagil, Tel Aviv University, Faculty of Humanities, o. J., S. 10.

26 Zu Christophersen siehe den Beitrag von Wilhelm Lasek, »Revisionistische« Autoren und ihre Publikationen.

27 Siehe dazu den Beitrag von Josef Bailer im vorliegenden Band.

28 Siehe dazu den Beitrag von Wolfgang Neugebauer, »Revisionistische« Manipulation der Zahl der Holocaustopfer, sowie Wolfgang Benz, Die »Auschwitz-Lüge«, in: Rolf Steininger (Hrsg.), Der Umgang mit dem Holocaust. Europa-USA-Israel, Wien-KölnWeimar 1994, S. 103–115 (Institut für Zeitgeschichte der Universität Innsbruck, Jüdisches Museum Hohenems, Bd. 1).

29 Siehe dazu den Beitrag von Brigitte Bailer-Galanda, Das Tagebuch der Anne Frank. Erst jüngst sah sich allerdings der Bundesvorsitzende des »Bürgerschutz Österreich« (BSÖ), Peter Kurt Weiß, in einem Schreiben an den »Standard« vom 14. 3. 1995 bemüßigt, das Tagebuch als »totale Fälschung« zu bezeichnen.

30 Vgl. beispielsweise Udo Walendy, Aspekte jüdischen Lebens im Dritten Reich, II. Teil, Historische Tatsachen 62/1994.

31 Der zweite Leuchter-Report. Dachau, Mauthausen, Hartheim, o. O. 15. Juni 1989.

32 Siehe dazu ausführlich den Beitrag von Gustav Spann im vorliegenden Band.

33 Siehe dazu ausführlich Graml a. a. O.

34 John Clive Ball, Luftbild-Beweise, in: Gauss (Hrsg.), S. 235–248. Zu Fotografien über Auschwitz siehe den ausgezeichneten Band: Teresa Swiebocka (Hrsg.), Auschwitz. A History in Photographs, Oswiecim-Bloomington and Indianapolis-Warsaw 1993.

35 Zu Honsik siehe den Beitrag von Wilhelm Lasek, »Revisionistische« Autoren und ihre Publikationen.

36 Siehe dazu: Dokumentationsarchiv des österreichischen Widerstandes (Hrsg.), Das Lachout-»Dokument«. Anatomie einer Fälschung, Wien 1989.

37 Zu den Methoden Irvings siehe: Martin Broszat, Hitler und die Genesis der »Endlösung«. Aus Anlaß der Thesen von David Irving, in: Hermann Graml/Klaus-Dietmar Henke (Hrsg.), Nach Hitler. Der schwierige Umgang mit unserer Geschichte. Beiträge von Martin Broszat, München 1986, S. 187–229.

38 Siehe dazu die ausführliche Auseinandersetzung in: Dokumentationsarchiv des österreichischen Widerstandes/Bundesministerium für Unterricht und Kunst (Hrsg.), Amoklauf gegen die Wirklichkeit. NS-Verbrechen und »revisionistische« Geschichtsschreibung, 2. überarb. Aufl. Wien 1992.

39 Mittlerweile mußte Leuchter öffentlich zugeben, den Titel »Ingenieur« (engineer) unrechtmäßig geführt zu haben. Er vertreibt in den USA selbstentworfene Hinrichtungsvorrichtungen, das Illinois Department of Corrections kündigte 1990 den Vertrag mit ihm. Siehe dazu: Washington Post, 18. 6. 1991; Special Edition. A periodic update from the Anti-Defamation-League of B'nai B'rith – Civil Rights Division, January 1991.

40 Siehe dazu u. a.: Jean-Claude Pressac, Auschwitz. Technique and Operations of the Gas Chambers, New York 1989; Shapiro; Werner Wegner, Keine Massenvergasungen in Auschwitz? Zur Kritik des Leuchter-Gutachtens, in: Dokumentationsarchiv des österrei-

chischen Widerstandes/Bundesministerium für Unterricht und Kunst (Hrsg.), Amoklauf, S. 53–66; sowie den Beitrag von Josef Bailer, Die »Revisionisten« und die Chemie.

41 Germar Rudolf, Gutachten über die Bildung und Nachweisbarkeit von Cyanidverbindungen in den Gaskammern von Auschwitz, o. J.; Rüdiger Kammerer/Armin Solms (Hrsg.), Wissenschaftlicher Erdrutsch durch »Das Rudolf Gutachten«. Eine Besprechung des »Gutachtens über die Bildung und Nachweisbarkeit von Cyanidverbindungen in den ›Gaskammern‹ von Auschwitz« sowie weiterer neuer Forschungsergebnisse um den »Holocaust«, London 1993; eine weitere, um vieles auführlichere Fassung mit demselben Titel wie die erste wurde von Otto Ernst Remer verbreitet. Als letzte Fassung erschien: Germar Rudolf/Ernst Gauss, Die »Gaskammern« von Auschwitz und Majdanek, in: Gauss (Hrsg.), S. 249–279.

42 Lüftl mußte – nachdem er als Verfasser des in »Halt« veröffentlichten »Gutachtens« bekannt geworden war – seine Funktion als Präsident zurücklegen. Siehe dazu: Wirtschaftswoche, Nr. 11, 12.–18.3. 1992; Kleine Zeitung, 14.3. 1992. Zur Auseinandersetzung mit seiner Argumentation siehe den Beitrag von Josef Bailer im vorliegenden Band.

43 Aula 7–8/1994; fakten 32/1994; Deutschland in Geschichte und Gegenwart 3/1994; Informationsdienst/Mitteilungsblatt der Gesellschaft für Freie Publizistik 3/1994 u. a.

44 Jüdische Rundschau Maccabi, 9.2. 1995; Salzburger Nachrichten, 27. 1. 1995; Süddeutsche Zeitung, 2.2. 1995.

45 Siehe die große Zahl von Kontakten, die in »Sieg« immer wieder genannt werden: Brigitte Bailer/Wolfgang Neugebauer, Rechtsextreme Vereine, Parteien, Zeitschriften, informelle/illegale Gruppen, in: Dokumentationsarchiv des österreichischen Widerstandes (Hrsg.), Handbuch des österreichischen Rechtsextremismus, aktualisierte und erw. Neuausgabe Wien 1994, S. 240–243.

46 Die Briefe liegen in der Rechtsextremismus-Sammlung des DÖW auf.

47 Halt 71/1994.

48 Vor allem Ernst Zündels Samisdat-Verlag nimmt hier eine führende Rolle ein. Dieser versendet Videofilme mit Aussagen deutscher, französischer und amerikanischer »Revisionisten« ebenso wie eine Vielzahl »revisionistischer« Publikationen.

49 Vor allem die Kärntner FPÖ-Zeitung »Kärntner Nachrichten« trat hier in der Vergangenheit hervor. Das von den Freiheitlichen herausgegebene »Jahrbuch für politische Erneuerung 1995« enthält gleichfalls einschlägige Passagen, wenn beispielsweise der bekannte NS-Apologet Alfred Schickel für die Abschaffung seiner Meinung nach die Wissenschaftsfreiheit einschränkender Gesetze und Tabus eintritt.

50 Neue Kronen Zeitung, 10.5. 1992. Zu dem Artikel siehe Gerhard Botz, »Neonazismus ohne Neonazi?« Inszenierte NS-Apologetik in der »Neuen Kronen Zeitung«, in: Dokumentationsarchiv des österreichischen Widerstandes (Hrsg.), Handbuch, S. 595–615.

51 Joachim Riedl, »Staberl« und die Juristen, in: Wirtschaftswoche, 18.2. 1993.

52 Der Standard, 21.5. 1992.

53 Neue Kronen Zeitung, 24. 5. 1992.

54 Vgl. z. B. Fritz Plasser/Peter A. Ulram, Ausländerangst als medienpolitisches Problem. Ein Forschungsbericht des Fessel+GfK-Institutes und des Zentrums für angewandte Politikforschung, Wien, Dezember 1992.

55 Schreiben von Dipl. Ing. Wolfgang Fröhlich an Univ. Prof. Dr. Gerhard Jagschitz, 15. 2. 1995. Kopie im DÖW.

56 Vgl. Lipstadt, bes. S. 221–252.

57 Ebenda, S. 13.

58 Martin Broszat, Zur Kritik der Publizistik des antisemitischen Rechtsextremismus, in: Aus Politik und Zeitgeschichte. Beilage zur Wochenzeitung Das Parlament B 19/76 (8. 5. 1976). 1977 widmete eine in Wien abgehaltene internationale Konferenz gegen Neonazismus der Frage NS-apologetischer Publizistik breiten Raum. Tagungsunterlagen in

der Bibliothek des Dokumentationsarchivs des österreichischen Widerstandes.

59 So z. B. Eugen Kogon/Hermann Langbein/Adalbert Rückerl (Hrsg.), Nationalsozialistische Massentötungen durch Giftgas. Eine Dokumentation, Frankfurt am Main 1983; Benz (Hrsg.), Legenden; Dokumentationsarchiv des österreichischen Widerstandes/Bundesministerium für Unterricht und Kunst (Hrsg.), Amoklauf, sowie eine Fülle von Publikationen, die diese Frage im größeren Zusammenhang von Rechtsextremismus und Neonazismus abhandeln.

Wolfgang Benz

»Revisionismus« in Deutschland

Der Begriff Revisionismus bezeichnet in der Geschichte der Arbeiterbewegung die historische Richtungsdiskussion der Jahrhundertwende, in der sich die Sozialdemokratie vom dogmatischen Marxismus löste und sich für den Weg der Reform statt der Revolution entschied. So erbittert der Streit um die politische Linie zwischen Eduard Bernstein, dem Protagonisten des Revisionismus, und August Bebel, Wilhelm Liebknecht, Rosa Luxemburg, Clara Zetkin und anderen Funktionären und Intellektuellen der Partei geführt wurde, so ernsthaft wurden Argumente ausgetauscht und gewogen. Der damalige Richtungsstreit, den Lenin für gefährlich hielt und den später die Kommunisten als Angriff auf ihren weltrevolutionären Führungsanspruch verstanden, war ein säkularer Akt der Positionsbestimmung mit weitreichenden intellektuellen und politischen Folgen.

Revisionismus steht im Sprachgebrauch des Völkerrechts aber auch für Bestrebungen, Verträge abzuändern, sich mit internationalen vertraglichen Regelungen, vor allem mit Grenzen, nicht abfinden zu können und auf die Revision der entsprechenden Abmachungen hinzuarbeiten. Das Diktat von Versailles war Anlaß für den wohl folgenreichsten Revisionismus der jüngeren Geschichte. Mit der Forderung nach Revision des Friedensvertrages von 1919, nach Rückgewinn der verlorenen Territorien, nach Tilgung der den deutschen Patriotismus beleidigenden »Schmach-Paragraphen«, nach Wiederherstellung militärischer Macht und Geltung gewann Hitler Anhänger für seine NSDAP und Bündnispartner im deutschnationalen und konservativen Bürgertum.

Die Forderung nach Revision des Versailler Vertrags gehörte zu den Triebkräften, die Hitler 1933 ins Amt des deutschen Kanzlers brachten, und je mehr ihm die Früchte des Revisionsbegehrens zufielen, desto stärker applaudierten ihm die Massen, desto mächtiger wurde der Führermythos. Stationen der Apotheose im Zeichen des

Revisionismus waren der Austritt aus der Abrüstungskonferenz und dem Völkerbund 1933, die Wiedereinführung der Wehrpflicht 1935, der Einmarsch ins entmilitarisierte Rheinland 1936, der »Anschluß« Österreichs im Frühjahr 1938, die erpreßte Abtretung der Sudetengebiete von der Tschechoslowakei im Herbst 1938 (als angeblich letzte territoriale Revisionsforderung Deutschlands in Europa), die Zerstörung der Tschechoslowakei im Frühjahr und der Überfall auf Polen im Spätsommer 1939.

Die Folgen des dadurch ausgelösten Zweiten Weltkriegs waren so niederschmetternd, daß für revisionistische Bestrebungen wie nach dem Ersten Weltkrieg keine Stimmung aufkommen konnte. Dafür sorgte nicht nur die Politik der Großmächte mit dem Potsdamer Abkommen. Die territorialen Verluste waren mit der Vertreibung von Millionen Menschen aus den verlorenen Ostgebieten und aus Ostmitteleuropa in die vier Besatzungszonen Restdeutschlands verbunden, die Niederlage war so vollständig, und die Wiederaufbauarbeiten gestalteten sich so mühsam, daß kein Raum für Revisionismus blieb, und dazu kam – anders als 1918 – die Einsicht der großen Mehrheit der Deutschen, daß dieser Krieg von Hitler verschuldet war, daß ungeheure Verbrechen von Deutschen begangen worden waren und daß dieser Krieg tatsächlich und vollständig verloren war, nicht durch Verrat und nicht durch das Versagen der Heimat wie angeblich im Ersten Weltkrieg.

Eine Neuauflage der Propaganda von der »Kriegsschuldlüge« verbot die Einsicht in die wirklichen Zusammenhänge ebenso wie eine zweite Dolchstoßlegende. Die Teilung Deutschlands im Zeichen des Kalten Krieges, die Suche der Westdeutschen nach Schutz bei den westlichen Großmächten und die Einordnung des ostdeutschen Staates in die Interessensphäre der Sowjetunion taten ein übriges, daß traditioneller Revisionismus nicht aufkommen konnte. Die verbreiteten Gefühle von Schuld und Scham, die Demütigungen des Besatzungsalltags förderten freilich Rechtfertigungsbedürfnisse, die sich Luft machten in der Ablehnung eines vermeintlich weitverbreiteten Kollektivschuldvorwurfs an die Deutschen, im Zorn über die Demokratisierungsanstrengungen einer Pädagogik der re-education oder re-orientation (das Schlagwort »Umerziehung« ist bis zum heutigen Tag mit hohen Emotionen beladen), in der Gewißheit deutscher kultureller und zivilisatorischer Überlegenheit gegenüber den Besatzungsmächten und im Drang, deutsche Verbrechen mit den Untaten alliierter Kriegsführung aufzurechnen.

Anfang der fünfziger Jahre verdichteten sich solche Emotionen im rechtsradikalen politischen Spektrum zu einer neuen Spielart von »Revisionismus«, die als Verteidigung des Nationalsozialismus und des NS-Staats zu einem Baustein der Ideologie des neuen Rechtsextremismus wurde. Daß ehemalige Funktionäre des nationalsozialistischen Regimes als Ideologieproduzenten eine Rolle spielten und daß die durch den Zusammenbruch 1945 sozial deklassierten früheren Eliten zum Empfängerkreis gehörten, war selbstverständlich. Die Stoßrichtung der »revisionistischen« Propaganda, die auf die Änderung des angeblich von den Siegern manipulierten Geschichtsbildes zielte, richtete sich aber auch auf ehemalige Angehörige der Wehrmacht, und deshalb spielte die Schuld am Ausbruch des Zweiten Weltkriegs die zentrale Rolle.

Flankiert von Memoiren wie denen des ehemaligen Reichsarbeitsführers Konstantin Hierl »Im Dienst für Deutschland« (sie sind 1955 erschienen und preisen die Arbeitsdienstpflicht als Elixier der »Volksgemeinschaft«, als Ehrendienst am deutschen Volk) oder die 1953 von der Witwe herausgegebenen »Erinnerungen und letzten Aufzeichnungen« des NS-Außenministers Joachim von Ribbentrop, erschienen Bücher und Pamphlete, deren Zweck darin bestand, die Schuld am Zweiten Weltkrieg zu relativieren. 1952 veröffentlichte ein Peter Kleist, ehemaliger enger Mitarbeiter von Ribbentrop im Außenministerium und von Alfred Rosenberg im Reichsministerium für die besetzten Ostgebiete ein Buch mit dem Titel »Auch du warst dabei«, in dem er die Regeln künftiger »revisionistischer« Historiographie festsetzte.

Es sei dahingestellt, ob der Titel des 1981 erschienenen Bekenntnisbuches des Franz Xaver Schönhuber »Ich war dabei« über die Erfahrungen des Münchener Journalisten in der Waffen-SS ein direkter Reflex auf Kleists Buch war. Die dem Buch – nach dem Hinauswurf vom Bayerischen Rundfunk – folgende politische Karriere Schönhubers in der rechtsextremen Partei »Die Republikaner« war jedenfalls von »revisionistischen« Forderungen begleitet. Eine wesentliche und wirksame propagandistische Aussage ist das Verlangen nach »Entkriminalisierung deutscher Kultur, Geschichte und ihrer Menschen«.[1] Solche populistischen Forderungen und Unterstellungen, die sich an verbreitete diffuse Gefühle des Unbehagens richten, gehören von allem Anfang an zur »revisionistischen« Argumentation. Sie finden sich seit den fünfziger Jahren in der rechtsextremen Publizistik. Am erfolgreichsten werden entsprechende Erwartungen von der »Deutschen National-Zeitung« bedient.[2]

Kleist interpretierte 1952 in Fortsetzung der nationalsozialistischen Ideologie die Außenpolitik Hitlers als wohlbegründete Reaktion auf die Versailler Ordnung und als Ausfluß berechtigten deutschen Anspruchs, neuen »Lebensraum« zu gewinnen. Gleichzeitig deutete Kleist die Politik der Antihitlerkoalition, vor allem der Westmächte, als amoralische Ranküne gegen das Deutsche Reich.

Wie Hermann Graml nachweist, hat Kleist drei Stereotypen rechtsextremistischer Geschichtsauffassung miteinander verbunden und damit den Prototyp »revisionistischer« Geschichtsschreibung konstituiert: »Erstens die Anklage gegen den Versailler Vertrag von 1919, mit dem auch noch die größte Eselei und die rüdeste Brutalität nationalsozialistischer Politik begründet und gerechtfertigt werden [...] Zweitens die Entlarvung der westeuropäischen Staatsmänner als kalte Machtpolitiker, die zur Verteidigung der Hegemonie ihrer Länder nach der Vernichtung des unter Hitlers Führung aufblühenden Deutschlands trachteten [...] Drittens die Vernebelung der Realität nationalsozialistischer Politik durch den Gebrauch schönfärberischer Begriffe.«[3]

Anfang der sechziger Jahre publizierte ein einschlägig bekannter Verlag[4] mit dem Buch des amerikanischen Amateurhistorikers David L. Hoggan »Der erzwungene Krieg« ein umfängliches Pamphlet, das ganz in der apologetischen Tradition des Kleist-Buches stand, aber darstellerisch eine neue Dimension hinzufügte. Hoggans Buch zeigte die Attitüde der Gelehrsamkeit, gab sich als wissenschaftliche Studie und imponierte dem schlichten Leser mit einer Fülle von Quellenzitaten und Querverweisen, Fußnoten und Literaturangaben. Damit sollte der Anschein der Seriosität und umfassenden Dokumentenkenntnis erweckt werden, und das Geschichtsbild, das Hitler als überlegenen, friedfertigen Staatsmann und seine Gegner als kriegslüsterne Monster zeichnete, sollte als wissenschaftlich erwiesen und unumstößlich zementiert werden. Bei professioneller Betrachtung erwiesen sich die Quellenzitate als falsch oder verfälscht, die Literaturangaben als weithin unkorrekt und die Argumentation als hirnrissig. Als »revisionistische« Propagandawaffe war das Buch aber sehr tauglich, denn es genügte ja, den Titel als Programm zu nehmen und auf die vermeintlich schlüssige Dokumentation zu verweisen.[5]

Die Technik des Verwirrens durch Zitate und unsinnige Quellenangaben machte Schule und ist in rechtsextremen Kreisen bis heute wirkungsvoll; zu den eifrigsten Epigonen gehört Udo Walendy, der in Büchern (»Wahrheit für Deutschland – die Schuldfrage des Zweiten Weltkriegs«, 1964) und Traktaten wie der Schriftenreihe »Historische Tatsachen« in seinem »Verlag für Volkstum und Zeitgeschichtsforschung« Virtuosität im manipulativen Hantieren mit Quellen demonstriert.[6]

Das Hauptgewicht »revisionistischen« Argumentierens hat sich indessen verlagert. Das Kriegsschuldthema wird zwar wegen seiner Wirksamkeit auch im gemäßigt rechtsradikalen Spektrum deutschnationaler Observanz gepflegt und füllt die Spalten rechtsextremer Periodika, aber der zentrale Angriff gilt seit Beginn der siebziger Jahre mit steigender Heftigkeit der Realität des nationalsozialistischen Völkermords. Mit dem infamen Schlagwort der »Auschwitz-Lüge« wird die Vernichtung von sechs Millionen Juden ins Reich der Fabel verwiesen, wird das Ergebnis nationalsozialistischer Rassenpolitik minimiert, verharmlost, geleugnet. Die Gewichtsverlagerung in Ziel und Argumentation wird in der regierungsamtlichen Definition deutlich: »Als Revisionismus im weiteren Sinne werden Bestrebungen bezeichnet, die angeblich in der Nachkriegszeit falsch dargestellte Geschichte des Zweiten Weltkrieges und des Dritten Reiches zu Gunsten des Nationalsozialismus zu korrigieren. Das rechtsextremistische Lager ist sich weitgehend darin einig, daß wesentliche Erkenntnisse zur jüngeren deutschen Geschichte, speziell hinsichtlich der Alleinschuld Hitlers am Zweiten Weltkrieg und der massenhaften Ermordung von Juden in deutschen Konzentrationslagern, revidiert werden müßten. Als Revisionismus im engeren Sinn ist die Leugnung der erwiesenen geschichtlichen Tatsachen zu verstehen, daß im Verlauf des Zweiten Weltkrieges Millionen europäischer Juden auch in Gaskammern ermordet wurden.«[7]

Der Begriff »Auschwitz-Lüge«, mit dem unterstellt werden soll, die Realität des nationalsozialistischen Völkermords an den Juden existiere nicht, erschien 1973 als Titel einer Broschüre des gerichtsnotorischen deutschen Neonazis Thies Christophersen. Vorausgegangen waren neonazistische Flugblattaktionen, in denen die »Lüge von den Gaskammern« angeprangert wurde. Christophersen war 1971 als Gründer einer »Bürger- und Bauern-Initiative« (BBI) hervorgetreten, deren Programm und Aktivitäten eindeutig neonazistisch waren. Im Oktober 1981 entzog er sich durch Flucht ins Ausland erstmals dem Strafantritt in der Bundesrepublik, 1986 floh er, nachdem er zwischenzeitlich eine Freiheitsstrafe verbüßt hatte, vor einer neuen Verurteilung nach Dänemark, von wo aus er seither agitiert.

Christophersen, der 1944 als »SS-Sonderführer für Pflanzenschutz« nach Auschwitz abkommandiert worden war, behauptet, dort keine Grausamkeiten oder Exekutionen erlebt und weder Gaskammern noch Flammen aus den Schornsteinen der Krematorien wahrgenommen zu haben. Die Kompetenz des Augenzeugen in Anspruch nehmend, mischt Christophersen Selbsterlebtes mit Argumenten des Rechtsextremismus. Bewiesen werden soll damit, daß es in Auschwitz für alle, auch für die Häftlinge, eigentlich recht nett und angenehm gewesen sei: Bei der Arbeit sei getanzt und gesungen worden, und es habe einige Zeit gedauert, bis sich die in unterernährtem Zustand eingelieferten Häftlinge im Lager Auschwitz »herausgefuttert« hätten.[8]

Vorläufer Christophersens waren zwei Franzosen, die als Autoritäten des »Revisionismus« gelten. Paul Rassinier, ehemaliger Häftling des KZ Buchenwald, publizierte bereits in den fünfziger Jahren Traktate, in denen er beweisen wollte, daß »die 6 Millionen Opfer nur eine schändliche Erfindung des allmächtigen Weltjudentums« gewesen seien. 1963 erregte er in Deutschland mit einem entsprechenden Buch Aufsehen.[9] Als Epigone mit weitergehendem Anspruch – Rassinier versuchte, die Zahl der Opfer zu minimieren, Faurisson dagegen bezweifelte die Realität des Genozids selbst – genießt Robert Faurisson Verehrung als Klassiker des »Revisionismus«[10] wie als Märtyrer, denn er wurde 1979 von der Universität Lyon entlassen, wo er einige Zeit als Dozent für Französische Literatur des 20. Jahrhunderts tätig gewesen war. Seine Anhänger machen den Makel mangelnden Expertentums wett, indem sie ihn als »Professor für Text- und Dokumentenkritik« bezeichnen.

In engem Zusammenhang mit Faurisson steht die Argumentation

eines deutschen Autors, des ehemaligen Hamburger Oberfinanzrichters Wilhelm Stäglich, der 1979 im Grabert-Verlag sein Buch »Der Auschwitz-Mythos« erscheinen ließ (worauf die Universität Göttingen dem Juristen einige Jahre später den Doktortitel aberkannte).[11]

Als Autoritäten erscheinen im Zitierkartell der »Revisionisten« auch der Amerikaner Arthur R. Butz, Professor für Elektrotechnik und Computerwissenschaft in Illinois,[12] und der Engländer Richard Harwood, der 1975 eine Broschüre »Did six million really die?« veröffentlichte. Im Verlag Hohe Warte-Franz von Bebenburg veröffentlichte Emil Aretz 1970 den Titel »Hexen-Einmal-Eins einer Lüge«, der 1984 bereits die 5. Auflage erreichte,[13] in dem die »politische Lüge von den sechs Millionen« als antideutsche Hetze ebenso bekämpft wird wie die »Lüge von der deutschen Alleinschuld am Zweiten Weltkrieg«. Das Buch von Butz hat insofern wohl die größte Bedeutung, als er tatsächlich Professor einer renommierten Universität ist (wenngleich in einem keineswegs einschlägigen Fach) und weil er das Handwerk des Zitierens und Verweisens, der Quellen- und Literaturangaben besser imitiert als andere »revisionistische« Schriftsteller, die in historischer Forschung dilettieren.

Zu den einschlägigen Titeln gehört auch ein Buch von Erich Kern alias Erich Kernmayr, bekannter rechtsextremer Autor, in dem unter dem Titel »Die Tragödie der Juden« Antisemitismus als berechtigte Antwort auf den vermeintlichen jüdischen Ansturm gegen Deutschland und das Konstrukt »Die Juden erklärten Deutschland den Krieg« dargestellt wird.[14]

Schließlich stieß der britische Journalist David Irving, der sich durch gut recherchierte, aber tendenziöse Bücher zum »Dritten Reich« und zum Zweiten Weltkrieg einen Namen gemacht hatte, zum Kreis der »revisionistischen« Autoren und Agitatoren. Offensichtlich hat Irving die Kränkung nicht verwunden, daß ihn die professionellen Historiker nicht als ebenbürtig anerkannten, und suchte deshalb – sicherlich gegen besseres Wissen – den Beifall aus der neonazistischen und »revisionistischen« Szene, wo seinem Narzißmus durch reichlichen Applaus gehuldigt wird. David Irving hat spätestens Mitte der siebziger Jahre, nach Bucherfolgen mit Themen wie der Zerstörung Dresdens, dem deutschen Atombombenprojekt, dem Untergang der deutschen Luftwaffe und einer Rommel-Biographie, den Weg einigermaßen seriöser Historiographie mit seinem Buch »Hitlers War« (London 1977) endgültig verlassen. In eindeutig »revisionistischer« Absicht behauptete Irving, Hitler habe zwar Europa judenfrei machen wollen, aber den Völkermord weder gewollt noch davon gewußt. Die »Endlösung« sei vielmehr ohne Wissen Hitlers von Himmler, Heydrich und Funktionären der besetzten Ostgebiete betrieben worden.[15] Auf Nebenschauplätzen wird die »revisionistische« Technik der dogmatischen Verleugnung in gleicher Weise angewendet. Der Behauptung, ein historisches Ereignis wie die Ermordung von über 33.000 Juden in wenigen Septembertagen des Jahres 1941 in Babi Jar am Rande von Kiew habe nicht stattgefunden, folgt ein Wust von »Argumenten« und »Beweisen« gegen jede Logik und historische Evidenz, der ebenso Verwirrung stiften soll wie die Kampagne gegen die Echtheit des Tagebuchs der Anne Frank oder des Protokolls der Sitzung in der Wannsee-Villa im Januar 1942.

Ein seit Mitte der siebziger Jahre in Kanada agierender Neonazi, Ernst Zündel, der als Inhaber des Verlags Samisdat von Toronto aus nationalsozialistisches Propagandamaterial vertreibt (in ähnlicher Weise agierte in Lincoln/Nebraska in den USA ein Gary Rex Lauck), verschaffte »revisionistischen« Anschauungen einen Schub öffentlicher Aufmerksamkeit. Zündel stand 1988 in Toronto vor Gericht; zu seiner Verteidigung hatte er den Amerikaner Fred A. Leuchter aufgeboten, der als selbsternannter Ingenieur und Spezialist für Hinrichtungsanlagen eine Expertise erstellte, der zufolge in Auschwitz keine Massenvergasungen stattgefunden haben sollten. Das Gericht nahm zwar keine Notiz von der obskuren Schrift, aber seit 1989 wird sie als »Leuchter-Report« verbreitet und gilt Rechtsextremisten als endgültiger Beweis, daß der Holocaust nur eine Propagandalüge sei.

Der »Leuchter-Report« wurde im Herbst 1989 Anlaß einer Kampagne in der Bundesrepublik, in Österreich und in der DDR, an der David Irving sich als Hauptakteur betätigte. Bekannte Neonazis wie Ewald Althans, Michael Kühnen und Christian Worch beteiligten sich ebenso wie Manfred Roeder und der Generalmajor a. D. Otto Ernst Remer. Im September 1990 trat in München Zündels Verteidiger auf, und der österreichische Rechtsextremist Walter Ochensberger plante eine Expedition nach Auschwitz, um vor Ort »zu beweisen«, daß der Holocaust nicht stattgefunden habe.[16]

Im Frühjahr 1991 sollte in München ein von Zündel organisierter »Internationaler Revisionistenkongreß« stattfinden. Nach dem Verbot der Veranstaltung, in deren Mittelpunkt Leuchters Erkenntnisse stehen sollten, protestierten die vierhundert verhinderten Teilnehmer in einer »Mahnwache« vor dem Deutschen Museum, bei der Irving, Faurisson und Leuchter Reden hielten. Ernst Zündel war am Vorabend festgenommen worden. Im November 1991 konnte Leuchter bei einer »Revisionismus-Tagung« in Weinheim auftreten, die der Bundesvorsitzende der NPD, Günter Deckert, organisiert hatte. Deckert wurde dafür im November 1992 erstmals verurteilt. Ein Fernsehauftritt Leuchters Ende Oktober 1993 wurde durch seine Verhaftung im Studio des Senders Sat 1 in Köln vereitelt.

Da öffentliche Auftritte prominenter »Revisionisten« und spektakuläre Aktionen unterbunden wurden (geplant war auch ein medienwirksamer Marsch zur Münchener Feldherrenhalle), blieb die schriftliche Agitation das wichtigste Betätigungsfeld. Am meisten Aufsehen erregte dabei der Altnazi Otto Ernst Remer, der seit 1945 ununterbrochen auf der Neonaziszene agiert. Nach dem Vorbild Zündels engagierte er einen privaten Gutachter, als er sich 1992 wegen Leugnens des Völkermords vor Gericht verantworten mußte. Ein Diplom-Chemiker, damals am Stuttgarter Max-Planck-Institut für Festkörperforschung beschäftigt, hatte in Remers Auftrag ein »Gutachten über die Bildung und Nachweisbarkeit von Cyanidverbindungen in den ›Gaskammern‹ von Auschwitz« geschrieben.[17] Vom Gericht wurde es nicht akzeptiert, statt dessen versandte es Remer als aufwendig ausgestattete Hochglanzbroschüre zunächst an »eintausend der wichtigsten Persönlichkeiten in Deutschland«. Mit Tabellen und Kurven, Zahlen und »chemischen Analysen« sollte einmal mehr bewiesen werden, daß die Morde in Auschwitz naturwissenschaftlich gar nicht möglich waren. Die eigentliche Absicht war eindeutig. Von Remer im Begleitbrief formuliert, demonstriert sie mit Hilfe alter Klischees neuen antisemitischen Eifer: »Im Zeitalter der Religionsfreiheit müssen wir uns alle gegen die uns von den Gerichten zwangsverordnete ›Holocaust-Religion‹ wehren. Die Wahrheit ist ein Urrecht. Ein Urrecht für jeden Menschen. Wir dürfen es nicht zulassen, daß eine kleine, mächtige Minderheit unser Wesen, unseren Geist, unser Seelen-Leben mit einer Zwangsreligion zerstört.«[18]

Vor allem aus juristischen Gründen operieren die »revisionistischen« Agitatoren von Stützpunkten im Ausland aus. Der Druck des Propagandamaterials erfolgt in den Vereinigten Staaten, in Kanada, in Schweden und Dänemark unter dem Schutz der dortigen Pressefreiheit. Als Basis weltweiter »revisionistischer« Betätigung fungiert das »Institute for Historical Review« in Kalifornien, das seit 1978 als neonazistische Propagandazentrale durch Flugblätter, Bücher, Radiosendungen und eine Zeitschrift »Journal of Historical Review« Verwirrung stiftet. Das obskure Institut, dem kein ernstzunehmender Fachhistoriker angehört, veranstaltet »Revisionismus«-Konferenzen, bei deren erster, 1979, eine Belohnung von 50.000 $ ausgesetzt wurde für den Beweis, daß Gaskammern zur Judenvernichtung benutzt worden waren. Um Aufsehen zu erregen, sandte das Institut entsprechende Aufforderungen an prominente Überlebende des Holocaust. Einer, Mel Mermelstein, klagte das Geld ein und erhielt 1985 nach jahrelangem Prozeß darüber hinaus ein Schmerzensgeld von 40.000 $ zugesprochen.[19]

Ein Flugblatt des »Institute for Historical Review« in deutscher Sprache, das seit 1994 kursiert, macht die Argumentation der Leugnung des Völkermords an den europäischen Juden als geschlossenes System erkennbar. Unter dem Titel »66 Fragen und Antworten über den Holocaust« wird behauptet, die Geschichtsforschung stütze sich ausschließlich auf Berichte von Opfern. Diese seien widersprüchlich und daher nicht ernst zu nehmen. Es gebe »keine anderen konkreten Beweise irgendwelcher Art, wie etwa Aschenablagen erheblichen Ausmaßes, Krematorien mit entsprechender Kapazität, übriggebliebene Kleidung, schriftliche Unterlagen, statistische Daten, Lampenschirme aus Menschenhaut, Seife aus Menschenfetten etc.«.[20] Mit Ausnahme der Seifenlegende, die zur Zeit des Holocaust als grausiges Gerücht umging, das aber nicht der Wahrheit entsprach,[21] existieren die Beweise natürlich in großer Fülle. Aber die »revisionistische« Argumentation gründet mit voller Absicht auf der Behauptung, es gebe nur die Aussagen der Opfer. Die Aufzählung irrelevanter und monströser Details bildet zusammen mit apodiktischen Feststellungen und der Berufung auf »Experten« das Gerüst »revisionistischer« Propagandatechnik.

Stand lange Zeit vor allem die Zahl der Opfer des Holocaust im Mittelpunkt der Agitation,[22] so hat sich seit einigen Jahren ein neuer

Schwerpunkt »revisionistischen« Eifers herausgebildet. Seit den achtziger Jahren lautet eine zentrale Forderung der »Revisionisten«, die naturwissenschaftlichen und technischen Beweise für den millionenfachen Massenmord, vor allem in den Gaskammern von Auschwitz, müßten erst erbracht werden, ehe der Völkermord Glaubwürdigkeit beanspruchen könne. Behauptet und mit Tricks und Finten angeblich bewiesen wird die Fiktion, die Gaskammern hätten entweder nicht existiert oder ihre Kapazität sei tausendmal geringer als bezeugt, das verwendete Gift Zyklon B habe lediglich zur Desinfektion gedient, das Fassungsvermögen der Krematorien habe nicht ausgereicht für die Zahl der Ermordeten und dergleichen mehr.

Solche Behauptungen sollen, da sie mit der Autorität scheinbaren Expertentums und unter scheinheiliger Beteuerung, nur im Dienste der Wahrheitsfindung zu fragen, aufgestellt werden, Nichtinformierte beeindrucken und zu Zweifeln anregen. Unter Ignorierung der Todesopfer, die auch von Täterseite seit einem halben Jahrhundert mehr als ausreichend dokumentiert und bezeugt sind, wird die Forderung erhoben, Sachbeweise zu erbringen, als ob es sich um einen Indizienprozeß ohne Mörder und ohne Ermordete handelte. Im Falle der Krematorien von Auschwitz, die nach »revisionistischer« Ansicht nicht existiert haben bzw. deren Leistungsfähigkeit für die massenhafte Ermordung nicht ausgereicht haben soll, hat sich ein Mann der Mühe unterzogen, alle Details akribisch zusammenzutragen: Der französische Apotheker Pressac gehörte ursprünglich im Gefolge von Faurisson zu den Leugnern der Realität von Auschwitz. Jahrelang widmete er sich den technischen Problemen der Vernichtung, die den Angelpunkt der »revisionistischen« Argumentation bilden. Pressac erbringt unter Verzicht auf Erlebnisberichte und historische Zusammenhänge, im Beharren auf einem einzigen Detailkomplex, alle Beweise, die zur Widerlegung der »revisionistischen« Konstrukte dienlich sind. Akten der SS-Bauleitung, Rechnungen und Korrespondenzen der Lieferfirmen sind ausgewertet und ausgebreitet, ein technisch begründeter Zweifel am Geschehen von Auschwitz ist nach dem Befund Pressacs nicht möglich.[23] So dankenswert solche Beweisführungen sind, und so notwendig es ist, den böswilligen Umdeutungen der Wirklichkeit im Interesse der Wahrheit und der Aufklärung immer wieder entgegenzutreten,[24] so wirkungslos bleibt dieses Bemühen gegenüber den »Revisionisten« selbst. Denn ihre Absicht ist es, entgegen allen Quellen, die natürlich keineswegs nur aus den Berichten überlebender Opfer bestehen, ein Phantombild zu fixieren, das die historische Realität ins Gegenteil verkehrt, den Nationalsozialismus rehabilitiert und antisemitische Vorurteile stabilisiert. Der Kern der Argumentation besteht ja aus der Unterstellung, »die Juden« hätten den Holocaust erfunden, um damit unlautere Ziele zu verfolgen.[25] Die Entlastungsfunktion der »revisionistischen« Ideologie ist unverkennbar: Aus gekränktem Patriotismus und um der Unerträglichkeit historischer Schuld zu entkommen, aber auch aus anderen Gründen, zu denen antisemitische und antidemokratische Einstellungen gehören, die in der Glorifizierung des Nationalsozialismus gipfeln, werden Schuldverschiebungen und Schuldzuweisungen elaboriert, die verbindende Funktion vom konservativen bis zum rechtsextremistischen Lager haben. In dieser Wirkung des »Revisionismus« liegt seine größte Gefahr.

Anmerkungen

1   Im »Siegburger Manifest« der »Republikaner« (Juli 1985) steht in der Präambel: »Unsere Forderungen lassen sich nur verwirklichen, wenn Deutschland wieder eine normale Nation wird. Wir können weder innen- noch außenpolitisch dauernd in einem Ausnahmezustand leben. Zu dessen Beendigung gehört vor allem die Entkriminalisierung unserer Geschichte als Voraussetzung für ein selbstverständliches Nationalbewußtsein«. Im Parteiprogramm von 1987 heißt es: »Die Kriegspropaganda der Siegermächte ist in unsere Geschichtsbücher eingegangen, und Fälschungen müssen von der Jugend weitgehend geglaubt werden, da eine objektive Geschichtsschreibung immer noch nicht in vollem Umfang ermöglicht wird.«
2   Die zentrale Rolle der »Deutschen National-Zeitung« als Vehikel »revisionistischen« Strebens wird u. a. deutlich im Trend des inflationären Gebrauchs des Wortes Auschwitz im Zusammenhang abwertender Konnotationen oder in der Umdeutung des Begriffs Holocaust. Vgl. die Schlagzeile »Was heißt ›Auschwitz-Lüge‹?« (15.4.1994), »Wie viele starben in Auschwitz?« (18.2.1994), »Auschwitz: Millionen Tote erfunden« (25.3. 1994). In »Deutsche Wochen-Zeitung/Deutscher Anzeiger«, einem Blatt, das ebenfalls von Gerhard Frey herausgegeben wird und das wie die »National-Zeitung« als Sprachrohr der »Deutschen Volksunion« (DVU) dient, heißt es: »Bald ein halbes Jahrhundert nach dem Ende des Zweiten Weltkriegs nimmt die systematische Umerziehung des deutschen Volkes ihren Fortgang. Täglich werden neue Lügen in der Meinungsindustrie ohne jede Rücksicht auf die wahren Gegebenheiten gegen Deutschland aufgetischt unter Konstruktion einer auch alle künftigen Generationen der Deutschen umfassenden ›Kollektivverantwortung‹. Nach der in der Bundesrepublik Deutschland geltenden politischen Strafrechtsordnung sind zwar Minderheiten vielfältig geschützt, nicht aber das deutsche Volk, seine Geschichte, seine Soldaten, seine Gefallenen usw., die jedermann nach Be-

lieben straffrei verleumden und verteufeln kann« (Deutsche Wochen-Zeitung/Deutscher Anzeiger 12/1993, S. 5).

3 Hermann Graml, Alte und neue Apologeten Hitlers, in: Wolfgang Benz (Hrsg.), Rechtsextremismus in Deutschland. Voraussetzungen, Zusammenhänge, Wirkungen, Frankfurt am Main 1994, S. 36; vgl. Hans Buchheim, Zu Kleists »Auch Du warst dabei«, in: Vierteljahrshefte für Zeitgeschichte 2 (1954), S. 177–192.

4 Der von Herbert Grabert gegründete Verlag in Tübingen publiziert seit 1952 die »Hochschullehrerzeitung« (ab 1956 »Deutsche Hochschullehrer-Zeitung«), die seit 1972 unter dem Titel »Deutschland in Geschichte und Gegenwart« erscheint. War der ursprüngliche Titel Alibi und Hochstapelei, da kaum ein Hochschullehrer die Zeitschrift gelesen haben dürfte, so tritt das vierteljährlich erscheinende Periodikum »für Kultur-, Geistesgeschichte und Politik« mit seiner Auflage von 3.000 Exemplaren mit dem ebenfalls zweifelhaften Anspruch der Wissenschaftlichkeit auf, um dezidiert »revisionistische« Positionen zu vertreten. Seit 1975 führt Wigbert Grabert den Verlag in zweiter Generation. Der Grabert-Verlag publizierte nach Hoggan weitere zentrale Titel »revisionistischer« Literatur. Vgl. Rainer Fromm/Barbara Kernbach, … und morgen die ganze Welt? Rechtsextreme Publizistik in Westeuropa, Marburg-Berlin 1994; Astrid Lange, Was die Rechten lesen. Fünfzig rechtsextreme Zeitschriften. Ziele, Inhalte, Taktik, München 1993.

5 Hermann Graml, David L. Hoggan und die Dokumente, in: Geschichte in Wissenschaft und Unterricht 14 (1963), S. 492–514; siehe auch Gotthard Jasper, über die Ursachen des Zweiten Weltkriegs. Zu den Büchern von A. J. P. Taylor und David Hoggan, in: Vierteljahrshefte für Zeitgeschichte 10 (1962) 3, S. 311–340.

6 Udo Walendy, Dipl. Politologe und Verleger in Vlotho/Weser, war zeitweise Landesvorsitzender der NPD in Nordrhein-Westfalen. Zu seiner Qualifikation als Autor vgl. ausführlich Graml, Alte und neue, S. 41–46.

7 Antwort der Bundesregierung auf die kleine Anfrage der Abgeordneten Ulla Jelpke und der Gruppe der PDS/Linke Liste: Bundestagsdrucksache 12/2470 vom 27. April 1992; vgl. Bayerisches Landesamt für Verfassungsschutz (Hrsg.), Revisionismus in der Bundesrepublik Deutschland, München 1993.

8 Thies Christophersen, Die Auschwitz-Lüge, Mohrkirch 1973 (zahlreiche weitere Augen).

9 Paul Rassinier, Was ist Wahrheit? Die Juden und das Dritte Reich, Leoni 1963 (zahlreiche weitere Auflagen); vgl. dazu Lothar Baier, Französische Zustände. Berichte und Essays, Frankfurt am Main 1982.

10 Robert Faurisson, Ich suchte – und fand die Wahrheit. Die Revisionistische These eines französischen Forschers, Mohrkirch 1982.

11 Wilhelm Stäglich, Der Auschwitz-Mythos. Legende oder Wirklichkeit? Eine kritische Bestandsaufnahme, Tübingen 1979.

12 Arthur R. Butz, The Hoax of the Twentieth Century. The Case against the presumed Extermination of European Jewry, Torrance, Cal. 1977 (und zahlreiche weitere Auflagen); deutsche Ausgabe: Der Jahrhundertbetrug, Vlotho 1977.

13 Emil Aretz, Hexen-Einmal-Eins einer Lüge, 5. Aufl. Pähl/Obb. 1984.

14 Erich Kern, Die Tragödie der Juden. Schicksal zwischen Propaganda und Wahrheit, Preußisch Oldendorf 1979.

15 Vgl. Martin Broszat, Hitler und die Genesis der »Endlösung«. Aus Anlaß der Thesen von David Irving, in: Vierteljahrshefte für Zeitgeschichte 25 (1977) 4, S. 739–775. Während Irving einen Preis auslobte, falls jemand Hitlers Vernichtungsabsicht gegenüber den Juden anhand eines schriftlichen Befehls nachweisen könnte, entspann sich über die Thesen Broszats (bedurfte es eines schriftlichen Befehls?) eine gelehrte Kontroverse: Christopher R. Browning, Zur Genesis der »Endlösung«. Eine Antwort an Martin Broszat, Vierteljahrshefte für Zeitgeschichte 29 (1981) 1, S. 97–109.

16 Landesamt für Verfassungsschutz Berlin (Hrsg.), Die internationale Revisionismus-Kampagne, Berlin 1994 (Durchblicke Nr. 3), insbes. S. 29 ff.

17 Nach ihrem Verfasser heißt die Schrift auch »Rudolf-Report«, sie erreichte mit dem Copyright-Vermerk Germar Rudolf 1992 eine »3. erweiterte und korrigierte Auflage«. Rudolf wurde von der Max-Planck-Gesellschaft entlassen, er betätigt sich weiterhin einschlägig. Im Juni 1994 sandte er an den Vorsitzenden des Zentralrats der Juden in Deutschland die Einleitung zu einem Sammelband, der unter dem Titel »Licht in die Vergangenheit. Eine interdisziplinäre Gesamtbetrachtung zur NS-Judenvernichtung« die Linie apologetischer Holocaust-Leugnung fortsetzt.

18 Otto Ernst Remer, Verteiler: Gutachten über die behaupteten Gaskammern von Auschwitz, Bad Kissingen, Oktober 1992.

19 Deborah E. Lipstadt, Betrifft: Leugnen des Holocaust, Zürich 1994, S. 190 ff.

20 Flugblatt »66 Fragen und Antworten über den Holocaust. Verlegt vom Institute for Historical Review«, Cosa Mesa, Cal. o. J. (1994).

21 Vgl. Wolfgang Benz (Hrsg.), Legenden Lügen Vorurteile. Ein Wörterbuch zur Zeitgeschichte. und erw. Aufl. München 1992, S. 185 f.

22 Vgl. dazu Wolfgang Benz, Die »Auschwitz-Lüge«, in: Rolf Steininger (Hrsg.), Der Umgang mit dem Holocaust. Europa-USA-Israel, Wien-Köln-Weimar 1994, S. 103–115.

23 Jean-Claude Pressac, Die Krematorien von Auschwitz. Die Technik des Massenmordes, München 1994.

24 Vgl. dazu Till Bastian, Auschwitz und die »Auschwitz-Lüge«. Massenmord und Geschichtsfälschung, München 1994.

25 Wolfgang Benz, Realitätsverweigerung als antisemitisches Prinzip: Die Leugnung des Völkermords, in: ders. (Hrsg.), Antisemitismus in Deutschland. Zur Aktualität eines Vorurteils, München 1995, S. 121–139.

Juliane Wetzel

Die Leugnung des Genozids
im internationalen Vergleich

Der Remer-Kreis

Die ersten Anzeichen für eine Verharmlosung des NS-Regimes zeigten sich in Deutschland bereits in den 50er Jahren. Mit der Gründung der »Sozialistischen Reichspartei« (SRP) am 2. Oktober 1949 wurde erstmals nach Ende der Befreiung von der NS-Herrschaft wieder eine Partei aktiv, die direkt an die NS-Ideologie anknüpfte und als erste rechtsextreme Partei in die bundesrepublikanische Geschichte einging. Ihr Mitbegründer Generalmajor a.D. Otto Ernst Remer, der als Kommandeur des Berliner Wachbataillons an der Niederschlagung des Attentats vom 20. Juli 1944 beteiligt war, gehört seit nunmehr fast 50 Jahren zu den zentralen Figuren im Lager der Leugner des nationalsozialistischen Völkermords.

Da die SRP auf dem Führerprinzip beruhe und als Nachfolgeorganisation der NSDAP einzustufen sei, stellte die Bundesregierung im November 1951 beim Bundesverfassungsgericht Antrag auf Feststellung der Verfassungswidrigkeit. Am 23. Oktober 1952 erging das Urteil. Die Partei, die immerhin bei den Wahlen zum niedersächsischen Landtag im Mai 1951 rund 11 % der Gesamtstimmenzahl (16 Mandate) erhalten hatte, wurde als verfassungswidrig eingestuft und aufgelöst.[1] Remer blieb weiter aktiv und geriet immer wieder durch Aktionen in die Schlagzeilen. Im April 1983 gründete er die »Deutsche Freiheitsbewegung«, die sich mit der Zeitschrift »Der Bismarck-Deutsche«, bzw. nach deren Umbenennung im Juni 1992 mit »Recht und Wahrheit« ein Forum schuf, das die deutsche Leugner-Szene mit Informationen beliefert, aber auch Verbindung zu anderen Ländern hält und insbesondere europäischen Vertretern der »Auschwitz-Lüge« ein Forum bietet. Die »revisionistische« Organisation »Consortium de Levensboom«, die in Velb in den Niederlanden ihren Sitz hat, wirbt regelmäßig in »Recht und Wahrheit« für das neueste Werk »Die Niederländische Ostkompagnie

A.G. (Teil I)«[2] ihrer Gründerin Florentine Rost van Tonningen, Ehefrau des während der deutschen Besetzung aktiven niederländischen Reichsbankpräsidenten Meinod Rost van Tonningen, der 1945 unter ungeklärten Umständen Selbstmord beging. Seine Frau nimmt an Tagungen des in den USA ansässigen »revisionistischen« »Institute for Historical Review« (IHR) teil und erscheint beim Treffen am Ulrichsberg, der von der »Ulrichsberggemeinschaft« veranstalteten, jährlich im Oktober stattfindenden Gedenkfeier für die gefallenen Soldaten, an der auch ehemalige SS-Angehörige und die verschiedensten rechtsextremen Gruppen aus der Bundesrepublik, Norwegen, Belgien, Finnland, Frankreich, Schweden, Dänemark, Italien und den Niederlanden teilnehmen.[3]

Zu den regelmäßigen Autoren von »Recht und Wahrheit« gehört auch Christian Worch, der als Drahtzieher der Neonazi-Szene im Hintergrund agiert. Als ehemaliger Gefolgsmann des im April 1991 verstorbenen, damals führenden Koordinators der neonazistischen Szene Michael Kühnen sieht Worch sich »nicht als Aktivist« der immer mehr an Bedeutung verlierenden, verbotenen Kaderorganisation »Gesinnungsgemeinschaft der Neuen Front«, gilt aber als ihr intellektueller Kopf. Worch, der über das »Störmanöver der Anarcho-Linken bei der Urnenbeisetzung von Michael Kühnen« in Remers »Recht und Wahrheit« schrieb,[4] hat nach einem Intermezzo des österreichischen Neonazi Gottfried Küssel als Nachfolger Kühnens die Führungsrolle im Neonazi-Lager eingenommen und versucht nun, einen integrierenden Einfluß auf die Szene auszuüben. Er initiierte die seit 1993 agierende »Anti-Antifa«-Kampagne, die dem »nationalen« Lager bindende Strukturen verschaffen will, um über interne Differenzen hinweg die Rechtsextremen zu einigen.[5]

Neben »Recht und Wahrheit« verbreitet Remer mit der »Remer-Depesche« ein noch wüster antisemitisches, revisionistisches Blatt. Diese Druckerzeugnisse informieren regelmäßig über die neuesten Erkenntnisse auf dem Feld der von Remer behaupteten Nichtexistenz von Gaskammern in den NS-Vernichtungslagern. Einen erneuten Beweis sollte ein von Remers Anwalt bestelltes Gutachten erbringen. Ebenso wie im Fall von Fred A. Leuchter, der sein Machwerk 1988 anläßlich eines Gerichtsverfahrens gegen den deutsch-kanadischen Rechtsextremisten und Revisionisten Ernst Christof Zündel als »wissenschaftliches« Gutachten darstellte,

53

wurde Germar Rudolf 1992 im Prozeß gegen Remer wegen Verbreitung der »Auschwitz-Lüge« in der »Remer-Depesche« als »Sachverständiger« deklariert. Rudolfs »Gutachten« wurde nicht zugelassen und Remer im Oktober 1992 wegen Aufstachelung zum Rassenhaß und Volksverhetzung zu 22 Monaten Haft ohne Bewährung verurteilt. Nach Prozeßende verschickte Remer an »sämtliche Professoren der anorganischen Chemie« der Bundesrepublik, aber auch an »Professoren für Zeitgeschichte« und »Tausende von forschenden Menschen« das 114-seitige Gutachten von Rudolf (verheirateter Scheerer, alias Ernst Gauss) mit dem Titel »Gutachten über die Bildung und Nachweisbarkeit von Cyanidverbindungen in den ›Gaskammern‹ von Auschwitz«. Remer setzte sich, kurz vor dem fälligen Haftantritt, im März 1994 nach Spanien ab. Nachdem die Bundesregierung einen Auslieferungsantrag gestellt hatte, stand Remer in Malaga zunächst unter Hausarrest, bis im Frühjahr 1996 auch dieser aufgehoben wurde, nachdem bereits im Februar das deutsche Begehren vom Nationalen Gerichtshof in Madrid abschlägig entschieden worden war.[6]

Germar Rudolf seinerseits mußte sich von Herbst 1994 bis Frühjahr 1995 vor dem Stuttgarter Landgericht wegen Volksverhetzung und Verunglimpfung des Andenkens Verstorbener verantworten. Der schwedische Journalist Ahmed Rami, der einige Jahre den schwedischen Radiosender »Radio Islam« betrieb, enge Kontakte mit Robert Faurisson[7] pflegt, von dem norwegischen Holocaust-Leugner Alfred Olsen[8] 1994 mehrmals nach Norwegen eingeladen wurde und Europakorrespondent der arabischen Zeitung »al Sha'ab« (das Volk) ist, trat als Zeuge der Verteidigung auf. Rami, der als Verbindungsmann zwischen arabischen und europäischen Holocaust-Leugnern gilt und in Schweden wegen Volksverhetzung verurteilt wurde, veröffentlichte in »al Sha'ab« Interviews mit Otto Ernst Remer und Robert Faurisson.[9] Das erste Gespräch mit Remer erschien am 20. Juli 1993, um der »Taten« des ehemaligen Kommandeurs des Berliner Wachbataillons am 20. Juli 1944 zu gedenken. Am 23. Juli folgte ein weiterer Interviewabdruck, der diesmal an den Jahrestag von Nassers Revolution 1952 in Ägypten erinnern sollte; Remer hatte 1953/54 als Nassers Militärberater fungiert. Die Möglichkeit der medialen Präsentation und Selbstdarstellung nutzte Remer, um nicht nur seine Thesen über den angeblich nicht stattgefundenen Holocaust zu erläutern, sondern auch, um die islamische Welt vor der jüdischen Weltverschwörung gegen die Moslems zu warnen. Auch Faurisson erhielt in drei verschiedenen Ausgaben von »al-Sha'ab« Gelegenheit, seine Publikationen zum Thema Holocaust-Leugnung zu erläutern. Die Interviews mit Remer und Faurisson wurden ins deutsche übersetzt und von der in Brighton ansässigen »Cromwell Press« vertrieben.[10] Die Adresse von »Cromwell Press« wiederum war lange identisch mit der Bezugsadresse der »Remer-Depesche« und des »Deutschland-Reports«, ebenfalls aus dem Dunstkreis Remers.[11] Besitzer der Firma ist Anthony Hancock, der seit Thies Christophersens Weggang aus Dänemark dessen Propagandamaterial druckt, so etwa auch »Die Bauernschaft« bis zu deren Übergabe 1994 an Zündel.[12] «Cromwell-Press« vertreibt im übrigen auch das »Rudolf-Gutachten«.

Rudolf nimmt in den rechtsextremen »Staatsbriefen«, die 1990 einen Aufsatz von Michael Kühnen mit dem Titel »NS-Verbot und Souveränität« abdruckten,[13] zum Verlauf des 1994/95 gegen ihn laufenden Prozesses Stellung, behauptet, »Politik und Zeitgeist« übten »massiven Druck auf die Justiz« aus, und bezeichnet dies im Titel seines Beitrags als »Webfehler im Rechtsstaat«.[14] Im nächsten Heft der »Staatsbriefe« wird »die Rolle der Presse im Fall Germar Rudolf« untersucht. Auch hier findet die übliche Methodik im »revisionistischen« Lager Anwendung: man zitiert sich gegenseitig und führt andere einschlägige Organe als beweisfähige Quellen an (»Journal of Historical Review«, »Sleipnir«, »Deutschland in Geschichte und Gegenwart«, Gauss: Vorlesungen über Zeitgeschichte).[15] Damit verfährt dieses ursprünglich als »Intelligenz- und Theorieorgan« geplante Blatt wie alle anderen Publikationen, die sich auf dem Feld des »Revisionismus« tummeln. Vermutlich steht gerade dieses eindeutig »revisionistische« – wenn auch mit dem äußeren Anstrich der Wissenschaftlichkeit versehene – Outfit dem beabsichtigten Brückenschlag zum konservativen Lager im Wege.

Rudolf (mittlerweile verehelichter Scheerer) ist es auch, der in den »Staatsbriefen« die Verbindung zum islamisch-arabischen »Revisionismus« herstellt und zeigt, daß die bisher eher auf Länder wie Großbritannien und Italien beschränkte Islamaffinität der Rechtsextremen, die bis in die Kreise des »Movimento Sociale Italiano/Alleanza Nazionale« reicht,[16] inzwischen weitere Kreise zieht und Rami nicht von ungefähr als Prozeßzeuge der Verteidigung bestellt wurde:

»Eine Kritik an der Mystifizierung des Holocaust durch die Juden bzw. durch die gesamte westliche Welt sowie an den sich daraus ergebenden gesellschaftlichen und historiographischen Problemen wurde zuerst von Ahmed Rami angegangen [...] Die fundamentalistisch orientierte, in Kairo verlegte [...] Zeitung Al-Shaab [sic!], mit etwa zwei Millionen Exemplaren die auflagenstärkste Zeitung im Maghreb, publizierte im Sommer und Herbst 1993 erstmalig einige Artikel über den westlichen Holocaust-Revisionismus.«

Scheerer berichtet weiter: »Wie weit der Revisionismus inzwischen in den arabischen Gemeinden weltweit Wurzeln geschlagen hat, zeigte sich im Frühsommer 1995 in Großbritannien, als sich die britische Regierung gezwungen sah, dem Radiosender Moslem Community Radio die Lizenz zu entziehen, da dieser behauptet hatte, der Holocaust sei niemals geschehen.« [17]

In Großbritannien sind neben dem revisionistischen Publizisten und weltweit agierenden David Irving einige Vertreter des islamischen Fundamentalismus mindestens ebenso aktiv in der Verbreitung und Propagierung der »Auschwitz-Lüge«.[18]

Die Verbindung von »Revisionismus« und Islam spielt insbesondere bei den italienischen Rechtsextremen eine zentrale Rolle. Die Vertreter, die sich um die Periodika »Avanguardia«, »Orion« und »Aurora« gruppieren, werden dort mit der Leugnung des Holocaust in Form von Artikeln, Karikaturen sowie Rezensionen vertraut gemacht und sehen in dem Zusammenschluß von Eurasia und Islam das einzige Mittel, den z.T mit der »jüdischen Weltverschwörung« synonym zu setzenden Mondialismus zu bekämpfen, deshalb ist der einwandernde Moslem ein potenzieller und willkommener Revolutionär.[19] Dem Islam wird eine tragende Funktion im Antimondialismus zugeschrieben, wodurch es schließlich gelingen werde, Israel zu vernichten.[20]

Italiens neuer Antisemitismus

Noch vor zehn Jahren konnte in Italien deutlich unterschieden werden zwischen Gruppierungen, denen antisemitische Vorurteile fern lagen, und jenen, die sich ihnen sehr wohl bedienten. Heute dagegen findet sich keine Gruppierung der Ultrarechten mehr, die nicht den Antisemitismus als wichtige Komponente ihrer Weltanschauung absorbiert. Antijüdische Vorurteilsstrukturen werden zu einigenden Faktoren so verschiedener rechtsextremer Ausrichtungen wie des Neofaschismus, der rechten Skinheads bzw. der »Neonazis« und der Nationalkommunisten.[21] Ganz ähnlich wie in Deutschland spielt hierbei mehr und mehr der »Revisionismus« (negazionismo) mit einer Rezeption der Publikationen von Rassinier, Faurrison und Irving eine zentrale Rolle, und zwar in seiner gesamten Bandbreite von der Verharmlosung über die Infragestellung bis hin zur völligen Negierung der Ermordung der europäischen Juden. Damit verbinden sich zwei wesentliche Elemente, der »Revisionismus« des Westens mit dem Nationalismus des Ostens zu einer neuen antisemitischen Ausdrucksform, die auf alten Vorurteilsstrukturen aufbauen kann. 1985 erschienen erstmals in Italien »revisionistische« Bücher (Originalausgaben oder übersetzte ausländische Titel), die »wissenschaftlich« beweisen wollten, daß es keine Vernichtungslager gegeben habe, und die die »Lüge der sechs Millionen« verbreiteten.[22] Rechtsextreme Zeitschriften und Periodika allerdings nahmen sich des Themas schon längere Zeit an: In der radikal-antisemitischen Monatszeitschrift »Sentinella d'Italia« vom Januar 1980[23] findet sich ein Artikel entsprechenden Inhalts unter dem Titel »Il mito dei sei milloni« (Der Mythos der sechs Millionen).

In ähnlicher Form bedient sich das Fanzine »Nuovi Orrizzonti« des »Movimento Politico Occidentale« dieses Antisemitismus wegen Auschwitz, also einer Schuldzuweisung an die Opfer, in einem dreiseitigen Beitrag »A proposito dell'olocausto«. Dort steht:

»Natürlich ist der falsche Mythos Holocaust gut dokumentiert, und man kann hinzufügen, daß viele der zahlreichen Forscher des in Rede stehenden Problems sich in keiner Weise zum politischen Glauben derer bekennen, die in dieser Zeitung schreiben. [...] Es scheint so, als sei sich keiner darüber bewußt, daß durch die Zeugenaussagen [der Opfer] Ströme besten arischen Blutes geflossen sind, Blut, mit dem sich die Mörder Europas ernährten, Blut, auf dem die Kinder von Juda ihre größten Erfolge aufgebaut haben. Diese Vampire haben darüber hinaus den falschen Mythos des Holocaust ausgenutzt, um der Geburt eines jeglichem möglichen versuchten Freikaufs und einer Rache von Seiten einer Bewegung wie des Faschismus vorzubeugen und sie zu blockieren.«[24]

In »revisionistischen« Kreisen taucht von italienischer Seite immer wieder der Name Carlo Mattogno auf, der etwa mit dem Buch »Il mito dello sterminio ebraico« (Der Mythos der Ausrottung der Juden), das 1985 im einschlägigen Verlag »Sentinella d'Italia« erschien oder »Il rapporto Gerstein. Anatomia di un falso« (Der Gerstein-Bericht. Anatomie einer Fälschung) im gleichen Jahr und Verlag publiziert und in den 90er Jahren im rechtsextremen Verlag »Edizioni di Ar«, der übrigens von dem zum Islam übergetreten und dem Redaktionskollegium der russischen nationalistisch-antisemitischen Wochenzeitung »Den« (Der Tag)[25] angehörenden Claudio Mutti geleitet wird, »Auschwitz. La prima gasazione« (Auschwitz. Die erste Vergasung; 1992) und »La soluzione finale. Problemi e polemiche« (Die Endlösung. Probleme und Polemiken; 1991) publizierte. Mattogno erscheint auch im »Editorial Advisory Committee« der Zeitschrift »Journal of Historical Review«, dem Organ des amerikanischen »Institute for Historical Review« (IHR).

Das »Institute for Historical Review«

Dieses 1978 von Willis A. Carto gegründete Institut, das seit Juni 1994 auch über eine Zweigstelle in Japan verfügt,[26] erfüllt die zentrale Bindefunktion im internationalen Leugner-Lager. Es hat seinen Sitz in Newport Beach bzw. Costa Mesa/Los Angeles (Kalifornien). Europäische, amerikanische und arabische »Revisonisten« treffen sich auf IHR-Konferenzen – die erste dieser Art fand 1979 statt[27] – und tauschen Informationen über das »Journal« aus. Carto selbst tritt nicht in Erscheinung, taucht in den Publikationen nicht namentlich auf, hat aber über seine 1955 in den USA gegründete »Liberty Lobby« mit Sitz in Washington D.C., die inzwischen zu

einem Medienimperium angewachsen und eine der aktivisten antisemitischen Organisationen ist, großen Einfluß und verfügt über beträchtliche finanzielle Mittel.[28]

Arthur Butz, der Elektrotechnik und Computerwissenschaft an
der Northwestern University in Evanston, Illinois, lehrt, und Robert
Faurisson, der bis zu seiner Entlassung 1979, im selben Jahr als er
Mitglied des Herausgeberkomitees des »Journal of Historical Review« wurde, an der Universität von Lyon Professor für zeitgenössische französische Literatur des 20. Jahrhunderts war, gehören zu
den wesentlichen Mentoren des IHR. Faurisson, der bereits mehrmals in Frankreich wegen »revisionistischer« Behauptungen vor
Gericht stand und zuletzt 1991 zu 100.000 Francs Geldstrafe verurteilt wurde, hat unter dem Titel »Mein Leben als Revisionist« eine
mehrteilige Serie in »Code« veröffentlicht und einige Bücher zum
Thema verfaßt, so etwa »Es gab keine Gaskammern«. Butz legte
1976 ein einschlägiges 315-Seiten-Werk mit dem Titel »The Hoax
of the Twentieth Century« vor, das 1977 auch in Deutsch publiziert
wurde und bisher wohl zu den »revisionistischen« Publikationen
mit der höchsten Auflage gehört.[29] Ebenfalls über engste Kontakte
zum IHR verfügt Otto Ernst Remer. Er war einer der wenigen, der
1987 zur »Revisionisten-Konferenz« des Instituts in die USA einreisen durfte, Zündel und andere Leugner erhielten keine Erlaubnis,
wie die Zeitschrift »Code« 1988 berichtete.[30] Bei »Code« (Conföde-
ration organisch denkender Europäer) handelt es sich um eine monatlich erscheinende Zeitschrift, die die Komponenten Antisemitismus, Revisionismus und Verschwörungstheorie (Protokolle der
Weisen von Zion) vereint. Im September 1995 änderte sie ihren
Namen und fand bis November 1995 Verbreitung als »Das andere
deutsche Nachrichtenmagazin«, das nach wie vor über die Arbeit
des IHR berichtete, antisemitische Karikaturen veröffentlichte[31],
den Massenmord an den Juden leugnete[32] und eng mit der amerikanischen Zeitschrift »Spotlight« von der »Liberty Lobby« Cartos zu-
sammengearbeitet hat. Die bis dahin nur im Abonnement erhältli-
che Monatsschrift versuchte, sich gleichzeitig mit ihrer Umbenennung einem breiteren Publikum zu öffnen, und war seit September
1995 in Deutschland, Österreich, der Schweiz und anderen europäischen Ländern im Kiosk zu erhalten.[33] Aus »lizenzrechtlichen«
Gründen jedoch stellte sie im November ihre Tätigkeit wieder ein.[34]

»Code« gehört nicht zu den einzigen Printerzeugnisse (vgl. etwa »Die Bauernschaft«), die in jüngster Zeit keinen Markt mehr zu haben scheinen. Die neuen Medien werden zu immer wichtigeren Kommunikationsmitteln. Über Internet lassen sich Adressen des »Ku Klux Klan« (KKK), der »White Aryan Resistance«, der »Revolutionary Nationalist« und der »NS White American Party« abfragen. Ebenso lassen sich mit der »NSDAP-Auslandsorganisation« des zur Zeit im Hamburg vor Gericht stehenden Deutsch-Amerikaners Gary Rex Lauck, der die internationale Szene mit Propagandamaterial in allen Sprachen versorgt und seit 1995 auch über Internet erreichbar ist, Verbindungen aufbauen.[35]

Auch das IHR verbreitet inzwischen über Internet Informationen und weist auf die wichtigsten »revisionistischen« Publikationen hin. Es werden Bestellungen der einschlägigen Werke von Butz, Leuchter, Faurisson, Stäglich, Roques und Rassinier entgegengenommen. Ernst Zündel, der kanadische Holocaust-Leugner, dessen Propagandamaterial in 15 Sprachen übersetzt ist und in 40 Ländern kursiert,[36] äußert sich begeistert über das Internet, auf dem er seit Frühjahr 1995 selbst vertreten ist. Man könne, so Zündel,

»die neuesten, oft von Regierungen zensierten und unterdrückten Nachrichten Millionen von Menschen rund um die Welt in Minuten zugänglich machen! Die Zensur wird damit hintergangen [...] Das Internet ist eine hervorragende Sache, um blitzschnell und preiswert Millionen zu informieren...«[37]

Im September 1995 gab Zündel die Zahl der User – »alle wurden mit revisionistischem Gedankengut beliefert, ohne daß es uns einen Pfennig Porto kostet«[38] – »in weniger als acht Wochen« mit 7.700 an.[39]

Internet und Mailboxen fungieren als Kontaktbörse, da durch stärkeres und effektiveres Eingreifen der Polizei und der Verfassungsschutzorgane persönliche Kontakte etwa auf den jährlichen »Revisionistentreffen« in Deutschland massiv eingeschränkt wurden.

Die »Revisionisten«-Treffen

Waren die Repressalien 1990 noch gering, hatte sich 1991 bereits einiges geändert. Aufsehen in der Presse erregte damals die von Bela Ewald Althans und Ernst Zündel (von dem sich Althans im Sommer 1995 distanziert hat)[40] für den 23. März geplante Großveranstaltung, eine als »unpolitische Promotionsveranstaltung mit ethischem Background« getarnte »Internationale Jahrestagung kritischer Zeitgenossen«, im Deutschen Museum in München.[41] Im Gegensatz zu der ein Jahr zuvor am 21. April 1990, einen Tag nach Hitlers Geburtstag, im Münchner Löwenbräukeller abgehaltenen »geschlossenen Elternsitzung« (auf der David Irving Auschwitz als »eine Attrappe« bezeichnete) unter dem Slogan »Wahrheit macht frei«,[42] zu der Althans etwa 800 Teilnehmer, darunter die gesamte Leugner-Szene wie der inzwischen verstorbene Michael Kühnen, Otto Ernst Remer, Gottfried Küssel, Robert Faurisson, den »Auschwitz-Mythos«-Verfasser Wilhelm Stäglich sowie Ahmed Rami eingeladen hatte, war die bayerische Landeshauptstadt diesmal rigoroser vorgegangen. Im letzten Moment – am 20. März – hatte das Kreisverwaltungsreferat die Veranstaltung verboten; der von Althans versuchte Einspruch beim Verwaltungsgericht blieb ohne Erfolg.[43] Als Referenten des »weltgrößten Revisionistentages« 1991 waren neben Fred Leuchter und Robert Faurisson auch der französische »Revisionist« Henri Roques und David Irving vorgesehen.

Nachdem bereits am 22. März der zur Veranstaltung angereiste Ernst Zündel aufgrund eines seit Januar bestehenden Haftbefehls wegen »Beleidigung des Andenkens Verstorbener« und »Aufstachelung zum Rassenhaß« verhaftet worden war und sechs Tage später wieder auf freien Fuß gesetzt wurde, fanden sich am 23. März dennoch über 350 Rechtsextremisten vor dem Deutschen Museum zu einer »Mahnwache« ein, bei der alle für den »Leuchter-Kongreß« eingeladenen Redner das Wort ergriffen.[44] Welche verbindende und überfraktionelle Funktion der »Revisionismus«, insbesondere solche »Kongresse« in der gesamten Szene haben, zeigt sich daran, daß die gesamte Riege der »Revisionisten« aus dem In- und Ausland vertreten war: Neben den Deutschen Meinolf Schönborn, dem Leiter der seit November 1992 verbotenen »Nationalistischen Front« (NF), der sich zwischenzeitlich nach Dänemark abgesetzt hatte,

Rechtsanwalt Jürgen Rieger, Udo Walendy sowie Christian Worch,[45] der mit seinen Leuten den Ordnerdienst übernehmen wollte, waren Gäste aus der »Ostmark« angereist und aus Spanien Pedro Varela Geiss vom »Circulo Espanol de Amigos de Europa« (CEDADE) eingetroffen.[46] Seit dem »Revisionisten-Kongreß« am 23. März 1991 in München sind die Verbindungen der internationalen Leugner-Gilde enger geworden. Die führenden Personen jedoch sitzen im Ausland, etwa in Spanien, aber durch Internet und e-mail steht ihnen ein einfaches, unkontrollierbares, völlig offenes Kommunikationssystem zur Verfügung, das ihre Agitation wesentlich erleichtert.[47]

Zufluchtsort Spanien

Spätestens seit den Feierlichkeiten zu Hitlers 100. Geburtstag in Madrid im April 1989 gehört Spanien neben Dänemark und Belgien zu den Ländern, von denen aus die rechtsextreme Szene agiert; dort beeinträchtigen keine Gesetze gegen NS-Betätigung und Rassenhaß die Arbeit.[48] Die Präventivmaßnahmen der deutschen Verfassungsschutzorgane und der Polizei sowie das Verbot, die »Gedenkveranstaltung« in Deutschland abzuhalten, ließen das »Komitee zur Vorbereitung der Feierlichkeiten zum 100. Geburtstag Adolf Hitlers« (KAH) nach Spanien ausweichen. Führender Kopf der spanischen Rechtsextremen ist Pedro Varela Geiss vom CEDADE, der maßgeblich an der Gründung des KAH beteiligt war und auch auf den »Revisionisten-Kongressen« nicht fehlt. Zusammen mit Thies Christophersen, dem einschlägig bekannten Auschwitz-Leugner, hielt Geiss Lobreden auf Hitler auf der KAH-Veranstaltung 1989. Der CEDADE hält Verbindungen mit der griechischen antisemitischen, ultra-nationalistischen Organisation »Laikos Syndesmos«, der völkischen Liga, die 1981 gegründet wurde und von Nikolas Michaloloakos geführt wird. Diese wiederum steht in engem Kontakt mit der »Pamjat« in Rußland und der französischen »Front Nationale« sowie der »Afrikaaner Weerstandsbeweging« (AWB) in Südafrika.[49] Sowohl die monatlich erscheinende Zeitschrift als auch das Wochenblatt »Chrissi Avgi« (Goldener Sonnenaufgang), beides Organe der »Laikos Syndesmos«, haben sich der Leugnung des Holocaust verschrieben.[50]

Zeitungen wie »Sieg« und deren Herausgeber, der österreichische Neonazi Walter Ochensberger, verlegten ihre Adresse nach Barcelona, ebenso wird die »Remer-Depesche« seit Remers Flucht nach Spanien im Frühjahr 1994 in Barcelona von »Euro-Print« gedruckt. Während Ochensberger jedoch in Deutschland verhaftet wurde und seine Strafe im Gefängnis verbüßte, ist ein anderer Österreicher nach wie vor in Spanien aktiv: Auch Gerd Honsik hat sich 1992 nach Spanien abgesetzt, von dort liefert er weiter Propagandamaterial und verschickt seine Zeitschrift »Halt« nun von dort.[51] Auch der belgische Faschistenführer und NS-Kollaborateur Léon Degrelle hatte sich bereits 1945 in Spanien niedergelassen und lebte dort bis zu seinem Tod 1994.[52] Seine Publikationen wie etwa die 1969 erschienenen »Erinnerungen eines Faschisten« oder das im Universitas Verlag München 1992 publizierte Buch »Denn der Haß stirbt... Erinnerungen eines Europäers« bzw. das im Grabert-Verlag Tübingen 1993 veröffentlichte Werk »Hitler geboren in Versailles« sind alle »revisionistischen« Inhalts und finden nicht nur in Belgien, sondern auch in Deutschland und den Niederlanden Verbreitung.

1989 zitiert Ochensbergers »Sieg« Degrelle in einem Artikel: »Die Wahrheit ist, daß Typhus, Hunger, pausenloser Beschuß aus der Luft 1945 die Zivilbevölkerung des Reiches traf wie auch die Häftlinge, denn sie alle waren gefangen in dem Grauen, das das Ende der Welt anzukündigen schien.«[53] Die Zeitschrift »Sieg«, eine der übelsten Hetzschriften, bot den Leugnern ein wichtiges Forum über nationale Grenzen hinweg. Kontakte bestanden nicht nur zu deutschen Neonazis und Leugnern wie Remer, Christophersen oder der »Wiking Jugend« und der »Nationalistischen Front« sowie Zeitungen und Zeitschriften wie den »Unabhängigen Nachrichten« und der »FAP-Intern«, sondern auch zu Faurisson, der »Nationalistischen Partei Griechenlands«, zu belgischen sowie südafrikanischen Organisationen und zur französischen Neonaziorganisation FANE (Fédération d'Action Nationale et Européenne).[54]

Die französische Leugner-Szene

Die antisemitisch-antikommunistische FANE wurde 1979 von Marc Fredriksen gegründet. Bis 1979 unterstützte sie Jean Marie le Pen, der den Mord an sechs Millionen Juden als »Detail der Geschichte des Zweiten Weltkriegs« bezeichnet hat,[55] und seine »Front National« und formierte sich nach ihrem Verbot 1980 wegen Rassenhetze wieder neu unter dem Namen »Faiseaux Nationalistes Européenes« (FNE). Eindeutige Aussagen lassen sich bezüglich des klar antisemitisch-antizionistischen Weltbildes von FANE/FNE ihrem Organ »Notre Europe« entnehmen: »Es existieren ausländische Menschen, deren Ausrottung unumgänglich ist [...] Das Gesetz autorisiert uns zu schreiben, der Zionismus ist eine Form des Parasitentums.« In derselben Ausgabe vom Oktober 1984 manifestiert sich auch die »revisionistische« Haltung der Gruppe: »Die antinazistische Propaganda, die die gesamte Menschheit seit 1945 in Atem hält, ist ein Netz von Lügen.«[56] FANE/FNE bot ähnlich wie spanische rechtsextreme Organisationen Neonazis aus Deutschland immer wieder Unterschlupf, wenn sie sich wegen Strafverfolgung aus der Bundesrepublik absetzen wollten. Die Gruppierung steht in engem Kontakt mit Gary Laucks NSDAP-AO und englischen rechtsextremen militanten Organisationen sowie mit dem belgischen »Vlaamse Militanten Order«.

Hatte das »Institute for Jewish Affairs« in seinem »Antisemitism World-Report« 1994 noch gemeldet, daß 1993 Druckerzeugnisse, die den Holocaust leugnen, in Frankreich weitverbreitet waren und insbesondere an Schüler und Lehrer verschickt wurden, konnte es für 1994 einen deutlichen Rückgang konstatieren, der wohl auf die schlechte finanzielle Situation der Leugner-Szene zurückzuführen ist, aber andererseits auch durch einen Rückgang des allgemeinen Interesses am Thema bedingt ist.[57] Die Einschränkungen, die ein 1990 in Frankreich verabschiedetes Gesetz gegen die Veröffentlichung der Leugnung des Massenmords an den Juden verursachte, hat den mehrfachen Wahlkandiaten der »Front National«, Philippe Costa, dazu bewogen, eine Vereinigung mit dem Namen »Mémoire et Histoire« zur Verteidigung der »Negationisten« bzw. »Revisionisten« zu gründen, die wiederum Kontakte etwa zu Remer pflegt.[58]

Französische »Revisionisten« gehören zum engsten Zirkel der Holocaust-Leugner, so sind sie auch im jüngsten deutschen Machwerk der pseudowissenschaftlichen »Leugner-Front« von Germar Scheerer/Rudolf vertreten. Der 400-seitige Band »Grundlagen zur Zeitgeschichte – Ein Handbuch über strittige Fragen des 20. Jahrhunderts«, der im Dezember 1994 in einer Auflage von 17.000 Stück[59] auf den Markt kam, wurde am 27. März 1995 wegen Volksverhetzung beschlagnahmt. 15 Autoren aus der Bundesrepublik, Frankreich, Italien, Kanada und den USA, die z. T auch dem »Editorial Advisory Committee« des »Journal of Historical Review« angehören, verfahren in der üblichen Weise, geben sich einen vermeintlich wissenschaftlichen Anstrich, zitieren sich gegenseitig, stellen Zeugenaussagen in Frage, nehmen die nicht exakt zu ermittelnde Zahl der jüdischen Opfer zum Anlaß, den Genozid an sich zu bezeifeln, bestreiten die Authentizität von Dokumenten und leugnen etwa die Massenmorde in Babi Yar.[60]

Die Propagandamittel

Unterstützt wird Rudolf/Scheerer, der u.a. auch Mitarbeiter der »Jungen Freiheit« war, von Walter Ochensberger. Dieser ruft in der zweiten Ausgabe (2/1995) seines neuen Blattes »Top Secret« zur Spendenhilfe für Scheerer auf.[61] Inzwischen hat Ochensberger auch seine Zeitschrift »Sieg«, in der antisemitische Hetze betrieben worden war, wiederaufleben lassen. Unter dem Namen »Phoenix. Das Politikmagazin zur Kenntnis unserer Zeit« soll es »als Symbol der eigenen Erneuerung des deutschen Volkes« dienen.[62]

Scheerer gehört zu den Hausautoren des Grabert-Verlages in Tübingen. Dort erschienen auch seine »Vorlesungen zur Zeitgeschichte«, die den Genozid leugnen. Außerdem vertreibt Grabert Übersetzungen des Theoretikers der »Neuen Rechten« Alain de Benoist und hatte das Buch »Feuerzeichen« von Ingrid Weckert, das am 16. Juni 1994 indiziert wurde, im Programm. Weckert macht in ihrem Band die Juden für den Pogrom vom 9./10. November 1938 verantwortlich.[63]

Auch in der seit Anfang 1995 erscheinenden Zeitung »Sleipnir. Zeitschrift für Kultur, Geschichte und Politik« meldet sich Rudolf/Scheerer zu Wort, in der ersten Nummer steht zu lesen: »De facto allerdings ist der Holocaust-Glaube die Machtgrundlage der links-internationalistischen, liberal-extremistischen Eliten der BRD.«[64] Geschickt verpackt kommen in »Sleipnir« die bekannten Figuren des Leugner-Lagers zu Wort: Zündel, Leuchter, Rudolf/

Scheerer.[65] Der Soziologe Reinhold Oberlercher, der in seinem 50-seitigen »Schulungszyklus« eine Neuordnung Deutschlands propagiert, die »das deutsche Volk von den gröbsten Übeln befreit«, schreibt in den »Staatsbriefen«, veröffentlicht Artikel in der Zeitschrift »Europa vorn« des Verlages von Manfred Rouhs, wo sich auch Franz Schönhuber bisweilen äußert, und gibt seine Meinung in »Sleipnir« zum besten. Dort bezieht er eindeutig Stellung, wenn er die Berichte über Auschwitz für ein Druckmittel der jüdischen »Weltverschwörung« hält: »Der Auschwitzglaube ist die erste wirkliche, den Globus umspannende Weltreligion. Er hat die herkömmlichen Weltkirchen zur offenen Unterwerfung durch öffentliche Anerkennung seiner Glaubensartikel gezwungen.«[66]

Die international verflochtene Skinheadszene verbreitet über CD-Vertrieb der einschlägigen Bands »revisonistisches« Gedankengut. Die Band »Volkszorn« macht ihre Nähe zu den Leugnern in ihrem Lied »Nur ein Traum« auf der CD »Im Namen des Volkes« deutlich, dort heißt es: »Keine Kanaken mehr und die Juden sind auch nicht mehr, die Linken sind tot, es ist vorbei, nie wieder Tyrannei [...] Die Vergasung der Juden ist nun endlich widerlegt, unsere Unschuld ist bewiesen, so war es nie gewesen [...] Israel zahlt uns Milliarden zurück, Wiedergutmachung ist nun für uns angesagt. Ignatz Bubis ist nun endlich tot, er konnt es nicht verkraften, er starb an seiner Geldsucht [...] Aber leider, aber leider ist alles nur ein Traum.«[67]

Namen wie Scheerer/Rudolf, Ochensberger, Christophersen, Zündel und viele andere sind uns seit Jahren als Vertreter der »Auschwitz-Lüge« bekannt. Manchmal verschwinden einige eine Zeit lang und tauchen dann mit alt/neuen Druckerzeugnissen wieder auf, manche halten sich konstant, aber insgesamt scheint die Szene sich im Rückgang zu befinden. Einerseits hat das verstärkte Eingreifen der staatlichen Instanzen nicht nur in der Bundesrepublik, sondern auch in anderen Ländern sowie die Einführung von Gesetzen gegen Rassismus und Leugnung des Völkermords die Aktivitäten der Leugner erheblich eingeschränkt, andererseits spielen sicherlich die teilweise Überalterung (Zündel, Christophersen) der führenden Vertreter und die gebetsmühlenartig vorgetragenen, immer wieder gleichlautenden Thesen eine nicht unerhebliche Rolle. So beklagte auch Ernst Zündel im August 1995 in seinem »Germania-Rundbrief«, der in 40 Länder [68] verschickt wird und inzwischen auch über Internet Verbreitung findet, mangelnde Effektivität der »Revisionisten«: »Es haben sich leider verschiedene Gruppierungen im weltweiten Revisionismus gebildet, die sich bereits mehr oder weniger offen befehden, besonders im englischen Sprachraum. [...] Der weltweite Revisionismus steht in einer Krise, die es gemeinsam zu beheben gilt.« [69]

Anscheinend hat auch das deutsche Radioprogramm »Stimme der Freiheit«, das Zündel seit August 1994 von Florida aus über Kurzwelle sendet, und die damit versuchte Verbreitung seiner abstrusen Ideen nicht den erwünschten Erfolg gehabt. Der Versuch des Senders, direkt nach Deutschland auszustrahlen, scheiterte bisher.[70] Allerdings wird Zündel auch weiterhin mit Spenden gut unterstützt, 1992 hatte er von einer »Kameradin« aus dem Schwarzwald eine beträchtliche Summe gespendet bekommen, mit der er die Renovierung seines Hauses finanzierte. Auf einem Stuttgarter Postscheckkonto befanden sich 1992 mehr als 100.000 DM.[71] Der Videoverkauf, z.T Eigenproduktionen wie »Die größte Lüge aller Zeiten« für 100 DM oder der »Anne Frank Schwindel« für 80 DM bringt zusätzliches Geld.[72] Aber die durch den Brandanschlag auf sein Haus im Frühjahr 1995 angefallenen Instandsetzungskosten haben offensichtlich zu starken finanziellen Engpässen geführt, wie seine massiven Spendenaufrufe zeigen. Inwieweit Zündels Einfluß auf die Szene dadurch eingeschränkt ist, läßt sich schwer sagen, auch die Frage des Erfolgs im Internet kann nur schwer eingeschätzt werden.

Auch die Aktivitäten von Fred Leuchter haben seit 1993 stark abgenommen, und wie der Verfassungsschutzbericht des Bundesministerium des Innern für 1995 vermerkt, »entfaltete er keine Aktivitäten, die sich in Deutschland niedergeschlagen haben«.[73] Leuchters Bericht wird aber weiterhin in der Szene vertrieben, die deutsche Übersetzung ist über Udo Walendys »Verlag für Volkstum und Zeitgeschichtsforschung« in Vlotho/Weser zu beziehen oder kann auch beim Schweizer Rechtsextremen Max Wahl angefordert werden. Wahl, der von 1976 bis Januar 1995 die Zeitschrift »Eidgenoss« herausgab, die auch in Deutschland eine Leserschaft fand, wurde 1992 wegen der Leugnung des Holocaust und beleidigender Äußerungen zu insgesamt 25.000 DM Geldstrafe verurteilt. Im Dezember 1994 teilte Wahl mit, daß das Blatt sein Erscheinen wegen des am 1. Januar 1995 in der Schweiz in Kraft getretenen Anti-Rassismus-Gesetzes einstelle.[74]

Auch Thies Christophersen hat sich auf sein Altenteil zurückgezogen. Nachdem er im September 1992 in Antwerpen zu einer Vortragsveranstaltung, auf der als Redner Ernst Zündel, Pedro Varela Geiss und David Irving auftraten, eingeladen hatte,[75] veranstaltete er im Mai 1993 ein Treffen »Zum Gedenken an die nordische Dichtung« in Kollund, an dem Manfred Roeder, Pedro Varela Geiss und Gerd Honsik teilnahmen. Der Widerstand in der dänischen Öffentlichkeit gegen dieses Treffen zwang Christophersen dazu, die Teilnehmer in seinem Haus unterzubringen. Nicht nur am Tag der Veranstaltung demonstrierten etwa 1.000 Menschen vor seinem Domizil,[76] sondern 1994 erlebte Christophersen beinahe täglich solche Unmutsbekundungen.[77] So entschloß er sich im Sommer 1995, Dänemark zu verlassen, um sich nach mehreren Zwischenstationen schließlich in der Schweiz niederzulassen.[78] In gewisser Weise leitete er damit seinen Rückzug ein. »Die Bauernschaft«, von ihm 1969 ins Leben gerufen, wechselte ab Nr. 4/1994 [79] den Herausgeber. Unter der Verantwortung von Ernst Zündel und dessen Verlag »Samisdat Publishers« blieb sie zunächst dem Kreis der Leugner erhalten, wurde nun nicht mehr in Preußisch Oldendorf, sondern in Antwerpen gedruckt. Die Druckerei gehört Siegfried Maria Theodoor Corneel Verbeke, der von 1973 bis 1977 aktiv in der belgischen neonazistischen Terrororganisation »Vlaams Militante Order« war und das »Rudolf-Gutachten« ins Flämische übersetzt hat.[80] 1985 gründete Verbeke in Belgien die auch in den Niederlanden aktive Organisation »Vrij Historisch Onderzoek« (Freie historische Forschung; VHO), die unterstützt wird von ehemaligen Mitgliedern der »Vlaanderen-SS« [81] und seit 1989 auch einen Rundbrief versendet, über den sämtliche revisionistische Publikationen von Rassinier bis Christophersen zu erwerben sind.[82]

Zündel stellte im Frühjahr 1996 die Herausgabe der »Bauernschaft« ein, da die Zahl der Abonnenten »einfach viel zu gering« sei, man solle doch statt dessen seine »Germania-Rundbriefe« beziehen.[83] In der letzten Ausgabe vom Herbst/Winter 1995 hatte er bereits aus seinem »Germania-Rundbrief« zitiert, »um Zeit zu sparen«.[84] In derselben Nummer berichtete Zündel über ein Treffen mit Wladimir Schirinowskij in Moskau im Sommer 1994, das sich aber

offensichtlich auf ein gemeinsames Essen mit Wodka-Probe beschränkte, zumindest fällt der Bericht über die Begegnung nur
durch Platitüden und Allgemeinplätze auf, wie übrigens der gesamte Reisebericht, der sich immerhin über 13 Seiten erstreckt.[85]

In dieser letzten Ausgabe rühmt sich Zündel auch, von mehreren
amerikanischen Fernsehkanälen interviewt worden zu sein, und
weist auf die Ausstrahlung eines kanadischen Dokumentarfilms
über »Rechtsgruppen« hin, »in dem auch unsere Arbeit gezeigt und
›kritisch‹ besprochen wurde. Millionen kamen dadurch mit unserem
Gedankengut in Berührung, und viele Anrufe von Fernsehzuschau-
ern erreichten uns, die um mehr Informationen baten«.[86] Gleichzeitig findet sich dort auch ein Verweis auf die Internet-Verbindung,
die »Zundelsite«, eine Homepage, mit der rechtsextreme Propaganda ungehindert verbreitet wird (»unser Gedankengut-Schaufenster
auf dem Internet«) [87] und über die man sich in die »Nizkor Rebuttal«
einloggen kann. Das sogenannte Nizkor Project, nach dem Hebräi-
schen Wort für »wir wollen uns erinnern« benannt, ist ein Internet-
User, der sich als antifaschistisch versteht und mit Fragen des Holocaust beschäftigt. Zündel nun befaßt sich mit der Widerlegung der
dort verbreiteten Thesen und Erkenntnisse, deshalb nennt er sein
»Diskussionsforum« auch »Ernst Zündel replies to the 66-point
›Nizkor Rebuttal‹«. Nizkor scheint auf die berühmten vom IHR verbreiteten 66 Punkte zum Holocaust [88] eingegangen zu sein, die Zündel nun zu widerlegen gedenkt. Wenn auch Nizkor in guter Absicht
handelt, sich auf eine solche Auseinandersetzung einzulassen, so
scheint diese Methode nicht nur nutzlos zu sein, sondern Zündels
Gedankenwelt geradezu Vorschub zu leisten. Indem man, wo auch
immer, ob mit Franz Schönhuber bei Thomas Gottschalk oder mit
Fred Leuchter (der kurz vor der Sendung verhaftet wurde) [89] bei
»Schreinemakers«, die Absicht hegt, sich auf ernsthafte Diskussionen mit den »Revisionisten« einzulassen, hat man bereits verloren
und mißt diesen abstrusen Thesen eine Bedeutung zu, die sie nicht
haben. Man kann keine ernsthafte Diskussion darüber führen, ob
die Ermordung von Millionen Menschen durch Giftgas stattgefunden hat oder nicht, auch nicht mit der Begründung, wissenschaftliche Erkenntnisse müßten immer in Frage gestellt werden können.
Der Beweis für diese Tatsache ist längst und vielfach erbracht und
bedarf keiner Revision.

Anmerkungen

1 Vgl. Das Urteil des Bundesverfassungsgerichts vom 23. Oktober 1952 betreffend Feststellung der Verfassungswidrigkeit der Sozialistischen Reichspartei, hrsg. v. Mitgliedern des Bundesverfassungsgerichts, Tübingen 1952.

2 Etwa in »Recht und Wahrheit« Nr. 1/2 vom Januar/Februar 1996.

3 blick nach rechts vom 1.5.1996; Brigitte Bailer, Wolfgang Neubauer, Vorfeld- und Umfeldorganisationen, in: Handbuch des österreichischen Rechtsextremismus, hrsg. v. Dokumentationsarchiv des österreichischen Rechtsextremismus, Wien 1993, S. 250 f.

4 Recht und Wahrheit, Nr. 1/2 vom Januar/Februar 1992, S. 27 f.

5 Vgl. Verfassungsschutzbericht BMdI 1995 (Ms.), S. 115 f.

6 Die Zeit vom 19.4.1996; vgl. auch taz vom 19.2.1996.

7 Antisemitism World Report 1994, hrsg. v. Institute of Jewish Affairs, London 1994, S. 31.

8 Antisemitism World Report 1995, hrsg. v. Institute of Jewish Affairs, American Jewish Committee, London 1995, S. 68.

9 blick nach rechts vom 18.4.1995.

10 Antisemitism World Report 1994, S. 166.

11 blick nach rechts vom 29.3.1994.

12 Antisemitism World Report 1995, S. 110.

13 Nach Franziska Hundseder, Rechte machen Kasse. Gelder und Finanziers der braunen Szene, München 1995, S. 117; Staatsbriefe 10 (1990).

14 Staatsbriefe 1(1996), S. 4–8.

15 Staatsbriefe 2/3(1996), S. 23–30.

16 Vgl. Rolf Uesseler, Rechtsextremismus in Italien, in: Wolfgang Kowalsky, Wolfgang Schroeder (Hrsg.), Rechtsextremismus. Einführung und Forschungsbilanz, Opladen 1994, S. 257.

17 Germar Rudolf, Semitischer Revisionismus, in: Staatsbriefe 11(1995), S. 26.

18 Antisemitism World Report 1994, S. 93.

19 blick nach rechts vom 8.10.1990.

20 Francesco Germinario, La destra, tra leghismo e antileghismo, in: Il calendario del popolo vom Januar 1994, S. 48.

21 Ebenda, S. 47.

22 Adriana Goldstaub, Situazione dell'antisemitismo nel periodo maggio 1982 – settembre 1986, in: Unione comunità Israelitiche Italiane (Hrsg.), XII Congresso. Relazione del Consiglio, Roma 16.–18. novembre 1986, S. 84–92.

23 Sentinella d'Italia vom Januar 1980, Archiv Centro di Documentazione Ebraica Contemporanea (CDEC).

24 Nuovi Orrizzonti, anno primo (o.J.), Nr. 2.

25 Vgl. Juliane Wetzel, Die Maschen des rechten Netzes. Nationale und internationale Verbindungen im rechtsextremen Spektrum, in: Wolfgang Benz (Hrsg.), Rechtsextremismus in Deutschland. Voraussetzungen, Zusammenhänge, Wirkungen, Frankfurt a.M. 1994, S. 172.

26 Antisemitism World Report 1995, S. 59.

27 Deborah E. Lipstadt, Betrifft: Leugnen des Holocaust, Zürich 1994, S. 170. William David McCaldem, alias Lewis Brandon, von 1978 bis 1981 Direktor des IHR setzte auf dieser Konferenz eine Belohnung von $ 50.000 für denjenigen aus, der »beweisen kann, daß die Nazis während des Zweiten Weltkriegs Gaskammern zur Judenvernichtung einsetzten«, ebenda.

28 Rainer Fromm, Barbara Kernbach, Europas braune Saat. Die internationale Verflechtung der rechtsradikalen Szene, München 1994, S. 18 f.

29 Landesamt für Verfassungsschutz Berlin, Durchblicke 3 (1994), Die internationale Revisionismus-Kampagne, Berlin 1994, S. 19 ff.

30 Hundseder, Rechte machen Kasse, S. 198.
31 Vgl. Das andere deutsche Nachrichtenmagazin, Nr. 8 vom August 1995, S. 25, das die
    bekannte Karikatur eines alten Juden mit langem grauen Bart und Hakennase zeigt, der
    mit teuflischen Krallenhänden eine Weltkugel umklammert und die »jüdische Weltver-
    schwörung« verkörpern soll.
32 Vgl. etwa »Aus der Geschichte der Konservativen Revolution, in: Code Nr. 5 vom Mai
    1995. Es wird über die Massenverhaftungen der Juden während der NS-Zeit berichtet und
    »daß das Regime ein Programm startete, um Häftlinge arbeiten zu lassen, und sie wurden
    als Sklavenarbeiter an verschiedene große Privatfirmen ausgeliehen«, weiter heißt es über
    das »Lagersystem«, dort hätten sich »Millionen von Menschen zu Tode« gearbeitet, S. 60.
33 blick nach rechts vom 23.8.1995.
34 blick nach rechts vom 13.12.1995.
35 blick nach rechts vom 20.9.1995. Lauck wurde Ende März 1995 in Dänemark verhaftet,
    am 5.9.1995 an Deutschland ausgeliefert und sitzt seitdem in Untersuchungshaft. Seit
    9.5.1996 steht er wegen Volksverhetzung, Verbreitung von Propagandamaterial für ver-
    fassungsfeindliche Organisationen und Gewaltverherrlichung vor dem Hamburger Land-
    gericht. Siehe dazu: Der Spiegel vom 13.5.1996; Frankfurter Rundschau vom 9.5.1996,
    taz vom 8.5.1996
36 Antisemitism World Report 1995, S. 19.
37 blick nach rechts vom 6.9.1995.
38 Die Bauernschaft Herbst/Winter 1995, S. 3.
39 Ebenda.
40 Althans distanzierte sich von Zündel im Rahmen des gegen ihn laufenden Prozesses in
    Berlin im Sommer 1995, die Szene vertritt allerdings die Ansicht, Althans habe dies nur
    aus Strafminderungsgründen getan.
41 Revisionismus in der Bundesrepublik Deutschland, hrsg. vom Bayerischen Landesamt
    für Verfassungsschutz, 2. ergänzte Auflage, München 1993, S. 31 ff.
42 Wolfgang Purtscheller, Aufbruch der Völkischen. Das Braune Netzwerk, Wien 1993, S.
    294 ff.
43 Abendzeitung vom 23.4.1990; Süddeutsche Zeitung vom 22.3.1991 und vom
    23./24.3.1991
44 Süddeutsche Zeitung vom 25.3.1991; Revisionismus in der Bundesrepublik Deutsch-
    land, S. 31 ff; vgl. dazu auch Armin Pfahl-Traughber, Rechtsextremismus. Eine kritische
    Bestandsaufnahme nach der Wiedervereinigung, Bonn 1993, S. 147 f.
45 Vgl. Ausschnitt der Niederschrift des Kreisverwaltungsreferats München, Hauptabtei-
    lung I/11 vom 18.3.1991, zit. b. Purtscheller, Aufbruch, S. 295 f.
46 Vgl. zur CEDAE Rainer Fromm, Am rechten Rand. Lexikon des Rechtsradikalismus,
    Marburg 1993, S. 33–36.
47 Ebenda.
48 Hundseder, Rechte machen Kasse, S. 197.
49 Antisemitism World Report 1994, S. 44.
50 Antisemitism World Report 1995, S. 145.
51 Verfassungsschutzbericht BMdI 1995 (Ms.), S. 172 f.
52 Antisemitism World Report 1995, S. 17.
53 Sieg 4–5/1989, S. 14.
54 Wilhelm Lasek, Internationale Verbindungen und Zusammenhänge, in: Handbuch des
    österreichischen Rechtsextremismus, S. 437 f.
55 George Blume, Alexander Smoltczyk, Frankreich. Neue Fronten, in: Martina Kirfel,
    Walter Oswalt (Hrsg.), Die Rückkehr der Führer. Modernisierter Rechtsradikalismus in
    Westeuropa, Wien, Zürich 1991, S. 105.
56 Ariane Chepel d'Appollonia, L'extrême droite en France. De Maurras à Le Pen, Brüssel
    1988, S. 406.

57 Antisemitism World Report 1994, S. 31; Antisemitism World Report 1995, S. 124.
58 Antisemitism World Report 1995, S. 124.
59 blick nach rechts vom 18.4.1995.
60 blick nach rechts vom 6.12.1994 und vom 4.10.1995.
61 blick nach rechts vom 4.10.1995.
62 blick nach rechts vom 7.2.1996.
63 Verfassungsschutzbericht BMdI 1995 (Ms.), S. 155.
64 Ebenda, S. 162.
65 blick nach rechts vom 24.1.1995.
66 Verfassungsschutzbericht BMdI 1995 (Ms.), S. 161.
67 Ebenda, S. 108 f.
68 Hundseder, Rechte machen Kasse, S. 16 f.
69 blick nach rechts vom 6.9.1995.
70 blick nach rechts vom 30.8.1994; Verfassungsschutzbericht 1995 (Ms.), S. 170.
71 Hundseder, Rechte machen Kasse, S. 16 f.
72 Ebenda, S. 18.
73 Verfassungsschutzbericht BMdI 1995 (Ms.), S. 172.
74 Ebenda, S. 173; vgl. auch Durchblicke 3(1994), S. 27; Eidgenoss vom 15.12.1994.
75 Verfassungsschutzbericht BMdI 1992, S. 128.
76 Antisemitism World Report 1994, S. 21.
77 Antisemitism World Report 1995, S. 110.
78 Die Bauernschaft Herbst/Winter 1995, S. 10 ff. – Thies Christophersens eigener Bericht an seine Anhänger.
79 Auflage 1994 ca. 5.000 Exemplare, blick nach rechts vom 21.2.1995.
80 blick nach rechts vom 21.2.1995.
81 Antisemitism World Report 1995, S. 17.
82 blick nach rechts vom 21.2.1995.
83 blick nach rechts vom 20.3.1996.
84 Die Bauernschaft Herbst/Winter 1995, S. 1.
85 Ebenda, S. 15–27.
86 Ebenda, S. 3.
87 Ebenda.
88 Diese »66 Fragen und Antworten über den Holocaust« kursieren seit Jahren in Form von Flugblättern des »Institute for Historical Review«, aber finden sich auch in einschlägigen rechtsextremistischen Presseerzeugnissen, insbesondere auch in jenem von Lauck verbreitetem Propagandamaterial. So veröffentlicht etwa die italienische Ausgabe des von der NSDAP-AO heraugegebenen »NS-Kampfrufes«, das »Bollettino Novità NS« vom 1. Januar 1992 (Nummer 1) »66 domande e risposte sull'olocausto« und verweist auf eine Übersetzung der vom IHR veröffentlichten 66 Fragen und Antworten.
89 Leuchter wurde am 28. Oktober 1993 in Köln verhaftet, aber gegen eine Kaution von 20.000 DM wieder freigelassen. Einem Prozeß wegen Verdachts der Volksverhetzung anläßlich seines Auftritts am 10.11.1991 in Weinheim an der Bergstraße, bei dem Günter Deckert übersetzt hatte und später dafür verurteilt wurde, sowie einer möglichen Haftstrafe entzog er sich durch sofortige Ausreise aus Deutschland, Verfassungsschutzbericht BMdI 1993, S. 152.

Gustav Spann

Methoden rechtsextremer Tendenz-Geschichtsschreibung und Progpaganda

Die Auseinandersetzung mit den Inhalten rechtsextremer Propaganda ist eine Aufgabe, der sich die Gesellschaft, vor allem aber eine Geschichtswissenschaft, welche humanistischen und demokratischen Grundprinzipien verpflichtet ist, nicht entziehen darf. Die kritische Analyse von Ideologie, Gesellschafts- und Politikverständnis, vor allem aber des Geschichtsbildes des modernen Rechtsextremismus[1] stellt einen Schwerpunkt antifaschistischer Aufklärung dar. Der folgende Beitrag beschäftigt sich mit den Propagandatechniken, Fälschungs- und Täuschungsmethoden rechtsextremer Agitation, da ihre Kenntnis eine Voraussetzung für den Erfolg von Aufklärungsarbeit ist.

Die Bemühungen der Rechtsextremisten, den historischen Nationalsozialismus zu rechtfertigen, um modifizierte Varianten seiner Gesellschafts- und Politikkonzepte wieder gesellschaftsfähig zu machen, stoßen immer wieder auf das »Hindernis« der in dessen Zeichen verübten Verbrechen. Ein zentraler Schwerpunkt der rechtsextremen Propaganda ist daher die Verbreitung entlastender Geschichtsdarstellungen, in welchen gegen die Ergebnisse der wissenschaftlichen Geschichtsschreibung Position bezogen wird.

Die Grundlagen dieser sich selbst als »revisionistisch« bezeichnenden Tendenzgeschichtsschreibung, die in einer Vielzahl von Flugschriften Verbreitung findet, liefert eine Reihe von Autoren[2], welchen von ihrer Anhängerschaft immer wieder höchste wissenschaftliche Autorität und Fachkompetenz attestiert wird, obwohl kaum einer von ihnen ein ausgebildeter Historiker ist. Trotzdem publizieren sie affektgeladene, vorurteilsbe- frachtete und verfälschende Geschichtsinterpretationen, welche angesichts gravierender Verstöße gegen die Grundregeln wissenschaftlicher Arbeit und Redlichkeit eigentlich ignoriert werden müßten. In Anbetracht einer gläubigen Anhängerschaft, die bedingungslos bereit ist, die absurdesten und oft einander widersprechenden Entlastungsthesen anzunehmen und weiterzuverbreiten, wenn sie nur das vorgefaßte Urteil stützen, ist es jedoch notwendig, die Auseinandersetzung mit der Apologie des Nationalsozialismus, seiner Verteidigung und Rechtfertigung, zu führen.[3] Denn die rechtsextremen Propagandisten spekulieren offensichtlich erfolgreich mit einem vielfach nur bruchstückhaft vorhandenen Wissen über Faschismus und Nationalsozialismus. Nicht nur Jugendliche stehen dem mit einer Fülle von unbewiesenen Behauptungen, Verdrehungen, absurden Thesen und skrupellosen Fälschungen betriebenen Verwirrspiel wehrlos gegenüber. Denn der Zugang zu den entsprechenden Informationsmöglichkeiten (Fachbibliotheken, Archive) erweist sich oft als zu aufwendig und schwierig. Vor allem die Methode der rechtsextremen Propagandisten, an Details und überbewerteten Einzelfakten anzusetzen, um das Gesamturteil in Frage zu stellen, erfordert zur Widerlegung solcher Behauptungen eine eingehende Beschäftigung mit der Thematik und entsprechendes Spezialwissen.

Die Hauptthemen dieser Entlastungshistoriographie, deren Anfänge bereits in den ersten Nachkriegsjahren liegen, haben sich seither kaum geändert:

– Leugnung und Verharmlosung der dem NS-Regime zur Last gelegten Verbrechen gegen die Menschlichkeit, Völkerrecht und Kriegsrecht,
– Reinwaschung Adolf Hitlers und seiner Politik,
– Verherrlichung der Deutschen Wehrmacht,
– Revision der Kriegsschuldfrage und Kritik der europäischen Nachkriegsordnung.

Personalisierung und Verschwörungstheorien

Im allgemeinen konzentriert sich die historische Betrachtung der »Revisionisten« auf Politik- und Kriegsgeschichte. Die Darstellungen verbleiben an der Oberfläche des historischen Ablaufs. Eine Darlegung komplexer politischer, soziologischer und wirtschaftlicher Probleme findet nicht statt. Als bestimmende Faktoren der Politik werden überwiegend Einzelpersonen angegeben, welche die historischen Prozesse entsprechend den ihnen jeweils in krasser Schwarzweißmalerei zugeschriebenen guten oder schlechten persönlichen Eigenschaften und Absichten entscheidend bestimmt hätten:

»Denn durch ihren haßerfüllten Übermut haben die damaligen Staatsmänner der Alliierten mit einem zweiten Weltkrieg, der unmittelbar aus der Drachensaat von Versailles entsprang, auch ihre eigenen Völker ins Verderben gestürzt, haben sie Europa zerstört und sind schuld daran geworden, daß heute die Welt in zwei waffenstarrende Lager geteilt ist, die sich – allen Friedensschalmeien zum Trotz – mit äußerster Feindschaft gegenüberstehen. Daran ist nicht Adolf Hitler schuld, dessen Aufstieg und Macht nur das zwangsläufige Ergebnis des alliierten Verhaltens auf dem Unrecht von Versailles war. Die Schuldigen heißen Clemenceau, Poincaré, Masaryk, in späterer Zeit Roosevelt und Churchill.«[4]

Was sich für die rechtsextremen Propagandisten mit diesen personalisierenden Erklärungsansätzen nicht begründen läßt, wird von ihnen mit nebulösen Verschwörungstheorien abgestützt: »Die« Juden und/oder Kommunisten, Freimaurer, »das« Finanzkapital usw. werden als Urheber von Verschwörungen angegeben, die sich alle gegen das deutsche Volk und den Nationalsozialismus gerichtet hätten.[5]

»Sich in den Dienst der Humanität zu stellen, gehört heute zum Wohlverhalten der Gebildeten, der Manager, der Wirtschaftstreibenden, der Kulturschaffenden und wer sonst noch etwas auf sich hält. Daß sie damit jenen den Rücken stärken, die mit Hilfe der Bruderschaften in ihren Großlogen eine Weltpolitik betreiben konnten, denen wir den Verlust europäischer Größe zu verdanken haben, will man nicht wahrhaben. Es liegen Beweise vor, daß die Drahtzieher zu den beiden Weltkriegen unter der Fahne der ›Humanität‹ gestanden haben und der Einfluß auf die Weltpolitik heute nach wie vor von Freimaurern ausgeht.«[6]

Geschichtsklitterungen

Die »revisionistischen« Historiker des rechtsextremen Lagers legen auf die Überprüfbarkeit ihrer eigenen Aussagen wenig Wert.[7] Charakteristisch sind folgende Manipulationsmethoden:

Historische Prozesse und chronologische Abläufe werden zerstückelt, um mit ausgewählten, aus den Zusammenhängen gerissenen Einzelfakten ein dem Propagandaziel entsprechendes Geschichtsbild zu montieren. Die wissenschaftliche Geschichtsschreibung wird dafür wie ein »Steinbruch« ausgebeutet, das Produkt dieser Manipulationen sind Geschichtsklitterungen, die Zerrbilder der historischen Wahrheit darstellen. Das emotionale Verhältnis der Rechtsextremisten zur Geschichte »erlaubt, daß von den Geschehnissen jeweils nur berücksichtigt wird, was man gerade zum Beweis benötigt. Die Beweise werden für das bereits feststehende Ergebnis ausgesucht.«[8] Dabei werden entscheidende Tatsachen und Zusammenhänge ausgeblendet, falsche Kausalzusammenhänge hergestellt, Ursache und Wirkung vertauscht.

»Als dann durch die Vernichtung vieler deutscher Städte, vor allem Dresdens und Hamburgs, viele hunderttausende Deutsche, vor allem Greise und Kinder sowie Kranke in den Spitälern, ermordet worden waren, erkannte man den wahren Feind und faßte die Juden, die greifbar waren, als Vergeltung für diese Morde härter als zuvor an, weil die eigentlichen Kriegstreiber, die großen Bankiers, denen es nur um ihr ›Geschäft‹ ging, ja gar nicht greifbar waren. Die deutsche Reichsregierung hatte sich zuvor ehrlich bemüht, die in Deutschland wohnenden Juden in andere Staaten auswandern zu lassen, aber niemand, nicht einmal Madagaskar wollte sie nehmen. Als dann später die Atombomben auf Hiroshima und Nagasaki geworfen waren und viele hunderttausende Japaner den Tod fanden oder elendes Siechtum erlitten, bestätigten diese Kriegsverbrechen, daß nicht die NSDAP und ihre Politik die Kriegsursache war, sondern elender Geschäftsneid gegen die beiden tüchtigen Industrievölker, Deutsche und Japaner.«[9]

Fälschungsvorwürfe

Die Kritik der »Revisionisten« an den Arbeiten der Fachwissenschaft wird nicht mit Argumenten geführt und ist auch nicht von dem Bemühen um Annäherung an die historische Wahrheit getragen. Vielmehr wird den Wissenschaftlern pauschal manipulative

Absicht und politische Korrumpierung als »Umerziehungshistoriker«, die angeblich im Solde der alliierten Siegermächte bzw. der Regierung stehen, unterstellt. Die Kritik setzt hauptsächlich an Details an. Vermeintliche oder tatsächliche Unklarheiten, Ungenauigkeiten und Widersprüche – seien sie nun von der Geschichtswissenschaft bereits erkannt und aufgeklärt oder nicht – werden zur pauschalen Abqualifizierung der gesamten wissenschaftlichen Beweisführung herangezogen.

Als Beispiel seien hier die Tagebuchaufzeichnungen der Anne Frank genannt, in denen nachträgliche Korrekturen entdeckt wurden. Die Holocaustleugner bezeichneten daraufhin diese Aufzeichnungen insgesamt als Fälschung, was ihnen über Jahrzehnte einen Propagandaschwerpunkt lieferte. Eine wissenschaftliche Edition der Tagebücher stellte schließlich die Echtheit der Aufzeichnungen fest.[10]

Parteiischer Umgang mit den Quellen

Eine verfeinerte Methode, derer sich einzelne »Revisionshistoriker« bedienen, besteht darin, die Forschungsergebnisse und Interpretationen der wissenschaftlichen Geschichtsschreibung nicht pauschal zu verwerfen, sondern sie weitgehend zu übernehmen. Über weite Passagen wird der wissenschaftlichen Darstellung gefolgt, um dann durch den Einbau der eigenen Interpretation und Deutungen zu jenen Schlußfolgerungen und Bewertungen zu gelangen, welche dem »revisionistischen« Geschichtsbild entsprechen. So versucht David Irving in seinem Buch »Hitlers Krieg«, in welchem er die Massenvernichtungsaktionen gegen die jüdische Bevölkerung nicht leugnet, die Entlastungsthese aufzustellen, Hitler hätte diese nicht befohlen bzw. davon nichts gewußt.[11]

Durchgängig und besonders charakteristisch für die »revisionistische« Tendenzgeschichtsschreibung ist der parteiische Umgang mit Quellen. Dabei wird vor verzerrender Deutung durch Ausblendung zentraler Aussagen und das Verschweigen wesentlicher Informationen, die gegen die apologetische Interpretation sprechen würden, ebensowenig zurückgeschreckt wie vor dem Ignorieren bzw. Abwerten aller gegen die eigene Geschichtsversion sprechenden Quellen.

Ein besonders krasses Beispiel für die manipulierte Wiedergabe einer Quelle lieferte David L. Hoggan, der im Zusammenhang mit dem Novemberpogrom 1938 (»Reichskristallnacht«) jene Verordnung zitierte, nach welcher die Geschädigten für alle Schäden selbst aufkommen mußten, und die festsetzte: »Versicherungsansprüche von Juden deutscher Staatsangehörigkeit werden zugunsten des Reiches beschlagnahmt.« Hoggans Version dagegen lautete: »Die deutschen Versicherungen waren angewiesen, den Juden unverzüglich alle Eigentumsschäden vom 10. November (1938) zu ersetzen.«[12]

Vortäuschen von Wissenschaftlichkeit

Ebenso skrupellos wird mit der Fachliteratur umgegangen. Verfälschendes Zitieren durch Auslassungen, Umstellungen oder Einfügungen, sodaß der ursprünglich vom Autor beabsichtigte Sinn der zitierten Aussage verzerrt oder gar ins Gegenteil verkehrt wird, ist häufig nachweisbar. Um die eigene Glaubwürdigkeit zu erhöhen, täuschen manche »Revisionshistoriker« Wissenschaftlichkeit durch einen Anmerkungsapparat vor, der jedoch so angelegt ist, daß eine Überprüfung ihrer Angaben erschwert, wenn nicht unmöglich gemacht wird. Typisch ist das gegenseitige »Sich-im-Kreis-Zitieren« der einschlägig bekannten Autoren, eine »armselige Exklusivität«, in der sie sich »ständig gegenseitig selbst zitieren und aufeinander berufen«.[13]

Der Steigerung der Glaubwürdigkeit soll auch das »Unterschlüpfen« unter die Autorität und das Prestige berühmter Persönlichkeiten oder Institutionen (UNO, Rotes Kreuz) durch Zitierung von manipulativ aus dem Sinnzusammenhang gerissenen Aussagen oder der Unterschiebung von nie gemachten Feststellungen dienen:[14]

»Zehn Jahre lang erforschte das Rote Kreuz in der Schweiz – unabhängig und mit allen Unterlagen ausgestattet – die Bilanz des Grauens. Dies ist eines der Ergebnisse: Anzahl der in KZ und Gefängnissen umgekommenen Opfer rassischer und politischer Verfolgung: 300.000. Eine einzige westdeutsche Tageszeitung veröffentlichte einmalig diesen Untersuchungsbericht (Archiv UN 9759). Auch in der Schweiz wurde die Veröffentlichung nicht wiederholt. Alle

Rückfragen beim schweizerischen Roten Kreuz blieben bis heute ohne Antwort. Offenbar waren auch dort die Folgen des Wagnisses zur Wahrheitsfindung zu gefährlich.« [15]

Dieses Beispiel ist in mehrfacher Hinsicht charakteristisch für die Vorgangsweise rechtsextremer Propagandisten. Die Quellenangabe »(Archiv UN 9759)« ist für eine Überprüfung nicht brauchbar, da sie weder Institution noch den Ort der Aufbewahrung der angeblichen Quelle offenlegt. Keinesfalls handelt es sich dabei um die UNO, wie der Gebrauch der gängigen Abkürzung »UN« zur Vorspiegelung von Seriosität glaubhaft machen möchte. Die Behauptung, alle Rückfragen beim schweizerischen Roten Kreuz wären ohne Antwort geblieben, ist ebenso falsch, vielmehr hat sich das Rote Kreuz immer wieder von diesen Behauptungen distanziert. [16]

Die immer wieder genannte Zahl von 300.000 Opfern in Konzentrationslagern, die seit 1945 je nach Stand der Recherchen kontinuierlich anstieg, stammt nicht vom IKRK (Internationale Kommission vom Roten Kreuz), sondern von einer mit ihm verbundenen Organisation, dem »Internationalen Suchdienst« mit dem Sitz in Arolsen, der auf der Grundlage einer »sehr unvollständigen Sammlung von Akten«, also der noch auffindbaren schriftlichen Unterlagen der Lagerverwaltungen, versuchte, Auskunft über das Schicksal von Konzentrationslagerhäftlingen zu geben. Der »Internationale Suchdienst« betonte in einem 1977 vorgelegten Bericht [17] ausdrücklich zur Vollständigkeit der Erfassung der Todesfälle: »Über die Gesamttodesfälle in allen Konzentrationslagern können keine konkreten Angaben gemacht werden, da nicht von sämtlichen Konzentrationslagern vollständige Totenbücher oder Sterbebücher der lagereigenen Standesämter erhalten geblieben sind. Sterbefälle sind jedoch nicht nur in den Totenbüchern bzw. Sterbebüchern eingetragen worden, sondern auch auf Einzel- oder Listentodesmeldungen von Kommandos oder Revierblöcken bzw. Häftlingskrankenbau-Blökken. Soweit Einzelunterlagen (wie Häftlinspersonalkarten, Häftlingspersonalbogen, Effektenkarten usw.) der Häftlinge beim ITS vorhanden sind, konnten Todesfälle auch aus diesen Dokumenten entnommen werden.« [18]

Es handelt sich bei diesen Angaben also ausdrücklich nicht um eine Gesamtzahl der Opfer, wie es die rechtsextreme Propaganda immer wieder hinzustellen versucht, sondern nur um jene Todesfälle, die aufgrund schriftlicher Unterlagen nachweisbar waren. Im Laufe der Zeit und mit Fortschreiten der Recherchen erhöhte sich diese Zahl laufend,[19] sie betrug beispielsweise Ende 1975: 354.278, Ende 1976: 357.190. Diese sich aus diesem Grund kontinuierlich erhöhenden Zahlenangaben werden von den rechtsextremen Propagandisten immer als Zeichen angeblicher Manipulationen gedeutet. Ausdrücklich betonte der Internationale Suchdienst:

»Der Vollständigkeit halber sei erwähnt, daß die Zahl der durch das Sonderstandesamt erfaßten Sterbefälle keine Rückschlüsse auf die Gesamtzahl der Toten in den Konzentrationslagern zuläßt. In dieser Zahl sind nur solche Sterbefälle enthalten, die in den Unterlagen der ehemaligen Konzentrationslager vermerkt sind und beurkundet werden konnten. Nicht erfaßt sind:

a) Todesfälle in Vernichtungslagern. Die zur Vernichtung bestimmten Personen wurden ohne Registrierung in die Gaskammern gebracht. Das gleiche gilt für die nach Auschwitz deportierten Juden, die nach der ›Selektion‹ für die Gaskammern bestimmt waren.
b) Todesfälle zum Teil vor bzw. kurz nach der Befreiung
c) Todesfälle in Konzentrationslagern, für die keine Unterlagen beim ITS vorliegen
d) Todesfälle von Personen, die in die Konzentrationslager zur Exekution überstellt wurden.«[20]

Auch die UNO wird immer wieder falsch zitiert. Obwohl beide Institutionen bereits mehrfach diese Behauptungen dementierten,[21] werden sie immer wieder verbreitet.

»Aufrechnen« von Schuld

Mit dem »Aufrechnen« und Gleichsetzen der unterschiedlichsten Verbrechen der Weltgeschichte wird versucht, die nationalsozialistischen Massenverbrechen zu relativieren. Durch den Hinweis auf fremde Schuld soll die des Nationalsozialismus geringer erscheinen, sollen möglichst alle Nationen auf das moralische Niveau des Nationalsozialismus hinabgezogen werden. Bewußt wird dabei der Unterschied verwischt zwischen unentschuldbaren Exzessen und grausamen Geschehnissen im Zuge von Kriegshandlungen und der planmäßigen Verfolgung und der gezielten fabriksmäßigen Vernichtung wehrloser Bevölkerungsgruppen, welche mit der Kriegsführung nichts zu tun hatten.[22] Das Aufstellen solcher Gegenrechnungen soll suggerieren, daß auch die Alliierten das gleiche zu verantworten hätten, daher beide Seiten gleichsam »quitt« wären und einander also nichts vorzuwerfen hätten.[23]

»Und wie soll der Laie erkennen können, ob tatsächlich 6 Millionen Juden vergast worden sind, oder nur 300.000? Nachdem ein derartiges Verbrechen auch durch eine geringere Zahl nicht kleiner wird, läßt er sich gar nicht erst auf den Streit darüber ein. Er faßt auch nicht gleichzeitig ins Auge, daß in Dresden mit einem Flächenbombardement auch etwa 300.000 wehrlose Menschen absichtlich getötet wurden, von denen aber im Geschichtsunterricht nicht gesprochen wird.«[24]

Hervorheben der »positiven Seiten« des Nationalsozialismus

Eine zentrale Argumentationsfigur zur Verteidigung des Nationalsozialismus ist die Hervorhebung seiner sogenannten »positiven Seiten«. Einzelne Aspekte der nationalsozialistischen Politik werden aus den historischen und politischen Zusammenhängen herausgelöst, um in einem Teilbereich dem Nationalsozialismus ein positives Zeugnis ausstellen zu können. Mit dieser eingeengten Betrachtungsweise wird einer moralischen Gesamtbeurteilung ausgewichen. Nicht nur in rechtsextremen Kreisen, sondern auch in breiteren Bevölkerungsschichten wird der Nationalsozialismus noch immer als Garant sozialer Sicherheit und politischer Ordnung aufgefaßt.[25] Besonders häufig aufgegriffene Themen dieser Argumentationsstrategie sind Kriminalitätsbekämpfung, Autobahnbau, vor allem aber die Wirtschafts- und Beschäftigungspolitik im »Dritten Reich«:

»Es war gewiß weitgehend den von Hitler herangezogenen Fachleuten zu verdanken, daß nach der ersten Sicherung der Macht des neuen Regimes die wichtigsten Aufgaben der Arbeitsbeschaffung und Ordnung der Wirtschaft tatkräftig in Angriff genommen wurden. Was im Jahre 1932 allgemein für unmöglich gehalten wurde, daß es dem Staat irgendwie gelingen könnte, der Krise Herr zu werden, war schon 1936 zur Tatsache geworden [...] Es war für die Tätigen und Unternehmungslustigen eine Lust zu leben, zu sehen, wie nun wieder Wohnungen gebaut, Autobahnen und neue Fabriken errichtet wurden und sich überall die Kraft und Tüchtigkeit des Volkes rührte.«[26]

Diese selektive Betrachtungsweise läßt wesentliche Aspekte dieser Beschäftigungspolitik unberücksichtigt, wie das Problem der hemmungslosen staatlichen Kreditexpansion, deren Konsequenzen nur durch den Krieg verschleiert wurden, und die Tatsache, daß dieser Konjunkturaufschwung auf einer Hochrüstungspolitik beruhte, auch wenn letztere in der Anfangsphase noch nicht dominierte. Die Tatsache, daß auch staatliche Zwangsmaßnahmen wie die Einführung der allgemeinen Wehrpflicht und des obligatorischen Arbeitsdienstes der 18jährigen 1935 wesentlich zur Senkung der Arbeitslosigkeit beitrugen, wird ebensowenig erwähnt wie die mit dieser Beschäftigungspolitik einhergehende Entrechtung der Arbeitnehmer, welche 1938 zur Einführung der »Dienstverpflichtung« durch den Staat führen sollte. Die Zwangsarbeit für die Häftlinge in den Konzentrationslagern stellte einen wesentlichen Teil dieser Wirtschafts- und Beschäftigungspolitik dar, der mit Fortdauer des Krieges immer größere Ausmaße annahm. Dies wird bei der positiven Beurteilung der NS-Wirtschaftspolitik ebenso aus dem Blickfeld gerückt wie das schreckliche Schicksal der Millionen deportierter Zwangsarbeiter aus den von der Deutschen Wehrmacht unterworfenen Ländern.

Leugnen der Massenverbrechen des Nationalsozialismus

Bei den Versuchen, die Massenverbrechen an der jüdischen Bevölkerung zu bestreiten, lassen sich verschiedene Argumentationslinien feststellen, die von Entschuldigung und Rechtfertigung über bedingte Verurteilung bzw. Distanzierung bis zum kategorischen Abstreiten dieser Verbrechen reichen und die, obwohl sie einander teilweise widersprechen, dennoch nebeneinander verwendet werden. Am häufigsten sind folgende Entlastungsstrategien feststellbar:

- Generelle Leugnung der Judenvernichtung;
- Leugnung der fabriksmäßigen Massentötung in Gaskammern, aber Zugeben von Tod durch Hunger und Seuchen. Häufig wird Kriegseinwirkung als Ursache für die großen Opferzahlen angegeben;
- Verharmlosung und Entschuldigung der Verfolgungsmaßnahmen als Kriegsnotwendigkeit oder deren zynische Rechtfertigung, daß diese Maßnahmen notwendig und auch verdient gewesen wären; es hätte sich bei den Opfern doch nur um Kriminelle, Spione, Feinde und potentielle Verräter gehandelt;
- Bezweifeln der Höhe der Zahl der Opfer. So wird etwa die Vernichtungskapazität der Tötungsanlagen angezweifelt, neuerdings wird mit Rechenkunststücken auf der Basis völlig unkritisch herangezogener demoskopischer Vergleichsdaten versucht, die Verluste der jüdischen Bevölkerung durch die Verfolgungsmaßnahmen des Nationalsozialismus wegzurechnen;[27]
- Zugeben der Massenverbrechen, aber Darstellung als Eigenmächtigkeit von subalternen Organen. Hitler hätte von den Verbrechen nichts gewußt und sie auch nicht befohlen;[28]
- scheinbare Distanzierung von den Verfolgungsmaßnahmen, jedoch nicht wegen ihrer moralischen Verwerflichkeit, sondern wegen ihrer »Unzweckmäßigkeit«;
- Darstellung der Verbrechen als Kriegshandlungen, an denen die Juden selbst schuld gewesen wären, da sie den Krieg gegen Deutschland betrieben hätten. Hier wird gerne die Legende von der angeblichen »jüdischen Kriegserklärung« 1933 als »Kriegsgrund« angeführt.[29] Dieser Schritt von der Schuldabwehr zur Schuldumkehr wird begleitet von der neuerlichen Aktivierung alter antisemitischer Vorurteile, wie sie schon der Nationalsozialismus zur Rechtfertigung seiner Verfolgungsmaßnahmen propagierte.[30]

Die Leugnung der nationalsozialistischen Massenverbrechen ist jedoch vornehmlich für den Propagandagebrauch nach außen bestimmt. Intern wird die Vernichtung der Juden dagegen gerechtfertigt und mit widerwärtigen antisemitischen Witzen und Reimsprüchen gutgeheißen.

Angesichts immer neuer Entlastungsthesen, Propagandaeinfälle, Verdrehungen und unbewiesener Behauptungen sind Lehrer und Wissenschaftler mit der Notwendigkeit konfrontiert, stets neuerlich längst Bewiesenes wieder zu beweisen. Es kann jedoch nicht zugelassen werden, daß die Beliebigkeit rechtsextremer Propagandaeinfälle die Themen vorgibt. Vielmehr muß die für die Wissenschaft maßgebliche Beweislage Gegenstand der Auseinandersetzung bleiben. Die Massenverbrechen des Nationalsozialismus sind in vielfältiger Weise zu belegen, obwohl sie unter strengster Geheimhaltung durchgeführt und die Zeugen dieser Untaten unter den Mithäftlingen systematisch ermordet wurden und nur wenige überlebten. Überdies wurde versucht, die Spuren der Massenvernichtungsaktionen bei Herannahen der Alliierten zu beseitigen (Vernichtung belastender Dokumente, Zerstörung der Vernichtungsanlagen, Ermordung von Zeugen), was aber durch das rasche Heranrücken der Front nicht überall vollständig gelang.

Historiker, aber auch Gerichte stützen sich bis heute auf folgende Beweise für ihre Urteile:

— Dokumente und Akten nationalsozialistischer Dienststellen und Ämter;
— Fotografien und Filmaufnahmen nationalsozialistischer Dienststellen;
— Fotografien von einzelnen Angehörigen der SS und der Wehrmacht, die trotz strengstem Verbot aufgenommen und häufig auch bei Kriegsgefangenen gefunden wurden;
— Fotografien und Filmaufnahmen, welche von den Alliierten bei der Befreiung der Konzentrations- und Vernichtungslager aufgenommen wurden;
— Aussagen von Opfern und Überlebenden der Konzentrations- und Vernichtungslager;
— Aussagen von Zeugen aus der nicht beteiligten Zivilbevölkerung;
— Aussagen von Tätern, die oft erst nach ihrer rechtskräftigen Ver-

urteilung, als es keinen Grund mehr zum Leugnen gab, ihre Taten zugaben oder ihr Wissen um die Massenverbrechen des Nationalsozialismus preisgaben.[31] Hier ist besonders darauf zu verweisen, daß bei Gerichtsverfahren die Beschuldigten fast nie die Tatsache dieser Verbrechen, sondern immer nur ihre persönliche Beteiligung abstritten oder »Befehlsnotstand« geltend machten.[32] Oft mußten Freisprüche gefällt werden, weil zwar das Beweismaterial für die Tatsache der Verbrechen erdrückend war, jedoch der lückenlose Nachweis der persönlichen Schuld oder Beteiligung des jeweiligen Angeklagten nicht mehr zu erbringen war. Die aufwendigsten Beweissicherungsverfahren wurden von den Alliierten in den Nürnberger Prozessen[33] und von Justizbehörden vor allem in der Bundesrepublik Deutschland durchgeführt.[34]

Die rechtsextreme Entlastungshistoriographie kann diese Tatsachenbeweise nicht ignorieren. Um sie zu entkräften, erklärt sie pauschal alle belastenden Zeugenaussagen für erlogen, Geständnisse von Tätern für erfoltert und Dokumente, Fotografien und Filmaufnahmen für gefälscht. Die Hartnäckigkeit, mit der diese Entlastungshistoriographie des Rechtsextremismus betrieben wird, erfordert immer wieder ein ebenso intensives Engagement für seine Widerlegung.

Sprache und Propagandastil

Obwohl Rechtsextremismus primär als Phänomen der gegenwärtigen politischen Kultur zu begreifen ist und angesichts ideologischer »Modernisierungstendenzen« nicht kurzschlüssig mit dem Nationalsozialismus gleichgesetzt werden kann, sind Analogien und Bezugnahmen auf nationalsozialistische Überlieferung unübersehbar. Dies wird aus der Analyse der Ideologie und des Geschichtsbildes erkennbar, fällt aber besonders am Propagandastil und den sprachlichen Ausdrucksmitteln auf. Zwar vermeiden um wissenschaftliche Reputation bemühte »Revisionshistoriker« möglichst Anklänge an den aggressiven Jargon der NS-Propagandisten, die rechtsextremen Propagandabroschüren und Flugschriften weisen dafür in Sprachstil und Wahl der Ausdrucks- und Agitationsmittel umso deutlichere Anlehnungen an das historische Vorbild auf:

»Der kulturelle Untergang, ob er nun nach Jahrhunderten oder Jahrtausenden erfolgte, ist stets im Schmelztiegel rassischen Verfalls begründet gewesen. [...] Überall dort aber, wo das Rassenelement, auf dem Kultur entstanden war, überleben konnte, überlebte auch die Kultur selbst.« [35]

Zusätzlich verwendet die rechtsextreme Publizistik sehr wohl auch Methoden moderner Propaganda und arbeitet zielgruppenorientiert, wie die für ein jugendliches Publikum produzierten Flugschriften zeigen:

»Schülerinnen und Schüler! Wie lange wollen wir uns noch durch vordergründige, lächerliche ›Problemchen‹ wie Schülerverwaltung, Sexualunterricht in der Schule und dergleichen mehr von den Kernfragen unserer Unzufriedenheit abhalten lassen? Die Lügen, die unseren Bildungs- und Wissensweg beeinflussen und steuern, gehören endlich an den Pranger!

Auch wir besitzen ein Recht auf Wahrheit über das, was in der Vergangenheit geschah und in der Gegenwart geschieht. Seit über 30 Jahren, somit über eine ganze Generation hinweg, steht die deutsche Jugend unter einem gigantischen psychologischen Trommelfeuer der alliierten Kriegshetzer von 1939!

Unsere Schulbücher werden zensiert und gefälscht von der alliierten internationalen Schulbuchkommission. WARUM?

Die ältere Generation der Pauker wurde, nachdem sie vorher als Schulungsleiter der NSDAP fungierte, durch eine schneidige Kehrtwendung zu strammen Rot- oder Schwarzdemokraten. Der Paukernachwuchs absolvierte unter kräftiger Gehirnwäsche die pädagogischen Hochschulen.« [36]

Zu den wichtigsten, immer wieder leitmotivartig angewendeten Elementen rechtsextremer Demagogie gehört neben der schon erwähnten Reinwaschung des Nationalsozialismus das Anknüpfen an dessen antidemokratische Agitation:

- die Behauptung eines »Volksbetruges« durch die Herrschenden, welche das Volk belügen und um die Früchte seiner Arbeit bringen würden,
- die Erklärung komplexer politischer Phänomene durch Verschwörungstheorien,
- der ständig geäußerte Verdacht der Korruption, die zum Wesensmerkmal der Demokratie gemacht wird,
- der Kommunismusverdacht und
- rassistisches Feindbilddenken bzw. die Übernahme alter Feindbilder aus der Zeit des Nationalsozialismus.

Die rechtsextreme Propaganda spricht vornehmlich Wunschbilder, Ressentiments, Unlustgefühle, Vorurteile und blinden Aktionsdrang an.[37] Die Sprache dient nicht der sachlichen Information und politischer Aufklärung, sondern primär der antidemokratischen Agitation und dem Anfachen von Emotionen. Es überwiegen analysefeindliche, affektgeladene Darstellungsformen mit der grundsätzlichen Tendenz zur Aktivierung von Emotionen und Vorurteilen. Charakteristisch ist das Zurücktreten des informativen Gehalts gegenüber ressentimentfördernden Aussagen. »Mit einer totalen Ausschöpfung aller Sprachmittel läßt sie Unsinniges plausibel erscheinen und Wortspielereien zu scheinbar tiefgründenden Weisheiten werden.«[38] Es dominiert ein rhetorischer Sprachstil »nicht im Sinne des geschliffenen Stiles klassischer Redekunst, sondern im Sinne einer emotional aufgeladenen suggestiven Ausdrucksweise. Diese rhetorische Sprache informiert nicht, sondern hämmert ein, sie argumentiert nicht, sondern polemisiert.«[39]

»EG bedeutet den endgültigen nationalen Tod. Hunderttausende Ausländer, vor allem Türken, die in unser Land fliehen würden, verdrängten durch billigere Bezahlung österreichische Arbeiter und zerschlügen, wohl ganz im Sinne des Systems, unsere nationale Identität. Aus diesen Gründen darf ein EG-Beitritt nicht erfolgen. Die Systemparteien betrügen hier das Volk fortlaufend und informieren es falsch, weil sie keines dieser kritischen Argumente zur Sprache bringen, sondern nur von einem ›Fortschritt‹ sprechen, den es nicht geben kann.«[40]

Charakteristisch für diesen Redestil ist die häufige Verwendung ironisch gemeinter Anführungszeichen, welche gleichsam den Hohn in der Stimme des Redners anzeigen sollen. Rufzeichen und Gedankenstriche stellen visuelle Hervorhebungen dar, welchen in der Rede Ausruf oder Pause entsprechen würden.[41] Auch die übermäßige Verwendung rhetorischer Fragen und anderer rhetorischer Figuren kennzeichnet diesen Stil der rechtsextremen Publizistik, dessen Nähe zum nationalsozialistischen Vorbild augenfällig ist.[42]

»Fragen wir uns:
* Liegt uns das Schicksal unserer Nation wirklich am Herzen?
  – JA!
* Ist unser Kampf gegen Besetzung und Femdherrschaft gerecht?
  – JA!
* Lieben wir unser gesamtdeutsches Vaterland mit
  Herz und Seele?
  – JA!
* Wissen wir Wahrheit und Recht auf unserer Seite?
  – JA!
Erkennen wir: Wer die Fremdherrschaft nicht als Schande und die Zerstückelung Deutschlands nicht als Unglück empfindet, wer in dieser schwersten Zeit nicht bereit ist, für die Freiheit seines geschändeten Volkes zu kämpfen und zu opfern, ist ein unnützer Mensch und hat umsonst gelebt!«[43]

Ein weiteres typisches Stilelement ist die Übertreibung. Hier sind vor allem übersteigerte Ausdrucksformen mit Doppelung und Häufungen von identischen Begriffen und Attributen, Überladungen und die maßlose Strapazierung des Superlativs zu nennen.[44] Eine apodiktische Ausdrucksweise (»der bedeutendste revisionistische Gelehrte«, »größte Lüge aller Zeiten«) soll dem eigenen Standpunkt zum Durchbruch verhelfen, Zweifel oder Kritik sollen schon in ihren Ansätzen aufgefangen werden: »Nicht Anschaulichkeit oder Präzision, sondern der Grad der ideologischen Färbung bestimmt die Wortwahl.«[45] Die ständig überzogene Ausdrucksweise gibt rechtsextremen Texten den für sie typischen Charakter von Aufgeregtheit und emotionaler Überreizung.

»Wenn ich die von mir überprüften Veröffentlichungen, vor allem die entsetzlichen Bilder, welche in der Weltpresse immer wieder aufs neue vorgestellt werden und die durchwegs als ›historische Dokumentationen und Beweismittel‹ bezeichnet werden, zusammenfasse, so komme ich zu einem erschütternden Resultat. Nämlich, daß das deutsche Volk und darüber hinaus die gesamte Weltöffentlichkeit über drei Jahrzehnte hinweg, einer durch Bild- und Dokumentenfälschungen, gigantischen antideutschen Lügen- und Hetzkampagne, mit dem satanischen Ziel, das deutsche Volk in einen Generationen andauernden Schuld- und Sühnekomplex hineinzumanipulieren, um damit eine schier unerschöpfliche ›Wiedergutmachungsquelle‹ zu erschließen [sic!].«[46]

Rechtsextreme Propaganda vermittelt sich gerne in bildlicher Übertragung, in Metaphern. Statt Analysen und Erklärungen anzubieten, wird mit einer bildhaften Sprache ein unreflektierter, rein emotionaler Umgang mit politischen Vorgängen gefördert. Das Abstraktionsniveau wird unzulässig gesenkt,[47] die Wirkung der Metapher ermöglicht es, den Mühen differenzierender Denkarbeit auszuweichen:

»Es ergibt sich immer wieder eine erstaunliche Ähnlichkeit des Geldes mit dem Blut im menschlichen Körper. Der gesunde Mensch braucht eine für seine Größe angemessene Blutmenge; er ist krank und in Gefahr, wenn zuwenig oder zuviel Blut in seinen Adern kreist. Ähnliches gilt auch für die umlaufende Geldmenge in der modernen Wirschaft.«[48]

Ein anderes Beispiel zitiert Hermann Bott mit dem Bild, daß Hitler »wie ein Magnet alles politische Metall an sich zog«.[49] Wo in der wissenschaftlichen Faschismusdiskussion zum Phänomen der Massenbasis der NSDAP eine Fülle von Erklärungsansätzen diskutiert wird, genügt dem Rechtsextremismus eine Metapher. Diese kurzschlüssige Eingängigkeit macht Bildersprache nicht nur für die extreme Rechte zu einem brauchbaren Instrument der politischen Demagogie.

Der Rückgriff auf den nationalsozialistischen Wortschatz ist nicht nur direkt aus der Verwendung von eindeutig identifizierbaren Vokabeln, wie »zersetzen, vergiften, abartig, pervers, Parasiten«[50]

usw., sondern auch durch seine indirekte Verwendung in Form von Abwandlungen nachweisbar. Allzusehr kompromittierte Ausdrücke werden modifiziert oder durch andere, das gleiche meinende, ersetzt, wie z. B. »Systemparteien« durch »Lizenzparteien« oder »Altparteien«.[51] Bott führt als Beispiel »Humanitätsduselei« an, ein Begriff, der häufig von der NS-Propaganda benutzt wurde. In der rechtsextremen Publizistik finden sich hiefür »Humanitätstanten, Humanitätsapostel, Gleichheitsapostel, Gleichheitsfanatiker u. ä.«[52]. Humanität wird in der rechtsextremen Ideologie wie auch im Nationalsozialismus negativ bewertet und mit Schwäche gleichgesetzt.

Darüber hinaus bedient sich der Rechtsextremismus besonders dort, wo er sich mit seinen Aussagen am Rande der Legalität bewegt, einer eingeübten Tarnungstechnik. Er operiert mit Verschlüsselung und bewußt diffus formulierten Assoziationsangeboten.[53] Anspielungen, Andeutungen, vage Formulierungen, mehrdeutig auslegbare oder chiffrierte Aussagen, deren Entschlüsselung der rechtsextremen Anhängerschaft jedoch geläufig ist, ermöglichen es, einer öffentlichen Kritik oder drohender Strafverfolgung auszuweichen: »Man gebraucht Wortspiele und sprachliche Anspielungen, in denen mitschwingt, was wörtlich nicht geschrieben werden kann.«[54] Das eigentlich Gemeinte bleibt hinter Andeutungen und »präzise kalkulierten Ungenauigkeiten« verborgen. Im sicheren Wissen um die unausgesprochene Übereinstimmung mit der eigenen Anhängerschaft werden dort, wo eine eindeutige Sprache nicht opportun erscheint, unterschwellige Gedankenverbindungen angeboten, sodaß eine allfällig notwendige Distanzierung jederzeit möglich ist. Besonders im Bereich der Artikulation antisemitischer Vorurteile hat sich in Österreich weit über das Lager des Rechtsextremismus hinaus eine spezifische Fertigkeit in der Anwendung dieser Tarnsprache entwickelt.[55]

»Unter diesen Händlern war meist einer, der sich vorwiegend mit dem Wechseln der verschiedenen Münzen befaßte, und nachdem es sehr viele verschiedene umlaufende Münzen gab, war dieses Wechseln eine Wissenschaft für sich, bei der der Wechsler seinen Vorteil wahrzunehmen wußte.«[56]

Wer mit »Händlern« und »Wechslern« gemeint ist, entschlüsselt der Autor an anderer Stelle:

»Was die Juden aber noch in besonderer Weise von anderen abhob, war ihre besondere Begabung für Handel und Geldverkehr.«[57]

Im Umgang mit dem politischen Gegner dominiert ein diffamierender Sprachstil. Die Polemik zielt nicht auf die Gesinnung des Gegners, sondern auf die Persönlichkeit.[58] Das ausgeprägte Freund-Feind-Denken senkt die Hemmschwelle für den Einsatz diffamierender Wortwahl. Der zum Feind hochstilisierte politische Gegner wird aber zumindest als »haßerfüllt« oder als »nützlicher Idiot«, »Umerziehungshistoriker«, »Geschichtsfälscher« usw. bezeichnet. So beschimpfte Gerd Honsik in »Halt« Bischof Stecher, der sich für die Abschaffung des Anderl-von-Rinn-Kultes engagiert hatte:

»Der Judas von Rinn: Sanctus zum Völkermord! Stecher paktiert mit den Logenbrüdern! Ein volksvergessener Bischof verschachert seine Herde! [...] Mit Engelszungen hat sich auch seine Scheinheiligkeit, Königs Jünger, der Innsbrucker Bischof Stecher zu Wort gemeldet [...] Des Bischofs teuflischer antideutscher Auftrag [...] Stechers Ziel ist der Tod! Der unredliche Makler, der das Anderl von Rinn und Millionen abgetriebener Kinder bis zur Stunde verraten hat, für nicht [sic!] als Rabbinerlob, der Welsche aus Transsylvanien in Nordtirol ansiedeln möchte, um den deutschen Charakter unseres Landes in gotteslästerlicher Anmaßung zu verändern, ist kein Mann der Kirche. Nur ein Logenbruder in Bischofsgestalt!«[59]

Neben bösartig-verletzenden Anspielungen auf das Aussehen, auf körperliche Schwächen oder die Herkunft gehört vor allem die Verspottung oder Herabwürdigung durch Ironisierung zu den gerne angewendeten Diffamierungsmethoden. Sie beschränkt sich jedoch fast ausschließlich auf die Überstrapazierung ironisierend gemeinter Gänsefüßchen und auf die Zuteilung herabsetzender Beinamen und Attribute.

Das unterschwellige Ansprechen antisemitischer und rassistischer Vorurteile spielt hier eine große Rolle. Die denunziatorische Grundtendenz wird auch aus den Karikaturen deutlich, in denen der Gegner durchwegs kretinhafte Züge trägt. Auch den Karikaturen fehlt zumeist der Witz und die satirische Leichtigkeit, vielmehr spricht aus ihnen Aggressivität und Beleidigungsabsicht. Auch die systematische Verwendung von Meuchelfotos dient der Entwürdigung des politischen Gegners.

Die Technik des argumentativen Verwirrspiels und der Verschleierung und Täuschung wird am Beispiel der pseudodemokratischen Argumentation des Rechtsextremismus besonders deutlich.[60] Die radikale Kritik an Defiziten in der demokratischen Mitbestimmung zielt nicht auf deren Ausbau und Weiterentwicklung, sondern auf deren pauschale Herabsetzung. Dem Entwurf eines Idealbildes von Demokratie wird die demokratische Realität mit allen ihr anhaftenden Mängeln gegenübergestellt, um sie als »Scheindemokratie« zu denunzieren. Geht es um die eigene Minderheitenposition, so wird gerne von der »Diktatur der 51 %« der »System«- oder »Lizenzparteien« gesprochen. Geht es hingegen um die Rechte der von den Rechtsextremisten angefeindeten ethnischen oder gesellschaftlichen Minderheiten, wird vom »Selbstbestimmungsrecht der Mehrheit« gesprochen – ein typisches Beispiel der häufig geübten Praxis konträrer Auslegung von Begriffsinhalten je nach dem demagogischen Ziel.[61] Plebisziten und Volksabstimmungen wird, wohl in der Spekulation auf die größere Wirksamkeit der eigenen Demagogie, der Vorzug gegenüber repräsentativen Formen demokratischer Mitbestimmung gegeben. Gerne wird die im Nationalsozialismus inszenierte Form der Akklamation der Führung in Massenveranstaltungen als wahre demokratische Meinungsäußerung ausgegeben. Unausgesprochen steht hinter der Demokratiekritik des Rechtsextremismus die Präferenz für autoritäre Regierungs- und Gesellschaftsmodelle und nicht das Engagement für die Prinzipien demokratischer Mitbestimmung, Humanität, Toleranz und Schutz der Minderheiten.

An einer argumentativen Auseinandersetzung mit Andersdenkenden besteht im Grunde wenig Interesse. Diese wird in öffentlichen Veranstaltungen gerne durch den Einsatz von »Ordnern« beschränkt[62] oder gereizt verweigert. Wo sie dennoch zustande kommt, prägt der affektgeladene Agitationsstil der Propagandaschriften auch das Klima solcher Konfrontationen, die daher kaum als Diskussion, sondern fast immer als Streitgespräch ablaufen. Auf Argumente wird nicht eingegangen, könnten doch dadurch eigene festgefügte Vorurteilsstrukturen ins Wanken kommen. Statt dessen werden mit ständigem Themenwechsel und durch das Aufstellen immer neuer Behauptungen die Inhalte der Diskussion stets neu bestimmt, wodurch auf keines der angerissenen Probleme tiefergehend eingegangen werden kann. Eingeübte Standardargumente und die immer gleichen Propagandabehauptungen werden vorgebracht und, bevor noch differenzierende Analyse im Gespräch ansetzen kann, bereits vom nächsten Kampfargument abgelöst. Dies drängt den gegnerischen Diskutanten in die Defensive, er kann seine Argumentation nie zu Ende führen. Gegen das Angebot kurzschlüssiger, aber eingängiger Erklärungsangebote komplexer Probleme in einer durch Vorurteile und Ressentiments aufgeladenen Atmosphäre hat differenzierendes Denken wenig Chancen.

Wo die Auseinandersetzung mit der Propaganda des Rechtsextremismus zu führen ist, sollten also neben den Inhalten auch deren Methoden und Stil, deren Denkschablonen, Tricks, Tarnungstechniken, Fälschungs- und Verschleierungsmethoden, vor allem aber deren grundsätzlich auf Manipulation statt auf Aufklärung abzielende demagogische Grundrichtung in die Analyse einbezogen werden. Alle Versuche, der Agitation des Rechtsextremismus entgegenzutreten, müssen jedoch davon ausgehen, daß dieses Gedankengut nicht nur dem »harten Kern« der rechtsextremen Szene zuzuschreiben ist. Wesentliche Elemente rechtsextremer Ideologie sind auch im Denken beträchtlicher Teile der Bevölkerung latent verankert und werden, abgekoppelt von ihren historischen Zusammenhängen, in Massenmedien und Politik angesprochen.

Ebenso bedenklich ist es, daß ein die Nähe zum Jargon des Nationalsozialismus nicht scheuender Sprachgebrauch, der bisher dem Schrifttum und den Reden rechtsextremer Propagandisten vorbehalten war, zunehmend in die Sprache der offiziellen Politik Eingang findet.[63] Mit Recht weist Willibald Holzer auf den ebenso bedenklichen Umstand hin, daß auch der »relativ hohe Grad an Übereinstimmung mit rechtskonservativen Presseorganen die Wirkungschancen solch aggressiv-emotionaler Sprachgestik beträchtlich vergrößern muß«.[64] Die Popularisierung dieses aggressiv-demagogischen Sprachstils erleichtert damit dem Rechtsextremismus das Ausbrechen aus der gesellschaftlichen Isolation und trägt maßgeblich zur Gewöhnung an rechte Denk- und Verhaltensmuster und deren »Normalisierung« weit über das rechtsextreme Meinungssegment hinaus bei. Jedenfalls senkt die vom historischen Zusammenhang abgelöste, auf Gegenwartsprobleme bezogene Anwendung dieses Jargons die Hemmschwelle für eine allgemeine Nachahmung und erhöht die Gefahr der Wiedergewöhnung an diesen Sprachgebrauch. Die Gewöhnung im Denken und Sprechen war schon immer eine Vorstufe zum entsprechenden Handeln.

Anmerkungen

1 Der Begriff »Rechtsextremismus«, um den die Diskussion keineswegs abgeschlossen ist, bezieht sich in seiner weitesten Definition auf eine spezifische Variante des Konservatismus und beansprucht als übergeordneter Begriff Gültigkeit für Manifestationen dieses politischen Phänomens über die Zeit des Nationalsozialismus und Faschismus hinaus. Er bezieht auch vielfältige Ausprägungen von Rechtsextremismus in Ländern ohne faschistische Vergangenheit und vor allem ideologische Neuorientierungen bis in unsere Gegenwart in seinen Definitionsrahmen ein. »Neonazismus« dagegen bezieht sich eingrenzend auf jene Spielart des Rechtsextremismus, deren Wesensmerkmal die ausgeprägte Imitation und Orientierung am historischen Vorbild des Nationalsozialismus ist. Nicht nur aus Gründen der Begriffsschärfe ist eine Gleichsetzung mit »Rechtsextremismus« unzulässig, sie ist auch nicht opportun, da die Einordnung als »neonazistisch« den Vorwurf einer strafbaren Handlung, nämlich eines Verstoßes gegen das Verbot der NS-Wiederbetätigung bedeutet und langwierige Gerichtsverfahren mit ungewissem Ausgang nach sich ziehen kann. Zur Begriffsbestimmung, insbesondere zur Differenzierung zwischen »Rechtsextremismus«, »Neonazismus« und »Neofaschismus«, siehe: Willibald I. Holzer, Rechtsextremismus. Konturen, Definitionsmerkmale und Erklärungsansätze, in: Dokumentationsarchiv des österreichischen Widerstandes (Hrsg.), Handbuch des österreichischen Rechtsextremismus, aktualisierte und erw. Neuausgabe Wien 1994, S. 12–96.

2 Hermann Graml, Alte und neue Apologeten Hitlers, in: Wolfgang Benz (Hrsg.), Rechtsradikalismus: Randerscheinung oder Renaissance?, Frankfurt am Main 1980, S. 98–126; Gerhard Binder, Revisionsliteratur in der Bundesrepublik. Literaturbericht, in: Geschichte in Wissenschaft und Unterricht 17 (1966), S. 179–200; Martin Broszat, Zur Kritik der Publizistik des antisemitischen Rechtsextremismus, in: Aus Politik und Zeitgeschichte. Beilage zur Wochenzeitung Das Parlament B 19/76 (8. Mai 1976); Lothar Baier, Die Weißwäscher von Auschwitz, in: Trans-Atlantik 7 (1981), S. 14–26; Arthur Suzman/Denis Diamond, Der Mord an sechs Millionen Juden. Die Wahrheit ist unteilbar, in: Aus Politik und Zeitgeschichte. Beilage zur Wochenzeitung Das Parlament B 30/78 (29. Juli 1978).

3 Wolfgang Benz (Hrsg.), Legenden Lügen Vorurteile. Ein Lexikon zur Zeitgeschichte, München 1990; Hans-Helmut Knütter, Ideologien des Rechtsradikalismus im Nachkriegsdeutschland. Eine Studie über die Nachwirkungen des Nationalsozialismus, Bonn 1961; Hermann Bott, Die Volksfeind-Ideologie. Zur Kritik rechtsradikaler Propaganda, Stuttgart 1969 (Schriftenreihe der Vierteljahrshefte für Zeitgeschichte 18).

4 Die Kameradschaft 10/1977, zitiert nach: Dokumentationsarchiv des österreichischen Widerstandes (Hrsg.), Rechtsextremismus in Österreich nach 1945, 5. Aufl. Wien 1981, S. 117.

5 »Das Urteil wird auf einzelne Vorkommnisse beschränkt, die ihrerseits verabsolutiert werden; dies verbindet sich mit der Neigung, stets Verschwörungen und persönliche Motive als gestaltende Kräfte des politischen Geschehens anzusehen. Daß die Ergebnisse der wissenschaftlichen Forschung ignoriert und statt dessen hintergründige Ursachen des Geschehens gesucht werden (also eben Verschwörungen, geheime Beziehungen, persön-

liche Rivalitäten statt sachlicher Gründe), hat seinen Grund in der tief eingewurzelten überzeugung, daß alle öffentliche Meinungsbildung auf Betrug beruhe: alles, was der Bevölkerung durch die publizistischen Organe mitgeteilt wird, entspreche nicht der Wahrheit, sondern sei gefärbt, um die Bevölkerung zu einem bestimmten, von den herrschenden Kreisen erwünschten Verhalten zu veranlassen.« Knütter, S. 131.

6 Die Kameradschaft 9/1980, zitiert nach: Dokumentationsarchiv des österreichischen Widerstandes (Hrsg.), Rechtextremismus, S. 103.

7 Die Spekulation mit der eingeschränkten Kritikfähigkeit und einer durch ideologische Fixierung bestimmten selektiven Aufnahmebereitschaft der Anhänger ist offensichtlich: »Die Ideologie wirkt wie ein Filter, der von den objektiven Wahrnehmungen nur diejenigen durchläßt, die vorgefaßte Meinungen bestätigen [...] Da rechtsradikales Denken nicht auf rationalem Erkenntniswillen, sondern primär auf Stereotypen beruht, wird die objektive Wahrnehmungsfähigkeit stark eingeschränkt.« Bott, S. 119.

8 Knütter, S. 189 f.

9 Auf dem Stundenplan: Ersatzblätter für fehlende oder verfälschte Geschichtsbücher. Aktuell 3–4/1978, S. 5.

10 Rijksinstituut voor Oorlogsdocumentatie/Niederländisches Staatliches Institut für Kriegsdokumentation (Hrsg.), Die Tagebücher der Anne Frank, Frankfurt am Main 1988. Siehe auch den Beitrag von Brigitte Bailer-Galanda, Das Tagebuch der Anne Frank.

11 David Irving, Hitlers Krieg. Die Siege 1939–1942, München-Berlin 1983, S. 11 ff.

12 Hermann Graml, David L. Hoggan und die Dokumente, in: Geschichte in Wissenschaft und Unterricht 14 (1963) 8, S. 492–517.

13 Broszat, S. 4.

14 Wolfgang Benz, Die Opfer und die Täter – Rechtsextremismus in der Bundesrepublik, in: Aus Politik und Zeitgeschichte. Beilage zur Wochenzeitung Das Parlament B 27/80 (5. Juli 1980), S. 43 ff.

15 Die Leuchtkugel. Monatsschrift für Heimat und Volk 339, 5/1976, zitiert nach: Dokumentationsarchiv des österreichischen Widerstandes (Hrsg.), Rechtsextremismus, S. 120.

16 Rotes Kreuz verurteilt Neonazipropaganda. Manipulation mit Zahlenmaterial von 1945 soll Beweis gegen Völkermord unter Hitler liefern, in: Salzburger Nachrichten, 3. 2. 1978.

17 A. de Cocatrix, Direktor des Internationalen Suchdienstes Arolsen, Die Zahl der Opfer der nationalsozialistischen Verfolgung. Exposé vorgelegt anläßlich der Internationalen Konferenz des Comité International des Camps vom 22. April bis 25. April 1977 in Wien.

18 Ebenda, S. 2.

19 Ebenda, S. 4.

20 Ebenda.

21 Florian Freund/Gustav Spann, Zur Auseinandersetzung mit der Apologie des Nationalsozialismus im Schulunterricht am Beispiel der Vernichtung der Juden, in: Zeitgeschichte 8 (1981) 5, S. 203 f.

22 Knütter, S. 91; Bott, S. 107.

23 Knütter, S. 91.

24 Bescheidene Fragen zum Anschluß, in: Der junge Bund 4/1978, S. 17.

25 Knütter, S. 51.

26 Hans Laußermair, Aufbruch und Zusammenbruch. Zeitgeschichte verständlich gemacht, Eigenverlag Laußermair, Bad Hofgastein o. J., S. 100 f.

27 Zur Zahl der Opfer siehe: Georges Wellers, Die Zahl der Opfer der »Endlösung« und der Korherr-Bericht, in: Aus Politik und Zeitgeschichte. Beilage zur Wochenzeitung Das Parlament B 30/78 (29. Juli 1978), S. 22–39.

28 Martin Broszat, Hitler und die Genesis der Endlösung. Aus Anlaß der Thesen von David Irving, in: Vierteljahrshefte für Zeitgeschichte 25 (1977) 4, S. 492–514.

29 Siehe dazu: Hellmuth Auerbach, »Kriegserklärungen« der Juden an Deutschland, in: Benz (Hrsg.), Legenden, S. 118 ff.

30 Knütter, S. 85 ff.

31 Ebbo Demant (Hrsg.), Auschwitz – »Direkt von der Rampe weg …« Kaduk, Erber, Klehr: Drei Täter geben zu Protokoll, Reinbek bei Hamburg 1979; Eugen Kogon/Hermann Langbein/Adalbert Rückerl (Hrsg.), Nationalsozialistische Massentötungen durch Giftgas. Eine Dokumentation, Frankfurt am Main 1983.

32 Herbert Jäger, Verbrechen unter totalitärer Herrschaft. Studien zur nationalsozialistischen Gewaltkriminalität, Frankfurt am Main 1982; Adalbert Rückerl (Hrsg.), Nationalsozialistische Vernichtungslager im Spiegel deutscher Strafprozesse. Belzec, Sobibor, Treblinka, Chelmno, München 1978.

33 Siehe dazu: Französisches Büro des Informationsdienstes über Kriegsverbrechen (Hrsg.), Konzentrationslager Dokument F321 für den Internationalen Militärgerichtshof Nürnberg. Durchgesehen, erläutert und mit einem Nachwort versehen von Peter Neitzke und Martin Weinmann, 4. Aufl. Frankfurt am Main 1990.

34 Adalbert Rückerl, NS-Verbrechen vor Gericht. Versuch einer Vergangenheitsbewältigung, Heidelberg 1982.

35 Halt 32/1986, S. 3.

36 Aktuell 9–10/1976.

37 Bott, S. 29 ff., 69.

38 Dietrich Elchlepp, Die Sprache der Rechtsradikalen, in: Tribüne. Zeitschrift zum Verständnis des Judentums 9 (1970) 35, S. 3788.

39 Bott, S. 39.

40 Sieg 8/1988, S. 14.

41 Elchlepp, S. 3796 f.

42 Siehe dazu: Victor Klemperer, »LTI«. Die unbewältigte Sprache. Aus dem Notizbuch eines Philologen, München 1969, S. 77 f.; Utz Maas, Als der Geist der Gemeinschaft eine Sprache fand. Sprache im Nationalsozialismus, Opladen 1985.

43 Sieg 6/1985.

44 Elchlepp, S. 3794.

45 Bott, S. 49.

46 Sieg 6–7/1978, S. 15.

47 Elchlepp, S. 3794.

48 Laußermair, S. 25.

49 Bott, S. 42.

50 Ebenda, S. 43.

51 Siehe dazu: Franz Januschek, Rechtspopulismus und NS-Anspielungen am Beispiel des österreichischen Politikers Jörg Haider, Osnabrück 1990, S. 47 ff.; Elchlepp, S. 3794.

52 Bott, S. 43.

53 Ebenda, S. 51–57.

54 Elchlepp, S. 3790.

55 Siehe dazu: Ruth Wodak u.a., »Wir sind alle unschuldige Täter!« Diskurshistorische Studien zum Nachkriegsantisemitismus, Frankfurt am Main 1990, S. 185, 187, 315; Januschek.

56 Laußermair, S. 20.

57 Ebenda, S. 60.

58 Bott, S. 41 f.

59 Halt 57/1991.

60 Knütter, S. 163 ff.; Bott, S. 77 ff.

61 Bott, S. 68 f.

62 Willibald I. Holzer, Rechtsextremismus – Konturen und Definitionskomponenten eines politischen Begriffs, in: Dokumentationsarchiv des österreichischen Widerstandes (Hrsg.), Rechtsextremismus in Österreich nach 1945, 1. Aufl. Wien 1979, S. 67.
63 In diese Richtung geht der Vorwurf in der (nicht eingeklagten) Publikation: Januschek; Gero Fischer/Peter Gstettner (Hrsg.), »Am Kärntner Wesen könnte diese Republik genesen«. Am rechten Rand Europas: Jörg Haiders »Erneuerungspolitik«, Klagenfurt 1990.
64 Holzer, Rechtsextremismus – Konturen und Definitionskomponenten, S. 68.

Brigitte Bailer-Galanda

Die Verbrechen von Auschwitz

Der Name Auschwitz ist untrennbar mit dem nationalsozialistischen Vernichtungsfeldzug gegen das Judentum verbunden.[1] Die Leugnung der im Konzentrationslagerkomplex Auschwitz-Birkenau begangenen Verbrechen steht – unter dem Schlagwort »Auschwitz-Lüge« – nach wie vor im Mittelpunkt der »revisionistischen« Propaganda.

Im Frühjahr 1940 wurde nahe der polnischen Stadt Oswiecim auf Befehl des Reichsführers SS Heinrich Himmler mit der Umgestaltung der dort vorhandenen Kasernen zum Konzentrationslager Auschwitz begonnen. Die Bewohner der umliegenden Ortschaften wurden zwangsweise ausgesiedelt.[2] Auf dem Gebiet des benachbarten Ortes Brzezinka (Birkenau) wurde im Herbst 1941 auf Befehl Himmlers mit der Errichtung des zweiten Teiles des Lagers Auschwitz (Auschwitz II bzw. Auschwitz-Birkenau) begonnen, der ursprünglich zur Aufnahme von 100.000 sowjetischen Kriegsgefangenen bestimmt war. Statt dessen war Birkenau ab dem Frühjahr 1942 Schauplatz des Massenmordes.[3] Die Unterlagen über Planung und Konstruktion des Lagers spiegeln die 1942 erfolgte Umwandlung zur Stätte der »Sonderbehandlung«, also der Menschenvernichtung, wider.[4]

Am 14. Juni 1940 traf der erste Transport mit 728 Häftlingen aus dem Gefängnis in Tarnow im Lager ein.[5] Die Funktion des Lagers Auschwitz, zuerst als Terrorinstrument gegen die polnische Bevölkerung geplant und verwendet, änderte sich, als – wie der Lagerkommandant Rudolf Höß in seiner Autobiographie berichtet – Himmler ihn im Sommer 1941 aufforderte, im KZ Auschwitz Anlagen zur physischen Vernichtung der Juden vorzubereiten.[6]

Seit 1940 waren im Deutschen Reich aufgrund des »Euthanasie«-Befehls Hitlers vom Oktober 1939 invalide und geisteskranke Insassen psychiatrischer Anstalten mittels Giftgas ermordet worden. Diesem Zweck diente neben fünf anderen im Deutschen Reich gelegenen Mordstätten auch die im oberösterreichischen Schloß Hartheim installiert gewesene Gaskammer, in der mit Kohlenmonoxydgas gemordet wurde.[7] Ausgehend von den dabei gewonnenen Erfahrungen wurden 1941 auf Befehl Himmlers Gaswagen konstruiert, die als mobile Gaskammern vorwiegend hinter der Ostfront eingesetzt wurden. Ein solcher Wagen verkehrte aber auch zwischen dem Konzentrationslager Mauthausen und dem Nebenlager Gusen. Darin wurden nicht mehr arbeitsfähige Häftlinge aus den beiden Lagern ermordet.[8] Die Massenmorde an europäischen Juden hatten ihren Anfang ab Juni 1941 im Zuge des Feldzuges gegen die Sowjetunion genommen, wo die Einsatzgruppen der SS hinter der Front Hunderttausende Juden in Massenerschießungen ermordeten.[9] Im Spätherbst/Winter 1941/42 fanden bereits Massenmorde an deportierten Juden in Kaunas (Kovno), später in Riga und Minsk statt.

Die erstmalige Verwendung von Cyanwasserstoffgas als Mordmittel erfolgte im KZ Auschwitz. Da dieses Giftgas damals zur Ungeziefervertilgung in Verwendung[10] und daher in ausreichender Menge vorhanden war, kam Schutzhaftlagerführer Karl Fritzsch in Abwesenheit des Kommandanten Höß auf die Idee, dieses Gas zur Ermordung von Menschen einzusetzen. Die erste Vergasung fand am 3. September 1941 in den zuvor abgedichteten Arrestzellen des Blocks 11 im KZ Auschwitz statt.[11] Zeugenaussagen zufolge dauerte der Todeskampf der in die Zellen gedrängten rund 600 russischen Kriegsgefangenen eine ganze Nacht; einmal wurde sogar Gas nachgeschüttet.[12] Ehe Anfang 1942 die ersten großen Judentransporte im KZ Auschwitz eintrafen, fiel vor allem eine große Zahl russischer Kriegsgefangener den Morden mittels Giftgas zum Opfer. Doch der Keller von Block 11 war für Giftgasmorde wenig geeignet. Daher wurde der Leichenraum des Krematoriums I im Stammlager, der bereits über eine Lüftung verfügte, zur Durchführung der Morde adaptiert und ab Januar 1942 als Mordstätte benutzt.[13]

Der erste jüdische Sammeltransport erreichte am 26. März 1942 das KZ Auschwitz. Am 4. Juli desselben Jahres fand die erste planmäßige Selektion statt: aus einem Transport slowakischer Juden wurden 264 Männer und 108 Frauen als arbeitsfähig ausgesucht und ins Lager eingewiesen; alle anderen wurden sofort mit Giftgas ermordet.[14] Infolge der laufend ankommenden Deportationszüge aus Frankreich, Holland und Polen reichte das Fassungsvermögen der

Gaskammer in Krematorium I für die Morde nicht mehr aus, und die Lagerverwaltung ließ zwei Bauernhäuser im Lager Birkenau für die Morde umbauen. Die große Zahl der Toten überstieg auch die Kapazität der vorhandenen Leichenverbrennungsanlagen. Vorerst wurden die Toten in Massengräbern bestattet, im Herbst 1942 mußte ein Sonderkommando von 300 Häftlingen die verscharrten Leichen wieder ausgraben und auf riesigen Scheiterhaufen bzw. in Gruben verbrennen, um der drohenden Verseuchung des Grundwassers vorzubeugen.[15] Die Häftlinge dieses Sonderkommandos wurden kurz darauf selbst in den Gaskammern ermordet.[16] 1943 wurden in Auschwitz-Birkenau vier neue Krematorien mit angeschlossenen Gaskammern errichtet. Die Errichtung dieser Anlagen kann anhand ausführlicher Korrespondenzen zwischen der Bauleitung des KZ Auschwitz und zivilen Lieferfirmen sowie zahlreicher erhalten gebliebener Bauzeichnungen nachvollzogen werden.[17]

Während des Sommers 1942 fanden die Morde in den als Bunker 1 und 2 bezeichneten, umgebauten ehemaligen Bauernhäusern im Lager Birkenau statt.[18] Diese waren aber im Winter infolge der Kälte schlecht benützbar. Daher beschloß die Bauleitung, die Morde künftig in die Leichenkeller der Krematorien II und III zu verlagern, die für diesen Zweck – wie Jean-Claude Pressac meint – kurz vor Fertigstellung nochmals umgebaut werden mußten.[19] Auch die gleichfalls neu errichteten Krematorien IV und V in Birkenau enthielten Gaskammern.[20] Aus Gründen der Tarnung sollte die Existenz der dort vorhandenen Gaskammern gegenüber Zivilarbeitern und Lagerfremden möglichst verschleiert werden. Die Lieferfirmen für die Lüftungen und die übrigen Installationen sowie für die Krematoriumsöfen wußten allerdings bald Bescheid, vor allem die Firma Topf und Söhne in Erfurt, die nicht nur die Krematoriumsöfen lieferte, sondern in manchem Belange als eine Art Generalunternehmer für die Einrichtungen der Krematorien und Gaskammern auftrat.[21] Arbeiter der beauftragten zivilen Firmen wichen absichtlich oder unabsichtlich in ihren Berichten von den offiziellen Tarnbezeichnungen ab. So notierte z. B. ein bei der Errichtung des Krematoriums IV beschäftigter Baupolier der Firma Riedel und Sohn, er habe die Arbeit im »Vergasungskeller I« beendet[22], am 2. März 1943 schrieb ein Vorarbeiter in seinem Arbeitsbericht: »Fußboden betonieren in Gasskammer« [sic!][23].

Ab Juni 1943 konnten in den Krematorien nach theoretischen, von der SS selbst errechneten Werten täglich 4.756 Leichen verbrannt werden.[24] Diese Zahl wurde jedoch oftmals überschritten, insbesondere als 1944 die Massenmorde an ungarischen Juden in Auschwitz verübt wurden. In die Gaskammern wurden rücksichtslos so viele Menschen wie nur möglich gleichzeitig hineingezwungen, wodurch sich die Luft in den Gaskammern erwärmte und eine rasche Wirkung des Giftgases erzielt wurde.[25]

Die Arbeiten rund um die Massenmorde, wie die Entleerung der Gaskammern, die Entfernung von Haaren und Goldzähnen der Leichen, deren Verbrennung u.a., mußten von den Häftlingen des Sonderkommandos verrichtet werden, die selbst mehrheitlich jeweils nach einiger Zeit in den Gaskammern ermordet wurden. Auf diese Weise sollten unerwünschte Zeugen der Verbrechen beseitigt werden. Von den Gaskammern und Krematorien des ehemaligen Lagers Auschwitz-Birkenau gibt es heute nur mehr Ruinen. Ein Krematorium und die angeschlossene Gaskammer waren im Zuge eines Aufstandes des Sonderkommandos am 7. Oktober 1944 gesprengt worden. Mit der Demontage der Krematorien II und III inklusive der Gaskammern wurde auf Befehl Himmlers, der die Spuren der Giftgasmorde vor dem Eintreffen der vorrückenden Alliierten beseitigen wollte, im November 1944 begonnen. Das letzte Krematorium – wiederum mitsamt der Gaskammer – wurde am 26. Januar 1945 gesprengt.[26] In der Gaskammer des Krematoriums I im Stammlager wurden seit Juli 1943 keine Morde mehr verübt,[27] der Raum wurde zu einem SS-Luftschutzbunker umgebaut und befindet sich daher heute nicht mehr im Originalzustand.

Die Zahl der bis Ende Januar 1945 im Stammlager Auschwitz und in Auschwitz-Birkenau ermordeten Menschen kann nicht exakt festgestellt werden, da über jene Opfer, die sofort nach ihrer Ankunft in den Gaskammern ermordet wurden, keine Aufzeichnungen geführt wurden. Die sofort getöteten Menschen erhielten keine Häftlingsnummern und tauchen daher in den Akten der Lageradministration nicht auf. Lagerkommandant Höß selbst setzte in seinen freiwillig in der Haft niedergeschriebenen Erinnerungen die Zahl mit 2,5 Millionen an.[28] Französische und israelische Forschungen der letzten Jahre geben die Mindestzahl der Opfer von Auschwitz mit 1,35 Millionen Juden, rund 20.000 Roma und Sinti, 11.700 russischen Kriegsgefangenen und weiteren 83.000 aus anderen Gründen nach Auschwitz Deportierten an. Unter Berufung vor allem auf eine Reihe nationaler Studien über die Opfer des Holocaust und unter Berücksichtigung von erst in den letzten Jahren zugänglichen Archivmaterialien errechnet Franciszek Piper, Leiter der Historischen Abteilung des Staatlichen Museums Auschwitz, die Zahl der Opfer mit 1,1 Millionen Toten, davon seiner Schätzung nach rund 90 % Juden.[29] Die von Jean-Claude Pressac angegebene deutlich niedrigere Zahl von rund 700.000 Opfern[30] beruht auf der Annahme, daß von jedem Transport durchschnittlich zwei Drittel der Deportierten ermordet worden seien. Er berücksichtigt bei seinen Überlegungen zur Zahl der Opfer aber nicht die bereits vorliegenden historischen Arbeiten, wie beispielsweise zur Deportation der ungarischen Juden.[31] Pressacs Angaben müssen daher als ziemlich zweifelhaft angesehen werden.

Zur immer wieder auflebenden Diskussion über die Zahl der Opfer merkt Hermann Langbein, selbst Überlebender von Auschwitz, an, daß die Morde an den Juden und »Zigeunern« im Machtbereich des Nationalsozialismus »mit dem Namen Auschwitz verbunden« bleiben werden, »völlig unabhängig davon, wie viele dort Opfer dieser mörderischen Ideologie geworden waren und wie viele in den Vernichtungslagern Treblinka, Sobibor, Belzec, Kulmhof, im KZ Majdanek, wie viele von den Einsatzgruppen hinter der Ostfront deswegen ermordet wurden. Das soll und darf durch die Diskussion über die Zahl der Opfer von Auschwitz nicht verdrängt werden.«[32]

Die Massenmorde mittels des Giftgases Zyklon B sind durch Dokumente, vor allem die der SS-Bauleitung des KZ Auschwitz, durch das Krakauer Gutachten aus dem Jahr 1945[33] und durch zahlreiche voneinander unabhängige Zeugenaussagen belegt. Es gibt nicht nur Zeugnisse von Häftlingen, sondern auch Aussagen ehemaliger SS-Angehöriger. Von besonderer Bedeutung sind hierbei schriftliche Aufzeichnungen dreier SS-Männer (Höß, Broad, Kremer), die diese – ohne gegenseitige Beeinflussungsmöglichkeit – zu unterschiedlichen Zeitpunkten und an verschiedenen Orten schrieben. Der Lagerkommandant von Auschwitz, Rudolf Höß, wurde am 11. März 1946 festgenommen. Im 1947 in Polen durchgeführten Prozeß wurde er zum Tode verurteilt und am 16. April 1947 auf dem Gelände des Konzentrationslagers öffentlich hingerichtet. Während der

Zeit der gerichtlichen Untersuchungen verfaßte Höß auf eigenen Wunsch eine 228 Seiten umfassende Autobiographie. In seinen Aufzeichnungen nehmen die Massenmorde breiten Raum ein. So schildert er folgende Szene, die sich ihm eingeprägt hat:

»Ich durfte mich noch nicht einmal abwenden, wenn allzumenschliche Regungen in mir hochstiegen. Mußte kalt zusehen, wie die Mütter mit den lachenden oder weinenden Kindern in die Gaskammern gingen. – Einmal waren zwei kleine Kinder so in ihr Spiel vertieft, daß sie sich absolut nicht von ihrer Mutter davon wegreißen lassen wollten. Selbst die Juden des Sonderkommandos wollten die Kinder nicht aufnehmen. Den um Erbarmen flehenden Blick der Mutter, die bestimmt wußte, was geschieht, werde ich nie vergessen. Die in der Kammer wurden schon unruhig – ich mußte handeln. Alles sah auf mich – ich gab dem diensthabenden Unterführer einen Wink, und er nahm die sich heftig sträubenden Kinder auf die Arme und brachte sie mit der herzzerbrechend weinenden Mutter in die Kammer. Ich wäre am liebsten vor Mitleid von der Bildfläche verschwunden – aber ich durfte nicht die geringste Rührung zeigen. Ich mußte alle Vorgänge mitansehen. Ich mußte, ob Tag oder Nacht, beim Heranschaffen, beim Verbrennen der Leichen zusehen, mußte das Zahnausbrechen, das Haarabschneiden, all das Grausige stundenlang mitansehen. Ich mußte selbst bei der grausigen, unheimlichen Gestank verbreitenden Ausgrabung der Massengräber und dem Verbrennen stundenlang dabeistehen. Ich mußte auch durch das Guckloch des Gasraumes den Tod selbst ansehen, weil die Ärzte mich darauf aufmerksam machten.«[34]

Ein weiteres schriftliches Zeugnis verfaßte der SS-Rottenführer Pery Broad nach seiner Festnahme in der britischen Besatzungszone am 6. Mai 1945. Die Niederschrift übergab er am 13. Juli 1945 den Behörden des Intelligence Service. Weiter gab Broad am 14. Dezember 1945 in Minden eine eidesstattliche Erklärung ab, in der er seine Niederschrift zusammenfaßte. Dieser Bericht wurde erst im letzten Vierteljahr 1947 einem amerikanischen Militärgericht im Zuge des Verfahrens gegen Verantwortliche deutscher Industriefirmen vorgelegt, davor waren Broads Erklärungen außerhalb des Intelligence Service nicht bekannt. Auch in Broads Aufzeichnun-

gen finden sich genaue Beschreibungen des Vergasungsvorgan-
ges.[35]

Als dritter bedeutender Zeuge aus den Reihen der SS ist Dr. Johannes Paul Kremer anzusehen, der über seine Zeit als Arzt in
Auschwitz 1942 ein ausführliches Tagebuch verfaßte, worin u. a. die
von ihm erlebten 15 Selektionen und Vergasungen beschrieben
sind.[36] Die ersten Aussagen bzw. Aufzeichnungen von Häftlingen
über die Morde im KZ Auschwitz datieren bereits aus der Zeit vor
der Befreiung des Lagers. Berichte von fünf 1943 und 1944 aus dem
KZ Auschwitz geflüchteten Häftlingen über das KZ gelangten in
die Vereinigten Staaten und wurden dort 1944 veröffentlicht. Fred
Wetzler und Walter Rosenberg, der später den Namen Rudolf Vrba
annahm, flüchteten am 7. April 1944 aus Auschwitz und kamen am
21. April im slowakischen Grenzdorf Skalite an. In Zilina wurden
die beiden Flüchtlinge jeweils einzeln von Ing. Oskar Krasnansky,
Mitglied der Widerstandsbewegung, befragt. Das bei diesen Verhö-
ren aufgenommene Protokoll, der Wetzler-Vrba-Bericht, wurde
nach Budapest, Genf, Istanbul und London geschickt.

In Wetzlers 1944 publiziertem Bericht hieß es u. a. über die – nach
gleichen Plänen gebauten – Krematorien II und III:

»Von hier [der Vorbereitungshalle, wie Wetzler den Vorraum nennt]
geht eine Tür, und einige Treppen führen hinunter in die etwas tiefer gelegene, schmale und sehr lange Vergasungskammer. Die
Wände dieser Kammer sind durch blinde Duschanlagen markiert,
was einen riesigen Waschraum vortäuscht. Am flachen Dach sind
drei durch Klappen von außen hermetisch verschließbare Fenster.
Von der Gaskammer führt durch die Halle ein Gleispaar zum Ofen-
raum. Die Vergasung wird nun so vorgenommen, daß die Unglück-
lichen in die Halle B gebracht werden, wo ihnen gesagt wird, daß
sie in das Bad geführt werden. Dort müssen sie sich auskleiden.
Hierauf werden sie in die Gaskammer C gedrängt. 2000 Personen
füllen diese Kammer derart, daß jeder nur aufrecht stehen kann. Um
diese Menge in die Kammer einpferchen zu können, werden öfters
Schüsse abgegeben, um die sich bereits in der Kammer befindlichen
zu veranlassen, daß sie sich zusammendrängen. Wenn schon alles in
der Kammer ist, wird die schwere Tür geschlossen. Kurze Zeit wird
dann gewartet, vermutlich darum, daß die Temperatur in der Kam-

mer auf eine gewisse Höhe steigen soll, dann steigen SS-Männer mit Gasmasken auf das Dach, öffnen die Klappen und schütten aus Blechdosen ein Präparat in Staubform in die Kammer.«[37]

Mitte Mai 1944 gelang Arnost Rosin und Czeslaw Mordowic die Flucht aus Birkenau. Auch sie gelangten in die Slowakei, wo ihre Berichte aufgezeichnet wurden.[38]

Weitere schriftliche Zeugnisse wurden von Häftlingen des Sonderkommandos in der Nähe der Krematorien vergraben. Der erste Bericht, ein Brief in französischer Sprache, datiert mit 6. November 1944, gezeichnet von Chaim Herman, wurde bereits am 27. Januar 1945 gefunden. Anfang März 1945 wurden ein Brief sowie ein Heft, die in einer Aluminiumflasche verborgen waren, auf dem Gebiet des Krematoriums II ausgegraben. 1952 und 1962 wurden zufällig weitere vergrabene Manuskripte entdeckt. Auch in diesen Zeugnissen werden die Verbrechen von Auschwitz dargestellt.[39]

Im Rahmen zahlreicher Prozesse gegen Angehörige der Wachmannschaften und an den Morden beteiligte SS-Männer wurden die Vorgänge im KZ Auschwitz durch westeuropäische und polnische Gerichte bewiesen. 1963 bis 1965 dauerte der Prozeß gegen 20 Angeklagte vor dem Frankfurter Schwurgericht. Die Voruntersuchungen dazu hatten fünfeinhalb Jahre in Anspruch genommen. Am 19. August 1965 fällte das Gericht das Urteil: Sechs der Angeklagten wurden zu lebenslänglichem Zuchthaus verurteilt, drei Angeklagte wurden freigesprochen, die übrigen elf Angeklagten wurden zu Freiheitsstrafen zwischen drei Jahren und drei Monaten und 14 Jahren verurteilt.[40] Insgesamt wurden während der Verhandlung 359 Zeugen vernommen. Vom 14. bis 16. Dezember 1964 nahmen Richter, Staatsanwälte, Vertreter der Nebenklage und Verteidiger eine Ortsbesichtigung in Auschwitz vor.

In keinem dieser Gerichtsverfahren und in keinem der für diesen Prozeß eingeholten wissenschaftlichen Gutachten durch Historiker und Gerichtsmediziner wurden Zweifel an der Tatsache der Massenmorde geäußert. Die Schwierigkeit bei diesen und bei anderen Konzentrationslager-Prozessen lag stets nur darin, die persönliche Schuld der einzelnen Angeklagten festzustellen und zu beweisen, weshalb es zu vereinzelten Freisprüchen kam. Die Tatsache der Verbrechen wurde jedoch weder von den Verteidigern noch von den Angeklagten bestritten.

Kurze Chronik des Konzentrationslagers Auschwitz[41]

27.4.1940　　Reichsführer SS Heinrich Himmler befiehlt die Errichtung eines Konzentrationslagers in den ehemals österreichischen Kasernen in Auschwitz (Oswiecim), Polen.

29.4.1940　　SS-Hauptsturmführer Rudolf Höß wird zum Kommandanten des geplanten KZ Auschwitz ernannt.

14.6.1940　　Die Lagerumzäunung ist fertiggestellt. Aus dem Gefängnis in Tarnow werden 728 polnische politische Gefangene ins KZ Auschwitz gebracht.

1.3.1941　　Reichsführer SS Himmler ordnet die Erweiterung des Lagers Auschwitz sowie die Errichtung eines weiteren Lagers auf dem Gebiet des benachbarten Dorfes Birkenau an.

29.7.1941　　Kommandant Höß wird zu Reichsführer SS Himmler nach Berlin bestellt. Laut Aussage von Höß erhält er bereits zu diesem Zeitpunkt den Befehl zur »Massen-Vernichtung der Juden«.[42]

3./4.9.1941　　600 russische Kriegsgefangene werden im Keller von Block 11, wo sich die Zellen des Lagerarrests befinden, mit Zyklon B ermordet.

Okt. 1941　　Der Bau des Lagers in Birkenau (KZ Auschwitz-Birkenau) beginnt. Es untersteht gleichfalls Kommandant Rudolf Höß.

15.2.1942　　Der erste große Transport mit Juden kommt im KZ Auschwitz an. Die Menschen werden in der zu einer Gaskammer umgebauten Leichenhalle des Krematoriums I im Lager Auschwitz mit Zyklon B ermordet.

20.3.1942　　Die in einem zu diesem Zweck umgebauten Bauernhaus in Birkenau (»Bunker 1«) eingerichteten Gaskammern werden erstmals für Morde mittels Giftgas benutzt.

26.3.1942　　Der erste vom Reichssicherheitshauptamt (RSHA) organisierte Sammeltransport von Juden trifft in Auschwitz ein.

30.6.1942　　Die Errichtung weiterer Gaskammern in einem zweiten Bauernhaus in Birkenau (Bunker 2) ist abgeschlossen.

4.7.1942	Unter einem Transport des RSHA von Juden aus der Slowakei wird die erste Selektion durchgeführt. 264 Männer und 108 Frauen werden als arbeitsfähig ins Lager aufgenommen. 628 Menschen werden sofort in den »Bunkern« 1 und 2 ermordet.
22.3.1943	Das mit Gaskammern verbundene Krematorium IV in Auschwitz-Birkenau ist fertiggestellt.
31.3.1943	Das mit einer Gaskammer verbundene Krematorium II in Auschwitz-Birkenau ist fertiggestellt.
4.4.1943	Das mit Gaskammern verbundene Krematorium V in Auschwitz-Birkenau ist fertiggestellt.
25.6.1943	Das mit einer Gaskammer verbundene Krematorium in Auschwitz-Birkenau ist fertiggestellt.
7.10.1944	Die zur Mitwirkung an den Massenmorden gezwungenen Häftlinge des Sonderkommandos, die ihre baldige Ermordung fürchten, unternehmen einen Aufstand, in dessen Verlauf das Krematorium IV gesprengt wird.
2.11.1944	Die Morde mittels Zyklon B werden eingestellt.
26.11.1944	Reichsführer SS Heinrich Himmler ordnet die Zerstörung der Krematorien und Gaskammern in Auschwitz-Birkenau an. In den folgenden Wochen beginnen Häftlinge mit dem Abbruch der Krematorien II und und mit der Beseitigung der Spuren der Massenmorde.
18.1.1945	Die Evakuierung des KZ Auschwitz beginnt. Die Häftlinge werden in langen Kolonnen zu Fuß Richtung Westen getrieben. Wer nicht mehr weitergehen kann, wird von den begleitenden Wachmannschaften erschossen.
20.1.1945	Die bereits teilweise abgebrochenen Krematorien II und III sowie die damit verbundenen Gaskammern werden von einer Abteilung der SS gesprengt.
26.1.1945	SS-Männer sprengen als letztes das Krematorium V und die angeschlossenen Gaskammern in Auschwitz-Birkenau.
27.1.1945	Sowjetische Truppen befreien das KZ Auschwitz. Sie finden im Stammlager Auschwitz und in Auschwitz-

Birkenau rund 7000 kranke und erschöpfte Häftlinge vor.

Das Krakauer Gutachten von 1945

Bevor die SS-Mannschaften vor der heranrückenden Roten Armee aus Auschwitz flüchteten, waren sie bemüht, die Spuren ihrer Verbrechen zu verwischen. So wurden u. a. auch die Lagerbaracken, in denen Kleidung, Schmuck und andere Habseligkeiten der Ermordeten sortiert und aufbewahrt worden waren, in Brand gesteckt. Sechs der Baracken blieben jedoch stehen. Bei der Befreiung des Lagers fanden die sowjetischen Soldaten noch 7000 kg (!) Frauenhaar in 293 Säcken in einer Baracke.[43] Vor der Verbrennung waren den Vergasungsopfern verbliebener Schmuck, wie z.B. Eheringe, abgenommen und Goldzähne gezogen worden. Den weiblichen Leichen wurden die Haare geschoren. Die Ermordeten sollten in jeder nur denkbaren Beziehung »verwertet« werden.

Nach der Befreiung des Lagers wurden erste Untersuchungen durch eine sowjetische Staatskommission durchgeführt. Anschließend wurden auch ausführliche Erhebungen durch die polnische »Hauptkommission zur Untersuchung der deutschen Verbrechen in Polen«[44] unter Leitung des Richters Dr. Jan Sehn angestellt. Dr. Sehn berichtet darüber: »Im Verlauf dieser Untersuchungen wurde das ganze Gebiet des riesigen Kombinats von Oswiecim einer genauen Besichtigung unterzogen. Es wurden Spezialkommissionen von Sachverständigen berufen, deren Aufgabe es war, die Trümmer der vor der Evakuation des Lagers zerstörten Krematorien und Gaskammern sowie die Gruben, in denen die Leichen vergaster Opfer verbrannt wurden, zu untersuchen. Auf das genaueste geprüft wurden alle im Hauptlager und seinen Nebenlagern vorgefundenen Dokumente, Pläne und Karten, die zufällig bei der Vernichtung unversehrt geblieben waren oder von den Nazis nicht mehr weggeschafft werden konnten.«[45]

Im Zuge dieser Untersuchungen wurden vier komplette und zwei beschädigte Lüftungsgitter (Abschlüsse von Ventilationsöffnungen) aus dem Leichenkeller Nr. 1 des Birkenauer Krematoriums II sowie ein Sack mit Haaren vergaster Frauen an das Institut für Gerichtsexpertisen in Krakau zur chemischen Untersuchung auf Giftrückstände geschickt.[46] Dieses chemische Gutachten bewies zweifelsfrei das Vorhandensein von Rückständen des Giftgases Zyklon B sowohl im Belag auf den Lüftungsgittern als auch im Haar und an darin befindlichen Haarklammern. Der laut Begleitschreiben gleichfalls an das Institut übersandte Mörtel wurde nicht untersucht, da das Institut sich von der Untersuchung des Mörtels keine Aussage erwartete.[47]

Die folgende Übersetzung beruht auf dem polnischen Originaltext des Gutachtens, der im Dokumentationsarchiv des österreichischen Widerstandes eingesehen werden kann und dessen Original sich im Staatlichen Museum Auschwitz befindet. Bereits in den ersten, 1946 veröffentlichten polnischen Dokumentationen zu den Verbrechen von Auschwitz wird auf das Gutachten des Instituts für Gerichtsexpertisen Bezug genommen.[48]

Antrag (Deutsche Übersetzung)

Hauptkommission zur Untersuchung der deutschen Verbrechen in Polen
Wojewodschaftsabteilung in Krakau
Krakau, am 4. Juni 1945
An das
Institut für Gerichtsexpertisen
in Krakau

In der Beilage übersenden wir dem Institut Haare, die von Frauenleichen stammen und diesen nach der Vergasung und vor der Verbrennung in den Krematoriumsöfen von Brzezinka abgeschnitten wurden, verpackt in einen Papiersack, der gemäß der Aufschrift 25,5 kg Haar enthält, mit der Bitte, den Inhalt [des Sackes] zu durchsuchen und in einem dem Art. 254 entsprechenden Verfahren sowie im Zusammenhang mit Art. 123, 138 der Strafprozeßordnung zu untersuchen, um festzustellen, ob und welches Gift (in den Haaren) enthalten ist.

In derselben Art und für denselben Zweck wird um Untersuchung der Bleche von den Ventilationsöffnungen der Gaskammer (Leichenkeller Nr. 1 des Krematoriums Nr. II in Brzezinka) gebeten, die während des Lokalaugenscheins im Krematorium gefunden wurden, und des Mörtels, der von der Seitenwand dieser Kammer entnommen wurde. Jene Gegenstände (4 komplette Abschlüsse der Ventilationsöffnungen aus Blech und 2 beschädigte sowie der Mörtelklumpen) sind dem Institut am 12.5.1945 zur Aufbewahrung übergeben worden.

Kommissionsmitglieder
Rundsiegel des Landesuntersuchungsgerichtes in Krakau

Staatsanwalt	*Untersuchungsrichter*
unleserliche Unterschrift	*unleserliche Unterschrift*
(Edward Pachalski)	*(Jahn Sehn)*

Gutachten des Instituts für Gerichtsexpertisen in Krakau vom Dezember 1945 (Deutsche Übersetzung)

Po. Nr. 171/45   *Krakau, 15. Dezember 1945*
An die
Hauptkommission zur Untersuchung der deutschen Verbrechen in Polen
Wojewodschaftsabteilung
in Krakau

Toxikologisches Gutachten

erstellt im Auftrag der Kommission vom 4. Juni 1945 im Zusammenhang mit den Ermittlungen bezüglich der Krematorien von Brzezinka (Birkenau).

UNTERSUCHUNGSGEGENSTAND

Am 12. Mai 1945 sind 4 komplette und 2 beschädigte Abschlüsse von Ventilationsöffnungen zur Untersuchung eingelangt, welche beim Lokalaugenschein im Krematorium Nr. II in Brzezinka gefunden wurden und die von den Ventilationsöffnungen der Gaskammer (Leichenkeller Nr. 1) desselben Krematoriums stammen.

Am 4. Juni ist ein Papiersack zur Untersuchung eingelangt, der laut Aufschrift 25,5 kg Haar enthielt, das Frauenleichen nach der Vergasung und vor dem Verbrennen in den Krematoriumsöfen in Brzezinka abgeschnitten wurde.

I. UNTERSUCHUNG DER ABSCHLÜSSE DER VENTILATIONSÖFFNUNGEN

Die Abschlüsse hatten die übliche Form und eine Konstruktion rechteckiger Kästen für die Ausstattung von Ventilationsöffnungen und waren aus Zinkblech angefertigt. Die Oberflächen aller Teile waren mit weißem, stark anhaftendem Belag bedeckt.

Das Untersuchungsmaterial wurde vorbereitet, indem an einem Lüfter die Oberfläche bis auf das blanke Metall abgeschabt wurde, und zwar die ganze Innenseite des Abschlusses und der der Gaskammer zugewandte Teil des Gitters. Es wurden 7,2 g [Untersuchungsmaterial] erhalten.

Der Untersuchungsapparat bestand aus einem kleinen Glaskolben mit Scheidetrichter und Gasabsorptionsgerät mit drei Gasabsorptionsflaschen. In jede der Flaschen wurden ca. 4 ml 10%ige Kaliumhydroxidlösung gefüllt.

Der abgeschabte Belag wurde im Kolben mit Wasser vermischt, und nachdem der Kolben mit dem Absorptionsgefäß verbunden worden war, wurde mit dem Scheidetrichter konzentrierte Schwefelsäure zugetropft, sodaß sich gleichmäßig, aber nicht stürmisch Gas entwickelte. Die Reaktion wurde, unter leichter Erwärmung am Ende, zur vollständigen Auflösung des Kolbeninhaltes geführt. Die Absorptionsflaschen wurden entleert, ihr Inhalt folgenden Untersuchungen unterworfen:

a) 4 ml der Flüssigkeit wurden stark abgekühlt und vorsichtig mit verdünnter Schwefelsäure neutralisiert, mit einigen Tropfen Natriumcarbonat-Natriumhydrogencarbonat-Puffer mit pH 8.0 alkalisiert, mit einer kleinen Menge Eisen(II)Sulfat versetzt, unter gelegentlichem Schütteln 30 Minuten stehen gelassen und schließlich vorsichtig mit Schwefelsäure angesäuert. Es entstand eine helle, grün-blaue Färbung von erzeugtem Preußischblau.

b) 4 ml der Flüssigkeit wurden mit einigen Tropfen Ammonpolysulfid-Lösung versetzt und 5 Minuten am leichten Sieden gehalten. Die abgekühlte Mischung wurde mit einem Überschuß Cadmiumnitrat ausgefällt und filtriert. Das Filtrat wurde mit Salzsäure angesäuert und mit Eisen()Sulfat-Lösung versetzt: Das Ergebnis war eine deutliche Orangefärbung von gebildetem Rhodanid.

Beide oben beschriebenen Versuche beweisen, daß das Untersuchungsmaterial Verbindungen der Blausäure enthielt.

II. UNTERSUCHUNG DES HAARS

Der Sack aus zweilagigem dickem Papier war durch mehrmaliges Umfalten des oberen Teils verschlossen. Nach dem Öffnen des Sacks wurden stark hineingestopfte Haare in Büscheln und Zöpfen vorgefunden.

Der Inhalt des Sacks wurde folgenden Untersuchungen unterworfen:

1. Untersuchung des Destillats aus dem Haar

Unmittelbar nach dem Öffnen des Sacks wurden aus dem mittleren Teil seines Inhalts 150 g Haare in Zöpfen entnommen, schnell zerkleinert, im Destillationskolben mit Wasser bedeckt, mit Schwefelsäure leicht angesäuert und mit Wasserdampf destilliert. Das Destillat wurde in einem mit Eis gekühlten Kolben aufgefangen. Dieses Destillat wurde, wie unter I a) und b) beschrieben, untersucht.

Die Preußischblau-Reaktion ergab eine sehr leichte grün-blaue Färbung, die Rhodanprobe ergab eine leichte gelb-orange Färbung.

2. Die zweite Untersuchung

wurde in ihrem ersten Teil gleich wie unter 1. beschrieben durchgeführt, es wurden jedoch 500 g Zöpfe zur Untersuchung eingesetzt, die auch aus dem mittleren Teil des Sackes entnommen wurden. Es wurden 200 ml Destillat gesammelt, das bei sofortiger Untersuchung kaum sichtbare Preußischblau- und Rhodanreaktion zeigte.

Dieses Destillat wurde über eine Vigreux-Kolonne fraktioniert destilliert. 15 ml Destillat wurden in einem mit Eis gekühltem Glaskolben, der eine kleine Menge stark verdünnter Natriumhydroxid-Lösung enthielt, gesammelt. Die Analyse des Destillats wurde, wie oben beschrieben, durchgeführt. Die Preußischblau-Reaktion zeigte eine deutliche Blaufärbung, die Rhodanprobe eine deutliche Orange-Rot-Färbung.

3. Untersuchung des wässerigen Extraktes des Haars

5 kg Zöpfe und zusammengepreßte Haarbüschel wurden mit ca. 2 bis 2,5 Liter Wasser versetzt, so daß sie mit der Flüssigkeit bedeckt waren, und bei Raumtemperatur 16 Stunden extrahiert. Der wässerige Extrakt, der gegen Lackmus neutral reagierte, wurde dekantiert, mit Schwefelsäure leicht angesäuert und gleich, wie unter 2. beschrieben, untersucht. Die Preußischblau-Reaktion ergab eine leichte Blaufärbung, die Rhodanprobe eine leicht orange Färbung.

Es wurde somit nachgewiesen, daß das Haar Blausäure bei Zimmertemperatur in die wässerige Lösung abgegeben hat.

III. UNTERSUCHUNG DER IM HAAR GEFUNDENEN METALLTEILE

Nach Abschluß der Analysen auf Blausäure wurde der Inhalt des Sackes gründlich geprüft und die unter den Haaren und in den Zöpfen gefundenen Metallgegenstände herausgenommen und sortiert. Folgende Gegenstände wurden gefunden:

a) Ein Brillenbügel aus Metall, mit zumindest 14 Karat Gold stark vergoldet,

b) Haarspangen aus Zink

c) Haarspangen und Nadeln aus Messing

Die oben angeführten Gegenstände wurden einer gesonderten Untersuchung unterzogen, da erfahrungsgemäß wie auch theoretisch begründbar einige Metalle Cyanwasserstoff besonders fest binden.

1/ Untersuchung der Haarklammern aus Zink

175 g Probematerial wurde wie oben unter I. beschrieben untersucht. Die Preußischblau-Reaktion ergab eine schwache grün-blaue Färbung, die Rhodanprobe eine schwache orange Färbung.

2/ Untersuchung der Messinghaarklammern und -nadeln

20,7 g Probematerial wurde wie oben unter I. beschrieben untersucht. Die Preußischblau-Reaktion ergab deutliche Blaufärbung, die Rhodanreaktion deutliche Orangefärbung.

3/ Untersuchung des Brillenbügels

Der Brillenbügel mit einem Gesamtgewicht von 3,23 g wurde in einem Kolben mit Wasser bedeckt, mit Schwefelsäure angesäuert, wobei Helianthin als Indikator verwendet wurde. Danach wurde über eine Vigreux-Kolonne destilliert und das Destillat in mit Eis gekühltem Wasser gesammelt; es wurden 10 ml Destillat gewonnen. Die Preußischblau-Reaktion, durchgeführt mit 4 ml Destillat, ergab eine blasse, aber vollkommen deutliche Blaufärbung. Die Rhodanprobe, gleichfalls mit 4 ml Destillat durchgeführt, ergab eine helle, aber deutliche Orangefärbung.

Damit wurden die Untersuchungen abgeschlossen.

Alle bei den oben angeführten Versuchen verwendeten Reagenzien und Geräte waren vorher geprüft worden, um ihre Sauberkeit und Genauigkeit sicherzustellen.

BEURTEILUNG

I) In den Abschlüssen der Ventilationsöffnungen aus Zinkblech, die aus Ventilationsöffnungen der Gaskammer (Leichenkeller Nr. 1) des Krematoriums II in Brzezinka stammen, wurde die Anwesenheit von Blausäureverbindungen nachgewiesen.

II) Im Haar, das den Frauenleichen nach der Vergasung abgeschnitten wurde, wurde die Anwesenheit von Blausäure nachgewiesen.

Metallgegenstände, die unter dem Haar gefunden wurden, wie Spangen, Haarnadeln und ein vergoldeter Brillenbügel, enthielten noch verhältnismäßig beträchtliche Mengen an Blausäureverbindungen.

Institutsdirektor
[Dr. Jan Z. Robel]

Anmerkungen

1 Zur Geschichte des Konzentrationslagers Auschwitz liegt umfangreiche Literatur vor. Eine knappe Zusammenfassung findet sich in: Eugen Kogon/Hermann Langbein/Adalbert Rückerl (Hrsg.), Nationalsozialistische Massentötungen durch Giftgas. Eine Dokumentation, Frankfurt am Main 1983.
2 Hermann Langbein (Hrsg.), Der Auschwitz-Prozeß. Eine Dokumentation, Wien-Frankfurt-Zürich 1965, Bd. 1, S. 51 f.
3 Raul Hilberg, Auschwitz and the Final Solution, in: Yisrael Gutman/Michael Berenbaum (Ed.), Anatomy of the Auschwitz Death Camp, Washington 1994, S. 84 f.
4 Vgl. Jean-Claude Pressac, Die Krematorien von Auschwitz. Die Technik des Massenmordes, München-Zürich 1994, S. 78.
5 Danuta Czech, Kalendarium der Ereignisse im Konzentrationslager Auschwitz-Birkenau 1939–1945, Reinbek bei Hamburg 1989, S. 35 f.
6 Yehuda Bauer, Auschwitz, in: Eberhard Jäckel/Jürgen Rohwer, Der Mord an den Juden im Zweiten Weltkrieg, Frankfurt am Main 1987, S. 165 f.; Martin Broszat (Hrsg.), Kommandant in Auschwitz. Autobiographische Aufzeichnungen des Rudolf Höß, München 1963, S. 157, 180. Hilberg, S. 83. Jean-Claude Pressac setzt das Datum dieser Unterredung unter Berücksichtigung der Baugeschichte auf Anfang 1942, Pressac, S. 51.
7 Florian Zehethofer, Hartheim und die »Euthanasie«, in: Dokumentationsarchiv des österreichischen Widerstandes (Hrsg.), Widerstand und Verfolgung in Oberösterreich 1934–1945. Eine Dokumentation, Wien-München-Linz 1982, Bd. 2, S. 509 ff.
8 Hellmuth Auerbach, Vergasung, in: Wolfgang Benz (Hrsg.), Legenden Lügen Vorurteile. Ein Wörterbuch zur Zeitgeschichte, durchges. und erw. Aufl. München 1992, S. 200 ff.; Brigitte Galanda, Das Konzentrationslager Mauthausen, in: Dokumentationsarchiv des österreichischen Widerstandes (Hrsg.), S. 542, 548. Siehe auch den Beitrag von Florian Freund im vorliegenden Band.

9 Wolfgang Benz, Die Dimension des Völkermords. Einleitung, in: Wolfgang Benz (Hrsg.), Dimension des Völkermords. Die Zahl der jüdischen Opfer des Nationalsozialismus, München 1991, S. 4.

10 Zyklon wird auch heute noch in bestimmten Bereichen als Schädlingsbekämpfungsmittel eingesetzt.

11 Pressac gibt das Datum der ersten Vergasung mit Dezember 1941 an, bleibt aber den Beleg dafür schuldig. Pressac, S. 42; ders., The Machinery of Massmurder at Auschwitz, in: Gutman/Berenbaum (Ed.), S. 209. Im zweiten Beitrag beruft sich Pressac auf die Datierung des polnischen Untersuchungsrichters Jan Sehn.

12 Czech, S. 117 f.; Kogon/Langbein/Rückerl (Hrsg.), S. 204 f.

13 Pressac, Die Krematorien, S. 42; zum Umbau von Krematorium I siehe auch: Franciszek Piper, Gas Chambers and Crematoria, in: Gutman/Berenbaum (Ed.), S. 158 ff.

14 Czech, S. 242 f.

15 Pressac, Die Krematorien, S. 72 f.

16 Bauer, S. 167 f.; Kogon/Langbein/Rückerl (Hrsg.), S. 233 ff.; Czech, S. 346 f.

17 Kogon/Langbein/Rückerl (Hrsg.), S. 217 ff. Eine detailreiche Darstellung bietet Pressac, Die Krematorien, anhand bislang unbekannt gewesener Akten der Bauleitung vor allem aus Moskauer Archiven. Zur allgemeinen Baugeschichte siehe auch Robert-Jan van Pelt, A Site in Search of a Mission, in: Gutman/Berenbaum (Ed.), S. 93–156, sowie Piper.

18 Zum Umbau der Häuser siehe Piper, S. 161 f.

19 Pressac, Die Krematorien, S. 74 f., 80 f.; andere Forscher, wie Franciszek Piper, meinen, die Krematorien II und III wären von allem Anfang an mit Gaskammern geplant gewesen. Piper, S. 164 ff.

20 Pressac, Die Krematorien, S. 85 f. Franciszek Piper beschreibt exakt die technischen Einrichtungen der Gaskammern. Piper, S. 166 f.

21 Pressac, Die Krematorien, S. 81 ff.

22 Ebenda, S. 96.

23 Ebenda, S. 97.

24 Kogon/Langbein/Rückerl (Hrsg.), S. 219. Zur Kapazität der Krematorien siehe auch Pressac, Die Krematorien, S. 102 f.

25 Kogon/Langbein/Rückerl (Hrsg.), S. 232. Zur Frage der Erwärmung der Gaskammern siehe Pressac, Die Krematorien, S. 94 f., 99.

26 Czech, S. 990. Die Krematorien und die jeweils angeschlossenen Gaskammern in Auschwitz-Birkenau trugen die Bezeichnungen II-V.

27 Pressac, Die Krematorien, S. 77.

28 Broszat (Hrsg.), S. 166. Höß schreibt jedoch selbst, er könne die Gesamtzahl der Opfer nur schätzen, da ihm genaue Unterlagen nicht zur Verfügung stunden.

29 Franciszek Piper, The Number of Victims, in: Gutman/Berenbaum (Ed.), S. 62.

30 Pressac, Die Krematorien, S. 199–202.

31 Vgl. Randolph L. Braham, The Politics of Genocide. The Holocaust in Hungary, New York 1981.

32 Hermann Langbein, Zur Diskussion über die Zahl der Opfer von Auschwitz, in: Informationen der Gesellschaft für politische Aufklärung 26/1990.

33 Siehe Abdruck der Übersetzung weiter unten.

34 Broszat (Hrsg.), S. 132.

35 Kogon/Langbein/Rückerl (Hrsg.), S. 196 f., 207 ff. Die Aufzeichnungen von Rudolf Höß, Pery Broad und Johann Paul Kremer wurden u. a. veröffentlicht in: KL Auschwitz in den Augen der SS. Höß, Broad, Kremer, hrsg. v. Verlag des Staatlichen Auschwitz-Museums, Oswiecim 1973.

36 Kogon/Langbein/Rückerl (Hrsg.), S. 197 f., 209.

37 Kogon/Langbein/Rückerl (Hrsg.), S. 229.

38 Erich Kulka, Kampf der jüdischen Häftlinge gegen die Endlösung in Auschwitz, in: Zeit-

geschichte 13 (1986) 11/12, S. 387 ff.; zum weiteren Weg der Berichte: Martin Gilbert, Auschwitz und die Alliierten, München 1982, S. 225 ff., 272 ff. Die polnische Exilregierung wurde von der in Polen selbst wirkenden Untergrundbewegung über die Massenmorde an der jüdischen Bevölkerung informiert und versuchte mehrfach, die Alliierten auf den Genozid aufmerksam zu machen. Siehe dazu Gilbert, S. 351 ff., 384 ff. Obschon die maßgeblichen Regierungskreise Großbritanniens und der USA über die Morde in Auschwitz detailliert unterrichtet waren, kam es zu keiner Bombardierung der Gaskammern und Krematorien. Das britische Luftfahrtministerium scheute den Aufwand, der mit einer solchen Bombardierung verbunden war. In den USA verhinderte John McCloy, Staatssekretär im Kriegsministerium, die Bombardierungen, die er als »undurchführbar« bezeichnete, da die Flugzeuge dringend für kriegswichtigere Ziele gebraucht würden. Siehe dazu Heiner Lichtenstein, Warum Auschwitz nicht bombardiert wurde, Köln 1980, S. 97 ff.; David S. Wyman, Why Auschwitz wasn't bombed, in: Gutman/Berenbaum (Ed.), S. 569–587.

39 Kogon/Langbein/Rückerl (Hrsg.), S. 201 ff. Die vollständigen Texte dieser aufgefundenen Manuskripte wurden abgedruckt in: Hefte von Auschwitz, Sonderheft (I), 1972.

40 Der Prozeß ist ausführlich dokumentiert in: Langbein, Der Auschwitz-Prozeß, hier: Bd. 2, S. 871.

41 Alle Daten nach: Danuta Czech, Kalendarium der Ereignisse im Konzentrationslager Auschwitz-Birkenau 1939–1945, Reinbek bei Hamburg 1989.

42 Der Inhalt des Befehls ist zitiert nach Martin Broszat (Hrsg.), Kommandant in Auschwitz. Autobiographische Aufzeichnungen des Rudolf Höß, München 1963, S. 180.

43 Central Commission for Investigation of German Crimes in Poland, German Crimes in Poland, Bd. I, Warsaw 1946, S. 89.

44 Die Bezeichnung dieser Kommission wurde später auf »Zentralkommission« bzw. »Hauptkommission zur Untersuchung der Naziverbrechen in Polen« geändert.

45 Jan Sehn, Konzentrationslager Oswiecim-Brzezinka (Auschwitz-Birkenau), Warszawa 1957, S. 8.

46 German Crimes in Poland, S. 87; Sehn, S. 154. Gleichfalls 1946 wurde das »Bulletin der Hauptkommission zur Untersuchung der deutschen Verbrechen in Polen« in polnischer Sprache publiziert, in dem auf das im folgenden in übersetzung wiedergegebene Gutachten auf S. 124 Bezug genommen wird.

47 Zur Sinnhaftigkeit der Untersuchung des Mörtels siehe den Beitrag von Josef Bailer.

48 Für die Übersetzung des polnischen Textes wird Frau Dr. Marta Weindlmayr-Goettel und Herrn Tomas Kaufmann gedankt.

Brigitte Bailer-Galanda

Leuchter und seine Epigonen

Als sich 1988 der neonazistische Deutsch-Kanadier Ernst Zündel wegen Leugnung des Holocaust vor dem District Court in Toronto zu verantworten hatte, warb er mit Hilfe des französischen »Revisionisten« Robert Faurisson[1] den US-Amerikaner Fred Leuchter, einen angeblichen Experten für die Konstruktion von Hinrichtungseinrichtungen in heutigen amerikanischen Gefängnissen, als Zeugen der Verteidigung an. Leuchter reiste im Auftrag Zündels nach Polen, wo er die Gedenkstätten Auschwitz und Majdanek besuchte und dort heimlich und illegal Mauerstücke entfernte. Diese ließ er später nach eigenen Aussagen in einem amerikanischen Labor auf etwaige Reste von Blausäure untersuchen.[2] Aufgrund der angeblichen Untersuchungsergebnisse verfaßte Leuchter einen umfangreichen Bericht, der jedoch vom District Court in Toronto im Zündel-Prozeß entgegen den Wünschen von Zündels Verteidiger weder als Gutachten noch als Beweismittel anerkannt und nur zu Dokumentationszwecken den Akten beigefügt wurde.[3] Ein gerichtlich anerkanntes Leuchter-Gutachten existiert daher nicht. Das Gericht billigte Leuchter keinen Expertenstatus zu: »He hasn't any expertise.« (»Er hat keine Fachkenntnisse.«)[4]

Mit diesem – in jedem Fall zum Scheitern verurteilten – Versuch, mit Hilfe naturwissenschaftlicher Methoden die Tatsächlichkeit des Holocaust zu leugnen, begründete Fred Leuchter eine neue Spielart »revisionistischer« Argumentationstechnik, die mittlerweile eine Reihe von Nachahmern gefunden hat.

Bemerkungen zur Person Fred Leuchters

Leuchter wurde und wird in der »revisionistischen« Publizistik als »Gaskammern-Experte« präsentiert. Doch bereits während seiner Zeugenaussage im Zündel-Prozeß in Toronto mußte er im Kreuzverhör zugeben, weder über eine technische noch eine toxikologische oder medizinische Ausbildung zu verfügen.[5] Dies veranlaßte das Gericht in Toronto zur zutreffenden Feststellung: »Er [Leuchter] ist Ingenieur, weil er sich höchstpersönlich zu einem Ingenieur erklärt hat, und zwar auf einem äußerst begrenzten Gebiet.«[6]

1990 veranlaßte der Massachusetts Board of Registration of Engineers in Boston eine Untersuchung über die illegale Ausübung des Ingenieursgewerbes durch Fred Leuchter. Im Jahr darauf, zwei Wochen vor Beginn der Verhandlung, unterzeichnete Leuchter eine Einverständniserklärung gegenüber den Staaten Massachusetts, New Jersey und Alabama, in der er eingestand, sich fälschlich als Ingenieur ausgegeben und unberechtigterweise zu einem Fachmann für »Exekutionstechnologie« ernannt zu haben.[7] Auch Leuchters vor dem Gericht in Toronto gemachte Angaben über seine angebliche Beratertätigkeit für Konstruktion und Reparatur von Hinrichtungsgaskammern in staatlichen Gefängnissen der USA erwiesen sich als falsch. Sowohl das California State Prison als auch die Gefängnisverwaltung von North Carolina stellten fest, niemals mit Leuchter einen Vertrag geschlossen zu haben.[8] Die von Leuchter entwickelten Todesinjektionen für Hinrichtungen erwiesen sich als gänzlich ungeeignet, da sie dem Todeskandidaten unerträgliche Schmerzen zugefügt hätten.[9]

Leuchters dubiose Geschäftspraktiken veranlaßten im Juni 1990 den stellvertretenden Generalstaatsanwalt von Alabama, Ed Carnes, dazu, in einer Notiz an alle US-Bundesstaaten, die die Todesstrafe praktizieren, vor Leuchters Vorgangsweise zu warnen. Leuchter hatte nämlich den Gefängnisverwaltungen eine Inspektion und Überholung der Hinrichtungseinrichtungen vorgeschlagen. Nachdem seine Vorschläge abgelehnt wurden, schlug er sich auf die Seite der Todeskandidaten und behauptete, die Hinrichtungsmaschinen würden nicht ordnungsgemäß funktionieren. Leuchter versuchte also »aus beiden Seiten der Medaille Kapital« zu schlagen.[10] Diese Geschäftspraktiken bedeuteten das Ende für Leuchters Firma zur Konstruktion von Exekutionsapparaturen.

Der »Leuchter-Bericht«

Vor dem Hintergrund des oben Gesagten erscheint es mehr als zynisch, wenn Leuchter seinen Bericht mit der Behauptung schließt, es sei »seine beste Ingenieurs-Meinung«, daß in den Gaskammern von Auschwitz und Majdanek keine Morde mittels Giftgas stattgefunden hätten.

Doch nicht nur Leuchters mangelnde Qualifikation rückt seinen Bericht in den Bereich neonazistisch motivierter Propaganda. Seine naturwissenschaftlich-chemischen Behauptungen wurden mittlerweile ebenso als unsinnig entlarvt[11] wie seine Aussagen über die baulichen Gegebenheiten bzw. angeblichen Mängel der ehemaligen Gaskammern in Auschwitz und Majdanek.[12] Sehr ausführlich widerlegt der Franzose Jean-Claude Pressac, anfänglich selbst kurze Zeit ein Sympathisant Robert Faurissons, anhand der Akten der Bauleitung des KZ Auschwitz Leuchters Behauptungen. So meinte Leuchter beispielsweise, die Gaskammern hätten keine Lüftungen besessen – Pressac fand die Bestellscheine für die Lüftungsventilatoren und die Arbeitsberichte über deren Einbau,[13] so wie der Franzose anhand der Originaldokumente Schritt für Schritt Errichtung und Funktionsweise der Gaskammern von Auschwitz nachvollzieht und belegt.[14]

Der »Leuchter-Bericht« wurde, in zahlreiche Sprachen übersetzt, verbreitet und erwies sich trotz seiner Mängel eine Zeitlang als wirksame Propagandawaffe der »Revisionisten«, die damit an die in breiten Kreisen der Bevölkerung vorhandene Naturwissenschaftsgläubigkeit anknüpfen konnten. Im deutschsprachigen Raum kursierten mehrere Versionen des Berichts; vor allem eine offensichtlich eher grob aus dem Englischen übertragene wurde von Walter Ochensberger versandt, eine zweite, deutlich verfeinerte publizierte der deutsche »Revisionist« Udo Walendy.[15] Ein Satz für Satz durchgeführter Vergleich der Fassungen Ochensberger und Walendy ergab bedeutende Unterschiede zwischen den untersuchten Texten. Kapitelüberschriften stimmten in einem über unterschiedliche Übersetzungen hinausgehenden Maße nicht überein, nicht einmal die Anzahl und Numerierung der Kapitel war bei beiden Fassungen identisch, und selbst die Beschriftung von Tabellen und die darin enthaltenen Zahlenangaben differierten beträchtlich. Auch der Text der beiden Fassungen stimmt nur in den allerseltensten Fällen überein. Die im Sinne besserer propagandistischer Verwertbarkeit vorgenommenen Änderungen können in der von Walendy herausgegebenen Fassung deutlich festgestellt werden.[16] Diese von den »Revisionisten« selbst vorgenommenen Änderungen und Unkorrektheiten bei der Verbreitung des »Leuchter-Berichts« verdeutlichen mehr als alles andere den politischen Zweck dieses Elaborates. Vor allem die sachlichen Fehler sowie die Entlarvung Leuchters als bloß selbsternannten Experten führten dazu, daß der »Leuchter-Bericht« in der »revisionistischen« Propaganda deutlich in den Hintergrund getreten ist und seine folgenden Berichte über die »Euthanasieanstalt« Hartheim und das Konzentrationslager Mauthausen nur mehr marginal rezipiert wurden. In der einschlägigen Literatur wird Leuchter nur mehr als Wegbereiter der »naturwissenschaftlichen Widerlegung« des Holocaust gefeiert, seine Auslassungen finden sich jedoch beispielsweise in einem 1994 erschienenen, von »Ernst Gauss« (Pseudonym) herausgegebenen neuen »Standardwerk« des »Revisionismus« nicht mehr.[17] An Leuchters Stelle traten jedoch neue »Experten«, vor allem der deutsche Diplomchemiker Germar Rudolf, verehelichter Scheerer, dem zumindest die bloße Tatsache einer chemischen Ausbildung nicht abgesprochen werden kann.[18]

Germar Rudolf und sein »Gutachten«

Als 1991 der deutsche Alt- und Neonazi Otto Ernst Remer, für seine Beteiligung an der Niederschlagung des Putsches vom 20. Juli 1944 von Hitler ausgezeichnet, wegen Leugnung des Holocaust beim Landgericht Schweinfurt angeklagt war, beauftragte · sein Verteidiger, der Düsseldorfer Rechtsanwalt Hajo Herrmann, den beim Max-Planck-Institut für Festkörperforschung in Stuttgart als Doktorand arbeitenden Chemiker Dipl. Ing. Germar Rudolf mit der Erstellung eines »Gutachtens« über die Massenmorde mittels Giftgas im Konzentrations- und Vernichtungslager Auschwitz. Rudolf fuhr – wie schon sein Vorgänger Fred Leuchter – nach Polen und entnahm illegalerweise Proben aus den Ruinen der Gaskammern und ehemaligen Sachentlausungsanlagen, die Proben unterzog er anschließend chemischen Analysen bzw. ließ sie unter Mißbrauch von Drucksorten des Max-Planck-Instituts vom Institut Fresenius untersuchen.

Sein »Gutachten über die Bildung und Nachweisbarkeit von Cyanidverbindungen in den Gaskammern von Auschwitz« wurde vom Gericht jedoch nicht anerkannt, Rudolf wurde – wie Remer in einer Aussendung beklagt – nicht einmal als Zeuge zugelassen. Sein »Gutachten« wurde in einer kürzeren und einer erweiterten, noch deutlicher seriös getarnten Fassung verbreitet, bei Cromwell-Press wurde eine stark verkürzte Version publiziert.

Im rechtsextremen Spektrum der Bundesrepublik Deutschland war Rudolf schon vor seiner Arbeit für Remer beheimatet gewesen. Zeitweilig tauchte er als Redaktionsmitglied der neurechten Postille »Junge Freiheit« auf, beim »Republikanischen Hochschulverband«, der Studentenorganisation der »Republikaner«, war er politisch aktiv, nachdem er zuvor Mitglied der »Jungen Union«, der Nachwuchsorganisation der CDU, gewesen war.[19] Mit seinem »Gutachten« rückte er in die erste Reihe des deutschen und internationalen »Revisionismus« auf. Es hat sich erwiesen, daß Rudolf auch identisch mit dem oben genannten »revisionistischen« Autor »Ernst Gauss« ist. Beruflich hingegen schadeten Rudolf seine Aktivitäten beträchtlich. Da seine Arbeiten immer mit dem guten Ruf des Max-Planck-Instituts um Seriosität warben, sah sich die Max-Planck-Gesellschaft – spät, aber doch – 1993 gezwungen, sich von Rudolf und seiner Tätigkeit zu distanzieren.[20] Im Juni 1993 wurde Rudolf vom Max-Planck-Institut für Festkörperforschung in Stuttgart gekündigt, auch den anschließend von ihm angestrengten arbeitsgerichtlichen Prozeß verlor er.[21]

Abgesehen von den Mängeln in der chemischen Argumentation, können anhand der verschiedenen Fassungen des »Rudolf-Gutachtens« einige der Arbeitsmethoden der »Revisionisten« sehr gut gezeigt werden. Rudolf läßt es sich vor allem angelegen sein, Jean-Claude Pressac einerseits als Kronzeugen für seine eigenen Behauptungen zu mißbrauchen, andererseits aber Pressac unwissenschaftliche Arbeitsweise und Fehler zu unterstellen. Oft benutzt Rudolf angebliche Zitate Pressacs in entstellender und unkorrekter Form, so als ob der Franzose in Wahrheit noch immer die Thesen der »Revisionisten« stützte. Kontrollen der Zitate zeigen dann meist, daß die Textpassagen nicht auf den in den Anmerkungen angegebenen Seiten vorhanden sind, daß Pressacs Text eine ganz andere als die von Rudolf unterstellte Bedeutung hat, daß insgesamt Pressac in keiner Zeile Rudolfs hanebüchene Thesen unterstützt. Stellvertretend für eine ganze Reihe solcher Passagen Rudolfs kann folgendes Beispiel stehen: Rudolf qualifiziert – so wie alle »Revisionisten« – grundsätzlich alle Zeugenaussagen über die Massenmorde als falsch, fehlerhaft, gefälscht etc. ab. Zu den Aufzeichnungen des Lagerkommandanten Rudolf Höß schreibt er: »Er [Pressac] [...] erklärt die groben Fehler und sachlichen Unmöglichkeiten in den Aussagen und Aufzeichnungen des Lagerkommandanten Höß dadurch, indem er schreibt: ›He was present, without seeing‹ (er war anwesend, ohne zu sehen), d. h., daß Höß keine Ahnung von den Methoden, Risiken und Gefahren im Umgang mit Zyklon B hatte.«[22] Die genaue Seitenangabe bei Pressac bleibt Rudolf allerdings schuldig. Gemeint kann aber nur folgendes Zitat Pressacs sein, das allerdings einen gänzlich anderen Sinn ergibt: »Hoess participated in the ›special actions‹ strictly in accordance with his obligations and occupied his mind with the almost insurmountable tasks imposed by the exponential growth of his camp, thus not allowing his conscience to dwell on the moral questions. He was present without seeing. In the author's [Pressacs] opinion, this attitude explains the involuntary errors found throughout his autobiography.«[23]

Während er jede noch so absurde Möglichkeit nutzt, wo er meint, Unterstützung durch Pressac finden zu können, läßt Rudolf all jene Teile von Pressacs Arbeit außer acht, wo der Franzose eindeutige Belege für den, wie er es nennt, »kriminellen« Gebrauch der Gaskammern vorlegt, wie beispielsweise Bestellung und Einbau gasdichter Türen und geeigneter Ventilationen oder aber unzweifelhafte Schreibfehler von Zivilarbeitern, die auf Arbeiten in der »Gaskammer« Bezug nehmen. Damit verwendet Rudolf genau jene Methode, die er seinerseits Pressac unterstellt: »In meinem Gutachten über die Frage, ob Pressacs Bücher den Normen der Wissenschaftlichkeit entsprechen, habe ich ausgeführt, daß Pressac drei Hauptmaximen wissenschaftlicher Arbeiten massiv verletzt, indem er erstens systematisch alle Argumente, Publikationen und Dokumente verschweigt, die seiner Meinung widersprechen, zweitens seine technischen Ausführungen mit keiner einzigen Fachpublikation beziehungsweise durch eigene Fachstudien belegt und indem er drittens den zitierten Dokumenten Inhalte unterstellt, die sie nachweislich nicht besitzen.«[24] Mit diesen Sätzen beschreibt Rudolf ungewollt die Unwissenschaftlichkeit seines eigenen Vorgehens. Die Absurdität seiner Behauptungen wird auch in seiner ausführlichen und bebilderten Arbeit in dem unter dem Namen Gauss publizierten Sammelband offenkundig. So verweist ein Bildtext darauf, daß in den Ruinen der Gaskammer bei Krematorium II keinerlei Blaufärbung – nach Rudolf ein angebliches Indiz für die Nutzung von Zyklon B – vorhanden sei, während das Farbfoto selbst eindeutig eine Hellblaufärbung der Wände zeigt![25]

Kernpunkt von Rudolfs »Gutachten« ist die (unbeweisbare) Annahme, daß die Anwendung von Zyklon B eine Blaufärbung des Mauerwerks nach sich ziehe.[26] Daher interessiert er sich besonders für blaue Farbflecken auf Innen- und Außenwänden eines Gebäudes in Birkenau, in dem Entlausungen von Kleidung u. ä. mit Zyklon durchgeführt wurden, und behauptet, diese Farbe resultiere von den Sachentlausungen. Die Absurdität dieser Behauptung wird deutlich, wenn man die dort befindlichen Flecken näher betrachtet. Sie befinden sich auf der Außenseite des Gebäudes nur an der Oberfläche der Ziegel; dort wo Ziegelsplitter weggebrochen sind, zeigen die Ziegel die übliche rote Färbung. Die Farbe überzieht gleichförmig verschiedenste Materialien: Ziegel, Mörtel, sogar vergipste Stellen und Teile eines Holztürstockes sind mit blauer, manchmal pinselstrichartig strukturierter Farbe überzogen. Rudolf selbst gerät in Argumentationsschwierigkeiten, wenn er zu erklären versucht, wieso auch nachträglich eingebaute Innenwände eine Blaufärbung aufweisen.[27] Weiters fällt auf, daß die für die Argumentation der »Revisionisten« zentralen Blaufärbungen nur auf jenen Außenmauern ehemaliger Sachentlausungsanlagen auftreten, die gut erreichbar sind. Die Wände einer Entlausungskammer im ersten Stock von Block 3 im Stammlager Auschwitz erscheinen keineswegs blau eingefärbt. Es drängt sich die Vermutung auf, daß die Blaufärbung denn doch von einem nachträglich angebrachten Anstrich herrühren könnte. Es würde hier zu weit führen, alle Fehler und Widersprüche des »Rudolf-Berichts« aufzulisten, die alle den propagandistischen Zweck seines »Gutachtens«, der offenbar über jedwede wissenschaftliche Erwägung Rudolfs den Sieg davongetragen hat, verdeutlichen. Aufgrund dieses »Gutachtens« und der damit verbundenen »revisionistischen« Agitation wurde im November 1994 vor der 17. Strafkammer des Stuttgarter Landgerichts gegen Rudolf ein Hauptverfahren wegen Volksverhetzung, Verunglimpfung des Andenkens Verstorbener und Beleidigung eröffnet.[28]

Walter Lüftl – ein österreichischer Kronzeuge der »Revisionisten«

Anläßlich der Diskussion um eine Novellierung des Verbotsgesetzes bzw. der Einführung einer strafrechtlichen Bestimmung zur Ahndung der Leugnung der nationalsozialistischen Gewaltverbrechen versuchte der damalige Präsident der Bundesingenieurskammer und gesuchte Bausachverständige Dipl. Ing. Walter Lüftl, »einige Nationalratsabgeordnete davon zu überzeugen, daß begründete Zweifel und unlösbare Widersprüche hinsichtlich der Massentötungen mittels Giftgas bestünden«.[29] Angeblich nur Zweifel an den »technischen Fakten« veranlaßten Lüftl, eine Darstellung »Holocaust. Glaube und Fakten« an eine Reihe von Politikern, Persönlichkeiten im Justizapparat und Journalisten zu versenden. Offenbar erreichte das Lüftl-Papier auch den Herausgeber des neonazistischen Blattes »Halt«, Gerd Honsik, der Auszüge daraus im Juli 1991 unter der Überschrift: »Es ist soweit: Leuchter und Lachout bestätigt! Ein naturwissenschaftliches Gutachten ist im Entstehen. ›Halt‹ informiert als erste Zeitung aus erster Hand«[30] publik machte. Im September 1991 veröffentlichte das neonazistische Blatt »Sieg« Auszüge daraus.[31] Die weiteren Ereignisse beschreibt Dipl. Ing. Lüftl selbst: »Durch diese Tätigkeit wurde offenbar ein deutscher Rechtsanwalt aufmerksam, der mir am 24.5.1991 einen detaillierten Auftrag erteilte, in Auschwitz Befund zu erheben […] und ein Gutachten zu erstatten. Ich habe diesem Anwalt meine bis dahin niedergeschriebenen Ergebnisse der eigenen Überlegungen übersandt, aber mitgeteilt, daß ich eine Reise nach Auschwitz wegen beruflicher Überlastung nicht antreten könne und darüber hinaus die Arbeit nicht allein, sondern nur unter Zuziehung von Spezialisten durchführen könnte.«[32] Außerdem habe er aus den Mitteilungen des Dokumentationsarchivs erfahren, daß es sich in Auschwitz um museale Rekonstruktionen handle und eine Begutachtung daher keinen Sinn mache.

Bei dem Anwalt handelte es sich um den Verteidiger Otto Ernst Remers, Hajo Herrmann, der auch als Auftraggeber Germar Rudolfs in Erscheinung trat. Mit Rudolf trat Lüftl dann auch in brieflichen Kontakt. Unter den Danksagungen Rudolfs am Ende seines »Gutachtens« erwähnt dieser »ganz besonders Herrn Dipl. Ing. Baurat h. c. W. Lüftl für die vielen subgutachterlichen Beiträge vor allem in Fragen der Bautechnik«.[33] Als die Zeitschrift »Wirtschaftswoche« in einem Artikel diese Tätigkeiten Lüftls zur Sprache brachte, wurden aufgrund einer Anzeige Voruntersuchungen wegen des Verdachts der nationalsozialistischen Wiederbetätigung gegen diesen eingeleitet, zuvor schon mußte er als Präsident der Bundesingenieurskammer zurücktreten. Unverständlicherweise stellte die Oberstaatsanwaltschaft Wien entgegen den Absichten des Untersuchungsrichters das Verfahren gegen Dipl. Ing. Lüftl ein und führte in ihrer Begründung aus, daß weder Lüftl noch Germar Rudolf eindeutig der rechtsextremen »revisionistischen« Szene zugeordnet werden könnten. Nur persönliche, subjektive Zweifel, aber keine propagandistische Absicht hätten Lüftl zur Abfassung seiner Schrift veranlaßt.[34]

Der Leiter des Dokumentationszentrums des Bundes jüdischer Verfolgter des Naziregimes, Dipl. Ing. Simon Wiesenthal, und der Leiter des Dokumentationsarchivs des österreichischen Widerstandes protestierten bei Justizminister Dr. Michalek gegen die Verfahrenseinstellung und äußerten die Befürchtung, dieses Verhalten der Justiz wäre eine Ermunterung für alle Rechtsextremen und »Revisionisten«. Genau in diesem Sinne feierten österreichische und ausländische rechtsextreme Zeitschriften die Entscheidung der Oberstaatsanwaltschaft als Sieg des »Revisionismus«. Die in der Steiermark erscheinende rechtsextreme Zeitschrift »Aula«[35] berichtete unter dem Titel »Naturgesetze gelten für Nazis und Antifaschisten« über den Ausgang des Verfahrens,[36] der Herausgeber der Zeitschrift mußte sich deshalb wegen des Verdachts der nationalsozialistischen Wiederbetätigung vor Gericht verantworten. Die gleichfalls rechtsextremen »fakten«, als deren Herausgeber Horst Jakob Rosenkranz, der Gatte einer niederösterreichischen »Freiheitlichen«-Landtagsabgeordneten, firmiert, zeigten sich erfreut über den »Mut zur freien Wissenschaft«.[37] Überwältigendes Echo fand die Entscheidung der österreichischen Justiz in deutschen rechtsextremen Blättern. Seine internationale Verbreitung hatte der »Lüftl-Bericht« zuvor durch das »Journal of Historical Review« gefunden, das eine leicht modifizierte Fassung im Winter 1992/93 veröffentlicht hatte, allerdings mit dem Vermerk: »To insure that Lüftl is not brought into any further legal jeopardy, it should be stressed that this report is published here [...] without the author's authorization or cooperation«.[38] Auch im internationalen Computernetzwerk »Internet« wurde – ohne Wissen und gegen den Willen der Netzwerkbetreiber – der »Lüftl-Report« zum Abrufen angeboten.

Lüftl selbst, mittlerweile wieder in den Vorstand der Bundesingenieurskammer gewählt, hält sich seither mit Auftritten im rechtsextremen Lager zurück. Noch 1988 hatte er keine Probleme gehabt, bei der rechtsextremen »Arbeitsgemeinschaft für demokratische Politik« als Referent aufzutreten, seither bleibt er jedoch im Hintergrund. Trotzdem kann aus einem über seinen Fall veröffentlichten Beitrag im bereits mehrfach erwähnten »revisionistischen« Sammelband »Grundlagen zur Zeitgeschichte« seine Mitwirkung zumindest vermutet werden.[39] Der Autor des Beitrags zum »Fall Lüftl«, ein gewisser Werner Rademacher, veröffentlicht persönliche Korrespondenzen ganz bzw. auszugsweise, die Lüftl mit Abgeordneten zum Nationalrat Dr. Graff, dem Chefredakteur der Zeitung »Presse«, Univ. Prof. Dr. Jagschitz und einem Senatspräsidenten des Obersten Gerichtshofes in Wien geführt hat, deren Inhalt eigentlich nur Lüftl selbst bekannt sein kann bzw. die nur dieser selbst weitergegeben haben kann. Bemerkenswerterweise weiß Rademacher, daß gegen Lüftl angeblich »nicht einmal eine Polizeistrafe wegen Verkehrsvergehen vorgemerkt« ist. Woher bezieht Rademacher diese Information, wenn ihm dies Lüftl nicht selbst mitgeteilt hat? Weiter geht Rademacher ausführlich auf die Kritik Lüftls am Gutachten ein, das der Historiker Univ. Prof. Dr. Gerhard Jagschitz im Rahmen des Prozesses gegen Gerd Honsik vorgetragen hat, wobei die Kritik an Jagschitz ebensowenig fundiert ist wie der gesamte Bericht Lüftls selbst. So behauptet Lüftl laut Rademacher beispielsweise, Jagschitz habe den SS-Arzt Dr. Horst Fischer ungerechtfertigterweise als Arzt bezeichnet, in einer Dienstaltersliste der Waffen-SS tauche Fischer ohne Doktorat auf. Hier hat Lüftl wohl falsch nachgesehen. Sowohl in einer SS-Liste als auch im Frankfurter Auschwitz-Prozeß taucht Fischer als SS-Arzt mit Doktorat auf.[40]

Oder Lüftl zweifelt, um ein weiteres Beispiel zu bringen, die Echtheit der Bestellung von »10 Gasprüfern« bei der Firma Topf und Söhne durch die Zentral-Bauleitung des KZ Auschwitz an, weil er meint, daß diese Firma nur Krematoriumsöfen und sonst nichts verkauft habe. Hier irrt Lüftl abermals: Wie aus der Aktenlage klar ersichtlich und von Pressac nachgewiesen, fungierte diese Firma in vielerlei Belange als eine Art Generalunternehmer und lieferte eine Fülle von Zubehör für Krematorien und Gaskammern.[41] Lüftls Darstellung »Holocaust. Glaube und Fakten« schien selbst den »Revisionisten« zu angreifbar, als daß sie sie vollinhaltlich wieder abgedruckt hätten. Trotzdem werden in dem Sammelband unter dem Namen eines Friedrich Paul Berg einige der Argumente Lüftls wiederholt.[42]

Lüftls Involvierung in die internationale Szene des »Revisionismus« und sein Wert für diese Szene liegen klar auf der Hand. So wie die deutsche Justiz auf Rudolfs Aktivitäten mit einer Anklage reagiert hat, wäre es an der Zeit, daß auch die österreichische Justiz energische Schritte setzt. Denn während Zeitungen, die Lüftls »Erkenntnisse« veröffentlichen, wegen Verdachts nationalsozialistischer Wiederbetätigung – zu Recht – belangt werden, kann Lüftl selbst weiterhin ungehindert als der Naturwissenschafter, der für den »Revisionismus« gesiegt habe, gefeiert werden.

Anmerkungen

1 Siehe das Kapitel von Wilhelm Lasek, »Revisionistische« Autoren und ihre Publikationen.

2 Der Beleg dafür fehlt jedoch in den deutschen Fassungen des »Leuchter Berichtes«. Zur naturwissenschaftlichen Sinnhaftigkeit von Leuchters Vorgehen siehe den Beitrag von Josef Bailer, Die »Revisionisten« und die Chemie.

3 Verhandlungsprotokoll aus dem Prozeß zwischen Ihrer Majestät der Königin und Ernst Zündel vor dem District Court of Ontario in Toronto, Kanada, S. 9055, 9141. Die Kopien des Originalprotokolls wurden dem Dokumentationsarchiv des österreichischen Widerstandes vom District Court zur Verfügung gestellt.

4 Ebenda, S. 9052.

5 Wesentliche Passagen seiner Aussage sind veröffentlicht in: Dokumentationsarchiv des österreichischen Widerstandes/Bundesministerium für Unterricht und Kunst (Hrsg.), Amoklauf gegen die Wirklichkeit. NS-Verbrechen und »revisionistische« Geschichtsschreibung, 2. überarb. Aufl. Wien 1992, S. 67–70.

6 Zitiert nach: Deborah E. Lipstadt, Betrifft: Leugnen des Holocaust, Zürich 1994, S. 200.

7 Ebenda, S. 210.

8 Shelly Shapiro (Ed.), Truth Prevails. Demolishing Holocaust Denial: the end of the »Leuchter Report«, New York 1990, S. 10 und 18.

9 Lipstadt, S. 208.

10 Carnes über Leuchter, zitiert nach Lipstadt, S. 207; siehe auch Shapiro (Ed.), S. 17 f.

11 Siehe dazu: Josef Bailer, Der Leuchter-Bericht aus der Sicht eines Chemikers, in: Dokumentationsarchiv des österreichischen Widerstandes/Bundesministerium für Unterricht und Kunst (Hrsg.), S. 47–52, sowie den Beitrag von Josef Bailer im vorliegenden Band.

12 Unter den ersten Arbeiten dazu waren: Georges Wellers, Der »Leuchter-Bericht« über die Gaskammern von Auschwitz. Revisionistische Propaganda und Leugnung der Wahrheit, in: Dachauer Hefte 7/1991, S. 230–241; Werner Wegner, Keine Massenvergasungen in Auschwitz? Zur Kritik des Leuchter-Gutachtens, in: Uwe Backes/Eckhard Jesse/Rainer Zitelmann (Hrsg.), Die Schatten der Vergangenheit. Impulse zur Historisierung des Nationalsozialismus, Frankfurt am Main-Berlin 1990; in leicht gekürzter Form in: Dokumentationsarchiv des österreichischen Widerstandes/Bundesministerium für Unterricht und Kunst (Hrsg.), S. 53–66; Hellmuth Auerbach, Der Leuchter-Report, in: Wolfgang Benz (Hrsg.), Legenden Lügen Vorurteile. Ein Wörterbuch zur Zeitgeschichte, durchgesehene und erw. Aufl. München 1992, S. 147 f.

13 Jean-Claude Pressac, Die Krematorien von Auschwitz. Die Technik des Massenmordes, München-Zürich 1994, S. 76; siehe auch ders., The Deficiencies and Inconsistencies of »The Leuchter-Report«, in: Shapiro (Ed.), S. 31–60.

14 Jean-Claude Pressac, Technique and Operation of the Gas Chambers, New York 1989.

15 Version Ochensberger: »Das wichtigste Dokument der Nachkriegsgeschichte! Das Leuchter-Dokument. Unser Volk vom Vorwurf der Massentötung durch Giftgas befreit?«, verschickt als kopierte Fassung auf weißem Papier und als gedruckte Fassung auf mittelblauem Papier. Inklusive Anhang, Titelblatt und Inhaltsverzeichnis umfaßt der Bericht 37 Seiten; Dipl. Pol. Udo Walendy, Ein Prozeß, der Geschichte macht (Historische Tatsachen 36/1988). Mit einer Einführung von Robert Faurisson, 17 Seiten.

16 Eine ausführliche Kritik findet sich in: Brigitte Bailer-Galanda, Der Leuchter-Bericht, in: Dokumentationsarchiv des österreichischen Widerstandes / Bundesministerium für Unterricht und Kunst (Hrsg.), S. 41–46.

17 Ernst Gauss (Hrsg.), Grundlagen zur Zeitgeschichte. Ein Handbuch über strittige Fragen des 20. Jahrhunderts, Tübingen 1994.

18 Seine Ausbildung hindert Rudolf aber nicht, wissenschaftlich mehr als zweifelhaft zu argumentieren; siehe dazu den Beitrag von Josef Bailer im vorliegenden Band.

19 Angaben nach Anton Maegerle, »Ein Handbuch über strittige Fragen des 20. Jahrhunderts«, in: Am rechten Rand 32/1994–95.

20 Presseaussendung der Max-Planck-Gesellschaft zur Förderung der Wissenschaften vom 25.5.1993.

21 Nature 368/1994.

22 Germar Rudolf, Gutachten über die Bildung und Nachweisbarkeit von Cyanidverbindungen in den Gaskammern von Auschwitz, lange, von Otto Ernst Remer vertriebene Fassung, ohne Impressum, o. O., o. J., S. 16.

23 Jean-Claude Pressac, Technique, S. 129.

24 Leserbrief von Germar Rudolf, Frankfurter Allgemeine Zeitung, 26.8.1994.

25 Germar Rudolf/Ernst Gauss, Die »Gaskammern« von Auschwitz und Majdanek, in: Gauss (Hrsg.), S. 257.

26 Zur chemischen Seite dieser Behauptung siehe den Beitrag von Josef Bailer im vorliegenden Band.

27 Rudolf, Gutachten, S. 88 ff.

28 Ruduolf wurde 1995 wegen Aufstachelung zum Rassenhaß und Volksverhetzung zu 14 Monaten Haft verurteilt, floh jedoch ins Ausland, TAZ 10.6.1996.

29 Aus einem Schreiben von Dipl. Ing. Walter Lüftl an den Hauptverband der gerichtlich beeideten Sachverständigen Österreichs, 16. 4. 1992.

30 Halt 59a/1991. Zu Lachout siehe den Beitrag von Brigitte Bailer-Galanda, Das sogenannte Lachout-»Dokument«.

31 Sieg 9/1991.

32 Schreiben Dipl. Ing. Walter Lüftl an den Hauptverband der gerichtlich beeideten Sachverständigen Österreichs, 16.4.1992.

33 Rudolf, Gutachten, S. 109.

34 Bericht der Oberstaatsanwaltschaft Wien vom 23. 2. 1994, OStA 10646/94.

35 Zur Charakterisierung der »Aula« siehe: Brigitte Bailer/Wolfgang Neugebauer, Rechtsextreme Vereine, Parteien, Zeitschriften, informelle/illegale Gruppen, in: Dokumentationsarchiv des österreichischen Widerstandes (Hrsg.), Handbuch des österreichischen Rechtsextremismus, aktualisierte und erw. Neuausgabe Wien 1994, S. 122–131.

36 Aula 7–8/1994.

37 Fakten 32/1994.

37 Deutschland in Geschichte und Gegenwart 3/1994; Mitteilungen der Gesellschaft für freie Publizistik 3/1994; Recht und Wahrheit 9+10/1994, darin kommentiert der deutsche Neonazi Christian Worch die Entscheidung der österreichischen Justiz.

38 Journal of Historical Review 4/1992–93.

39 Werner Rademacher, Der Fall Lüftl oder: die Justiz zur Zeitgeschichte, in: Gauss (Hrsg.), S. 41–60.

40 Dr. Horst Fischer, geb. 31.12.1912 in Dresden, SS-Hauptsturmführer seit 21.6.1943, SS-Nummer 293937, NSDAP Mitgliedsnummer 5370971. Zur Rolle Fischers siehe: Hermann Langbein, Der Auschwitz-Prozeß. Eine Dokumentation, Wien 1965. Fischer praktizierte nach dem Krieg als Arzt in der DDR und wurde 1965 verhaftet.

41 Siehe dazu: Pressac, Die Krematorien.

42 Friedrich Paul Berg, Die Diesel-Gaskammern: Mythos im Mythos, in: Gauss (Hrsg.), S. 325 ff. Zur naturwissenschaftlichen Auseinandersetzung mit Lüftls Thesen siehe den Beitrag von Josef Bailer im vorliegenden Band.

Josef Bailer

Die »Revisionisten« und die Chemie

Die Naturwissenschaft ist wertfrei, und Naturgesetze gelten gleichermaßen für Nazis und Antifaschisten. Mit solchem Anspruch wollen die »Revisionisten« für ihre politischen Ansichten Stimmung machen. Was von naturwissenschaftlichen Begründungen der »Auschwitz-Lüge« zu halten ist, soll exemplarisch an drei einschlägigen Publikationen, dem »Leuchter-Bericht«, dem »Rudolf-Gutachten« und dem »Lüftl-Report«, dargelegt werden.

Fred Leuchter, der Hinrichtungsexperte

Der »Leuchter-Bericht«[1] beschreibt im Detail die Verhältnisse in den Hinrichtungskammern amerikanischer Gefängnisse und setzt voraus, daß die Gaskammern im NS-Konzentrationslager Auschwitz (bzw. im Nebenlager Birkenau) auf die gleiche Weise betrieben worden wären und daher in den technischen Details gleich ausgesehen haben müßten.[2] Solche Annahmen erscheinen vielleicht auf den ersten Blick plausibel, zumal dasselbe Giftgas, Blausäure, verwendet wurde, sie entsprechen aber nicht den historischen Gegebenheiten. Die Situation in den NS-Vernichtungslagern war der in amerikanischen Gefängnissen überhaupt nicht vergleichbar.

Fred Leuchter hält die Gaskammern für unzureichend abgedichtet, meint, das Gas hätte durch Mauern und Türritzen sickern, entweichen, die Wachmannschaften töten und schließlich, zumindest in den Fällen, in denen die Gaskammern in der Nähe der Krematorien lagen, vom Feuer entzündet, explodieren müssen. Außerdem meint er, die Gaskammern wären zu kalt und feucht gewesen, so daß sich das Giftgas nur ungenügend hätte entwickeln können, und mangels Ventilation und ausreichender Entlüftung hätten sie bis zum gefahrlosen Betreten mehrere Tage gelüftet werden müssen.

Das ist nicht richtig. Die eingesetzten Giftgasmengen lagen weit unter der Menge, die für eine Explosion erforderlich ist, Kälte, Feuchtigkeit und schlechte Entlüftung sind keine unüberwindlichen Hindernisse.[3] Der »Leuchter-Bericht« ist voll fachlicher Fehler, unwissenschaftlich und so abstrus, daß einem Fachmann die Haare zu Berge stehen. Die Idee, mit scheinwissenschaftlichem Ernst im Dienste neonazistischer Propaganda[4] Verunsicherung zu verbreiten, fand allerdings Nachahmer, die den Ton wissenschaftlicher Arbeiten besser treffen als Fred Leuchter. Bald nach der Verbreitung der deutschen Fassungen des »Leuchter-Reports« meldeten sich auch in Deutschland und in Österreich »Revisionisten« mit Nachdichtungen und Nacharbeiten dieses Themas zu Wort. Manche dieser Arbeiten sind sprachlich und formal dem Original weit überlegen, drucktechnisch ausgezeichnet gemacht und enthalten in einzelnen Teilen einen Aufwand, der einer besseren Sache wert gewesen wäre. Keine der Abhandlungen enthält jedoch schlüssige, nachvollziehbare Argumentationen zur Sache.

Lassen Sie niemals den Motor bei geschlossener Garage laufen!

Dipl. Ing. Walter Lüftl[5] denkt sich einen Kunden mit 3-Liter-Diesel-PKW, der ihn, den Sachverständigen, fragt, ob er den Motor zum Zweck einer Reparatur in der Garage eine halbe Stunde bei geschlossenem Tor laufen lassen könne. Der gesunde Menschenverstand sagt nein. Das Schild auf der Garagentür sagt nein. Der Automechaniker sagt nein. Dipl. Ing. Walter Lüftl sagt ja.

Der Kunde hat ein großes Auto und eine winzige Garage. Die Größe der Garage, der Hubraum und die Leerlaufdrehzahl sind so aufeinander abgestimmt, daß der Motor die Garage in längstens einer halben Stunde mit Abgasen füllt, und dann geht es nur mehr darum, wie giftig diese sind. War der Motor einigermaßen vernünftig eingestellt, enthalten die Auspuffgase des Diesels Kohlenmonoxid in einer Menge von 0.01 bis 0.3%, Lüftl nimmt einen für die Praxis vernünftigen Mittelwert von 0.1% an. Diese Menge ist innerhalb einer halben Stunde nicht tödlich, zumindest nicht in jedem Fall, aber auch nicht harmlos. Mit 30% Hb-CO im Blut ist eine mittelschwere Vergiftung erreicht,[6] die mit Bewußtseinsstörungen und der Gefahr von Dauerschäden und Spätfolgen einhergeht und nicht bloß zu leichtem Kopfschmerz und Schwindel führt, wie Lüftl einigermaßen verharmlosend schreibt.

Die Werte gelten aber nur für gesunde, gut ernährte Menschen in Ruhe. Schon leichte Arbeit würde die Überlebenschance halbieren, schwere Arbeit mindestens vierteln. Im Schlaf könnte ein Mensch die 0.1% Kohlenmonoxid vielleicht fünf Stunden überleben. Fällt dem Kunden in der mit Abgasen gefüllten Garage der Strom aus, und er versucht in Panik, im Dunkeln unter Aufbietung seiner ganzen Kraft das elektrische Garagentor zu öffnen, hat er kaum mehr als einen Versuch, bevor er das Bewußtsein verliert, und stirbt binnen einer Stunde. Ist er erschöpft, hat er Grippe oder Eisenmangel, verkürzt das seine Überlebenschancen weiter drastisch. Überhaupt keine Überlebenschance hat er aber, wenn anstelle des gut gewarteten Nobelschlittens ein russischer Weltkriegspanzer, eventuell noch mit polnischem Vorkriegsdiesel im Tank, in der Garage läuft. Die Abgase haben dann nicht 0.1% Kohlenmonoxid, sondern ein Vielfaches davon. Der Kunde würde nie wiederkommen.

Im Konzentrationslager Belzec wurden 1941 und 1942 Menschen in Gaskammern mit Motorabgasen getötet. Der Motor war, soweit das rekonstruierbar ist, ein großer Dieselmotor, möglicherweise aus einem russischen Panzer.[7] Dipl. Ing. Walter Lüftl meint, mit »Gutachten« beweisen zu können, daß Dieselabgase auf keinen Fall geeignet gewesen wären, die Menschen zu töten. Folgt man seiner irrigen Ansicht, wäre zu schließen, daß der Holocaust in diesem keineswegs unwichtigen Detail so nicht stattfinden hätte können.

Lüftl beklagt nun, daß er solche »Gutachten« seit 1992 nicht mehr erstellen darf. Das novellierte Verbotsgesetz 1945 stellt in §3h das Leugnen oder grobe Verharmlosen des nationalsozialistischen Völkermords (die »Auschwitz-Lüge«) unter Strafe. Er käme mit solchen »Gutachten« aber vermutlich auch mit §288 StGB 1974 in Konflikt, womit das Erstatten falscher Gutachten unter Strafe gestellt wird. Sollte ein weniger gut informierter Leser des Artikels im Vertrauen auf die Kompetenz des Gerichtssachverständigen und Kammerfunktionärs tatsächlich ein Auto in einer winzigen geschlossenen Garage ohne Abzug reparieren wollen, trifft den Fachmann, der die falsche »Gutachterliche Information« gibt, die Verantwortung. Deshalb sei hier die Warnung wiederholt: Gleichgültig, welche politische Meinung Sie vertreten, lassen Sie niemals den Motor in der geschlossenen Garage laufen!

Massentötungen mit Kohlenmonoxid

Die nationalsozialistischen Massentötungen begannen Mitte 1939 mit dem Mord an behinderten Kindern, wurden aber sehr rasch auf erwachsene Behinderte und Kranke ausgedehnt. Zuerst wurden die Menschen mit Injektionen getötet, doch schon Anfang 1940 gab es Gaskammern. Die Gaskammer in der Heil- und Pflegeanstalt Brandenburg an der Havel war ein kleiner gefliester Raum mit Brauseköpfen an der Decke, die nicht an die Wasserleitung angeschlossen waren. Das Giftgas wurde über ein Rohr, das in der Gaskammer etwa 10 cm über dem Boden lief und an mehreren Stellen Austrittsöffnungen hatte, aus einem Nebenraum eingeleitet. Verwendet wurde Kohlenmonoxid in 40-Liter-Druckgasflaschen, in Stahlzylindern, wie sie etwa für Schweißgase üblich sind, geliefert von den IG-Farben in Ludwigshafen. Auch die Gaskammer im Schloß Hartheim in Oberösterreich war als Brausebad oder Inhalationsraum getarnt.[8]

Aus dem von Deutschland besetzten Polen ist aus dieser Zeit eine mobile Gaskammer bezeugt. Es handelte sich dabei um einen riesigen Kastenwagen, der auf beiden Seiten die Aufschrift »Kaisers Kaffee-Geschäft« trug. Das Kohlenmonoxid wurde in Druckgasflaschen im Zugfahrzeug mitgeführt.[9] Wenn die Vergasungen bei laufendem Motor oder im fahrenden Auto durchgeführt wurden, geschah dies vermutlich, damit die Opfer, die als nächste drankamen, die Schreie und den Lärm der Sterbenden nicht hörten.

Ab Ende 1941 wurden mobile Gaskammern, »Gaswagen«, gebaut. Das waren schwere LKW mit geschlossenen metallenen oder blechbeschlagenen Kastenaufbauten und Türe am Heck. Das Gas wurde über ein in die Vorderwand oder in den Boden des Aufbaus geschweißtes Rohr eingeleitet. Damit beim Einleiten des Gases kein Überdruck entstand, hatte der Aufbau zum Beispiel am Heck über der Tür Schlitze, die von beweglichen Klappen verdeckt waren.[10]

Für reines Kohlenmonoxid in Druckgasflaschen gibt es kaum eine technische Verwendung, weshalb das Gas schwer erhältlich und unverhältnismäßig teuer ist. Bei den Gaswagen konnten die Motorabgase in die Gaskammern geleitet werden, wenn der Gaseinlaß mit einem Metallschlauch unter dem Wagen mit dem Auspuff verbunden wurde. Auspuffgase enthalten normal 0.1 bis 5, im Extremfall bis zu 20% Kohlenmonoxid. Ein Beobachter der Szene wird kaum sicher entscheiden können, ob der Schlauch am Auspuff oder an einer unter dem Wagenboden befestigten Gasflasche angeschlossen war. Desgleichen ist schwer rekonstruierbar, ob die Gaswagen im Einzelfall Benzin- oder Dieselmotoren hatten. Die Abgase eines Benzinmotors enthalten etwa viermal soviel Kohlenmonoxid wie die eines Diesels und sind daher wesentlich giftiger.

Die Massentötungen mit Auspuffgasen sind an Grausamkeit kaum zu überbieten. Die Giftwirkung von Kohlenmonoxid hängt sehr stark von der individuellen Verfassung des Menschen ab, daher mußte ein Teil der Opfer das Sterben der anderen bei klarem Bewußtsein miterleben. Wo Gasflaschen verwendet wurden, bestand zumindest die Möglichkeit, das Gift so hoch zu dosieren, daß alle Opfer rasch bewußtlos wurden.

1942 wurden in Belzec, Sobibor und Treblinka Vernichtungslager mit Gaskammern errichtet, die ähnlich wie die Gaswagen funktionierten. Der Motor war in einem Schuppen außerhalb des Gebäudes, in dem die Gaskammern eingerichtet waren, am Stand installiert. In Treblinka gab es neben dem Motor, dessen Abgase in die Gaskammern geleitet wurden, einen Generator für die Stromversorgung des Lagers.[11]

Was den Motor betrifft, so ist in den Berichten über Belzec manchmal von einem Benzinmotor und manchmal von einem Dieselmotor die Rede, in Sobibor dürfte ein Benzinmotor verwendet worden sein, und in Treblinka, das nach den Erfahrungen mit den beiden anderen Lagern zuletzt errichtet wurde, ein Diesel. Die Motoren hatten alle sehr viel Hubraum und eine große Leistung, denn von diesen Faktoren hängt ab, wieviel Abgas der Motor liefert, wie schnell die Gaskammer mit Abgasen gefüllt wird. Möglicherweise gab es in Belzec, vielleicht auch in den anderen Lagern, mehrere Motoren, die zu verschiedenen Zeiten benutzt wurden. Den Zeugen muß zugute gehalten werden, daß es für einen technischen Laien nicht immer einfach ist, auf den ersten Blick einen Benzinmotor von einem Dieselmotor zu unterscheiden. Außerdem muß damit gerechnet werden, daß ein Zeuge den »Vergasungsmotor« mit einem anderen Motor, etwa dem Stromgenerator, verwechseln konnte. In Sobibor war ein schwerer russischer Benzinmotor, wassergekühlt, V-Motor mit 8 Zylindern, der von einem Zeugen beschrieben wurde, der den Motor auch reparieren konnte.[12] Für Belzec ist für die Zeit unmittelbar nach Errichtung des Lagers auch die Verwendung von Kohlenmonoxid aus Druckgasflaschen bezeugt.[13]

Zeugen irren, Gutachter nie?

Zum Holocaust gibt es eine Unmenge von Zeugenaussagen und Erlebnisberichten, von überlebenden Opfern wie auch von Tätern, und eine erdrückende Fülle von Sachbeweisen. Manche Aussagen sind präziser als andere, und die Berichte enthalten viele Irrtümer, Ungenauigkeiten und Fehler. In keiner der Aussagen wird geleugnet, daß der Holocaust stattgefunden hat, und auch über die Methoden des Massenmords herrscht prinzipiell Übereinstimmung.

Beindruckend und bedrückend belegen diese Zeugnisse die scheinbar unaufhaltsam fortschreitende Entwicklung der Infrastruktur des Todes. Wie schnell es zu Gaskammern kam, die dann zu Gaswagen weiterentwickelt wurden, bei denen wiederum nahelag, die Auspuffgase anstelle des teuren Kohlenmonoxids aus Flaschen einzuleiten. Nur aus dieser Entwicklung heraus ist verständlich und logisch, daß in die Gaskammern in Sobibor und Treblinka Motorabgase eingeleitet wurden, denn ein Motor ist mit Bestimmtheit keine sinnvolle Einrichtung zur Erzeugung von Giftgas, und Kohlenmonoxid hätte auf andere Weise billiger erzeugt werden können. Nicht die »beste Lösung« wurde angestrebt, sondern immer die nächstliegende.

Dipl. Ing. Walter Lüftl kann aus den Aussagen der Zeugen den Tathergang, die technische Seite des Holocaust, nicht rekonstruieren und erklärt sie in Bausch und Bogen für falsch: »Zeugen können irren, ihr Gedächtnis spielt ihnen einen Streich, Zeugen machen sich wichtig und reden vom Hörensagen, Zeugen sollen auch schon gelogen haben. Auch Geständnisse vermeintlich Schuldiger (erpreßt, erfoltert oder unter der Zusage milderer Strafen erschlichen) [...] sind wertlos«. »Die ›Zeitzeugen‹ sagen objektiv die Unwahrheit, die Geständnisse sind eindeutig falsch [...] Der Sachbeweis wird die Zeugnisse meineidiger ›Zeitzeugen‹ und die Geständnisse von ›Tätern‹ widerlegen«.[14]

Starke Worte, aber Lüftl ist offenbar nicht der Mann, dem zugetraut wird, einen solchen »Sachbeweis« zu erbringen. Selbst in einer deklariert »revisionistischen« Veröffentlichung wird zu Lüftl festgehalten, seine »Werke stehen sachlich aber auf wackeligen Füßen und haben Lüftl daher auch teilweise berechtigte Angriffe von Fachleuten eingebracht«.[15]

Bemerkenswerterweise hat diese Erkenntnis jedoch die »revisionistischen« Autoren nicht davon abbringen können, Schlußfolgerungen aus solchen »sachlich auf wackeligen Füßen« stehenden Werken weiter zu vertreten. So stellt etwa eine Abhandlung von Friedrich P. Berg zum Massenmord mit Motorabgasen – ebenfalls in der oben angeführten Publikation enthalten – in völliger Verkennung der Wirkungsweise von Kohlenmonoxid die Toxikologie gewaltsam auf den Kopf.[16] Sollten es die Fachleute mittlerweile nicht müde sein, auf jede unsinnige Meldung aus der »revisionistischen« Ecke zu antworten, werden die »teilweise berechtigten Angriffe« auch dazu nicht lange auf sich warten lassen.

Ein toter Zeuge sagt aus

Einer der Zeugen, den die »Revisionisten« am liebsten widerlegen, ist Kurt Gerstein. Dipl. Ing. Walter Lüftl stilisiert die Aussage Gersteins zum »Eckpfeiler der ›Holocaust-Literatur‹« hoch,[17] aber das ist zu weit gegriffen. Vieles, von dem Kurt Gerstein berichtet, ist auch aus anderen Aussagen rekonstruierbar, und er ist weder genauer noch zuverlässiger als andere Zeugen. Das Bemerkenswerte am Zeugen Kurt Gerstein ist seine abenteuerliche Lebensgeschichte, und daß er zum Zeitpunkt, da seine Aussagen in den Nürnberger Prozessen zur Sprache kamen, bereits tot war.

Kurt Gerstein,[18] geboren 1905 in Westfalen, studierte 1925 bis 1931 technische Fächer an den Universitäten Marburg an der Lahn, Berlin und Aachen. 1933 trat er der NSDAP bei, wurde aber 1936 wegen »staatsfeindlicher (religiöser) Betätigung für die Bekenntniskirche«, er hatte nazifeindliche religiöse Broschüren an hohe Justizbeamte versandt, aus der Partei ausgeschlossen, aus dem Staatsdienst entfernt und verhaftet. Später studierte er in Tübingen Medizin, 1938 wurde er erneut verhaftet. 1941 trat er in die SS ein. Dazu schreibt er:

»Als ich von der beginnenden Umbringung der Geisteskranken in Grafeneck und Hadamar und andernorts hörte, beschloß ich, auf jeden Fall den Versuch zu machen, in diese Öfen und Kammern hineinzuschauen, um zu wissen, was dort geschieht [...] Mit zwei Referenzen der Gestapobeamten, die meine Sache bearbeiteten, gelang es mir unschwer, in die SS einzutreten. Die Herren waren der Ansicht, daß mein Idealismus, den sie wohl bewunderten, der Nazisache zugute kommen müßte.«[19]

In der SS machte er Karriere und erlangte mit seinen technischen und medizinischen Kenntnissen eine leitende Stellung im Bereich Gesundheitstechnik einschließlich »Desinfektionsdienst«. In dieser Eigenschaft kam er im August 1942 nach Belzec und wurde dort Zeuge einer Massenvergasung. Seine Aufträge, einerseits eine Möglichkeit zur Desinfektion der in den Lagern angesammelten Kleidungsstücke zu finden – Gerstein spricht von 40.000 Tonnen Textilien – und anderseits anzuregen, in den Gaskammern anstelle der Motorabgase Zyklon B zu verwenden, führte er seinen Angaben zufolge nicht durch.

Die Schilderung Gersteins überzeugt durch die Fülle an Details. Die Opfer wurden in Eisenbahnwaggons in das Lager gebracht, viele starben während des Transports. Unweit der Gleise stand eine Holzbaracke, in der sich die Menschen ausziehen mußten und an einem Schalter die Wertsachen abzugeben hatten. Frauen wurden die Haare geschoren. Von dort wurden sie nackt auf einem beidseits von Stacheldraht flankierten Weg – andere Zeugen[20] nannten das den »Schlauch« – in das Gebäude getrieben, in dem sich die Gaskammern befanden. Über einige Stufen gelangte man zum Eingang und von dort in einen dunklen Gang mit drei Türen auf jeder Seite zu den sechs Gaskammern.

Gerstein schätzt die Größe der Gaskammern auf 25 m²,[21] andere Zeugen[22] geben Größen zwischen 16 und 32 m² an. Laut Gerstein wurden in jede Gaskammer 700 bis 800 Menschen gepfercht, andere Berichte lassen auf etwa 250 schließen. Gerstein berichtet, daß der Dieselmotor nicht funktioniert habe und daß die Opfer fast drei Stunden in Panik in den Gaskammern gewartet haben, ein Detail, das sonst nicht bezeugt ist. Die eigentliche Tötung hat dann nach Gerstein 32 Minuten, nach einem anderen Zeugen, Prof. Wilhelm Pfannenstiel, der gleichzeitig mit Gerstein in Belzec war, 18 Minuten gedauert. Diese Zahlen nimmt Lüftl zum Anlaß seiner Polemik, wobei er jedoch nur die von Gerstein angegebenen Daten berücksichtigt, ohne sie durch Angaben anderer Zeugen zu relativieren oder zu stützen – ein arger Schnitzer.

Abgesehen von der Anzahl der Opfer in den Gaskammern[23] – Gerstein hat die Opfer sicher nicht gezählt – hat Lüftl nichts vorzubringen, was auch nur im entferntesten diskussionswürdig wäre. Die vielen Menschen – so Lüftl – hätten in den engen Gaskammern zuwenig Luftraum zur Verfügung gehabt und infolge Sauerstoffmangels ersticken müssen.[24] Dabei übersieht er, daß Gaskammern, in die Motorabgase eingeleitet wurden, nicht dicht sein konnten. Wären die Gaskammern luftdicht gewesen, wie das später bei den Gaskammern, in denen Zyklon B verwendet wurde, der Fall war, hätte beim Einleiten der Motorabgase ein Überdruck entstehen müssen, und der Motor wäre abgestorben.[25] Lüftl meint, daß Dieselabgase die Menschen nicht innerhalb von 30 Minuten hätten töten können.[26] Dabei geht er von falschen Voraussetzungen aus. Die Menschen hätten vielleicht überlebt, wären sie gut genährt, ausgeruht und ruhig gewesen und wenn der Motor nicht mehr als 0,1 % Kohlenmonoxid im Auspuffgas geliefert hätte. Die Menschen waren aber hungrig, erschöpft und in Panik, der Motor entsprach nicht den heutigen Abgasnormen und wurde mit Treibstoff zweifelhafter Provenienz betrieben.

Entlausungskammern für Zyklon

Zyklon enthält als Wirkstoff Blausäure, die zusammen mit einem Warnstoff in Pappscheiben oder Kieselgurstücke, den Träger, aufgesogen ist. Der Träger macht die Blausäure, die sonst schnell verderben würde, einige Monate haltbar. Der Warnstoff bewirkt mit seinem Geruch und der tränenreizenden Wirkung, daß die Anwesenheit des Zyklon-Gases wahrgenommen werden kann, denn Blausäure allein hat keinen starken Geruch.

Das Zyklon-Präparat wird in Weißblechdosen geliefert und zur Anwendung auf Papierbögen ausgestreut bzw. ausgelegt oder in speziellen Einrichtungen (Gasentwickler) eingesetzt. Der Wirkstoff verdunstet auch bei niedrigen Umgebungstemperaturen rasch aus dem Träger,[27] sodaß von einem Giftgas gesprochen werden kann. Wie lange das Giftgas einwirken muß, hängt von der Art der zu bekämpfenden Schädlinge und von den Gegebenheiten des begasten Raums ab. Nach der Einwirkungszeit wird gelüftet und der Träger eingesammelt. Der Träger enthält dann praktisch kein Gift mehr und wurde früher ohne besondere Vorsichtsmaßnahmen mit dem Hausmüll deponiert oder dem Herstellerwerk zur Wiederbefüllung rückübermittelt.

Zur Entlausung kamen Personen, Kleidungsstücke, sonstige Gegenstände, Räume und ganze mehrstöckige Häuser. Zur Entlausung eines Gebäudes war ein Team von Spezialisten erforderlich, der Vorgang konnte einige Tage in Anspruch nehmen. Kleinere Gegenstände und Kleidungsstücke wurden in eigens dafür eingerichteten Räumen, den Entlausungskammern[28] (oder Begasungsräumen), behandelt. In diesen Räumen dauerte der Vorgang wenige Stunden, besonders wenn sie im Winter geheizt waren. In der Wärme werden die Schädlinge aktiv und nehmen daher das Gift besser auf.

Personen wurden zur Entlausung gruppenweise in einen Auskleideraum gebracht, wo man ihnen die Kleidung zur Behandlung mit Zyklon abnahm und häufig die Haare schor, damit beim anschließenden Bad Nissen (Lauseier) von der Kopfhaut abgewaschen wurden. Anschließend kamen die Menschen in einen Duschraum und von dort weiter in einen Ankleideraum, wo ihnen ihre mittlerweile entlauste Kleidung wieder ausgehändigt wurde.

Diese an sich entwürdigende Prozedur war so gang und gäbe, daß sie von den Mordkommandos der SS ausgenutzt werden konnte, die Opfer in die Gaskammern zu locken.[29] Eine Entlausungsanlage hat einen Auskleideraum mit Zugang zur Beschickung des Begasungsraums auf der »unreinen Seite«, den Waschraum und den Ankleideraum mit dem Zugang zur Entnahmetür des Begasungsraumes auf der »reinen Seite«. Bei den Gaskammern folgte auf die häufig als

Waschraum getarnten Gaskammern der Weg zu den Krematoriumsöfen oder zu den Massengräbern.

In Auschwitz (und in Auschwitz-Birkenau) wurde in den Gaskammern Zyklon B anstelle von Motorabgasen oder Kohlenmonoxid verwendet. Damit erreichte die Technologie des Massenmords ihren Höhepunkt. Bemerkenswert ist, daß Fred Leuchter und seine Nachfolger den Einsatz von Blausäure in den Gaskammern für ungeheuer gefährlich und geradezu unmöglich halten, die Sachentlausungskammern aber, in denen dasselbe Gift verwendet wurde und die in den wesentlichen Punkten gleich gebaut, in den Lagern aber viel zentraler gelegen waren,[30] überhaupt nicht beachten. In letzteren war wesentlich mehr Blausäure erforderlich als in Gaskammern, weil Läuse gegen das Giftgas wesentlich widerstandsfähiger sind als Menschen. Da Sachentlausungsanlagen sicher betrieben werden konnten, und das steht außer Zweifel, sind Einwände, die Gaskammern hätten nicht »funktionieren« können, haltlos.

Zur Frage, wie schnell Zyklon B wirkt

Um Läuse und andere Schädlinge wirksam zu bekämpfen, muß in der Entlausungskammer die Luft zwei bis sechs Stunden eine hohe Menge Blausäure enthalten. Dazu eignen sich Präparate, die möglichst rasch eine wirksame Dosis Gift freigeben und dann einige Zeit weiter nachgasen. Wegen dieser für das Schädlingsbekämpfungsmittel angeblich erwünschten Eigenschaft wären Exekutionen mit Zyklon B nicht möglich gewesen, behaupten zum Beispiel Germar Rudolf und Dipl. Ing. Walter Lüftl. Weil die Blausäure nur langsam entwickelt wird, hätten die Tötungen viel länger dauern müssen, als berichtet wird, und weil das Zyklon stundenlang nachgast, hätten die Leichen nicht aus den Gaskammern entfernt werden können.

Germar Rudolf errechnet die Zeitdauer für die Freisetzung der Blausäure aus dem Zyklon-Präparat vermutlich nach Datenblättern für heute handelsübliches Zyklon und interpretiert die Werte nicht richtig. Das Datenblatt gibt an, schreibt Rudolf,[31] daß Zyklon innerhalb der ersten zwei Stunden an die 90 % der darin enthaltenen Blausäure abgibt und nach längstens 48 Stunden praktisch kein

Giftgas mehr hält. Aus diesen Angaben errechnet er, das Präparat würde in 40 bis 45 Minuten die Hälfte der darin enthaltenen Blausäure abgeben, und der Rest, die andere Hälfte, würde den Begasungsraum noch viele Stunden unsicher machen. Dipl. Ing. Walter Lüftl verweist auf ein historisches Datenblatt[32] und kommt mit demselben Fehler wie Germar Rudolf zu dem Ergebnis, Entgasungszeiten bis zu 32 Stunden für richtig und technologisch sinnvoll zu halten.[33] Das ist aber die Zeit, die man im Winter braucht, ein mehrstöckiges Haus zu begasen, im Sommer reichen auch schon sechs Stunden. Im Winter dauert es deswegen so lange, weil das Gas (bei 5 °C Außentemperatur) sehr lange braucht, in die letzten Winkel und Ritzen einzudringen, und weil die Läuse das Gift in der Kälte schlecht aufnehmen.

Die Zeiten für die Anwendung des Zyklon-Präparats in Begasungsräumen stehen im Datenblatt weiter vorne, sie liegen zwischen einer und fünf Stunden, je nachdem, welcher Schädling bekämpft werden soll. Dann wird gelüftet, und ein Präparat, das zu diesem Zeitpunkt noch viel Wirkstoff hält, wäre unwirtschaftlich und gefährlich. In einer neueren Veröffentlichung[34] zitiert Rudolf die Patentschrift des Zyklon-Präparats. Dieser Patentschrift zufolge ist Zyklon ein schnell wirkendes Mittel, die Blausäure soll den Träger innerhalb von zehn Minuten zu 90 % verlassen. Die Idee, das Präparat würde Stunden brauchen, den Wirkstoff abzugeben, ist absurd. Lüftl bezeichnet das aber als den »archimedischen Punkt des Auschwitz-Mythos«.[35]

In hohem Maße gefährdet waren trotz allem die Häftlingskommandos, die die Leichen aus den Gaskammern bergen mußten. Die Gaskammern waren viel größer als Sachentlausungsanlagen, und die Lüftung war zweifellos schwierig. Hier mag den Menschen geholfen haben, daß schwache Intoxikationen mit Blausäure häufig folgenlos bleiben, wenn der Vergiftete rasch genug an die frische Luft kommt.

Zum Nachweis gefährlicher Mengen Blausäure in der Luft verwendete man Fließpapierstreifen, die mit Kupferacetat/Benzidinacetat-Lösung getränkt wurden: Der Streifen färbt sich blau, wenn die Luft mehr als 15 mg/m³ Blausäuregas enthält.[36] Die Deutsche Gesellschaft für Schädlingsbekämpfung bot 1925 eine Kiste mit Papierstreifen, Lösungen, in denen die Streifen vor Gebrauch zu tränken waren, und allen zur Handhabung erforderlichen Geräten als »Blausäurenachweisgerät« an. Lüftl zeigt sich auch diesbezüglich uninformiert und behauptet, »Papierindikatoren für Gase wären für die damalige Zeit nobelpreiswürdig gewesen«.[37]

Kurios ist die von Leuchter und Lüftl behauptete Explosionsgefahr der Blausäure.[38] Selbst Germar Rudolf erkennt, daß unter den konkreten Bedingungen sicher keine Explosionen der Blausäure zu befürchten waren.[39] Die Blausäuremengen waren viel zu klein, um mit Luft explosionsfähige Gemische bilden zu können, und die Zündtemperatur liegt viel zu hoch. Leuchter sieht durch nahe gelegene Krematorien eine Explosionsgefahr gegeben, und Lüftl meint sogar, die Blausäure hätte sich an einem angewärmten Ziegel entzünden können.[40] Aber Lüftl hält sogar das Faktum, daß an die Todeskandidaten kein Alkohol ausgegeben wurde, obwohl sein Merkblatt für Zyklon vor Alkohol warnt, für ein erwähnenswertes Argument[41] – eine völlig überflüssige Entgleisung.

Rückstände von Zyklon

Ein zentrales Thema des »Leuchter-Berichts« ist die Analyse von Rückständen des Giftgases an den Wänden der ehemaligen Gaskammern und Sachentlausungskammern. Bei den Rückständen handelt es sich, behauptet Leuchter in einer frühen Fassung, um Gas, das, in Poren des Mauerwerks eingeschlossen, erhalten bleiben soll.[42] Tatsächlich konnte Leuchter aber keinen solchen Rückstand finden, sondern nur Berlinerblau.

Entgegen den Annahmen Leuchters ist es aber unwahrscheinlich, daß Blausäuregas in den Poren von Mauerwerk Jahre überdauert, weil Licht, Kalk und Wasser oder Feuchtigkeit den Stoff zerstören würden. Blausäure ist nur in absolut reiner, wasserfreier Form stabil. Kommt sie mit Alkalien oder mit Metalloxiden in Berührung, polymerisiert sie nach einiger Zeit plötzlich. Das geschieht schon bei der Aufbewahrung in gewöhnlichen Glasgefäßen. Die Haltbarkeit ist besser, wenn die Blausäure in ein saugfähiges Trägermaterial aufgenommen wird. Zyklon ist ein solches Präparat, aber auch für Zyklon wird die Haltbarkeit nur über einige Monate garantiert. Nach Ablauf der Haltbarkeitsfrist wird die Blausäure nicht in jedem

Fall verschwunden sein. Die Blausäure ist hinsichtlich ihrer Haltbarkeit unberechenbar.

Auch Ziegel und Mauerwerk sind poröses Material und daher prinzipiell geeignet, Blausäure aufzunehmen und zu stabilisieren. Trotzdem ist Blausäure im Mauerwerk kein geeigneter Indikator für die Verwendung des Schädlingsbekämpfungsmittels in dem Raum. Wurde dieser zur Bekämpfung von Ungeziefer nur gelegentlich begast, wird das Giftgas schon wenige Stunden nach der Anwendung aus der Mauer diffundiert und verschwunden sein. Ein Raum, der für die regelmäßige Anwendung von Zyklon vorgesehen war, eine Entlausungskammer, wird dagegen zumindest einen einigermaßen gasdichten Anstrich erhalten haben, sodaß das Giftgas gar nicht in tiefere Mauerschichten eindringen konnte. Eine gasdichte und abwaschbare Ausgestaltung der Wände einer Entlausungskammer macht die Arbeit darin wesentlich sauberer, sicherer und wirtschaftlicher. Es wäre äußerst unprofessionell, auf solche Vorkehrungen in einem Begasungsraum zu verzichten.

Allerdings konnte Prof. Jan Markiewicz vom Institut für forensische Forschung in Krakau sowohl im Mauerwerk von Entlausungskammern als auch in den Gaskammern, in denen Menschen umgebracht wurden, Rückstände des Giftgases nachweisen. Er verwendete für den Nachweis eine ziemlich komplexe Methode, die es ihm erlaubt, Rückstände der Anwendung des Zyklon von Zyanid, das möglicherweise anderswo herkommt, zu unterscheiden.[43] Der Nachweis von Schädlingsbekämpfungsmittelrückständen nach mehr als 45 Jahren ist eine bemerkenswerte technische Leistung, zumal gerade Zyklon dafür bekannt ist, normalerweise keine Rückstände zu hinterlassen.

Für die Anwesenheit von Rückständen muß auch die schlechte Ausstattung der Räume verantwortlich gemacht werden. Die SS in Auschwitz war offensichtlich ignorant genug, selbst die Sachentlausungsanlagen entgegen den auch damals anerkannten Prinzipien unsicher, unsauber und unwirtschaftlich zu betreiben.

Das Blauwand-Phänomen

Auf dem Gelände des ehemaligen Konzentrationslagers in Auschwitz-Birkenau stehen nur wenige Gebäude, das Lager ist zum größten Teil zerstört. Unter den erhaltenen Gebäuden sind auch die beiden zentral im Lager gelegenen Sachentlausungsanlagen. Auf einzelnen Wänden dieser Gebäude finden sich blaue Flecken, daneben auch rote und gelbe. Eine Wand wurde offensichtlich vor kurzer Zeit frisch gestrichen und mit der Kopie einer Inschrift versehen (»Eine Laus – dein Tod«), deren Original an einer anderen Wand zu sehen ist. In einem Entlausungsraum sind die Brausen aufgehängt, die in den Duschraum daneben gehören. Die Entlausungsanlagen liegen abseits des Wegs, den Besucher der Gedenkstätte geführt werden. Zumindest die Inschriftkopie ist das Werk eines Filmteams, das hier gedreht hat.

Fred Leuchter und seine Nachfolger wollen nun zwischen diesen blauen Flecken und dem Blausäuregas eine Verbindung sehen. In der Fassung Walendy des »Leuchter-Berichts« sowie in Folgepublikationen wird nicht mehr nach Rückständen der Blausäure gesucht, sondern nach Berlinerblau, das aus der Reaktion der Blausäure mit in der Mauer enthaltenem Eisen entstanden sein soll.[44] Berlinerblau wurde durch chemische Analysen von Mauerproben, aber auch durch bloßen Augenschein als Blaufärbung der Wände nachgewiesen. Der Nachweis von Berlinerblau ist recht einfach, besonders dann, wenn es in großen Mengen vorliegt. Die von Prof. Jan Markiewicz nachgewiesenen Rückstände liegen um den Faktor 10 bis 100 unter der Nachweisgrenze der von Leuchter und seinen Nachahmern verwendeten Methoden.

Blausäure färbt aber normalerweise Wände nicht blau. Der Name Blausäure ist historisch, Scheele entdeckte Blausäure 1782 als Produkt der Reaktion von Schwefelsäure mit Berlinerblau. Berlinerblau ist ein blauer Farbstoff. Die Reaktion von Scheele ist, wie fast alle chemischen Reaktionen, umkehrbar. Scheele zerlegte, salopp gesagt, Berlinerblau in Blausäure und Eisensulfat. In Umkehrung der Reaktion kann man aus Eisensulfat und Blausäure Berlinerblau machen. Um herauszufinden, weshalb das auf den Mauern von Gaskammern nicht geht, muß man die Zusammenhänge etwas weniger vereinfachend betrachten.

Wenn Baustoffe Eisen enthalten, dann enthalten sie Eisen (III),[45] meist als Fe_2O_3 (Eisenoxid), und das nur in Spuren, maximal einige Prozent. Fe_2O_3 reagiert mit Blausäure überhaupt nicht. Mit Wasser bildet Fe_2O_3 jedoch Verbindungen vom Typ $FeO(OH)$, $Fe(OH)_3$ (Eisenhydroxid) und alle möglichen Zwischenstufen, allgemein $FeO_x(OH)_y$. $Fe(OH)_3$ reagiert mit Blausäure, H^+CN^-, zu $Fe(CN)_6^{3-}$ (Hexacyanoferrat (III), »rotes Blutlaugensalz«).

Bis zu diesem Punkt, der Bildung von Hexacyanoferrat, kann man den Ausführungen des Leuchter-Epigonen Germar Rudolf[46] folgen. Voraussetzung für den Ablauf der Reaktion ist allerdings, daß die Mauer durch und durch naß ist. Ist das nicht der Fall, bildet sich kein $Fe(OH)_3$ und damit kein Hexacyanoferrat. Auf die Bedeutung der Anwesenheit von Wasser für diese Reaktion weist Germar Rudolf hin.[47] Er bemerkt aber nicht, daß er in weiterer Folge nicht den Nachweis eines Einsatzes von Blausäure führt, sondern den Nachweis, daß eine triefnasse Mauer begast wurde. Denn, wie immer das Hexacyanoferrat weiter reagieren mag, bestimmend ist der Wassergehalt der Mauer, nicht die Menge Blausäure.

Berlinerblau hat die Grundformel $Fe^{III}[Fe^{II}(CN)_6]^-$, das ist eine Komplexverbindung von Fe^{3+} mit $Fe(CN)_6^{2-}$. Zur Bildung von Berlinerblau braucht man $Fe(CN)_6^{2-}$, Hexacyanoferrat (II), »gelbes Blutlaugensalz«, eine Verbindung von Eisen (II). Die Reaktionskette in der Mauer führte aber zu rotem Blutlaugensalz, $Fe(CN)_6^{3-}$, das Eisen (III) enthält. Um Berlinerblau zu bekommen, muß das Eisen (III) in Eisen (II) umgewandelt, »reduziert«, werden.

Normaler chemischer Hausverstand würde dem Hexacyanoferrat (III) in der Mauer ein wenig spektakuläres Ende vorhersagen. So, wie die Verbindung aus dem Hydroxid durch schrittweisen Ersatz der OH–Gruppen entstanden ist, werden die CN–Gruppen Stück für Stück gegen andere Gruppen, die die Mauer zu bieten hat, ersetzt, bis zuletzt wieder $Fe(OH)_3$ und, wenn die Mauer trocknet, Fe_2O_3 zustande kommt.[48]

Rudolf dagegen meint, das Eisen (III) würde in Gegenwart von Cyanid ohne weiteres Zutun zu Eisen (II) reduziert werden und damit den Weg zur Bildung von Berlinerblau frei machen. Dabei hat so mancher Chemiestudent Eisen (III) mit Cyanid im Reagenzglas geschüttelt, dabei vielleicht allerhand Prussiate erhalten, auf die Bildung von Berlinerblau aber vergeblich gewartet. Rudolf selbst hat einen Mauerziegel 16 Stunden gewaltigen Mengen Blausäuregas ausgesetzt und – Zitat: »Die Analysenergebnisse überraschen ob ihrer paradox erscheinenden Werte« – weder Blaufärbung erhalten noch Berlinerblau gefunden.[49] Das ist ein starkes Stück für einen jungen Forscher, der vorgibt, nur der objektiven Wahrheit verpflichtet zu sein und dafür auch vor dem Strafgesetz nicht zurückzuschrecken. Nicht einmal die Ergebnisse von Laborversuchen, die er selbst geplant und durchgeführt hat, können ihn von seiner vorgefaßten Meinung[50] abbringen.[51]

Die Anwesenheit von Berlinerblau kann ganz andere Ursachen haben, die ein Gutachter erst ausschließen muß, bevor er weitere Schlüsse zieht. In der Fassung Ochensberger des »Leuchter-Berichts« wird noch angegeben, das Berlinerblau sei nur Farbe, die oberflächlich an Verputzstücken haftet und vermutlich von abfärbenden Matratzen stammt,[52] dieser Absatz fehlt aber in der Fassung Walendy. Während in der Fassung Ochensberger wiederholt auf die Blaufärbung in Zusammenhang mit Matratzen hingewiesen wird, fehlen alle diese Stellen in der Fassung Walendy. Berlinerblau ist häufig auf alten Mauern zu finden, als Rest eines alten Anstrichs oder als Farbfleck, den irgendwelche abfärbende Materialien, die einmal an dieser Mauer lehnten, hinterlassen haben. Berlinerblau ist als Farbstoff weit verbreitet, kommt in vielen blauen und grünen Farben vor und wurde in den dreißiger und vierziger Jahren noch häufiger verwendet als heute. Da Berlinerblau weit beständiger ist als fast alle anderen gebräuchlichen Farbstoffe, kommt es nicht selten vor, daß Mauern, die einst in einer Mischfarbe gestrichen waren, in der der blaue Anteil gar nicht auffiel, mit der Zeit, wenn die anderen Farben nachlassen, blau werden. Das Berlinerblau kann auch durchschlagen, wenn ein darüber liegender späterer Anstrich ausbleicht und die Deckkraft verliert.

Wie man mit Analysenwerten nicht umgehen darf

Für Fred Leuchter und noch mehr für seine Epigonen ist es unumstößliche Tatsache, daß beim Einsatz von Zyklon Berlinerblau entsteht, das die Wände eines jeden begasten Raumes blau färbt. Das ist falsch, wie gezeigt wurde, und die Resultate, die auf der Basis dieser falschen Annahmen gemessen wurden, haben keine Aussage-kraft. Mit statistischen Methoden und mit einer einfachen Plausibi-litätsprüfung läßt sich zeigen, wie falsch die Ergebnisse sind.

Leuchter hat Proben aus den Ruinen des ehemaligen Konzentra-tionslagers Auschwitz auf Berlinerblau untersuchen lassen und fin-det in einer Probe aus einer Sachentlausungsanlage in Auschwitz-Birkenau über 1.000 mg/kg, in allen anderen Proben nur Spuren.[53] Sein Schluß, nur in der Sachentlausungsanlage sei Zyklon regelmä-ßig verwendet worden und nicht auch in den Gaskammern, ist trotz-dem falsch. Beim »Leuchter-Report« gibt es sogar Zweifel an der nackten Existenz von Proben überhaupt.[54] Die Probe aus der Sach-entlausungsanlage bezeichnet Leuchter als »Kontrollprobe«. Offen-sichtlich will er damit aussagen, daß er in Gaskammern ähnlich hohe Berlinerblaumengen erwartet, wenn sie für Exekutionen ver-wendet wurden. Die Aussage steht allerdings auf einigermaßen wackligen Beinen, wenn eine einzige Probe aus einem einzigen Sachentlausungsraum eine solche Generalisierung tragen soll. Damit kann weder den unterschiedlichen baulichen Gegebenheiten noch den unterschiedlichen Arten des Betriebs Rechnung getragen werden. Schließlich gab es früher allerorten Sachentlausungskam-mern, in jeder größeren Stadt, und überall wurde Zyklon verwendet. Die Bildung von Berlinerblau oder gar eine Blaufärbung von Wän-den infolge der Blausäureeinwirkung wurde aber nur in sehr spe-ziellen Fällen beobachtet.

Germar Rudolf hat neue Proben aus Auschwitz mitgenommen, davon elf aus dem Raum, aus dem auch Leuchters Kontrollprobe stammte, und drei aus einem weiteren Sachentlausungsraum in der Nähe.[55] An der Oberfläche der Wände findet er, mit Ausnahme einer Stelle, wo unter einer harten Verputzschicht eine Schicht grün ein-gefärbter Verputz liegt, deutlich mehr Berlinerblau als in tieferen Mauerschichten. Das erklärt er, wenig befriedigend, damit, daß die Oberflächen der Wände angewittert bessere Bedingungen für die Bildung des Berlinerblaus böten. Was die in den Proben gefundenen Mengen Berlinerblau betrifft, schlägt er Fred Leuchter um Längen. Er findet schon im Ziegel an der Außenseite der Mauer des Bega-sungsraums 1.000 mg/kg Berlinerblau, innen in einigen Proben 10.000 mg/kg und mehr. Das Berlinerblau auf der Außenseite der Mauer stammt seiner Ansicht nach von Giftgas, das durch die

Mauer sickerte. Das heißt, die Mauer muß durch und durch mit Blausäure getränkt gewesen sein. Außen und innen auf der Mauer bildete sich Berlinerblau, und das Cyanid in der Mitte hat sich verflüchtigt oder zersetzt.

Die Sachentlausungsanlagen in Auschwitz, aus denen seine Proben mit den hohen Gehalten an Berlinerblau stammen, sind nach Planskizzen, Angaben und Fotos von Germar Rudolf etwa 11 x 12 m große, etwa 3 m hohe Räume, außen roher Ziegel und innen verputzt.[56] Rudolf hält es für wahrscheinlich, daß Zwischendecken eingezogen waren, weil ein so hoher Raum für Begasungen schlecht geeignet ist. Die Mauern enthalten den Analysen zufolge zumindest an der Oberfläche innen und außen Berlinerblau in Mengen von durchschnittlich 5.090 mg/kg (Mittelwert der von Rudolf für diese Räume angegebenen Analysenwerte ohne Daten für die vermutlich später eingezogenen Zwischenwände). Rüdiger Kammerer und Armin Solms[57] halten in einer Besprechung der Veröffentlichungen von Germar Rudolf, Fred Leuchter und anderen »Revisionisten« einen Berlinerblaugehalt der Mauer zwischen 0.1 und 1 % für erwiesen, Germar Rudolf schließt sich der Ansicht an.[58]

Die Gehalte der Proben aus den Entlausungskammern streuen beträchtlich. Rudolf hat von einem Analyten, dem Mauerwerk der beiden diesbezüglich identen Räume, Analysenwerte von 1.035 bis 13.500 mg/kg erhalten und muß somit eine Streuung der Meßwerte um den Faktor 13 erklären. Die Standardabweichung beträgt 4.100 mg/kg, d. h., Rudolf müßte den Berlinerblaugehalt der Mauern mit 5.100 ± 4.100 mg/kg angeben – einigermaßen blamabel, wenn die Analysenschwankung unerklärlicherweise fast so groß ist wie der Meßwert. Für Gerichtsgutachten wird meist eine statistische Sicherheit von mindestens der dreifachen Standardabweichung gefordert. Das heißt, ein Berlinerblaugehalt innerhalb der Spannweite von 0.0 bis 17.400 mg/kg ist mit der für ein Gerichtsgutachten erforderlichen Sicherheit von den Werten, die Rudolf in den Sachentlausungskammern gemessen hat, nicht unterscheidbar. Damit bricht das gesamte Gutachten zusammen, denn kein einziger Meßwert liegt außerhalb dieser Spannweite. Die Statistik ist keine spitzfindige Zahlenspielerei, sondern der Beweis, daß die Proben nicht einheitlich sind. Daraus folgt, entweder gibt es andere Ursachen für das Vorkommen des Berlinerblaus, die erst einmal zu ergründen wären, oder die Proben sind schlecht genommen. In jedem Fall ist die Aussagekraft der Analysen gleich Null. Das Ergebnis war zu erwarten, denn das Berlinerblau kommt nicht vom Giftgas.

Auch die Höhe der Meßwerte, so sehr sie die Auftraggeber der Gutachten freuen mag, ist in Wahrheit kein Grund zum Feiern. Ein Wert von etwa 5 g/kg in einer Mauer ist für den Rückstand eines Schädlingsbekämpfungsmittels unglaubwürdig hoch. Die Wände, der Fußboden und die von Rudolf vermuteten Zwischendecken müßten demnach insgesamt etwa 1,5 Tonnen Berlinerblau bergen. Zur Bildung von 1,5 Tonnen Berlinerblau nach dem von Germar Rudolf vorgeschlagenen Reaktionsweg wären selbst bei einer für solche Reaktionen sehr hohen Ausbeute von 10 % der Theorie etwa 10 Tonnen reine Blausäure erforderlich gewesen, das entspricht 30 bis 40 Tonnen Zyklon. 40 Tonnen Zyklon hätten allein in diesen Entlausungsanlagen nutzlos in die Wände gehen müssen, um Berlinerblau in der Menge, wie es Germar Rudolf und Fred Leuchter gefunden haben, zu bilden. Das ist absurd. 40 Tonnen ist in der Größenordnung der Menge, die das Lager zeit seines Bestehens verbraucht hat, und dort gab es noch mehr Entlausungsanlagen. Das Ergebnis allein der »Kontrollproben« beweist, daß die Analysen völlig wertlos sind und daß das Berlinerblau nicht vom Zyklon herkommen kann.

Anmerkungen

1 Im deutschsprachigen Raum wurden zwei Fassungen bekannt, die sich im Inhalt nicht unwesentlich voneinander unterscheiden. Eine Fassung wurde von Walter Ochensberger verbreitet, eine andere von Dipl.-Pol. Udo Walendy.

2 Leuchter-Bericht, Absatz 12.001, Fassung Walendy: »Keine dieser Kammern war entsprechend der bekannten und bewährten Technik gebaut worden, wie sie zu jener Zeit in den Vereinigten Staaten angewendet wurde. Es mutet ungewöhnlich an, daß die Konstrukteure dieser angeblichen Gaskammern niemals die Technologie der Vereinigten Staaten, des einzigen Landes, in dem damals Häftlinge mit Gas hingerichtet wurden, zu Rate gezogen und angewendet haben.«

3 Siehe dazu: Jean-Claude Pressac, Die Krematorien von Auschwitz. Die Technik des Massenmordes, München 1994; ders., Auschwitz: Technique and Operation of the Gas Chambers, New York 1989; Werner Wegner, Keine Massenvergasungen in Auschwitz? Zur Kritik des Leuchter-Gutachtens, in: Uwe Backes/Eckhard Jesse/Rainer Zitelmann (Hrsg.), Die Schatten der Vergangenheit, Impulse zur Historisierung des Nationalsozialismus, Frankfurt am Main-Berlin 1990.

4 Rudolf Augstein/Fritjof Meyer/Peter Zolling, »Spiegel«-Gespräch mit Ernst Nolte, Der Spiegel 40/1994, S. 83–103.

5 Walter Lüftl, Sollen Lügen künftig Pflicht sein?, in: Deutschland in Geschichte und Gegenwart 1/1993, S. 13 f.

6 Siehe z. B.: Dietrich Henschler, Wichtige Gifte und Vergiftungen, in: Wolfgang Forth/ Dietrich Henschler/Walter Rummel (Hrsg.), Allgemeine und spezielle Pharmakologie, Mannheim-Wien-Zürich 1977, S. 579 f. Die Angabe »30 % Hb-CO« stammt von Lüftl, sie kann als grober Richtwert gelten.

7 Eugen Kogon/Hermann Langbein/Adalbert Rückerl (Hrsg.), Nationalsozialistische Massentötungen durch Giftgas. Eine Dokumentation, Frankfurt am Main 1983, S. 165 ff.

8 Dokumentationsarchiv des österreichischen Widerstandes (Hrsg.), Widerstand und Verfolgung in Oberösterreich 1934–1945. Eine Dokumentation, Wien-München-Linz 1982, Bd. 2, S. 521 f.; Kogon/Langbein/Rückerl (Hrsg.), S. 27 ff., 48, 52.

9 Kogon/Langbein/Rückerl (Hrsg.), S. 62 ff.

10 Ebenda, S. 81 ff., 333.

11 Ebenda, S. 146 ff., 183, 163.

12 Ebenda, S. 158.

13 Ebenda, S. 154.

14 Walter Lüftl, The Lüftl Report, The Journal of Historical Review 12 (1992) 4, S. 394, 419. Der englische Text ist eine annähernd wörtliche Übersetzung einiger der Schriftsätze, die Dipl.-Ing. Walter Lüftl verschiedenen Institutionen und Persönlichkeiten des öffentlichen Lebens zusandte; einer dieser Schriftsätze wurde in der Juli-Nummer 1991 der Zeitschrift »Halt« ohne Nennung des Autors abgedruckt. Die folgenden Zitate wurden den deutschen Texten entnommen, die Seitenangaben beziehen sich jedoch auf die englische Fassung, da die deutschen Texte nicht paginiert sind.

15 Werner Rademacher, Der Fall Lüftl oder: Die Justiz zur Zeitgeschichte, in: Ernst Gauss (Hrsg.), Grundlagen zur Zeitgeschichte. Ein Handbuch über strittige Fragen des 20. Jahrhunderts, Tübingen 1994, S. 43, Anm. 3.

16 Friedrich Paul Berg, Die Diesel-Gaskammern: Mythos im Mythos, in: Gauss (Hrsg.), S. 325 ff. Obwohl Berg an anderer Stelle moderne Handbücher der Toxikologie zitiert, bezieht er sich zur Abschätzung der Giftigkeit von Kohlenmonoxid auf Giftlisten aus den zwanziger und vierziger Jahren, die zur Vermeidung von Gefahren durch Motorabgase in Straßentunnels und Bergwerken erstellt wurden. Er extrapoliert die dort angegebenen niedrigen Werte in toxikologisch relevante Bereiche und erhält damit eine entsprechend unsichere Datenbasis, die zudem Angaben in modernen toxikologischen Werken widerspricht.

17 Lüftl, The Lüftl-Report, S. 401.

18 Eine textkritische Publikation des Berichts von Kurt Gerstein findet sich bei: Hans Rothfels, Augenzeugenbericht zu den Massenvergasungen, in: Vierteljahrshefte für Zeitgeschichte 1 (1953) 2, S. 177–194.

19 Ebenda, S. 187.

20 Kogon/Langbein/Rückerl (Hrsg.), S. 167.

21 Rothfels, S. 190 f.

22 Kogon/Langbein/Rückerl (Hrsg.), S. 173 f., 183.

23 Lüftl, The Lüftl-Report, S. 402.

24 Ebenda, S. 402 f.

25 Ebenda, S. 406; Lüftl vertritt die Ansicht, der entstehende Überdruck hätte die Tür aufsprengen müssen.

26 Ebenda, S. 405.

27 Blausäure hat einen Siedepunkt von etwas unter 26 °C, einen Dampfdruck von 567 Torr bei 18 °C und eine Verdampfungswärme von 211 cal/g. Ein Tropfen Blausäure verdunstet an Luft so schnell, daß infolge der Verdunstungskälte ein Teil des Tropfens erstarrt.

28 Neben den Entlausungskammern gab es Einrichtungen zur Desinfektion und Einrichtungen zur Entwesung. Die Desinfektion erfolgte in Autoklaven, in großen Druckbehältern,

in denen Wasserdampf unter Druck und Hitze das Gros der pathogenen Keime (krankheitserregende Mikroorganismen) zerstört. Desinfiziert wurde gegen ansteckende Krankheiten. Zur Entwesung wurde heiße Luft verwendet, die neben den Läusen auch einen Teil der Keime abtötete. Die Entlausung war ein Verfahren zur Bekämpfung hauptsächlich der Läuse und geschah mit Zyklon. Allen diesen Verfahren war gemeinsam, daß damit die Schädlinge zwar momentan vernichtet wurden, daß sie aber keinen Schutz gegen neuerlichen Befall boten. Um 1940 wurde von der Schweizer Firma Ciba-Geigy DDT auf den Markt gebracht. DDT ist ein langzeitwirksames Insektizid (Insektenvertilgungsmittel), ein Pulver, das, ohne besondere Vorsichtsmaßnahmen ausgestreut, die Läuseplage für Wochen und Monate hintanhielt. In Deutschland wurde DDT erst nach dem Krieg bekannt.

29 Paul Weindling, The uses and abuses of biological Technologies: Zyklon B and Gas Disinfestation between the First World War and the Holocaust, in: History and Technology 11/1994, S. 291–298.

30 Jean-Claude Pressac, The Deficiencies and Inconsistencies of »The Leuchter-Report«, in: Shelly Shapiro (Ed.), Truth Prevails. Demolishing Holocaust-Denial: the end of »The Leuchter-Report«, New York 1990, S. 31–60.

31 Germar Rudolf, Gutachten über die Bildung und Nachweisbarkeit von Cyanidverbindungen in den Gaskammern von Auschwitz, Stuttgart, 23.12.1991, S. 31. Auch das »Rudolf-Gutachten« kursiert in mehreren Fassungen mit teilweise gravierenden inhaltlichen Differenzen. Hier zitiert ist eine 68 Seiten umfassende Ausgabe, die mit 23.12.1991 datiert und vom Autor unterschrieben ist. Eine andere Ausgabe mit 114 Seiten und datiert mit 2.11.1992 wurde von Otto Ernst Remer in Umlauf gebracht, und zwar, wie im Begleitschreiben vermerkt, ausdrücklich gegen den Willen des Autors. Diese Fassung »besticht« durch wütende Angriffe auf praktisch jedermann, der sich bisher mit dem Thema auseinandergesetzt hat, und ist damit geeignet, etwas Heiterkeit in den tristen wissenschaftlichen Alltag zu bringen. Angeblich beabsichtigt Germar Rudolf, sein »Gutachten« auf eigene Rechnung zu veröffentlichen (Nature 368/1994).

32 Das Datenblatt ist in englischer Übersetzung veröffentlicht in: Pressac, Auschwitz, S. 18 ff.

33 Lüftl, The Lüftl-Report, S. 397, 399.

34 Germar Rudolf/Ernst Gauss, Die »Gaskammern« von Auschwitz und Majdanek, in: Gauss (Hrsg.), S. 274.

35 Lüftl, The Lüftl-Report, S. 394.

36 Hermann Thoms (Hrsg.), Handbuch der praktischen und wissenschaftlichen Pharmazie, Bd. 2, Berlin-Wien 1925, S. 197.

37 Dieser Passus ist in der englischen Fassung des »Lüftl-Reports« dem Rotstift des Editors zum Opfer gefallen (fehlt auf S. 398), findet sich aber in »Halt« 59a/1991.

38 Lüftl, The Lüftl-Report, S. 413; Leuchter-Bericht, Absatz 12.002.

39 Rudolf, S. 14.

40 Lüftl, The Lüftl-Report, S. 400.

41 Walter Lüftl in einer Aussendung mit dem Titel »Die neue Inquisition«. Der Text wurde im »Journal of Historical Review« nicht abgedruckt.

42 Leuchter-Bericht, Abschnitt 14: Cyanide »können an einem gewissen Standort lange Zeit verbleiben« und »in Backsteinen und Mörtel herumwandern«; die Stellen, an denen Proben entnommen wurden, waren meist »kalt, dunkel und feucht«. Nur bei zwei Standorten »war das anders, da diese Lokalitäten dem Sonnenlicht ausgesetzt waren [...] und das Sonnenlicht die Zersetzung von ungebundenem Cyanid beschleunigt haben dürfte«. Entgegen den Annahmen im »Leuchter-Bericht« ist auch Feuchtigkeit eine schlechte Bedingung für die Erhaltung der Blausäure. Berlinerblau kann hier nicht gemeint sein, das wandert nicht und zersetzt sich auch nicht im Sonnenlicht.

43 Jan Markiewicz/Wojciech Gubala/Jerzy Labedz, A Study of the Cyanide Compounds

Content in the Walls of the Gas Chambers in the former Auschwitz and Birkenau Concentration Camps, Z Zagadnien Nauk Sadowych, z. XXX, 1994, S. 17–27.

44 Leuchter-Bericht, Absatz 14.001, Fassung Walendy: »Zyanid verbindet sich in Mörtel und in Backsteinen mit Eisen und wird zu eisenhaltigem Zyanid oder preußisch-blauem Pigment«. Dieser Satz fehlt in der Fassung Ochensberger.

45 Eisen kennt man in drei Wertigkeitsstufen: Null (0), Zwei (II) und Drei (III). Eisen als Metall hat die Wertigkeitsstufe Null. Eisenerze und Mineralien enthalten Eisen meist als Oxid, Fe_2O_3, das ist Eisen (III). Eisen (II) ist in seinen meisten Verbindungen weniger stabil und oxidiert an der Luft zu Eisen (III).

46 Rudolf, S. 15 ff.

47 Ebenda, S. 16.

48 Berlinerblau kann sich allenfalls an Stellen bilden, die feucht sind und Eisen (II) enthalten. Das kann z. B. in der unmittelbaren Umgebung von rostigen Wasserrohren der Fall sein. Ernst Gauss erwähnt als Beispiel für die Bildung blauer Flecken als Folge einer Begasung mit Zyklon einen Bauschaden an einer Kirche: Ernst Gauss, Holzschutz durch Blausäure-Begasung, in: Gauss (Hrsg.), S. 401 ff. Auch in diesem Artikel wird jedoch darauf hingewiesen, daß solche Schäden außerordentlich selten auftreten. Demnach teilt auch Gauss die Ansicht, daß Bauschäden infolge einer Begasung mit Zyklon normalerweise nicht auftreten. Aus der Abwesenheit von Bauschäden, d. h. aus der Abwesenheit von blauen Flecken an den Wänden, kann daher nicht geschlossen werden, daß der Raum nicht begast wurde.

49 Rudolf, S. 53.

50 Finanziers der Arbeit waren Generalmajor a.D. Ernst Otto Remer und der Düsseldorfer Rechtsanwalt Hajo Herrmann. Hajo Herrmann vertritt Ernst Otto Remer als Verteidiger vor Gericht (Aussendung des Pressereferats der Max-Planck-Gesellschaft vom 25.5.1993).

51 In der bislang letzten Variante des »Rudolf-Gutachtens« (Rudolf/Gauss, S. 249 ff.) schreibt Rudolf in der Einleitung, er habe sein »Gutachten« seit 1992 mehrfach erweitert und korrigiert. In dieser Fassung fehlen nun die hier kritisierten Bildungsreaktionen von Berlinerblau und die Angaben zu den eigenen Versuchen. Rudolf hält aber über alle Varianten und Fassungen den Schluß aufrecht, die Gaskammern hätten nicht »funktionieren« können. Die Schlußfolgerung ist offensichtlich unabhängig vom experimentellen Befund.

52 Leuchter-Bericht, Absatz 14.003, Fassung Ochensberger: »Es kommt noch hinzu, daß die blaugetönten Flächen einen hohen Eisengehalt ausweisen, somit Eisencyanid und nicht Hydrocyanid anzeigen. Die erkennbaren Schichtablagerungen in diesen Blautönungsflächen und die Tatsache, daß die Farbtönung nur an der Oberfläche haftet (und nicht tiefer eingedrungen ist), läßt erkennen, daß der blaue Farbstoff mit Eisencyanid hergestellt worden war und dann bei der Lagerung in diesen feuchten Räumen aus dem Matratzenlinett und dem anderen Lagerbettzeug langsam entwich.« In der Fassung Walendy fehlt die Stelle.

53 Leuchter-Bericht, Abschnitt 14.

54 Pressac fallen bei der Betrachtung eines Videos, das Leuchter bei der Probennahme in Polen zeigt, Inkonsistenzen auf, die auf eine Manipulation der Proben schließen lassen: Jean-Claude Pressac, Additional Notes: Leuchter's Videotape – a Witness to Fraud, in: Shapiro (Ed.), S. 61–73.

55 Rudolf, S. 50 ff., 55.

56 Rudolf, S. 10, Abb. 8 auf S. 11 und Abb. 8 auf S. 12; Rüdiger Kammerer/Armin Solms (Hrsg.), Wissenschaftlicher Erdrutsch durch das Rudolf-Gutachten, London 1993, Fotos auf der hinteren Umschlagseite. In Wirklichkeit sind die Räume etwas kleiner.

57 Kammerer/Solms, S. 10.

58 Rudolf/Gauss, S. 270.

Barbara Distel

Leugnung und Diffamierung

Das Krematorium des Konzentrationslagers Dachau als Beispiel für rechtsradikale Geschichtsverfälschung

»Seit Gründung der Bundesrepublik Deutschland entwickelte sich die KZ-Gedenkstätte Dachau zum Massengrab für deutsche Steuergelder«, kommentierte die »National-Zeitung« vom 14. Juni 1996 den angekündigten Ausbau der Gedenkstätte. Damit werden Ressentiments bedient, die auch ein halbes Jahrhundert nach Zusammenbruch der nationalsozialistischen Diktatur und Befreiung der Konzentrationslager noch keineswegs verschwunden und durchaus nicht nur bei Lesern der rechtsradikalen Presse anzutreffen sind. Und dabei spielt es natürlich keine Rolle, daß es nach Gründung der Bundesrepublik noch viele Jahre dauerte, bis auf dem Gelände des ehemaligen Konzentrationslagers Dachau eine Gedenkstätte geschaffen wurde. Sie entstand nach langjährigen Bemühungen und den Vorstellungen der überlebenden Häftlinge und wurde im Mai 1965 anläßlich des 20. Jahrestages der Befreiung des Lagers eröffnet. Zuvor war nur der eingegrenzte Bereich, auf dem sich die beiden Lagerkrematorien befinden und der als Friedhof und Mahnmal gepflegt wurde, für die Öffentlichkeit zugänglich. Und gerade dieser Ort, eindringlichstes Anschauungsobjekt und Symbol der Mordstätte Dachau, war und blieb Stein des Anstoßes, der bis heute die Leugner und Geschichtsklitterer auf den Plan ruft.

Bereits im Jahr 1955 hatte der Dachauer Landrat den Abriß des Krematoriums gefordert, um mit der »Diffamierung des Dachauer Landes« Schluß zu machen. Und die »National-Zeitung« machte es sich mit Titelgeschichten, etwa unter der Überschrift »Gaskammer-Schwindel aufgedeckt« (1960), zur fortwährenden Aufgabe, den Ort des ehemaligen Konzentrationslagers ins Zwielicht zu rücken und diejenigen der Lüge zu bezichtigen, die die Geschichte nicht in Vergessenheit geraten lassen wollten. Die Schlagzeilen blieben sich über die Jahrzehnte hinweg gleich: »Kein Jude in Dachau vergast« (1974), »Die Gaskammer von Dachau -- Die Wahrheit über das KZ« (1980), »Die Lügen über das KZ Dachau – Wie es wirklich war«

(1983). Immer aufs neue wurde versucht, mit Hilfe angeblicher Enthüllungen über das Krematoriumsgebäude die gesamte Gedenkstätte zu diffamieren. So wurden immer wieder neue »Zeugen« für die Behauptung vorgestellt, die amerikanischen Militärbehörden hätten nach 1945 gefangene SS-Leute dazu veranlaßt, die Gaskammer, die Verbrennungsöfen oder auch das gesamte Krematoriumsgebäude zu errichten, um die Deutschen zu diskreditieren. Dabei wurde der Vorgang der Verbrennung der Toten, der im Krematorium des Konzentrationslagers Dachau durchgeführt worden war, mit dem Massenmord mittels Giftgas Zyklon B, der in diesem Lager nicht geschehen war, vermischt. So wurde zum Beispiel geschrieben, daß die gefangenen SS-Leute auf Befehl der amerikanischen Militärbehörden »neue, größere Gasöfen zu bauen hatten.«[1] Und in einem weiteren Bericht hieß es:

»Weil man das KZ nach der ›Befreiung‹ durch die Amerikaner nicht so vorfand wie für antideutsche Propagandazwecke nötig, wurden die Gebäude teilweise abgerissen und neue, eindrucksvollere Bauten errichtet. [...] Sogar ein neues Krematorium (Photo) wurde hochgezogen, das allerdings noch der Vervollständigung bedarf. Zum Staunen aufmerksamer Besucher besitzen seine Öfen nicht einmal einen richtigen Rauchabzug ...«[2]

Dahinter stand von Anfang an das Bemühen, den staatlich organisierten Massenmord an den europäischen Juden in den Gaskammern von Chelmno und Belzec, Sobibor und Treblinka, Majdanek und Auschwitz-Birkenau als unglaubwürdig hinzustellen. Wenn es gelang, den »Geschichtsschwindel« von Dachau zu enthüllen, dann, so hoffte man, konnte der Völkermord insgesamt in Zweifel gezogen werden. So enthalten die zahlreichen und vielfältigen Traktate über die sogenannte »Auschwitz-Lüge« nahezu immer auch den Hinweis auf Dachau und die angeblich dort verbreiteten Unwahrheiten.[3]

Die Gedenkstätte erhielt zahlreiche schriftliche Anfragen, in denen es etwa hieß: »Wird im einschlägigen, offiziellen Schrifttum zugegeben, daß es diese Öfen zur NS-Zeit noch gar nicht gab? Warum stehen diese Öfen heute noch?« oder: »Entstammen die Steine für das neue Krematorium Trümmern, die nach Beendigung

154

des Krieges in Dachau geräumt wurden?« Oftmals wurde auf die Berichterstattung der »National-Zeitung« Bezug genommen, in der schließlich die gesamte KZ-Gedenkstätte als »eine Attrappe ohne dokumentarischen Wert« denunziert wurde.

Bis Mitte der siebziger Jahre wurden diese Behauptungen ausschließlich von rechtsradikalen Kreisen verbreitet, wobei sich die einen jeweils auf die Publikationen der anderen beriefen. Dann begann sich das Terrain für die Ausbreitung dieser Art der Argumentation grundlegend zu verändern. Als Markstein muß das Erscheinen von Hellmut Diwalds »Geschichte der Deutschen« im Jahr 1978 im damals noch renommierten Propyläen-Verlag gesehen werden, mit dem die Leugnung der nationalsozialistischen Massenmorde weiteste Verbreitung fand; das Buch machte die Apologeten der NS-Verbrechen sozusagen salonfähig. Über das Lager Dachau schrieb Diwald:

»… es wurden jahrelang im KZ Dachau den Besuchern Gaskammern gezeigt, in denen die SS angeblich bis zu fünfundzwanzigtausend Juden täglich umgebracht haben soll, obschon es sich bei diesen Räumen um Attrappen handelte, zu deren Bau das amerikanische Militär nach der Kapitulation inhaftierte SS-Angehörige gezwungen hatte …«[4]

Rechtsextreme Gruppen freuten sich natürlich über diese Schützenhilfe, wie etwa ein Flugblatt zeigt, das 1980 auf dem Gelände der Gedenkstätte verstreut wurde. Es war von der NDAP (»Nationale Deutsche Arbeiterpartei«) verfaßt worden und verkündete unter der Überschrift »Vergasungsschwindel geplatzt« unter anderem:

»Den Schwindel von den angeblich ermordeten Juden deckt auch der deutsche Historiker Hellmut Diwald auf, der in seiner Geschichte der Deutschen ebenfalls nachweist, daß die im KZ Dachau befindlichen Gaskammern von den Amerikanern erstellte Attrappen sind.«

Im lokalen Umfeld machte sich die Partei der »Republikaner« seit ihrer Gründung im Jahr 1983 zum Sprecher der Gegner der Gedenkstätte. Und am 23. April 1989 forderten sie schließlich bei ihrer zentralen oberbayerischen Kundgebung zum Europawahlkampf im Bierzelt eines Volksfestes im Dachauer Hinterland die Beseitigung der KZ-Gedenkstätte Dachau. Unter dem Beifall von etwa 2.000 Zuhörern erklärte der Dachauer Kreisvorsitzende und stellvertretende oberbayerische Bezirksvorsitzende, damit nur laut zu sagen, was so viele Leute mittlerweile dächten und vielleicht in kleinem Kreise verlauten ließen. »Ein würdiges Denkmal mit der KZ-Gedenkkirche müßte nach fast einem halben Jahrhundert ausreichend sein.« Auch im Wahlkampf zur Kreistagswahl im Frühjahr 1996 heißt es in einem Flugblatt »Unsere Meinung zur KZ-Gedenkstätte: Ein würdiges Mahnmal einschließlich der vorhandenen kirchlichen Einrichtungen, anstelle der Anlagen in ihrem jetzigen Ausmaß, halten wir nach einem halbem Jahrhundert für ausreichend.«

Aber nicht nur Alt- und Neonazis beziehen sich inzwischen auf Professor Diwald. Neben vielen schriftlichen Anfragen an die Gedenkstätte zeigt dies ein im gleichen Jahr erschienener Artikel in der Zeitschrift des Verbands deutscher Realschullehrer. Unter »Gedanken zum Schülerwettbewerb 1980« ist darin über die Gedenkstätte Dachau zu lesen: »Die Klasse hatte 1979 auf einer Klassenfahrt das KZ Dachau besucht (eine Parallelklasse Bergen-Belsen). Außer Unterrichtsfilmen, die sie z.T. vor, z.T. nach der Fahrt gesehen hatten, waren ihnen an Ort und Stelle Gaskammern gezeigt worden, verbunden mit Zahlenangaben usw. Die Schüler waren zutiefst erschüttert gewesen, noch jetzt, ein Jahr danach war die seelische Belastung zu spüren.« Und ein paar Absätze weiter heißt es dann: »Heute stößt die Behauptung von der Existenz von Gaskammern überhaupt, sowie die über die Höhe der Opfer in den Konzentrations- und Vernichtungslagern auf offenbar wissenschaftlich begründete Zweifel. Ob und wieweit diese Zweifel wirklich berechtigt sind, vermag der Verfasser nicht nachzuprüfen.« Im Anhang werden dann zu dieser Aussage das Buch von Diwald sowie die Veröffentlichungen des Franzosen Robert Faurisson »Es gab keine Gaskammern« als Quelle zitiert.

Im Jahr 1985 protestiert der Vater eines Schülers des Otto-von-Taube-Gymnasiums in Gauting bei München gegen den Besuch der Klasse seines Sohnes in der KZ-Gedenkstätte Dachau bei der Religionslehrerin. In seinem Schreiben heißt es u.a.:

»Weiter erfuhr ich, daß die Gaskammer, die früher mit einer genauen Zahlenangabe über die Zehntausende dort vergaster Häftlinge zu sehen war, erst nach der Lagerübergabe an die US-Truppen von gefangenen Soldaten der Waffen-SS gebaut wurde. Auch das Krematorium wurde erst geplant und errichtet, als das Lager schon lange der Militärregierung unterstand. Das Institut für Zeitgeschichte in München bestätigt, daß nicht nur in Dachau, nein, in keinem KZ des ehemaligen Reichsgebietes Vergasungen stattgefunden hätten. Die Zahlenangaben über Gaskammertote in Dachau wurden zwar beseitigt, aber die übrigen Besatzungsbauten erwecken bei jedem KZ-Besucher ein falsches Bild. Die Kosten für diese US-Bauvorhaben in Dachau trug das bayerische Finanzministerium in seinem Referat Hochbau (einer meiner Freunde verwaltete damals diesen Sektor). Darüber wird kein Besucher unterrichtet.«

Anschließend richtete er sich mit einem längeren Schreiben an den Bayerischen Kultusminister, in dem es heißt:

»Ich habe mich gegen diesen KZ-Schulbesuch gewandt und habe in meinem Schreiben angeführt: [...] Die Gaskammer wurde auf Kosten des Freistaates Bayern auf amerikanischen Befehl von kriegsgefangenen Waffen-SS Soldaten gebaut. [...] Auch das heute gezeigte Krematorium ist ein Nachkriegsbau. Dachau hatte früher nur einen Verbrennungsofen. Die Bitte des Münchner Kardinalerzbischofs von Faulhaber, im Dachauer Krematorium auch die zahlreichen zivilen Opfer der alliierten Terrorangriffe auf München im letzten Kriegsjahr zu verbrennen, mußte abgelehnt werden, weil dieser einzige Ofen zu wenig war!«[5]

Den Legenden um das Dachauer Lagerkrematorium stehen folgende Tatsachen entgegen: Nachdem Soldaten der 7. US-Armee am 29. April 1945 die 30.000 überlebenden Häftlinge des Konzentrationslagers Dachau befreit hatten, führte man sie zum Krematorium, in dessen Räume sich Berge von nackten und verwesenden Leichen türmten. Auch vor dem Gebäude lagen die Toten.[6] Die amerikanischen Militärbehörden reagierten auf diesen Anblick mit einer Aktion, die auch in anderm Konzentrationslagern filmisch dokumentiert wurde und die verdeutlicht, wie unfaßbar den amerikanischen

Soldaten dieser Massentod erschienen sein muß: Sie holten eine Gruppe Dachauer Bürger, um ihnen vorzuführen, was sich in unmittelbarer Nähe dieser idyllischen Kleinstadt ereignet hatte. Die Filmaufnahmen der amerikanischen Kriegsberichterstatter vom 3. Mai 1945 zeigen die Gesichter fassungsloser Männer und Frauen, die bemüht sind, das Krematorium so schnell wie möglich wieder zu verlassen, die beim Anblick der Leichenberge ungläubig die Köpfe schütteln, die Hände ringen, in Tränen ausbrechen und versuchen, das Gesicht mit Taschentüchern vor dem schrecklichen Gestank zu schützen.[7]

Die Filmaufnahmen der amerikanischen Kriegsberichterstatter zeigen im Detail auch die Innenräume des Krematoriums, die sogenannte Totenkammer, den Raum mit den vier Verbrennungsöfen, die Gaskammer: ein fensterloser Raum, in dessen Betondecke runde durchlöcherte Metallkappen eingelassen sind und über dessen eiserner Eingangstüre in großen Buchstaben »Brausebad« steht. Schließlich vier kleine Kammern an der Westseite des Gebäudes, die zur Desinfizierung von Kleidern benutzt wurden und die ebenfalls mit Eisentüren geschlossen wurden, auf denen ein Totenkopf und die Aufschrift »Vorsicht! Gas! Lebensgefahr! Nicht öffnen!«[8] sichtbar sind. Die Bewohner Dachaus hätten es wohl damals, ebenso wie die überlebenden Häftlinge und die amerikanischen Soldaten, für absurd und unvorstellbar gehalten, daß diese Filmaufnahmen Jahrzehnte später als wichtiges Beweismaterial für die Existenz des Dachauer Lagerkrematoriums und der darin befindlichen Gaskammer benötigt werden würden.

Die amerikanischen Militärbehörden begannen sehr schnell, Ermittlungen für eine Serie von Militärgerichtsprozessen wegen Verbrechen in Konzentrationslagern einzuleiten. Bereits am 15. November 1945 wurde dann der erste Prozeß gegen 40 Angeklagte wegen im Konzentrationslager Dachau begangener Verbrechen eröffnet.[9] Allerdings spielten bei den Ermittlungen des Militärgerichts Krematorium und Gaskammer keine herausragende Rolle. Neben dem Bericht der französischen Militärmission mit dem Titel »Chemischer Krieg«, der bereits nach einer Ortsbesichtigung am 25. Mai 1945 erstellt worden war und der eine detaillierte Beschreibung der Räumlichkeiten enthielt[10], hatte die OSS-Section (Office of Strategic Services) der 7. US-Armee gemeinsam mit überlebenden Häftlingen einen zusammenfassenden Untersuchungsbericht über die Bedingungen im Konzentrationslager Dachau erarbeitet.[11] Unter der Überschrift »Executions« wurde auch darin die Gaskammer beschrieben, sowie auch der Vorgang der Ermordung von Gefangenen mit Giftgas in diesem Raum, der allerdings für das Lager Dachau später nicht verifiziert wurde.

Auch im Verlauf des Prozesses kam das Krematorium immer wieder zur Sprache, allerdings nicht vorwiegend im Zusammenhang mit der Gaskammer. Angehörige der US-Armee beschrieben die Zustände, wie sie sie bei der Befreiung des Konzentrationslagers vorgefunden hatten.[12] Häftlinge, die bei dem Arbeitskommando der Totenverbrennung gearbeitet hatten, beschrieben den Vorgang der Einäscherung.[13] Auch die Desinfizierung von Kleidungsstücken mit Zyklon B kam zur Sprache, die in den letzten Monaten außer in der im Lager gelegenen Desinfektionsbaracke zusätzlich noch in den vier Desinfektionskammern des Krematoriums durchgeführt worden war.[14]

Die Anklagevertretung war jedoch in erster Linie bemüht, einzelnen Angeklagten nachzuweisen, daß sie an Exekutionen – Erschießungen und Erhängungen – beteiligt gewesen waren, die im Bereich des Krematoriums stattgefunden hatten.[15]

In dem gesamten Verfahren gab es nur einen Zeugen, den tschechischen Häftlingsarzt Dr. Frantisek Blaha, der aussagte, daß in der Gaskammer des Konzentrationslagers Dachau Versuchsvergasungen durchgeführt worden waren. Dr. Blaha sagte aus, daß der Luftwaffen-Stabsarzt Dr. Sigmund Rascher, der im Auftrag Himmlers im Lager medizinische Experimente an Häftlingen durchführte und für den Dr. Blaha Autopsien anfertigen mußte, ihn im Laufe des Jahres 1944 einmal mit zum Krematorium genommen hatte. Dort sollte Dr. Blaha in der Gaskammer, die Rascher nicht betreten wollte, Versuchspersonen untersuchen. Dr. Blaha gab bei einer ersten Vernehmung am 3. Mai 1945 an, daß er in der Gaskammer sieben Personen gesehen habe, zwei Tote, zwei Bewußtlose und drei aufrecht Sitzende.[16] Bei der Vernehmung im Zeugenstand während des »Dachau-Prozesses« sagte er dann im November 1945 aus, es wären acht bis zehn Personen gewesen, von denen noch drei gelebt hätten.[17] Als Zeuge des Internationalen Militärgerichtshofes in Nürnberg erweiterte er diese Aussage am 9. Januar 1946 noch einmal, indem er sagte: »Viele Gefangene wurden später auf diese Weise getötet.«[18]

Daß Dr. Rascher zumindest vorgehabt hatte, in der Gaskammer des Konzentrationslagers Dachau Versuche mit Giftgas durchzuführen, belegt ein Schreiben von ihm an Heinrich Himmler vom 9. August 1942, in dem es hieß:

»Wie Sie wissen, wird im KL Dachau dieselbe Einrichtung wie in Linz gebaut. Nachdem die ›Invalidentransporte‹ sowieso in bestimmten Kammern enden, frage ich, ob nicht in diesen Kammern an den sowieso dazu bestimmten Personen die Wirkung unserer verschiedenen Kampfgase erprobt werden kann? Bis jetzt liegen nur Tierversuche bez. Berichte über Unfälle bei Herstellung dieser Gase vor. Wegen dieses Absatzes schicke ich den Brief als ›Geheimsache‹.«[19]

Dr. Rascher wurde, ebenso wie seine Frau, 1944 wegen Kindsunterschiebung verhaftet und kurz vor Eintreffen der amerikanischen Befreier im Lager Dachau erschossen. Auch der britische Offizier Payne Best, der während seiner Gefangenschaft im Lager Dachau im Frühjahr 1945 mit Dr. Rascher zusammentraf, berichtete in seinen Erinnerungen über ein Gespräch, bei dem ihm Dr. Rascher die Schwierigkeiten schilderte, die mit der Tarnung der Gaskammer und der Tötung mit Giftgas aufgetreten waren.[20]

Darüberhinaus gibt es jedoch keinen Nachweis dafür, daß im Konzentrationslager Dachau Massentötungen mit Giftgas durchgeführt worden sind, und die Frage, aus welchem Grund die Gaskammer dort nicht »in Betrieb« genommen worden ist, muß bis heute als nicht geklärt betrachtet werden. Die Ermittlungen zur genauen Rekonstruktion der Geschichte dieses Gebäudes stoßen auf vielfältige Schwierigkeiten. So wurde ein großer Teil der Aktenbestände des Lagers von der SS noch vor Eintreffen der amerikanischen Truppen vernichtet. An NS-Dokumenten liegen über das Krematorium nur die Planungsunterlagen der Zentralbauleitung der Waffen-SS und Polizei, München-Dachau (Kostenvoranschlag, Erläuterungsbericht für den Vorentwurf, Baupläne, Prüfungsvermerk und Baubefehl) vom März – Juli 1942[21] vor sowie Firmenkorrespondenz zur Errichtung der Verbrennungsöfen[22]. Darüberhinaus waren die

Verantwortlichen von Anfang an bemüht, diese Einrichtung geheim zu halten. In den Bauunterlagen wird das Krematorium als »Barakke ›X‹ im KL Dachau« bezeichnet. Im Erläuterungsbericht für den Vorentwurf über den Neubau des Gebäudes »X« im KL vom 17. März 1942 heißt es: »... Wie aus dem beigefügten Lageplan ersichtlich ist, liegt der für das Gebäude ›X‹ vorgesehene Bauplatz im Bereich des SS-Lagers Dachau auf dem bewaldeten Gelände zwischen bestehendem Krematorium und dem Baulager der hiesigen Dienststelle. [...] Das Gebäude ist fast von allen Seiten von Bäumen umgeben und steht daher verhältnismäßig isoliert im Gelände. Es wird von einer ca. 2 m hohen undurchsichtigen Mauer umgeben...«[23] Das Bemühen um Geheimhaltung galt auch für die anderen Konzentrationslager, wie sich aus einem Runderlaß des SS-Wirtschaftsverwaltungshauptamtes, Berlin, Abteilung D/Konzentrationslager vom 15. Juni 1943 ergibt, in dem angeordnet wird,

»daß bei der Errichtung weiterer Sonderbauten darauf zu achten ist, daß diese ihrer Zweckbestimmung gemäß etwas abseits liegen und nicht von allen möglichen Leuten begafft werden können.«[24]

Ein weiterer Runderlaß dieser Dienststelle vom 10. November 1943 lautet:

»Bei Lagerbesichtigungen sind die Bordelle und Verbrennungsanlagen nicht zu zeigen. Zu den Besichtigungsteilnehmern darf über diese Einrichtungen auch nicht gesprochen werden...«[25]

Nur sehr wenige Häftlinge hatten Gelegenheit, das Krematorium mit eigenen Augen zu sehen. Zunächst war der Bau neben dem bereits bestehenden kleinen Holzkrematorium mit einem Verbrennungsofen durch Häftlinge, vorwiegend polnische Priester, errichtet worden. Nach Aussage des deutschen Häftlingsvorarbeiters wurde dabei alles getan, um die Fertigstellung des Gebäudes hinauszuzögern.[26] Als ab Frühjahr 1943 die vier Verbrennungsöfen des großen Krematoriums in Betrieb genommen wurden, kamen nur Häftlinge, die die Toten aus dem Lager oder aus eintreffenden Transportzügen zum Krematorium brachten, sowie das Arbeitskommando zur Verbrennung der Leichen in diesen Bereich. Gelegentlich wurden darüber hinaus Handwerker wie Elektriker oder Heizungsfachleute für Reparaturarbeiten zum Krematorium geschickt[27], und ab Sommer 1944 arbeitete dort ein Kommando der Desinfektion in den vier Desinfektionskammern des Krematoriums[28]. Die meisten Gefangenen kannten die Vorgänge dort nur vom Hörensagen, auch wenn jeder wußte, daß dort Hinrichtungen durchgeführt wurden. In einem der ersten Mitteilungsblätter der deutschen Häftlingsgruppe nach der Befreiung vom 9. Mai 1945 heißt es unter der Überschrift »Gang durch das Krematorium«:

»Viele unserer Dachauer Kameraden haben wohl schon den flachen Schornstein über dem länglichen Gebäude gesehen, das unmittelbar hinter dem Lager liegt. Nur wenigen jedoch gelang es, diesen grauenvollen Ort von nahem zu sehen.«[29]

Deshalb kann heute zweifelsfrei nur festgestellt werden:
- daß das große Krematorium des Konzentrationslagers Dachau einschließlich der Gaskammer 1942/1943 errichtet wurde;
- daß in den vier Verbrennungsöfen von April 1943 bis kurz vor der Befreiung die toten Häftlinge eingeäschert wurden;
- daß ab Sommer 1944 in den vier Desinfektionskammern Kleidungsstücke mit Giftgas desinfiziert wurden;
- daß dort eine Vielzahl von Erschießungen und Erhängungen stattfand, über die nicht nur im ersten großen »Dachau-Prozeß« des amerikanischen Militärgerichtshofes, sondern auch in zahlreichen Nachfolgeprozessen deutscher Gerichte ermittelt wurde. Die bis jetzt ungeklärte Frage der Benutzung der Gaskammer muß weiterhin Gegenstand zeitgeschichtlicher Nachforschungen bleiben.

Denn auch nach den Gedenkveranstaltungen des Jahres 1995, bei denen der Konsens über die Notwendigkeit der sachlichen Aufklärung über die NS-Verbrechen vielfach öffentlich beschworen wurde, gibt es keinen Anlaß zur Entwarnung. Dies zeigte nicht zuletzt das Seminar zur »Ideologie des Nationalsozialismus« eines altgedienten Dozenten des Geschwister-Scholl Instituts für politische Wissenschaft der Münchner Universität im Wintersemester 1995/1996, das für Aufregung sorgte, als öffentlich bekannt wurde, was dort gelehrt wurde. Der Dozent erklärte sich außerstande, sich zur systematischen Vergasung der Juden zu äußern, da er »nicht dabei« gewesen sei.

Tiefer kann das Niveau der Argumentation über historische Fakten wohl nicht mehr sinken.

Anmerkungen

1 H. Berger: Gerüchte um Dachau, in: Deutsche National-Zeitung vom 7. Januar 1966.
2 In: Deutsche National-Zeitung vom 22. November 1974.
3 Z. B. »Der zweite Leuchter Report. Dachau, Mauthausen, Hartheim«, Decatur Al. 1989
4 Hellmut Diwald, Geschichte der Deutschen, Frankfurt, 1978, S. 164.
5 In: Gerd Sudholz, Antigermanismus. Eine Streitschrift zu Dachau und zum »Auschwitz-Gesetz«, Berg, 1986. S. 8 ff
6 US-Army Photograph SC 204354.
7 US-Army Dokumentarfilm ADC 4467-SPX-G LIB 6573 vom 3.5.1945, Army Pictoral Center, LIC, N.Y.
8 US-Army Dokumentarfilm ADC 4468-SPX-G LIB 6572 vom 3.5.1945, Army Pictoral Center, LIC, N.Y.
9 Case No.000–50-2US vs. Martin Gottfried Weiß et.al.
10 Mission Militaire Francais auprès du 6ième Groupe d'Armées »Guerre Chimique« No, 23/Z du 25 Mai 1965, Service Historique de l'Armée, Vincennes.
11 Dachau, OSS-Section Seventh Army, o.J. Archiv der KZ-Gedenkstätte Dachau, 2063.
12 Case No0–50-2-US vs. Martin Gottfried Weiß et.al, Zeugenaussage. Laurence C.Ball, Colonel David Chavez jr.
13 Ebenda, Zeugenaussage Erwin Mahl, Eugen Seibold.
14 Ebenda, Zeugenaussage Georges Walraeve.
15 Ebenda, Zeugenaussage Erwin Mahl.
16 Zeugenvernehmung Dr. Franz Blaha vom 3.Mai 1945 durch Colonel David. Chavez, Staatsarchiv Nürnberg Rep.502-IV-PS.
17 Case No.000–50-2-US vs. Martin Gottfried Weiß et.al, Zeugenaussage Dr. Frantisek Blaha.
18 IMT Dokument 3249 PS, Staatsarchiv Nürnberg.
19 Schreiben Dr. Sigmund Rascher an Heinrich Himmler vom 9. August 1942, Personalunterlagen BDC.
20 S. Payne Best: The Venlo Incident, London 1950.
21 IMT Dokumente NO 3884/89 und 3859/64, Staatsarchiv Nürnberg.
22 Angebot der Firma H.Kori, Berlin vom 18. Mai 1943, Staatliche Kommission von Kriegsverbrechen, Belgrad, Inv. Nr. 1145, Archiv der KZ-Gedenkstätte Dachau Nr.5732.
23 IMT Dokument NO 3862, Staatsarchiv Nürnberg.
24 Staatsarchiv Nürnberg Nr.1242–43.
25 Bundesarchiv Koblenz, BA NS 3, Erlaßslg.
26 Stellungnahme Karl Wagner, Stuttgart, Archiv der KZ-Gedenkstätte Dachau Nr. 4070.
27 Stellungnahme Gustav Gattinger, München, Archiv der KZ-Gedenkstätte Dachau Nr. 17.519.
28 Stellungnahme Adolf Maislinger, München, Archiv der KZ-Gedenkstätte Dachau, Nr. 17.521.
29 Der Antifaschist. Stimme der Deutschen aus Dachau, Nr. 3 vom 9. Mai 1945, Archiv der KZ-Gedenkstätte Nr. 1303.

Wolfgang Neugebauer

»Revisionistische« Manipulation der Zahl der Holocaustopfer

Die Vernichtung von sechs Millionen europäischen Juden als das größte und in der Geschichte beispiellose Verbrechen des Nationalsozialismus rief schon in den fünfziger und sechziger Jahren Versuche »revisionistischer« Geschichtsschreiber auf den Plan, die Dimension dieses Genozids zu reduzieren.

In den siebziger Jahren konzentrierten sich die einschlägigen Autoren auf das Ausnützen von Fehlern und quellenbedingten Ungenauigkeiten bei Zahlenangaben in den Publikationen über den Holocaust. Es setzten Bemühungen ein, die in der wissenschaftlichen Literatur genannte Zahl von sechs Millionen ermordeten Juden[1] wesentlich zu vermindern. Während die sechs Millionen jüdischen Opfer in der »revisionistischen« Propaganda zur »6-Millionen-Lüge« wurden, tauchte in diesen Kreisen die Version von »nur« 200.000 oder 300.000 jüdischen Opfern des NS-Regimes auf. Nach »revisionistischer« Auffassung diente die angebliche Übertreibung der Opferzahlen durch Antifaschisten, Juden u. a. vor allem dazu, daß Israel bzw. die Juden (»Weltjudentum«) auf ewig von Deutschland »Wiedergutmachung« erpressen könnten.[2] Die »eingestandenen« 200.000 oder 300.000 jüdischen Opfer wären mehr oder weniger auf natürliche Weise »umgekommen«, und – so die noch zynischere Version – es habe sich dabei um »Verräter«, »Verbrecher« oder »Asoziale« gehandelt. Von »revisionistischer« Seite wird lediglich zugestanden, »daß einige tausend Lagerinsassen in den chaotischen letzten Monaten des Krieges starben«.[3] Derselbe Autor stellt den gestorbenen »einigen tausend Juden« unzulässigerweise Millionen umgekommene deutsche Zivilisten gegenüber: »Zweifellos sind einige tausend Juden im Verlaufe des Zweiten Weltkriegs gestorben, aber das muß im Zusammenhang eines Krieges gesehen werden, der viele Millionen unschuldiger Opfer auf allen Seiten kostete.«[4]

Um diesen Behauptungen größere Glaubwürdigkeit zu verleihen, berufen sich »revisionistische« Autoren immer wieder auf angebliche Feststellungen der UNO bzw. des Internationalen Roten Kreuzes. Nach Angaben des Instituts für Zeitgeschichte München tauchte die Zahl von 200.000 jüdischen NS-Opfern erstmals in einem in Brasilien 1965 erschienenen Buch von Alexander Scronn (»General Psychologus«) auf und wurde von deutschen Rechtsextremisten übernommen.[5] »Wußten Sie«, schreibt Heinz Roth, »daß die sicher beklagenswerten Verluste des jüdischen Volkes – nach Feststellungen der UNO, die keinen Grund hat, irgendein Volk besonders in Schutz zu nehmen – zweihunderttausend betragen haben?«[6] Anfragen des Instituts für Zeitgeschichte München im Jahr 1974 bzw. der »Salzburger Nachrichten« im Jahr 1978 an den UN-Generalsekretär ergaben, daß diese Behauptung jeglicher Grundlage entbehrte.[7]

Schon vorher war von rechtsextremer Seite die Version verbreitet worden, das Rote Kreuz hätte festgestellt, daß »nur« 300.000 Menschen Opfer politischer, rassischer oder religiöser Verfolgung geworden wären. Auch diesbezüglich wurde zweimal, 1955 und 1965, aufgrund von Anfragen des Instituts für Zeitgeschichte München vom Internationalen Komitee vom Roten Kreuz (IKRK) in Genf festgestellt, daß diese Zahlenangaben nicht vom IKRK stammen, da solche Statistiken gar nicht in die Kompetenz des IKRK fielen.[8] Dies hinderte jedoch den bekannten österreichischen Rechtsextremisten Robert H. Drechsler nicht, die Propagandalüge von den 300.000 Opfern »rassischer« und politischer Verfolgung 1976 in seiner Zeitschrift »Die Leuchtkugel« zu wiederholen. Drechsler gab dabei die Zahl der deutschen Opfer »rassischer« und politischer Verfolgung – diese liegt in der Größenordnung von 300.000 – als Gesamtzahl aller NS-Opfer, einschließlich der ermordeten europäischen Juden, aus.[9]

Da Drechsler auch behauptete, daß Rückfragen bezüglich der 300.000 NS-Opfer beim Roten Kreuz ohne Antwort blieben, hat das Dokumentationsarchiv des österreichischen Widerstandes (DÖW) das IKRK in Genf bzw. den diesem unterstehenden Internationalen Suchdienst Arolsen (ITS) um eine Stellungnahme ersucht. Beide Institutionen distanzierten sich mit aller Deutlichkeit von Drechslers Behauptung. Wie das IKRK mitteilte, hatte Drechsler dort gar nicht angefragt. Das IKRK stellte weiter fest, daß alle diesbezüglich Anfragenden stets Informationen in dem Sinn erhalten hätten, daß das

IKRK überhaupt keine Zahlenangaben über die Opfer der NS-Verbrechen veröffentlicht hat.[10] 1989 hat der pensionierte Wiener Ma-
thematikprofessor Ernst Klement die Version von den angeblich
vom IKRK bzw. Arolsen festgestellten 300.000 Opfern »rassischer
und politischer Verfolgung« in einem Brief an eine Schülerin des
Gymnasiums in Wien-Kalksburg, die in der Zeitung »Kurier« über
ihren Besuch in Auschwitz berichtet hatte, neuerlich behauptet.[11]

Zuletzt hat Germar Rudolf, ein Diplomchemiker, der in der »revisionistischen« Szene offenbar vom Fachmann für technische Fragen
zum Historiker und Statistiker des Holocaust avanciert ist, die
300.000-Opfer-Zahl als neueste Version »revisionistischer« Zahlenspielerei zum besten gegeben. In einem jüngsten »Standardwerk«
des »Revisionismus« stellt Rudolf den seriösen Forschungsergebnissen von Wolfgang Benz und eines internationalen Autorenteams
die Spekulationen und Manipulationen einer vom »Institute for Historical Review« herausgegebenen Arbeit eines US-»Revisionisten« namens W. N. Sanning gegenüber, der mittels Rechenopera-
tionen »auf nur etwa 300.000 Juden kommt, die im deutschen
Machtbereich des Zweiten Weltkriegs auf ungeklärte Weise umka-
men«[12]. So werden z.B. die Holocaustopfer auf dem Territorium der
UdSSR – im Werk von Benz 2,89 Millionen – zu 15.000 »Vermißten«; auch die anderen Angaben über Opfer sind mit »Vermißte«
überschrieben. In einem Kapitel »Der Exodus – die Wiederkehr von
Vermißten« wird schließlich suggeriert, daß die »Vermißten« nach
1945 in Palästina/Israel und anderen Ländern wieder aufgetaucht
wären.[13]

Eine scheinbar neue Variante des Versuchs der Reduzierung der
Opferzahlen des Holocaust lieferte der bislang nicht einschlägig
hervorgetretene französische Publizist Ferdinand Otto Miksche, der
sofort von der »Deutschen National-Zeitung« zum neuen Haupt-
kronzeugen gegen den Holocaust hochgejubelt wurde, in seinem
1990 erschienenen Buch »Das Ende der Gegenwart«[14]. »Mord an 6
Millionen Juden – was ist wahr? Sensationelle Enthüllungen eines
berühmten Historikers« lautete die Schlagzeile des neonazistischen
Wochenblattes.[15] Ausgehend von einem behaupteten »merkwürdi-
gen Mangel offizieller Unterlagen«, macht Miksche auf drei Seiten
unbelegte und durchwegs unrichtige Zahlenangaben über die jüdische Bevölkerung in Europa vor und nach dem Zweiten Weltkrieg

und kommt zu dem Ergebnis, daß »alles in allem weniger als 1,5 Millionen Juden im Laufe der Kriegsjahre als tot oder vermißt bezeichnet werden müssen«.[16] Bei genauerer Analyse stellt sich jedoch heraus, daß Miksches Zahlenangaben, denen keinerlei Beweise zugrunde liegen, keineswegs neu sind, sondern aus älteren »Standardwerken« des »Revisionismus« entnommen sind. Mit nahezu gleichen Worten hat schon Richard Harwood 1975 unter Bezugnahme auf Paul Rassinier »nachgewiesen«, »daß die Zahl der jüdischen Verluste (unmöglich) die Grenze von 1.500.000 überschritten haben könnte«[17]. Als Ursprung dieser »revisionistischen« Zahlenlegende wird ein – quellenmäßig nicht belegter – Bericht der »Basler Nachrichten« vom 12. Juni 1946 angegeben, dessen Beweiskraft selbst für den »Revisionisten« Germar Rudolf in Zweifel steht.[18]

Wie alle »revisionistischen« Autoren negiert auch Miksche alles, was an wissenschaftlicher Literatur, an Quellenmaterial, an gerichtlichen Erkenntnissen und an Zeugenaussagen über den Holocaust vorhanden ist. Der millionenfache Mord an den Juden, insbesondere die Massentötungen durch Giftgas in Gaskammern, ist gesicherter Wissensstand einer breiten internationalen Forschung. Daß es unterschiedliche Angaben der einzelnen Forscher über die Höhe der Opferzahlen gibt, ist infolge der schwierigen Quellenlage in einzelnen Ländern, vor allem der (ehemaligen) Sowjetunion, unvermeidlich. Die Angaben führender Holocaustforscher schwanken zwischen 5,1 und über sechs Millionen jüdischen Opfern.[19] Diese Zahlen basieren hauptsächlich auf Berechnungen der Opferzahlen aufgrund von Deportationslisten, Transportmeldungen, Zugangslisten und Sterbebüchern von Konzentrationslagern, Meldungen der Einsatzgruppen u.ä. und zum Teil auf dem statistischen Vergleich der jüdischen Bevölkerung vor und nach der NS-Zeit. Wolfgang Benz gibt aufgrund der Forschungsergebnisse des Instituts für Zeitgeschichte München folgende »gesicherte Minimalzahlen« für die jüdischen Opfer der einzelnen Länder an:[20]

Deutsches Reich	165.000
Österreich	65.000
Frankreich und Belgien	32.000
Niederlande	102.000
Luxemburg	1.200

Italien	7.600
Griechenland	60.000
Jugoslawien	55.000–60.000
Tschechoslowakei	143.000
Bulgarien	11.000
Albanien	600
Norwegen	735
Dänemark	50
Ungarn	502.000
Rumänien	211.000
Polen	2.700.000
Sowjetunion	2.100.000–2.200.000
Gesamtzahl der jüdischen NS-Opfer	6.261.185
	(6.156.185)

Eine neue »revisionistische« Zahlendiskussion löste die Richtigstellung der Opferzahlen in der Gedenkstätte Auschwitz aus, worauf an anderer Stelle eingegangen wird.

Aus der eidlichen Aussage des SS-Sturmbannführers Dr. Wilhelm Höttl vor einem US-Vernehmungsoffizier in Nürnberg, 26. November 1945:[21]

»Ende August 1944 unterhielt ich mich mit dem mir seit 1938 bekannten SS-Obersturmbannführer Adolf Eichmann. [...] Eichmann war zu diesem Zeitpunkte nach meinem Wissen Abteilungsleiter im Amte VI (Gestapo) des Reichssicherheitshauptamtes und darüber hinaus von Himmler beauftragt, in allen europäischen Ländern die Juden zu erfassen und nach Deutschland zu transportieren. [...] Er habe kurze Zeit vorher einen Bericht für Himmler gemacht, da dieser die genaue Zahl der getöteten Juden wissen wollte. Er sei auf Grund seiner Informationen zu folgendem Ergebnis gekommen: In den verschiedenen Vernichtungslagern seien etwa vier Millionen Juden getötet worden, während weitere zwei Millionen auf andere Weise den Tod fanden, wobei der Großteil davon durch die Einsatzkommandos der Sicherheitspolizei während des Feldzuges gegen Rußland durch Erschießen getötet wurde.«

Anmerkungen

1 Siehe dazu: Wolfgang Benz (Hrsg.), Dimension des Völkermordes. Die Zahl der jüdischen Opfer des Nationalsozialismus, München 1991, bes. S. 15 ff.

2 In diesem Sinn sind in den letzten zwanzig Jahren unzählige Artikel in der „Deutschen National-Zeitung" veröffentlicht worden; siehe dazu etwa auch: Richard Harwood, Starben wirklich sechs Millionen?, Richmond 1975, S. 37.

3 Harwood, S. 29.

4 Ebenda, S. 29, S. 37.

5 Ino Arndt/Norbert Frei, „Argumente" und „Beweise" gegen Existenz und Benutzung der Gaskammern in nationalsozialistischen Vernichtungslagern. Zur Typologie rechtsextremer NS-Apologetik, 1981, Manuskript (im Besitz des Verfassers), S. 5.

6 Heinz Roth, Warum werden wir Deutschen belogen, Witten 1973, S. 1; zitiert nach: Arndt/Frei, S. 5.

7 Arndt/Frei; Wolfgang Benz (Hrsg.), Legenden Lügen Vorurteile. Ein Lexikon zur Zeitgeschichte, München 1990, S. 109.

8 Benz, Legenden, S. 105 ff., gibt die diesbezüglichen Schreiben des IKRK in Faksimile wieder.

9 Die Leuchtkugel 339, 5/1976, S. 3.

10 Schreiben von A. de Cocatrix, Direktor des ITS, an das DÖW, 9.7.1976; Schreiben von P. Vibert, Leiter der Publikations- und Dokumentationsabteilung des IKRK, an das DÖW, 3.9.1976.

11 Siehe dazu: Dokumentationsarchiv des österreichischen Widerstandes/Bundesministerium für Unterricht und Kunst (Hrsg.), Amoklauf gegen die Wirklichkeit. NS-Verbrechen und „revisionistische" Geschichtsschreibung, 2. überarb. Aufl. Wien 1992, S. 113 ff.

12 Germar Rudolf, Statistisches über die Holocaust-Opfer, in: Ernst Gauss (Hrsg.), Grundlagen zur Zeitgeschichte. Ein Handbuch über strittige Fragen des 20. Jahrhunderts, Tübingen 1994, S. 142.

13 Ebenda, S. 158, 161.

14 Ferdinand Otto Miksche, Das Ende der Gegenwart. Europa ohne Blöcke, München 1990.

15 Deutsche National-Zeitung 30/1990, S. 1, 3.

16 Miksche, S. 108.

17 Harwood, S. 37.

18 Rudolf, S. 141 f.

19 Siehe dazu: Raul Hilberg, Die Vernichtung der europäischen Juden, Frankfurt am Main o.J. (1990), Bd. 3, S. 1280–1300; Martin Gilbert, Endlösung. Die Vertreibung und Vernichtung der Juden. Ein Atlas, Frankfurt am Main 1983, S. 244 f.; Encyclopedia of the Holocaust, Vol. 4, New York London 1990, S. 1797 ff.

20 Benz (Hrsg.), Legenden, S. 110. Ausführlicher und fundiert, im wesentlichen aber mit gleichen Zahlenangaben: Benz (Hrsg.), Dimension des Völkermordes, S. 15 ff.

21 Der Prozeß gegen die Hauptkriegsverbrecher vor dem Internationalen Militärgerichtshof Nürnberg 14. November – 1. Oktober 1946, Bd XXXI, Nürnberg 1948, S. 85 ff.

Brigitte Bailer-Galanda
Das Tagebuch der Anne Frank

Das 1947 erstmals veröffentlichte Tagebuch des jüdischen Mädchens Anne Frank wurde seither zu einem in mehreren Sprachen und zigtausendfacher Auflage erschienenen Bestseller, Anne Frank selbst zu einer Symbolfigur für die Leiden der jüdischen Bevölkerung im Machtbereich des Nationalsozialismus.[1] Es war nicht zuletzt diese weltweite Beachtung des berührenden Buches, die »Revisionisten« und deren Vorläufer aus politisch-propagandistischen Motiven veranlaßte, die Echtheit der Geschichte des jungen Mädchens anzuzweifeln.

Die Familie Frank war bereits im August 1933 aus Frankfurt am Main nach Amsterdam geflüchtet, um dem wachsenden Verfolgungsdruck des nationalsozialistischen Regimes zu entkommen. Als nach der Okkupation der Niederlande durch das »Dritte Reich« auch in Amsterdam die deutschen Besatzer antijüdische Maßnahmen setzten und mit Massenverhaftungen von Juden begannen, beschloß die Familie Frank im Sommer 1942, sich im Hinterhaus des Hauses Prinsengracht 263 zu verstecken und dort gemeinsam mit der befreundeten Familie van Daan sowie ihrem Bekannten Herrn Dussel als »Untergetauchte« das Ende des Krieges abzuwarten. Besonders in den Niederlanden gelang es auf diese Weise zahlreichen Flüchtlingen, aber auch holländischen Juden, die NS-Herrschaft zu überleben.[2]

Doch der Familie Frank und ihren Freunden war eine solche Rettung nicht vergönnt. Alle Versteckten aus dem »Hinterhaus« wurden – vermutlich infolge eines Verrates – am 4. August 1944 durch deutsche und niederländische Angehörige des Sicherheitsdienstes,[3] darunter auch der Wiener Karl Silberbauer, verhaftet.

Die damals fünfzehnjährige Anne wurde mit ihrer Familie in das Sammellager für die zur Deportation bestimmten Juden, Westerbork, und von dort am 3. September 1944 ins Konzentrationslager Auschwitz gebracht. Dort blieb sie bis Ende Oktober und wurde dann ins Konzentrationslager Bergen-Belsen überstellt, wo sie und ihre Schwester Margot vermutlich Ende Februar oder Anfang März 1945 (das genaue Todesdatum ist nicht bekannt) an Typhus starben. Als einziger der im Hinterhaus versteckt gewesenen Menschen überlebte Annes Vater, Otto Frank, den Holocaust. Er wurde am 27. Januar 1945 durch die sowjetische Armee im KZ Auschwitz befreit. Anschließend kehrte er nach Amsterdam zurück und lebte ab 1952 in Basel, wo seine Mutter und seine Schwester wohnten. Am 19. August 1980 starb er in Birsfelden, einem Vorort von Basel.

Am 12. Juni 1942 hatte Anne Frank anläßlich ihres dreizehnten Geburtstages ein Poesiealbum erhalten. Dieses diente ihr bis zum 5. Dezember 1942 als Tagebuch, in das sie aber auch noch 1943 und 1944 Ergänzungen eintrug (Tagebuch 1).[4] Das zweite erhalten gebliebene Tagebuch, eigentlich ein Schulheft, benützte Anne vom 22. Dezember 1943 bis zum 17. April 1944 (Tagebuch 2). Es kann angenommen werden, daß sie auch in den dazwischen liegenden Monaten Aufzeichnungen machte, diese wurden jedoch nicht gefunden. 1943 und Anfang 1944 schrieb sie zugleich »Geschichten und Ereignisse aus dem Hinterhaus« in ein Kassabuch, das gleichfalls erhalten geblieben ist. Das letzte Tagebuch, wieder ein Schulheft, enthält Eintragungen vom 17. April 1944 bis zum 1. August 1944 (Tagebuch 3). Am 4. August 1944 erfolgte die Verhaftung.

Als im März 1944 ein Minister der niederländischen Exilregierung über Rundfunk seine Landsleute aufforderte, Geschichten und Dokumente über die Besetzung der Niederlande zu sammeln, faßte Anne dies als Anregung auf und beschloß, nach der Befreiung der Niederlande, auf die sie sehr hoffte, einen Roman über ihr Leben im Hinterhaus zu veröffentlichen. Wie sie ihrem Tagebuch anvertraute, träumte sie davon, einmal eine berühmte Schriftstellerin zu werden.[5] Im Mai 1944 begann sie daher, auf losen Blättern Durchschlagpapier ihr Leben im Hinterhaus anhand ihrer Tagebücher in Briefform neu aufzuzeichnen. Der letzte so entstandene Tagebuchbrief stammt vom 29. März 1944.

Eine Angestellte der ehemaligen Firma Otto Franks, Miep Gies, fand nach der Verhaftung der Versteckten Annes Tagebücher und Aufzeichnungen und bewahrte sie in ihrem Schreibtisch bis zur Rückkehr Otto Franks auf. Dieser fertigte selbst auf der Schreibmaschine eine erste Abschrift an, die jedoch verlorenging. Für eine zweite, erhalten gebliebene Abschrift (Typoskript I)[6] zog Otto Frank die von Anne angefertigte Tagebuchbrieffassung auf den losen Blättern sowie Teile aus dem Album und den Heften und vier Geschichten aus dem Kassabuch heran. Sehr persönliche Passagen über die Familie und die Sexualität des jungen Mädchens ließ er weg. Dieses Typoskript I übergab Frank dann dem ihm befreundeten Dramaturgen Albert Cauvern zur Verbesserung der Ausdrucksweise und grammatikalischer Fehler. Anschließend brachten auch noch andere Personen[7] Verbesserungen an, bevor eine neue Reinschrift (Typoskript II)[8] angefertigt wurde, an der vor der Publikation im Sommer 1947 noch das Verlagslektorat Änderungen und Korrekturen vornahm. Diese erste niederländische Auflage trug den Titel »Het Achterhuis«.[9] Im Jahr davor entstand bereits eine leider nicht sehr gelungene deutsche Übersetzung, die 1950 zur Vorlage für die deutsche Ausgabe, »Das Tagebuch der Anne Frank«,[10] wurde. Die Übersetzerin hatte den Stil und die Ausdrucksweise des jungen Mädchens nicht getroffen und außerdem einzelne Passagen weggelassen, um das deutsche Publikum nicht vor den Kopf zu stoßen. Andererseits enthält diese auf Typoskript I zurückgehende Übersetzung wiederum Texte, die in der niederländischen Ausgabe fehlen. Im selben Jahr erschien eine auf die niederländische Ausgabe zurückgehende französische Übersetzung (»Journal de Anne Frank«[11]) und 1952 eine gegenüber der niederländischen auf Wunsch Otto Franks ergänzte englische Ausgabe, »The Diary of a Young Girl«[12].

Seit Ende der fünfziger Jahre benutzten verschiedene Autoren, die zumeist aus dem rechtsextremen bzw. neonazistischen Lager stammen, die genannten Unterschiede in den verschiedenen Ausgaben dafür, die Echtheit des Tagebuches anzuzweifeln. Otto Frank bzw. die betroffenen Verlage reichten in den meisten Fällen Unterlassungsklagen[13] ein, in denen sie auch recht bekamen. Schon 1959 wurde ein erstes Gutachten über die Echtheit der Tagebücher erstellt. Ein weiterer Prozeß in der zweiten Hälfte der siebziger Jahre führte zu einem knappen, vierseitigen Gutachten des Bundeskriminalamtes Wiesbaden, das die Frage zu beantworten hatte, ob auf dem Wege einer Papier- oder Schreibmitteluntersuchung »auszuschließen« sei, »daß die der Anne Frank zugeschriebenen Schriftstücke in den Jahren von 1941 bis 1944 gefertigt worden sind«.[14] Das Bundeskriminalamt stellte fest, daß sowohl das verwendete Papier als auch die Tinte vor 1950/51 hergestellt worden seien, wies aber auf nachträglich auf den Blättern angebrachte Korrekturschriften mittels blauer, grüner und schwarzer Kugelschreiberfarbpaste hin.[15] Das Gutachten enthielt jedoch keine konkreten Angaben über diese Korrekturen. Auch auf eine spätere Anfrage des Gerichtslaboratoriums des niederländischen Justizministeriums war das Bundeskriminalamt nicht in der Lage, diese Angaben nachzuliefern. Neonazistische Autoren zitieren dieses Gutachten des Bundeskriminalamtes häufig als angeblichen »Beweis« für die von ihnen behauptete Fälschung der Tagebücher.

Otto Frank hatte die Originalschriftstücke Anne Franks testamentarisch dem Niederländischen Staatlichen Institut für Kriegsdokumentation hinterlassen. Dieses trat 1981 an das Gerichtslaboratorium des niederländischen Justizministeriums mit dem Ersuchen um ein Gutachten über die Authentizität der Tagebücher heran. Mit Hilfe anderer Schriftstücke von der Hand Anne Franks (Briefe, Postkarten usw.), die von verschiedenen Personen (Freunde, Verwandte, Schulkollegen des Mädchens) zur Verfügung gestellt worden waren, konnte die Echtheit der Tagebuchaufzeichnungen und der handschriftlichen Texte auf den »losen Blättern« nachgewiesen werden. Zuvor waren auch die zum Vergleich herangezogenen anderen Texte Anne Franks mit Hilfe urkundentechnischer Methoden einer ausführlichen Echtheitsprüfung unterzogen worden. Bei der Überprüfung der Tagebücher wurde besonders auf das Vorhandensein von mit Kugelschreiber hinzugefügten Korrekturen geachtet. Kugelschreiberschrift findet sich nur auf zwei »einzelnen Papierfragmenten, die den losen Blättern beigefügt sind«.[16] Diese Kugelschreibernotizen stammen nicht von Anne Frank und haben auch keine Bedeutung für den Tagebuchtext. An den Seitennumerierungen der losen Blätter fanden sich auch »Korrekturen und Hinzufügungen mit schwarzer Farbe«, die wahrscheinlich nicht von Anne Frank stammen. Weiter gibt es auf den »losen Blättern« kleinere, Otto Frank zugeschriebene Korrekturen, die jedoch nur geringfügige stilistische Veränderungen bzw. Verbesserungen im Satzbau betreffen,[17] den Inhalt des Tagebuches aber nicht verändern.

1986 veröffentlichte das Niederländische Staatliche Institut für Kriegsdokumentation eine umfangreiche Ausgabe der Tagebücher,[18] die eine Gegenüberstellung der Originaltexte der Tagebücher, der von Anne Frank selbst angefertigten Neufassung auf den »losen Blättern« und der niederländischen Ausgabe von 1950 enthält. Weiter wird in dem Buch ausführlich die Entstehung der Tagebücher und der Veröffentlichungen dokumentiert und das umfangreiche Gutachten des Gerichtslaboratoriums dargestellt. Damit dürfte allen Zweifeln an der Echtheit der Tagebücher endgültig der Boden entzogen sein.

Anmerkungen

1 Die folgenden Ausführungen beruhen auf: Rijksinstituut voor Oorlogsdocumentatie/Niederländisches Staatliches Institut für Kriegsdokumentation (Hrsg.), Die Tagebücher der Anne Frank, Frankfurt am Main 1988.

2 Siehe dazu beispielsweise: Dokumentationsarchiv des österreichischen Widerstandes (Hrsg.), Jüdische Schicksale. Berichte von Verfolgten, S. 613 ff.; Volker Jakob/Annet van der Voort, Anne Frank war nicht allein. Lebensgeschichten deutscher Juden in den Niederlanden, Berlin-Bonn 1988.

3 Der Sicherheitsdienst (SD) der SS war gleichzeitig innen- und außenpolitischer Geheimdienst und Instrument der nationalsozialistischen Okkupationspolitik in Europa. Siehe dazu: Wolfgang Neugebauer, Das NS-Terrorsystem, in: Wien 1938. Katalog der gleichnamigen Ausstellung im Wiener Rathaus, Wien 1988, S. 228 f.

4 Die Bezeichnungen der Tagebücher mit 1–3 und die Benennung Typoskript I und II sind die vom Niederländischen Staatlichen Institut für Kriegsdokumentation eingeführten Begriffe für die Originale der Tagebücher bzw. der Erstabschriften.

5 Eintragung vom 11.5.1944, zitiert nach: Rijksinstituut voor Oorlogsdocumentatie (Hrsg.), S. 69.

6 Das Typoskript I befindet sich im Besitz der Familie Frank und wurde dem Niederländischen Staatlichen Institut für Kriegsdokumentation für die Untersuchung über die Echtheit der Tagebücher zur Verfügung gestellt.

7 Wer die weiteren, auf dem Typoskript vorhandenen Verbesserungen vornahm, konnte vom Rijksinstituut nicht geklärt werden, siehe: Rijksinstituut voor Oorlogsdoc., S. 73.

8 Auch Typoskript II befindet sich im Besitz der Familie Frank und wurde dem Niederländischen Staatlichen Institut für Kriegsdokumentation für die Untersuchung über die Echtheit der Tagebücher zur Verfügung gestellt.

9 Het Achterhuis. Dagboekbrieven van 12 juni 1942–1 augustus 1944, erschienen 1947 in den Niederlanden im Contact-Verlag in der »Prolog-Reihe«, mit einem Vorwort von Annie Romein.

10 Das Tagebuch der Anne Frank, Verlag Lambert-Schneider, Heidelberg 1950.

11 Journal de Anne Frank, Verlag Calmann-Lévy, 1950.

12 The Diary of a Young Girl, Verlag Vallentine, Mitchell & Co Ltd, London 1952.

13 Mit Hilfe einer Unterlassungsklage nach bürgerlichem Recht kann eine Person verpflichtet werden, in Hinkunft eine Behauptung oder Handlung zu unterlassen, die die Ehre oder ein Recht des Klägers verletzt.

14 Rijksinstituut voor Oorlogsdocumentatie (Hrsg.), S. 114.

15 Ebenda.

16 Ebenda, S. 195.

17 Ebenda, S. 197 f.

18 Siehe Anm. 1 dieses Kapitels.

Wolfgang Neugebauer

Gab es einen schriftlichen Hitlerbefehl zur Judenvernichtung?

Ein Befehl Adolf Hitlers zur Vernichtung der europäischen Juden wurde in schriftlicher Form höchstwahrscheinlich nicht gegeben und kann daher auch nicht aufgefunden werden. Diesen Umstand machen sich »revisionistische« Publizisten zunutze, um den Holocaust überhaupt zu leugnen. Robert Faurisson führt die Nichtexistenz eines solchen Hitlerbefehles als ersten und wichtigsten Punkt seiner »Argumentation« gegen die »Holocaust-Lüge« ins Treffen.[1] Für David Irving war das Fehlen eines schriftlichen »Führer«-Befehles Angelpunkt seiner grotesken These, daß Hitler von der von untergeordneten Dienststellen durchgeführten Judenvernichtung überhaupt nichts gewußt habe, ehe sich Irving 1988 in das Lager der Totalleugner des Holocaust einreihte.[2]

> Aus dem Tagebuch des Reichspropagandaministers Joseph Goebbels, 12. Februar 1942:[3]
>
> »Der Führer gibt noch einmal seiner Meinung Ausdruck, daß er entschlossen ist, rücksichtslos mit den Juden in Europa aufzuräumen. Hier darf man keinerlei sentimentale Anwandlungen haben. Die Juden haben die Katastrophe, die sie heute erleben, verdient. Sie werden mit der Vernichtung unserer Feinde auch ihre eigene Vernichtung erleben. Wir müssen diesen Prozeß mit einer kalten Rücksichtslosigkeit beschleunigen, wir tun damit der leidenden und seit Jahrtausenden gequälten Menschheit einen unschätzbaren Dienst.«

Irvings Publikationen haben zur Folge gehabt, daß sich seriöse Historiker wie Martin Broszat, Christopher Browning, Gerald Fleming u.a.[4] mit der Frage der Befehlsstruktur in der NS-Führung und der Genesis des Holocaust eingehend beschäftigten und die Auffassungen Irvings und anderer »Revisionisten« widerlegten. Höhepunkt dieser breiten internationalen wissenschaftlichen Diskussion,

auf die freilich die »Revisionisten« in ihren Publikationen nicht eingehen, war ein von renommierten Historikern im Mai 1984 in Stuttgart durchgeführter wissenschaftlicher Kongreß, auf dem Entstehung, Vorbereitung, Anordnung und Durchführung der »Endlösung
der Judenfrage« behandelt wurden.[5] Dabei wurden zwei Hauptrich-
tungen der Holocaust-Forschung sichtbar: die »intentionalistische«
und die »funktionalistische«, deren unterschiedliche Interpretationen sich freilich nicht nur auf die Genesis des Holocaust und auf die
Frage des Hitlerbefehles beziehen, sondern auch auf Struktur und
Funktionieren des NS-Regimes überhaupt.

Die »Intentionalisten« (u. a. Yehuda Bauer, Saul Friedländer, Raul
Hilberg, Gerald Fleming, Eberhard Jäckel, Helmut Krausnick)
gehen davon aus, daß Antisemitismus und Judenhaß für die Nationalsozialisten den höchsten Stellenwert hatten und die Vernichtung
der Juden von Hitler von Anfang an intendiert war. Diese Historiker
lehnen Interpretationen ab, die Hitler eine eher passive Rolle bei der
Planung und Durchführung des Holocaust zuweisen. Auch wenn es
einen schriftlichen »Führer«-Befehl wahrscheinlich nicht gegeben
hat, habe Hitler im Sommer 1941 mit mündlichen Anweisungen das
Vernichtungsprogramm in Gang gesetzt; es bestehe ein direkter Zusammenhang zwischen nationalsozialistischer Ideologie, politischer
Planung und Entscheidung zum Massenmord, wobei der Person
Hitlers die entscheidende Bedeutung zukomme (»Hitlerismus«).

Adolf Hitler im Deutschen Reichstag am 30. Januar 1939:
    »Wenn es dem internationalen Finanzjudentum in- und außer-
halb Europas gelingen sollte, die Völker noch einmal in einen
Weltkrieg zu stürzen, dann wird das Ergebnis nicht die Bolsche-
wisierung der Erde und damit der Sieg des Judentums sein, sondern die Vernichtung der jüdischen Rasse in Europa.«

Die »Funktionalisten« (u. a. Martin Broszat, Hans Mommsen, Karl
A. Schleunes) lehnen die Vorstellung, daß Hitler und die NS-Führung von Anfang an die Intention hatten, die Juden zu ermorden,
und nach einem Plan vorgingen, ab. Sie bezweifeln, daß die antisemitische NS-Ideologie unmittelbar zur Vernichtungsaktion führte
und Hitler als Alleinverantwortlicher anzusehen ist. Die »Funktionalisten« betonen die unsystematische und improvisierte Entwick-

lung der NS-Judenpolitik, die als Aufeinanderfolge einer Reihe von Ad-hoc-Maßnahmen eines aufgesplitterten und chaotischen Systems gesehen wird. Ein »selbstinduzierter Automatismus« (Hans Mommsen) habe eine Radikalisierungsspirale erzeugt, an deren Ende die physische Vernichtung der Juden stand.[6] Für die »Funktionalisten« ist der Entschluß zum Massenmord an den Juden vor allem Folge der großen Schwierigkeiten, die sich aus der Deportation der Juden in die Gettos im Osten ergeben haben (Ernährungsprobleme, Seuchen etc.) und die die lokalen NS- und SS-Stellen zu Vorschlägen und Initiativen in Richtung »Endlösung« veranlaßten.

> *Aus einem an Adolf Eichmann gerichteten Aktenvermerk des Leiters des SD-Abschnittes Posen Höppner betreffend »Lösung der Judenfrage« im Warthegau, 16. Juli 1941:*[7]
> »Es besteht in diesem Winter die Gefahr, daß die Juden nicht mehr sämtlich ernährt werden können. Es ist ernsthaft zu erwägen, ob es nicht die humanste Lösung ist, die Juden, soweit sie nicht arbeitseinsatzfähig sind, durch irgendein schnell wirkendes Mittel zu erledigen. Auf jeden Fall wäre dies angenehmer, als sie verhungern zu lassen.«

Die »Funktionalisten« bestreiten die Notwendigkeit eines schriftlichen oder mündlichen Vernichtungsbefehles und halten es für verfehlt anzunehmen, daß die Ermordung der europäischen Juden zu irgendeinem Zeitpunkt systematisch diskutiert worden sei; es habe sich vielmehr um zahlreiche Einzelentscheidungen gehandelt, die schließlich zur Totalvernichtung führten.[8] Martin Broszat, Direktor des Instituts für Zeitgeschichte München, bezweifelt, daß es einen »präzisen Geheimbefehl Hitlers« zur Judenvernichtung gegeben habe. Er meint, daß »alle wesentlichen Verabredungen über das letzte Ziel der ›Endlösung‹ mündlich getroffen und weitergegeben wurden« und »daß die physische Liquidierung der Juden nicht durch einen einmaligen Akt der Entscheidung, vielmehr stück- und schubweise in Gang gesetzt wurde«. Im besonderen weist Broszat darauf hin, daß Hitler »Akten kaum selbst bearbeitete oder ausfertigte und seine Unterschrift oder Handschrift in den Dokumenten des Dritten Reiches, außer unter Gesetzen und Verordnungen, auch sonst kaum zu finden ist«, und fügt hinzu, daß »entsprechend dem

– auch nach dem damals geltenden Recht – illegalen Charakter der Tötungsmaßnahmen eine schriftlich vom Staatsoberhaupt des Deutschen Reiches stammende Bestätigung der Anordnung sich von vorneherein verbot«.[9] Darüber hinausgehend vertritt der Bochumer Historiker Hans Mommsen die Auffassung, daß die Judenvernichtung durch einen Prozeß der »kumulativen Radikalisierung« zu erklären ist, der aus dem ständigen Konkurrenzkampf verschiedener Handlungsträger und Institutionen des NS-Systems entstand. Er meint, daß ein Befehl zur »Endlösung« »auch nicht in einer mündlichen Form durch Hitler erteilt worden ist«, und nimmt an, »daß mit Ausweitung des Kommissarbefehles auf die systematische Massenvernichtung jüdischer Bevölkerungsgruppen seit dem Juli und insbesondere im August und September 1941 auch der zugrunde liegende Führerbefehl gleichsam automatisch ausgedehnt worden ist auf die systematische Judenvernichtung«.[10]

Der amerikanische Historiker Christopher R. Browning, der wie Broszat darauf aufmerksam macht, daß es in dieser Frage infolge der schlechten Quellenlage nicht um Gewißheit, sondern nur um Wahrscheinlichkeit geht, kommt aufgrund zahlreicher Indizien, vor allem aufgrund der Planung und Errichtung der Vernichtungslager Chelmno, Belzec und Auschwitz im Herbst 1941, zu dem Ergebnis, »daß Hitler den im Sommer 1941 von ihm veranlaßten Vernichtungsplan im Oktober oder November gebilligt hat«.[11] Der letzte Anstoß zur Verwirklichung der »Endlösung« ergab sich seines Erachtens nicht aus den Schwierigkeiten bei der Umsiedlung von Juden in Rußland (Gettoìsierung) nach den militärischen Anfangserfolgen oder aus der Überfüllung der Gettos, sondern aus der »Siegeseuphorie« im Sommer 1941, als die NS-Machthaber glaubten, bald ganz Europa unterworfen zu haben und ihre rassistische »Neuordnung« durchführen zu können. Browning geht im besonderen auf die Frage ein, was ein Hitlerbefehl überhaupt ist. Himmler und Heydrich beriefen sich ja bei ihren Mordbefehlen an ihre Untergebenen auf einen klaren Auftrag Hitlers, doch Browning meint, daß »Hitler sich nicht notwendigerweise so explizit geäußert« haben muß. »Ein ›grünes Licht‹ oder ein Kopfnicken mag genügt haben«, schreibt er, »um ihnen [Himmler, Heydrich] klarzumachen, daß sie nun einen praktikablen Weg finden sollten, um den in Gang befindlichen Tötungsprozeß gegen die russischen Juden auf das übrige

Europa auszudehnen.« Die »Endlösung« wird nicht als Ergebnis einer einzigen Entscheidung, »sondern vielmehr als das Ergebnis eines sich über viele Monate des Jahres 1941 hinziehenden komplexen Entschlußbildungsprozesses« gesehen.[12]

Auch der amerikanische Holocaust-Forscher Arno J. Mayer stellt in seinem vieldiskutierten Werk »Der Krieg als Kreuzzug« den Zusammenhang von Rußlandfeldzug und Holocaust her, allerdings mit einer völlig anderen Interpretation: »Die Eskalation und Systematisierung des Vorgehens gegen die Juden war demzufolge nicht etwa Ausdruck fester Siegesgewißheit, sondern Folge einer wachsenden Verunsicherung und Angst im Angesicht der denkbar gewordenen Niederlage. Der Entschluß, die Juden auszurotten, markierte, so gesehen, das sich abzeichnende Debakel der nationalsozialistischen Kriegsmaschine und nicht ihren bevorstehenden Triumph.«[13] Eine ähnliche Auffassung vertritt der deutsche Holocaust-Forscher Uwe Dietrich Adam, der die Entschlußbildung zur Judenvernichtung mit dem Stopp des deutschen Vormarsches in Rußland bzw. mit dem Abbruch der »Euthanasie«-Aktion im August 1941 in Zusammenhang bringt und einen entsprechenden Geheimbefehl Hitlers (an Himmler) in den Zeitraum September bis November 1941 datiert.[14]

Die meisten Forscher, die sich mit dem Holocaust beschäftigen, gehen von einem mündlichen Hitlerbefehl im Sommer 1941 aus. So gibt etwa der vor allem als Prozeßgutachter hervorgetretene Berliner Historiker Wolfgang Scheffler das Datum Ende Juli 1941 an, von dem an es ca. zwei bis drei Monate bis zum Beginn der Realisierung des Holocaust dauerte.[15] Der britische Holocaust-Forscher Gerald Fleming, der die Thematik »Hitler und die Endlösung« als erster in einer umfassenden Monographie bearbeitete, führt an, daß im Sommer 1941 – »nach diesbezüglichen Weisungen des Führers« – drei Aufträge erteilt wurden: »... einer vom Reichsführer SS Heinrich Himmler an den Kommandanten von Auschwitz Rudolf Höß, ein weiterer ebenfalls von Himmler an den schon mehrmals erwähnten Christian Wirth,[16] und ein dritter ging von Göring an Heydrich unter dem Datum 31. Juli 1941«.[17] Fleming weist auch darauf hin, daß die Frage, wer den Befehl zur Judenvernichtung erteilt habe, anläßlich der Massenerschießungen in Minsk im August 1941 vom Chef des Einsatzkommandos 8, SS-Obersturmbannführer Dr. Otto Bradfisch, an den Reichsführer SS Himmler gestellt wurde: »Himmler erwiderte mir in ziemlich scharfem Ton, daß diese Befehle von Hitler als dem obersten Führer der deutschen Staatsregierung kämen und daß sie die Kraft eines Gesetzes hätten.«[18]

Auch der israelische Polizeibeamte Avner Less, der den Hauptorganisator der »Endlösung« Adolf Eichmann 1960 vor dem Prozeß in Jerusalem verhörte, berichtete, daß Eichmann aussagte, von seinem Vorgesetzten Heydrich über einen »Führer«-Befehl zur Judenvernichtung instruiert worden zu sein.[19] Der israelische Holocaust-Forscher Yehuda Bauer sieht – konträr zu den meisten Fachkollegen – den Auftrag Görings an Heydrich vom 31.7.1941, »einen Gesamtentwurf über die organisatorischen, sachlichen und materiellen Voraussetzungen zur Durchführung der angestrebten Endlösung der Judenfrage vorzulegen«, »als eine Version des Führerbefehls« an.[20] So divergierend die wissenschaftlichen Interpretationen hinsichtlich des Entscheidungsprozesses[21] sind, so wenig lassen sich daraus irgendwelche Zweifel an der Tatsache der Judenvernichtung ableiten. Übereinstimmend ergibt sich, daß sich zwischen Frühjahr und Herbst 1941 die folgenschwere Radikalisierung der NS-Politik von der Vertreibung zur Vernichtung der Juden vollzog und der »Führer« Adolf Hitler den Holocaust entweder mündlich anordnete oder zumindest billigte und legitimierte.

Anmerkungen

1 Code 1/1990, S. 60, und 2/1990, S. 48 ff.

2 Siehe dazu die Einleitungen zu dem zweibändigen Werk »Hitlers Krieg« (München-Berlin 1983 und 1986, S. 12 ff.); über Irvings »Bekehrung« zum radikalen »Revisionismus« berichteten die neonazistischen Zeitschriften »Sieg« 7/1989 und »Halt« 43/1988. Adolf Hitler wurde laufend über Judenvernichtungen Bericht erstattet; z.B. informierten ihn die »Meldungen an den Führer über Bandenbekämpfung« Nr. 51 über 362.211 im Osten erschossene Juden im Zeitraum 1.9.1942–31.12.1942. Siehe dazu: Gerald Fleming, Hitler und die Endlösung, Wiesbaden-München 1982, S. 14.

3 Zitiert nach: Martin Broszat, Hitler und die Genesis der »Endlösung«. Aus Anlaß der Thesen von David Irving, in: Vierteljahrshefte für Zeitgeschichte 25 (1977) 4, S. 758.

4 Broszat, S. 739–775; Christopher R. Browning, Eine Antwort auf Martin Broszats Thesen zur Genesis der »Endlösung«, in: Vierteljahrshefte für Zeitgeschichte 29 (1981) 1, S. 97–109.

5 Siehe dazu das Tagungsprotokoll: Eberhard Jäckel/Jürgen Rohwer (Hrsg.), Der Mord an den Juden im Zweiten Weltkrieg. Entschlußbildung und Verwirklichung, Frankfurt am Main 1987.

6 Siehe dazu ausführlich: Ian Kershaw, Der NS-Staat. Geschichtsinterpretationen und Kontroversen im Überblick, Reinbek bei Hamburg 1988, bes. S. 165 ff.

7 Zitiert nach: Peter Longerich (Hrsg.), Die Ermordung der europäischen Juden. Eine umfassende Dokumentation des Holocaust 1941–1945, München-Zürich 1989, S. 74.

8 Jäckel/Rohwer (Hrsg.), S. 1, 27 ff.; Kershaw.

9 Broszat, S. 747, 756, 764 f.

10 Diskussionsbeitrag Hans Mommsen in: Jäckel/Rohwer (Hrsg.), S. 191; ausführlich: Hans Mommsen, Die Realisierung des Utopischen: Die »Endlösung der Judenfrage« im »Dritten Reich«, in: Geschichte und Gesellschaft 5 (1983) 3, S. 381–420. Als »Kommissarbefehl« werden die von Hitler initiierten »Richtlinien für die Behandlung politischer Kommissare« des Oberkommandos der Wehrmacht vom 6. 6. 1941 bezeichnet, aufgrund derer die politischen Offiziere der Roten Armee ohne jedes Verfahren zu töten waren. Siehe dazu: Hans Buchheim/Martin Broszat/Hans-Adolf Jacobsen/Helmut Krausnick, Anatomie des SS-Staates, Bd. 2, München 1979, S. 189 f.

11 Browning, S. 107.

12 Diskussionsbeitrag von Browning in: Jäckel/Rohwer (Hrsg.), S. 185 f.

13 Arno J. Mayer, Der Krieg als Kreuzzug. Das Deutsche Reich, Hitlers Wehrmacht und die »Endlösung«, Reinbek bei Hamburg 1989, S. 358.

14 Uwe Dietrich Adam, Judenpolitik im Dritten Reich, Düsseldorf 1972, bes. S. 312 f. Im Zuge der Aktion »T4« wurden in den Jahren 1940/41 über 70.000 Patienten psychiatrischer Anstalten in Tötungsanstalten deportiert und ermordet. Nach dem offiziellen Abbruch der Mordaktion durch Hitler am 24. 8. 1941, nicht zuletzt aufgrund von Protesten deutscher Bischöfe und aus der Bevölkerung, wurde das Töten in den Anstalten selbst in kleinerem Ausmaß fortgesetzt; das Personal der Aktion »T4«, das über die organisatorischen und technischen Kenntnisse zur Massentötung mittels Giftgas verfügte, wurde zur »Endlösung der Judenfrage« in das Generalgouvernement (Restpolen) abkommandiert. Siehe dazu u. a. Ernst Klee, »Euthanasie« im NS-Staat. Die »Vernichtung lebensunwerten Lebens«, Frankfurt 1985, S. 333 ff., 367 ff., und Eugen Kogon/Hermann Langbein/Adalbert Rückerl (Hrsg.), Nationalsozialistische Massentötungen durch Giftgas. Eine Dokumentation, Frankfurt am Main 1983, S. 27–80.

15 Wolfgang Scheffler, Wege zur »Endlösung«, in: Herbert A. Strauss/Norbert Kampe (Hrsg.), Antisemitismus. Von der Judenfeindschaft zum Holocaust, Frankfurt-New York 1985, bes. S. 212.

16 Christian Wirth war Mitorganisator der »Aktion Reinhard«, der Ermordung der Juden im Generalgouvernement.

17 Gerald Fleming, Hitler und die Endlösung, Wiesbaden-München 1982, S. 59. Neuauflage: Hitler and the Final Solution, Berkeley-Los Angeles 1994.

18 Ebenda, S. 62 ff.

19 Diskussionsbeitrag von Avner Less in: Jäckel/Rohwer (Hrsg.), S. 141.

20 Yehuda Bauer, Auschwitz, in: Jackel/Rohwer (Hrsg.), S. 172.

21 Auf den von Götz Aly und Susanne Heim vertretenen Ansatz, der die großraum- und bevölkerungspolitischen Konzeptionen einer Gruppe von technokratischen Planern im Generalgouvernement als wesentlichen Faktor für die Vernichtung der Juden herausarbeitet und zu fruchtbaren wissenschaftlichen Auseinandersetzungen geführt hat, braucht im Zusammenhang mit der Frage des Hitlerbefehles nicht eingegangen werden. Siehe dazu: Götz Aly/Susanne Heim, Vordenker der Vernichtung. Auschwitz und die deutschen Pläne für eine neue europäische Ordnung, Hamburg 1991, sowie die Diskussion in der Zeitschrift »Konkret« 10/1989, 11/1989, 12/1989 und 2/1990.

Gerd R. Ueberschär

Das »Unternehmen Barbarossa« gegen die Sowjetunion – ein Präventivkrieg?

Zur Wiederbelebung der alten Rechtfertigungsversuche des deutschen Überfalls auf die UdSSR 1941

Bis weit in die achtziger Jahre hinein galt nicht nur in der historischen Wissenschaft, sondern auch in den deutschsprachigen Medien als gesicherte Erkenntnis, daß Hitlers Entschluß zum Angriff auf die Sowjetunion im Sommer 1941 das konsequente Ergebnis seines ideologischen Ostprogramms – nämlich die Gewinnung von »Lebensraum im Osten« – war; dieses Fazit stützte sich auf die Forschungsergebnisse zahlreicher Studien.[1] Im Zusammenhang mit dem seit Sommer 1986 in Deutschland entbrannten »Historikerstreit« über die Ursprünge und Vergleichbarkeit der NS-Verbrechen[2] kam es dann aber in konservativen Medien zum überraschenden Versuch, den Angriff der Wehrmacht auf die UdSSR am 22. Juni 1941 in einen sogenannten »Präventivkrieg«[3] umzudeuten. Dieses Bemühen traf auf ein seit Kriegsende 1945 vorhandenes und anhaltendes Interesse, das den Ereignissen um das »Unternehmen Barbarossa«, wie der militärische Deckname der deutschen Angriffsoperationen lautete, in Wissenschaft, Forschung und Publizistik entgegengebracht wird.[4]

Die Zeitungsartikel und Berichte fanden dann auch ein lebhaftes Leserbrief-Echo, zumal Hitlers Entscheidung vom Sommer 1940, die Sowjetunion anzugreifen – gemessen an den Auswirkungen –, als einer der folgenreichsten außenpolitischen Entschlüsse während des Zweiten Weltkrieges angesehen werden kann. Die politischen Ausstrahlungen des vertragswidrigen Überfalls vom 22. Juni 1941 lassen sich bis heute verfolgen. Das Ergebnis des an den Angriff anschließenden deutsch-sowjetischen Krieges von 1941 bis 1945 hat die Landkarte Europas sehr nachhaltig verändert. Der Hitler-Biograph, Joachim C. Fest, hat denn auch in seiner umfassenden biographischen Studie über Hitler den Befehl des Diktators zum Angriff auf die UdSSR als den »letzten und gravierendsten jener

Selbstmörder-Entschlüsse«[5] bezeichnet, die Hitlers Außen- und Kriegspolitik kennzeichneten.

Die Wiederaufnahme der Debatte über die »Präventivkriegsthese« birgt die Gefahr in sich, daß sich falsche historische Vorstellungen über die Kriegspolitik der Nationalsozialisten verfestigen und daß sich die Grenzen der seriösen Forschung über das »Unternehmen Barbarossa« zur apologetischen Literatur verwischen könnten. Es ist deshalb legitim, sogleich auf Gefahren hinzuweisen, die sich aufgrund irriger Erklärungsmodelle der Vergangenheit ergeben können. Die neuerlichen Rechtfertigungsversuche für den deutschen Angriff im Osten sind mittlerweile auch sehr heftig als »gefährliche Kampagne« im In- und Ausland eingeschätzt und kommentiert worden, wie schon Ende März 1987 auf einem Internationalen Symposium der Joseph-Wirth-Stiftung in Essen[6] deutlich wurde; insofern verdienen sie besondere Beachtung und bedürfen entsprechender Richtigstellung.

Die Fakten über den deutsch-sowjetischen Krieg waren bislang sowohl in der Geschichtsforschung als auch in der Berichterstattung der seriösen bundesdeutschen Medien unstrittig. Es bestand allgemein Übereinstimmung, »daß im Juni 1941 kein Präventivkrieg begonnen hatte, sondern Hitler zur Realisierung seiner eigentlichen Absichten schritt, die ideologisch motiviert waren. Darin blieben traditionelle machtpolitische Ziele natürlich eingeschlossen«[7]. Das »Dritte Reich« überfiel mit dem »Unternehmen Barbarossa« 1941 die Sowjetunion, obwohl seit August 1939 ein Nichtangriffspakt zwischen Berlin und Moskau bestand. Danach führte das nationalsozialistische Deutschland gegen die UdSSR einen machtpolitisch, wirtschaftlich und rassenideologisch motivierten Vernichtungskrieg.

In der historischen Wissenschaft ist ferner als Forschungsergebnis weitgehend anerkannt, daß die wiederholt gestellte Frage nach Hitlers Motiven für die im Sommer 1940 gefällte Entscheidung zum Krieg gegen Moskau im Kontext seiner langfristigen und grundsätzlichen politischen Ziele für eine deutsche Groß- und Weltmachtstellung zu sehen ist. Nach den Studien von Gerhard L. Weinberg, Hugh R. Trevor-Roper, Eberhard Jäckel, Axel Kuhn und Andreas Hillgruber über Hitlers außenpolitisches Programm, seine Kriegsziele und »Strategie« ist die Auffassung allgemein akzeptiert, daß die Absicht des »Führers«, die Sowjetunion anzugreifen, keinesfalls monokausal aus der politischen Situation des Kriegsjahres 1940 zu erklären, sondern im Rahmen seines schon vor 1933 entwickelten »Ostprogramms« für die Eroberung von »Lebensraum im Osten« zu bewerten ist.[8]

Weitere historische Forschungsarbeiten[9] brachten den Nachweis, daß der Überfall des »Dritten Reiches« auf die Sowjetunion programmatisch begründet und konsequent ausgerichtet war auf die dogmatische Verfolgung der in großen Zügen seit den zwanziger Jahren festgeschriebenen Ziele und Absichten im Rahmen der Hitlerschen Rassen- und Lebensraumpolitik im Osten. Hitlers Entschluß zum Angriff auf die UdSSR war das wohlüberlegte, immer wieder angestrebte und seit seinem Buch »Mein Kampf« von 1925 und seinem »Zweiten Buch« von 1928[10] schon lange beschlossene Hauptziel seines außenpolitischen Grundmusters. Daran hat Hitler auch nach seinem Regierungsantritt im Januar 1933 festgehalten. Schon in seiner Ansprache vor der Reichswehrgeneralität im Februar 1933 hat er die Absicht, »Lebensraum im Osten« erobern zu wollen, bekräftigt.

Innerhalb des Hitlerschen »Ostprogramms« lassen sich nach den Forschungsergebnissen von Andreas Hillgruber vier politisch-wirtschaftliche Zielkomplexe als Motive des NS-Regimes für den Krieg gegen die Sowjetunion feststellen:

— die Ausrottung der »jüdisch-bolschewistischen« Führungsschicht sowie der Juden in Ostmitteleuropa,
— die Gewinnung von Kolonial- und Lebensraum für das »Dritte Reich«,
— die Dezimierung und Unterwerfung der slawischen Bevölkerung unter deutscher Herrschaft in neu zu errichtenden sogenannten »Reichskommissariaten« und
— die Errichtung eines autarken, blockadefesten »Großraumes« Kontinentaleuropas unter Hitlers Herrschaft, wobei die eroberten sowjetischen Gebiete die ökonomischen Ergänzungsräume bilden und die kontinentale Vorherrschaft Deutschlands gewährleisten sollten, um schließlich das Fernziel einer »Weltmachtstellung« erreichen zu können.[11]

In seiner grundlegenden Studie über Hitlers Strategie zog der 1989 verstorbene Kölner Historiker Andreas Hillgruber ferner den Schluß, »daß bei Hitlers Angriff auf die Sowjetunion von einem ›Präventivkrieg‹ im üblichen Sinne des Begriffs, einer Kriegshandlung, die unternommen wird, um einem zum Angriff bereiten oder schon dazu ansetzenden Gegner durch die Auslösung eines eigenen Angriffs zuvorzukommen, keine Rede sein kann«.[12]

Gelegentliche Versuche, die frühe, programmorientierte Zielvorgabe Hitlers als nicht entscheidend für den Krieg gegen Stalin abzutun und statt dessen die sozusagen verfahrene militärstrategische Situation und die »aggressionsträchtige« Außenpolitik der Sowjetunion im Sommer 1940 als ausschlaggebenden Faktor für den Entschluß zum Angriff im Osten darzustellen,[13] konnten in den sechziger und siebziger Jahren aufgrund der Quellen und bekannten Schlüsseldokumente über Hitlers Absichten rasch widerlegt werden. Sie fanden nur vereinzelt am Rande der Wissenschaft entsprechende Anhänger.[14]

Trotz der Gegenbeweise, daß nämlich Hitlers Entscheidung zum Ostkrieg nicht durch die Furcht vor der Roten Armee bestimmt war,[15] erzielten sie im Dunstkreis rechtsextremistischer Gruppierungen ein stärkeres Echo; sie finden dort offensichtlich nach wie vor eine größere Leserschar, wie die vielfachen Auflagen der apologetischen Bücher[16] erkennen lassen. So gab es in den zurückliegenden Jahrzehnten in den Blättern der extremen Rechten und in neonazistischen Schriften immer wieder Versuche, Hitlers Krieg gegen die UdSSR einerseits als Abwehrkampf Europas gegen den Bolschewismus zu rechtfertigen und andererseits zugleich seinen völkerrechtswidrigen Charakter als Vernichtungskrieg gegen Juden und Slawen zu bestreiten. Manchmal gelangten diese Legenden auch in die Leserbriefspalten regierungsnaher offiziöser Fachzeitschriften, wie z.B. ohne Kommentierung über mehrere Ausgaben des Jahres 1985 hinweg in der unter ständiger Mitarbeit der Hamburger Führungsakademie der Bundeswehr herausgegebenen Zeitschrift »Europäische Wehrkunde/Wehrwissenschaftliche Rundschau«.[17] Tatsachenwidrig wurde dort behauptet, es sei »allein dem deutschen Rußlandkämpfer zu verdanken«, »daß die kommunistische Gefahr bis zum Erscheinen der Amerikaner und Engländer von Westeuropa abgewendet worden ist«, dies sei die größte Leistung des deutschen

Soldaten im Zweiten Weltkrieg, so lautete das übliche klischeehafte Fazit. Daß die Wehrmacht die Sowjetunion angegriffen hat, blieb dabei jedoch unerwähnt.

Neu an der jüngsten Entwicklung war ab 1986, daß die »Präventivkriegsthese« auch von demokratischen Konservativen nicht mehr unbedingt verworfen wurde, wenn es darum ging, ein national orientiertes Geschichtsbild zu entwerfen. Dies zeigte sich deutlich im Kontext des 1986 entfachten »Historikerstreits«. Darin kam der sowjetischen Diktatur und Politik Moskaus gleichsam als Vergleichsmöglichkeit und Bewertungsmaßstab für die deutsche Diktatur und deren Handlungsweise eine besondere Rolle zu.[18]

Indem der Berliner Historiker Ernst Nolte einen Zusammenhang zwischen Auschwitz und dem Archipel GULag konstruierte, war es möglich, den Holocaust als Gegenreaktion und Ergebnis einer psychologischen »Zwangslage« und nicht als Ausdruck des deutschen Sonderweges im europäischen Kulturkreis zu bewerten. Nolte stellte zudem noch die Überlegung an, ob Hitler nach Kriegsbeginn im September 1939 die Juden nicht zu Recht als Gefangene behandeln und internieren durfte, da der Präsident der Jewish Agency, Chaim Weizmann, erklärt hatte, die Juden ständen in diesem Krieg gegen Nazi-Deutschland auf der Seite der Westmächte und Demokratien. Den Versuchen, eine »Relativierung« des NS-Staates und seiner Verbrechen zu erreichen und die Singularität der nationalsozialistischen Gewalt- und Mordaktionen in Zweifel zu ziehen, ist allerdings in vielfältiger Weise – zuerst insbesondere von dem Frankfurter Soziologen Jürgen Habermas – heftig widersprochen worden.[19]

Die »Historikerkontroverse« wurde mit großer Schärfe und auch Polemik geführt, da sie mit der Frage verknüpft war, welchen identitätsstiftenden Sinn das deutsche Geschichtsbild vermitteln könnte. Dabei gerieten alsbald auch andere, bislang akzeptierte Forschungspositionen in das Blickfeld des vestärkten Suchens nach einem positiven nationalbewußten Geschichtsbild für Deutschland.

Es war kein Zufall, daß die neuen Rechtfertigungsversuche des deutschen Angriffs auf die Sowjetunion 1941 im Kontext des »Historikerstreits« aufgetreten sind; denn nach wie vor ist für die deutsche Identitätssuche der Umstand störend, daß sich der deutsch-sowjetische Krieg von 1941 bis 1945 nicht zu einem gerechten nationalen Verteidigungskrieg hochstilisieren läßt, wie es in der trivialen Kriegsliteratur und in sogenannten »Landserheftchen« gerade für die Kämpfe im Osten 1944/45 hingestellt wird. Die Historiker Eberhard Jäckel und Hans Mommsen haben auf diesen zeitlichen Zusammenhang ausdrücklich hingewiesen.[20]

Ebenso hinderlich für eine neue nationale Identitätsbildung bleibt die von der Geschichtsforschung nachgewiesene besondere funktionale Bedeutung der sogenannten »Endlösung der Judenfrage« in Europa. Denn bezeichnenderweise erfolgte die schriftliche Weisung Görings an den Chef des Reichssicherheitshauptamtes, SS-Obergruppenführer Heydrich, »alle erforderlichen Vorbereitungen in organisatorischer, sachlicher und materieller Hinsicht zu treffen für eine Gesamtlösung der Judenfrage im deutschen Einflußgebiet in Europa«, am 31. Juli 1941,[21] als sich die NS-Führung – ebenso wie die Wehrmachtsführung – nach dem begonnenen Krieg gegen die Sowjetunion auf dem Höhepunkt der Siegeseuphorie befand. Görings Befehl zur »Durchführung der angestrebten Endlösung der Judenfrage« diente Heydrich dann auch als Begründung zur Einberufung der Wannsee-Konferenz, die jedoch wegen der militärischen Krise der deutschen Armeen vor Moskau vom Dezember 1941 auf Januar 1942 verschoben werden mußte.

Der erfolgreiche Vormarsch und der Siegeslauf der Deutschen Wehrmacht in das westliche Gebiet der UdSSR in den Sommermonaten 1941 markieren den Wendepunkt der NS-Judenpolitik von der bisherigen Phase der Verfolgung durch wirtschaftliche Ausschaltung, Enteignung, Diskriminierung und Vertreibung zur Phase der physischen Vernichtung. Ab September 1941 wurde in Auschwitz das Zyklon-B-Blausäurepräparat zur Ermordung jüdischer Häftlinge und sowjetischer Kriegsgefangener benutzt.[22] Der von Beginn an mit programmatischer Absicht geführte Krieg gegen die Sowjetunion bot Hitler die Chance, seine rassenideologischen Ziele und die damit verbundene »völkische« Neugestaltung Europas durchzuführen. Die Vernichtung der aus ganz Europa deportierten Juden war keine Folge einer Not- oder Zwangssituation Hitlers, sondern wie die geplante Ostexpansion ein fester Bestandteil der Hitlerschen Rassenvorstellungen.[23] Beide Ziele gehörten zum gleichen Programm. Insofern ist der systematische, plan- und fabrikmäßige Mord an über fünf Millionen europäischen Juden in den Gettos und

Vernichtungslagern in Osteuropa Bestandteil der deutschen Kriegführung im Zweiten Weltkrieg.

Dieser Zusammenhang wird auch durch die Erklärung des schon im Sommer 1941 inoffiziell eingesetzten Reichsministers für die besetzten Ostgebiete, Alfred Rosenberg, bestätigt, als er NS-Pressevertretern in geheimer Sitzung am 18. November 1941 die enge Verknüpfung von Ostkrieg und Judenvernichtung in sehr freimütiger Weise erläuterte und dabei das Ziel offen darlegte: »Zugleich ist dieser Osten berufen, eine Frage zu lösen, die den Völkern Europas gestellt ist: Das ist die Judenfrage. Im Osten leben noch etwa sechs Millionen Juden, und diese Frage kann nur gelöst werden in einer biologischen Ausmerzung des gesamten Judentums in Europa. Die Judenfrage ist für Deutschland erst gelöst, wenn der letzte Jude das deutsche Territorium verlassen hat, und für Europa, wenn kein Jude mehr bis zum Ural auf dem europäischen Kontinent steht.«[24] Vor dem Hintergrund dieser Handlungsabsichten wiegt die nachweisbare aktive Teilnahme von Wehrmachtsverbänden und ihrer Führungsspitzen am Hitlerschen Vernichtungskrieg im Osten um so schwerer.[25]

Da einzelne Historiker eine unmittelbare Verknüpfung, einen »kausalen Nexus« (Nolte) zwischen Auschwitz und dem Archipel GULag herzustellen bestrebt waren, erschien es konsequent, den bislang festgestellten Zusammenhang zwischen dem Massenmord an den europäischen Juden und Hitlers Vernichtungskrieg um »Lebensraum im Osten« aufzulösen. Man möchte von den in den eroberten sowjetischen Gebieten verübten deutschen Verbrechen wegkommen. Die historische Last des rassenideologisch motivierten Krieges im Osten ließe sich am raschesten abtragen, wenn man Hitlers Angriffsbefehl gegen die UdSSR – ebenso wie die Holocaust-Verbrechen von Auschwitz – als Ergebnis einer »Zwangslage« gleichsam aus Furcht vor einer potentiellen »asiatischen Tat« hinstellt. So blieb es nicht aus, daß konservative Medien besonderes Interesse an der Publizierung der These vom deutschen Angriff auf die UdSSR als »Präventivschlag« zeigten und Verfechtern dieser neubelebten NS-Propagandaerklärung breiten Raum zur Darstellung ihrer Thesen gewährten.

Der im Windschatten des »Historikerstreits« unternommene Versuch, den deutschen Angriff auf die UdSSR am 22. Juni 1941 in einen »Präventivkrieg« umzudeuten, stützte sich sowohl auf erneute Spekulationen über Stalins Kriegspolitik, die der Grazer Philosoph Ernst Topitsch in seinem Buch über »Stalins Krieg« 1985 unterbreitet hat,[26] als auch auf militärtechnische Thesen des Freiburger Militärhistorikers Joachim Hoffmann sowie des sowjetischen Emigranten und ehemaligen Generalstabsoffiziers der Roten Armee Viktor Suvorov (das ist Viktor Rezun) über einen offensiven militärischen Aufmarsch der Sowjetstreitkräfte gegen das Deutsche Reich[27].

Das Erklärungsmodell Topitschs, der schon früher als konservativer Streiter – u. a. auch gegen die Friedens- und Konfliktforschung – hervorgetreten ist,[28] gipfelt in der Behauptung, der Zweite Weltkrieg sei »in seinem politischen Kern als Angriff der Sowjetunion« auf die großen westlichen Demokratien zu charakterisieren, »bei dem Deutschland und später Japan dem Kreml nur als militärische Werkzeuge dienten«. Er kommt zu dem absurden Ergebnis, die Sowjetführung habe den Angriff Hitlers »selbst provoziert«, »um vor aller Welt als Opfer eines ›Überfalls‹ dazustehen«.[29]

Suvorov stellte seine Ansicht, Stalin habe im Sommer 1941 das »Dritte Reich« angreifen wollen, ebenfalls 1985 in einer englischen Militärzeitschrift, später noch in seiner Publikation »Der Eisbrecher« von 1989 vor. In abgeschwächter Form vertritt Joachim Hoffmann eine ähnliche These: 1941 sei gleichsam die letzte Chance gewesen, dem Aggressor Stalin zuvorzukommen, der für 1942 den Angriff auf Deutschland geplant habe. Zumindest sei »von der Offensivaufstellung der Roten Armee und den militärischen Maßnahmen auf sowjetischer Seite [...] jedenfalls schon 1941 eine ernste strategische Bedrohung« ausgegangen; die sowjetische Politik »lasse eine unveränderte Aggressivität erkennen«[30].

Sowohl Topitschs Spekulationen als auch Suvorovs unbelegte Vermutungen sind für die Forschung ohne wissenschaftlichen Erkenntniswert geblieben. Die Außenseiterposition Suvorovs hatte es jedoch konservativ orientierten deutschen Presseorganen besonders angetan. Unter der bezeichnenden Überschrift »Der Krieg der Diktatoren« wurde im August 1986 dargelegt, die Hypothese von der sowjetischen Angriffsabsicht gegen Deutschland im Jahre 1941 habe durch Suvorovs Publikationen an »Plausibilität gewonnen«; es werde dadurch deutlich, daß im Sommer 1941 zwei Aggressoren aufeinandergeprallt seien. Diese neue Erkenntnis könne die Deutschen zukünftig vor einer sogenannten »besonderen Friedensschuld« gegenüber der Sowjetunion, die durch Moskau bislang geschickt »außenpolitisch-propagandistisch« angemahnt worden sei, bewahren.[31]

Konnte man dem Grazer Philosophen noch zugute halten, daß sich hier »einer, in Unkenntnis seiner Fähigkeiten, einfach vergriffen« hat,[32] so zeigt der Zeitungsartikel doch die bedenkliche Tendenz und bewußte Intention, aus politischen Gründen die historische Last des Hitlerschen »Unternehmens Barbarossa« umzudeuten, um sich letzten Endes davon völlig freimachen zu können. Man möchte ganz offensichtlich alte Feindbilder restaurieren, um das Gespenst von der »asiatischen Tat« für Zwecke der historisch-politischen Bildung im Rahmen eines nationalbewußten deutschen Geschichtsbildes instrumentalisieren zu können.

Der Pressebeitrag löste eine heftige Reaktion aus. Er fand sowohl Zuspruch als auch scharfen Widerspruch.[33] Besorgt konstatierte die Fernsehautorin und -moderatorin Lea Rosh in einem Kommentar zum Wandel in der Aufarbeitung und Interpretation der jüngsten Vergangenheit: »Es wird nicht mehr allzu lange dauern, und wir werden von diesen Herren hören, daß der Überfall der Deutschen auf die Sowjetunion eine rein präventive Maßnahme war: Hitler kam Stalin nur zuvor. So lautete ja schon die Verteidigungsstrategie in den Nürnberger Prozessen. Ich hätte es nicht für möglich gehalten, daß die Horrormärchen aus der Mottenkiste hervorgeholt würden.«[34]

Tatsächlich kam Ernst Topitsch eilfertig zu dem Fazit, neuere Forschungen hätten »zumindest schwerwiegende Indizien dafür beigebracht, daß nicht nur Hitler den sogenannten ›Lebensraum‹ im Osten erobern wollte, sondern auch Stalin eine Großoffensive vorbereitete«.[35] Auf gleiche Weise, die bisher anerkannten Erkenntnisse der Geschichtswissenschaft außer acht lassend, zog der konservative Publizist Gerd-Klaus Kaltenbrunner das Resümee, »wissenschaftlich« sei es »noch überhaupt nicht entschieden, ob der Beginn des Rußland-Feldzuges als ›Präventivkrieg‹ anzusehen ist oder nicht«.[36]

Ging es zunächst um die Behauptung einer möglichen Stalinschen Angriffsabsicht gegenüber Berlin für das Jahr 1941, 1942 oder später anhand angeblich »ernstzunehmender Indizien« (Topitsch), so zeigten danach Beiträge in offiziösen Fachzeitschriften unter dem Vorzeichen der »psychologischen Kriegführung« und unter »psycho-politischen Aspekten«,[37] daß eine bezeichnende Akzentverschiebung erfolgte. Es ging – gleichsam in einem zweiten Schritt – nicht nur um die vermutete Stalinsche Kriegsabsicht, sondern »vornehmlich um die Motive Hitlers«, die man nicht länger auf dessen rassenideologisches Ostprogramm zurückführen möchte. Hitler galt nicht mehr als der bewußte Aggressor; er habe lediglich auf die aggressive Politik Stalins reagiert und keinesfalls den schon lange zuvor propagierten und beabsichtigten Krieg um den »Lebensraum im Osten« in Angriff genommen. Mit der These vom »berechtigten Präventivschlag« wurden die Nationalsozialisten gar zu Rettern des europäischen Abendlandes vor dem Bolschewismus hochstilisiert.

Bei dieser Sichtweise werden allerdings unliebsame Forschungsergebnisse verdrängt oder einfach nicht zur Kenntnis genommen. Auch die inzwischen publizierten Goebbels-Tagebücher, die als wichtige Quelle bezüglich Hitlers Gedankenwelt und Vorstellungen anerkannt sind,[38] werden deshalb als Beleg für Hitlers programmatisch bedingten Entschluß zum Angriff auf die Sowjetunion abgelehnt. Völlig unseriös sind Behauptungen, daß diejenigen Historiker, die das Eroberungsprogramm des Diktators als eigentliche Ursache für den Überfall auf die Sowjetunion ansehen, sozusagen als »Moskaufreunde« agierten. Es überrascht jedoch kaum, daß solche billigen Vorwürfe in speziellen nationalistischen Kreisen nach wie vor Gehör finden. Der nächste Schritt ist der Vorwurf des »Volksschädlings« oder »Nestbeschmutzers«, wie er von rechtsextremistischen Blättern in Deutschland bereits vorgenommen wurde.[39] Solche Verteufelungen finden stets bereitwillig Zustimmung in der rechten Ecke des politischen Spektrums.[40]

Nicht lange auf sich warten ließ der Beifall für die Wiederbelebung der »Präventivkriegsthese« von Kriegsveteranen und ehemaligen Ostkriegsteilnehmern sowie des früheren NPD-Vorsitzenden Adolf von Thadden in der rechtsextremistischen Zeitschrift »Nation und Europa«, zumal Autoren aus der rechten Ecke und Ewiggestrige die Präventivkriegslegende schon häufiger zu aktualisieren suchten.[41]

Bedenklich war die damals beabsichtigte Korrektur, weil mit der neuerlichen »Präventivschlagsthese« im Sinne des Erlanger Historikers Michael Stürmer »Begriffe geprägt« und »Vergangenheit gedeutet« werden sollten,[42] indem bisher akzeptierte Forschungsergebnisse über den deutschen Überfall auf die UdSSR nun als »moskaufreundlich« diffamiert wurden. Symptomatischerweise versuchen Konservative und Autoren der »Neuen Rechten« – wie z. B. der Bochumer Politikwissenschaftler Bernhard Willms – den Begriff »Antifaschismus« als »identitätsstörend« negativ zu besetzen;[43] Wissenschaftler, die an der Verantwortlichkeit Hitlers und des Nationalsozialismus für die Entfesselung des deutsch-sowjetischen Krieges festhalten, werden in diesem Kontext polemisch als »Antifaschisten« bezeichnet, da man die moralische Verurteilung der nationalsozialistischen Völkerrechtsverbrechen – wie z. B. des vertragswidrigen Überfalls auf die Sowjetunion – als »kollektiven Selbsthaß« und für ein nationales Geschichtsbild schädlich ansieht.

Durch die Akzentverschiebung und unbewußte Aufnahme von Anleihen bei den alten nationalsozialistischen Propagandathesen entsteht die generelle Gefahr, daß die Trennungslinie zwischen konservativen und rechtsextremistischen Positionen verwischt wird; die Abgrenzung zu eindeutig rechtsextremistischen Vorstellungen erweist sich dann immer mehr »als fließend«.[44] Diese Gefahr hat man auf konservativer Seite allerdings erkannt. In einem zweiten, den Streit resümierenden Artikel betonte Günther Gillessen am 25. Februar 1987, daß er mit der Spekulation über vermutliche Moskauer Angriffsabsichten gegen das »Dritte Reich« auf keinen Fall die Tatsache der deutschen Aggression in Frage stellen oder die alte NS-Propagandathese vom »Präventivkrieg« übernehmen wolle.[45]

Dennoch ist es berechtigt zu fragen, wo die Verfechter der modifizierten »Präventivschlagsthese« ihre Abgrenzung zum Rechtsextremismus und zur plumpen Apologie des »Dritten Reiches« ziehen wollen; denn schon werden sie in rechtsextremistischen Kreisen und deren Publikationsorganen als neue Kronzeugen für alte Nazi-Thesen hofiert.[46] Es ist bezeichnend, so schreibt der Historiker Arno Klönne, daß in zunehmendem Umfange Positionen salon- und »gesprächsfähig« gemacht werden, »die bis vor kurzem noch als extremistisch galten oder wegen ihrer Verwandtschaft zum Faschismus bzw. Nationalsozialismus mit einem Tabu belegt waren«; in dieser

Hinsicht verlagerten sich – nach Klönnes Ansicht – ganz offensichtlich die Maßstäbe zugunsten der Rechten.[47] Warnend sei ferner darauf hinzuweisen, daß man sich mit solchen Vorstellungen und Positionen bereits in »philosophischen Vorräumen des historischen Faschismus« befinde – und dieser Befund sollte zu denken geben.

Als große Enttäuschung für die Verfechter der »Präventivkriegsthese« erwies sich allerdings die mit großem Aufwand angekündigte Studie von Ernst Nolte über Nationalsozialismus und Bolschewismus als die beiden Seiten des »europäischen Bürgerkrieges 1917–1945«,[48] denn er konnte für seine Theorie, daß der deutsche Überfall »ein objektiv begründeter und unvermeidbarer Entscheidungskampf« gewesen sei, keine Beweise heranbringen. Gleichwohl, so behauptete Nolte, müsse die Frage des Präventivkrieges wieder auftauchen, weil es keine ideologischen Gründe für Hitlers Weltanschauungskrieg gegen die UdSSR gegeben habe; dieser sei vielmehr »konsequent« gewesen. Für Nolte ist denn auch diese Frage »bis heute [...] nicht verläßlich entschieden«. Noltes Theorie vom »Unternehmen Barbarossa« als verständliche präventive Reaktion auf die angeblich permanente sowjetische Bedrohung wurde sogleich als völlig unhaltbar und unbewiesen zurückgewiesen.[49]

Wer es unternimmt, die Umbewertung bislang unbestrittener historischer Tatsachen zu betreiben, sollte in aller Regel neue, bedeutende Quellen vorweisen können, die seine andere, neuartige Sicht der Dinge belegen können. Im Falle der damals aufgestellten »Präventivschlagsthese« sucht man jedoch vergeblich nach neuem Quellenmaterial. Andreas Hillgruber hat schon 1982 derartige »revisionistische« Interpretationen anhand der vorliegenden Quellen gründlich widerlegt und als einen »Rückfall in frühe Stadien der Diskussion« bezeichnet, »die seit fast zwanzig Jahren als überwunden gelten konnten«.[50]

Sowohl eine erneute Überprüfung des Wahrheitsgehaltes der NS-Propaganda vom angeblichen Präventivcharakter des deutschen Überfalls auf die UdSSR 1941 als auch eine nochmalige umfassende Bewertung des Hitlerschen Ostkriegsprogramms im Rahmen neuerer Untersuchungen von Wigbert Benz über den Vernichtungscharakter des Ostkrieges und von Bianka Pietrow über die sowjetische Außenpolitik 1940/41 sowie im allgemeinen Kontext der nationalsozialistischen Ideologie[51] haben mittlerweile die Unhaltbarkeit der Thesen von Ernst Topitsch, Joachim Hoffmann und Viktor Suvorov bestätigt. Pietrows Abhandlung führt den Nachweis, daß die Außenpolitik der UdSSR bis 1941 trotz allgemeiner Großmachtambitionen durch ein starkes Sicherheitsbedürfnis geprägt war. Insbesondere weist sie nachhaltig darauf hin, daß die u. a. von Joachim Hoffmann als erstrangige Quelle und Beweis für die Stalinsche Angriffsabsicht herangezogene Rede des sowjetischen Diktators vom 5. Mai 1941 vor Absolventen der Militärakademien mit ihren unterschiedlichen Überlieferungsversionen aus zweiter Hand schon lange bekannt ist und daß demnach die dabei gemachten Äußerungen Stalins keineswegs »als eindeutig verifiziert zu bezeichnen« sind.[52] Nach wie vor bleibt folglich die Frage offen, ob Stalin in dieser Rede von einer Angriffsabsicht oder Verteidigungsbereitschaft für das Jahr 1941 oder 1942 gesprochen hat.

Auch die neuesten Studien von Rainer Zitelmann und Eberhard Jäckel über Hitlers Weltanschauung und seine politischen Zielvorstellungen bestätigten das Fazit, »daß nämlich die Eroberung von Lebensraum im Osten zu den Konstanten der Hitlerschen Programmatik gehörte«; allerdings sollten nach Zitelmanns Ergebnis Hitlers ökonomische Erwägungen stärker beachtet werden.[53]

Dagegen hat Viktor Suvorov in seinem 1989 in mehreren europäischen Sprachen in hoher Auflage herausgebenen Buch an seiner alten These festgehalten und Hitler als den nützlichen »Eisbrecher« Stalins hingestellt, der dem Kremldiktator aber dennoch mit einem Präventivschlag zuvorgekommen sei.[54] Seine spekulativen Darlegungen stießen allerdings in der Wissenschaft erneut auf scharfe Kritik und Ablehnung.[55] Auch Ernst Topitsch wiederholte sowohl in der 1990 als dritte Auflage als auch in der 1993 nunmehr verwirrend als »zweite, überarbeitete und erweiterte« Auflage bezeichneten Neuausgabe seines Buches seine alten unbewiesenen Spekulationen, obwohl man inzwischen in der Stalin-Biographie von Dimitrij Volkogonov nachlesen konnte, daß der Kreml-Diktator sogar Vorschläge des sowjetischen Generalstabes ablehnte, einen eigenen präventiven Angriff gegen den registrierten Aufmarsch der Hitlerschen Wehrmacht zu führen, da er an einen Überfall Hitlers nicht glauben wollte.[56]

Interessant und zugleich bezeichnend für die Behauptung vom »Präventivschlag« gegen den offensiven Aufmarsch der Roten

Armee ist die Beobachtung, daß völlig darauf verzichtet wird, der Frage nachzugehen, ob die deutschen Politiker und Militärs seinerzeit in der Annahme handelten, Stalin zuvorzukommen, d. h., ob die Präventivkriegsvorstellung den deutschen Entscheidungsprozeß überhaupt beeinflußte. Da dies nachweislich nicht der Fall war, verlegt man sich auf mehr oder minder vage Spekulationen über Stalins Politik und versucht, Hitlers programmatische Motive für seinen Krieg gegen die Sowjetunion als unerheblich und bedeutungslos hinzustellen. Was dann dabei herauskommt, ist ziemlich absonderlich: Der deutsche Diktator habe, als er der Deutschen Wehrmacht befahl, die UdSSR zu überfallen, einen »Präventivkrieg« geführt, ohne es allerdings selbst zu wissen und ohne dies bei seiner Entscheidung zu berücksichtigen, obwohl er dann später die »Präventivkriegsthese« von Propagandaminister Goebbels verbreiten ließ. Neuerdings hat auch der österreichische Militärhistoriker Heinz Magenheimer, obwohl er sich in seiner Bewertung des Überfalls auf die UdSSR allgemein der »Präventivschlagsthese« annähert und dem deutschen Angriff vom 22. Juni 1941 nunmehr »eine präventive Funktion« zuerkennt, bekräftigt, daß der erst in den letzten Wochen vor dem Überfall erkannte »sowjetische Großaufmarsch« nicht als Hauptgrund für Hitlers Entscheidung zum deutschen Angriff angesehen werden kann.[57]

Insgesamt ist die neuerliche, »modifizierte Präventivschlagsthese« ohne wissenschaftliche Resonanz geblieben. Sie entbehrt jeglicher seriösen Substanz und blieb deshalb auch für den eigentlichen engeren »Historikerstreit« ohne Bedeutung. Sie fand auch kein Echo in der seriösen Historiographie oder bei renommierten Geschichtsforschern des Zweiten Weltkrieges, wie mehrere Sammelbände mit ihren Resümees dokumentieren, die anläßlich des 50. Jahrestages des deutschen Überfalls auf die Sowjetunion in Verbindung mit mehreren internationalen Kongressen veröffentlicht wurden; sie widmen sich insbesondere den internationalen Aspekten und dem besonderen Charakter des Krieges im Osten beim Massenmord an den Juden Europas.[58] Zugleich haben neuere Studien von Dimitrij Volkogonov, Vladimir Karpov und Valerij Danilov anhand neu aufgefundener sowjetischer Quellen den Nachweis gebracht, daß General Zhukov als Chef des sowjetischen Generalstabes zusammen mit Marschall Timoschenko, dem damaligen Volkskommissar für die Verteidigung, am 15. Mai 1941 aus militärischen Gründen einen eigenen Offensivplan aufstellen ließ; er hatte einen Präventivschlag der Roten Armee gegen den erkannten Aufmarsch der Wehrmacht zum Inhalt.[59] Die Bedeutung dieses Dokumentes für Hitlers Kriegsabsicht und als Nachweis für einen konsequenten sowjetischen Aufmarsch bis zum 22. Juni 1941 wird allerdings oft überschätzt,[60] denn Stalin untersagte strikt die Durchführung dieses Planes, da er jegliche Provokation gegenüber Berlin vermeiden wollte.

Die Protagonisten der neuerlichen »Präventivkriegsthese« sind weitgehend isoliert. Allerdings haben sie mittlerweile in konservativ ausgerichteten Medien entsprechenden Platz erhalten. So bleibt zu vermuten, daß die Geschichte des Zweiten Weltkrieges von rechten und konservativen Kreisen im Zeichen »revisionistischer« Bemühungen für ein positives Nationalbewußtsein benutzt werden sollte, um das alte Feindbild und die Furcht vor dem Osten wieder schärfer zu konturieren. Offensichtlich soll durch die Wiederbelebung des Antikommunismus eine besondere Identität gestiftet werden. Dafür will man durch eine Umdeutung des deutschen Überfalls auf die UdSSR den Nachweis bringen, daß Rußland schon immer – gleichsam unveränderlich – der Hort der bösen »asiatischen Tat« gewesen ist. Die im Rahmen sogenannter »psychologisch-politischer Kriegführung« wieder aufgetischten »Präventivkriegsthesen« lassen diese Absicht erkennen; mit Geschichtswissenschaft haben sie in diesem Fall nichts zu tun.

Oder will man Hitlers Krieg gegen die Sowjetunion, den Ernst Nolte noch 1963 als »ungeheuerlichsten Eroberungs-, Versklavungs- und Vernichtungskrieg«, den die moderne Geschichte kenne,[61] zusammenfassend charakterisiert hat, nachträglich zum gerechten nationalen Verteidigungskrieg der Wehrmacht gegen das »Reich des Bösen« hochstilisieren? Soll er – ähnlich wie es die NS-Propaganda im Sommer 1941 wollte[62] – als »Kampf« bzw. »Kreuzzug Europas gegen den Bolschewismus« in einem freundlicheren Lichte erscheinen und auf diese Weise zum Traditionsbestandteil nationaler oder europäisch-abendländischer Ideologie gemacht werden? Die aus der alten NS-Propagandakiste hervorgeholte »Präventivkriegsthese« gehört zweifellos zu den »jüngsten Verdrehungen unserer historischen Sichtweise«,[63] um sich aus der Verantwortung für den deutsch-sowjetischen Krieg von 1941 bis 1945 lösen und ein nationalbewußtes Geschichtsbild zeichnen zu können. Gerhart Hass hat in einem das alte DDR-Geschichtsbild zum »Unternehmen Barbarossa« korrigierenden Beitrag in Erinnerung gerufen, wie wichtig gerade die Verbindung zwischen Ostkrieg und »Endlösung der Judenfrage« ist, wenn es um die Frage nach den Gründen für Hitlers Angriffsentscheidung geht.[64]

Es ist auffallend, daß auch die neueren Publikationen von Fritz Becker und Werner Maser den Krieg Hitlers gegen die UdSSR gleichsam stellvertretend für Europa als Abwehrkampf gegen den Bolschewismus, dessen Diktator Stalin nach ihrer Ansicht eine gigantische Angriffsoperation unter dem Decknamen »Gewitter« für Mitte Juli 1941 vorsah, sehr stark in den Vordergrund stellen.[65] Nach Masers Ansicht kam Hitlers »Unternehmen Barbarossa« dem von Stalin geplanten Angriff auf Deutschland nur um wenige Stunden zuvor. Exakte Belege für ihre Thesen können auch Becker und Maser nicht vorlegen; der Präventivplan Zhukovs und Timoschenkos ist für ihre Thesen kein Beweis, statt dessen ignorieren sie weitgehend Hitlers politische und ideologische Maxime, neuen »Lebensraum im Osten« erobern zu wollen. Es ist überraschend, wie beide Autoren die Ergebnisse der seriösen wissenschaftlichen Forschung mißachten und unberücksichtigt lassen.

Dagegen hat nun Rainer F. Schmidt Stalins politisches Kalkül im Frühjahr und Frühsommer 1941 als »eine verfehlte Strategie für alle Fälle«[66] definiert, indem er davon ausgeht, daß der sowjetische Diktator trotz allgemeinen hektischen Aktionismus »unverändert an der Maxime einer Konfliktvermeidung« festhielt, obwohl er nach dem Flug von Reichsminister Heß nach England den Eindruck gewinnen konnte, daß sich London und Berlin auf seine Kosten einigen würden und Hitler danach freie Hand für einen Krieg gegen die UdSSR erlangen könnte, für den er sich wappnen müßte. Dennoch gebot Stalin den drängenden Militärs um Zhukov und Timoschenko »strikt Einhalt«, lehnte den von ihnen entworfenen Präventivplan ab und setzte vielmehr die bisherige Beschwichtigungspolitik gegenüber Hitler fort.

Symptomatisch für das Bemühen, sogenannte »revisionistische« Thesen salonfähig zu machen, stellt Ernst Nolte in seinem neuesten Buch die Frage, »ob der deutsche Angriff auf die Sowjetunion trotz der Eroberungs- und Vernichtungsintentionen Hitlers, über die unter den Autoren [so konstatiert Nolte] Einmütigkeit besteht, vielleicht trotzdem ein Präventivkrieg war«.[67] Die Frage, wie Vernichtungsintention und Präventivkrieg in Einklang gebracht werden könnten, läßt er unbeantwortet. Ob es Nolte nur darum geht, fortwährend provozierende Fragen zu stellen und darauf keine Antworten zu bieten, um in erster Linie »revisionistisch« zu wirken?

Die historische Last des vertragswidrigen deutschen Angriffs auf die UdSSR läßt sich jedoch nicht durch Spekulationen über möglicherweise irgendwann vorhandene langfristige Kriegsabsichten Stalins verdrängen. Hält man statt dessen an der Verantwortung Hitlers und seines »Dritten Reiches« für diesen grausamen Krieg fest, so geht es keinesfalls darum, Stalins Rolle und skrupellose Machtpolitik während des Zweiten Weltkrieges zu übersehen oder sein Terrorregime zu verharmlosen, wie es den Gegnern der »Präventivkriegsthese« gern unterstellt wird. Es geht vielmehr um die Warnung vor Verdrängungsmechanismen und Rechtfertigungsversuchen, die der – anscheinend unliebsamen – Forderung nach Nicht-Vergessen und Nicht-Verdrängen entgegengestellt werden.[68]

Auch geht es darum, die Realität des deutschen Überfalls auf die Sowjetunion am 22. Juni 1941 und den funktionalen Zusammenhang von »Holocaust« und »Unternehmen Barbarossa« anzuerkennen, um nicht bei jedem neuerlichen »Historikerstreit« krampfhaft nach Erklärungen für einen angeblich gerechtfertigten »Präventivschlag« der Deutschen Wehrmacht gegenüber Moskau suchen zu müssen oder alte »Verteidigungslügen« neuzubeleben, wie es Wolfram Wette formulierte.[69] Es ist deshalb absurd, von einer Übernahme der früheren sowjetischen Geschichtsdarstellung zu schreiben, wenn man die schwere historische Hypothek des deutschen Überfalls auf die Sowjetunion, der immerhin auch nach neuesten Zahlen die höchsten Opfer im Zweiten Weltkrieg abverlangt wurden, anerkennt und deshalb Wege der Versöhnung sowie »Brücken der Verständigung« – auch über die Vergangenheit hinweg – beschreiten möchte.[70]

Dieser besonderen Aufgabe dient die korrekte Wissensvermittlung über die Hitlersche Kriegsvorbereitung und den nationalsozialistischen Vernichtungskrieg im Osten sowie über dessen »ideologische und gesellschaftliche Wurzeln«, zumal große Teile der deutschen Macht- und Führungseliten darin verstrickt waren.[71] In ähnlicher Weise wurde die Aufarbeitung der »verdrängten Geschichte der Schuld des deutschen Volkes gegenüber den Völkern der Sowjetunion« auch in Überlegungen und Thesen der evangelischen Kirche in Deutschland für eine neue »Ostdenkschrift« betont. Dies erfolgt dort mit dem klaren Bekenntnis zu dem von der historischen Forschung festgehaltenen Faktum: »Der Krieg gegen die Sowjetunion ist als totaler Angriffs- und Vernichtungskrieg geplant und durchgeführt worden.«[72] Dieses Bekenntnis wurde ebenso beispielhaft 1991 in mehreren Begleitprojekten und in der Gesamtkonzeption zur Berliner Ausstellung »Der Krieg gegen die Sowjetunion 1941–1945« anläßlich des 50. Jahrestages des deutschen Überfalls deutlich zum Ausdruck gebracht.[73]

Dagegen erinnern die für die »Präventivkriegsthese« vorgebrachten Argumente fatal an die NS-Kriegspropaganda von 1941, aber auch sie entsprach schon damals nicht den historischen Tatsachen, denn es ging bei dem Angriff auf die Sowjetunion am 22. Juni 1941 – um dies nochmals deutlich als Bilanz festzuhalten – »nicht um einen präventiven Schlag gegen die Rote Armee«, sondern eindeutig um die Verwirklichung von Hitlers ideologisch begründetem Ostprogramm mit dem Angriffsziel, »Lebensraum im Osten« zu erobern.[74]

Anmerkungen

1 Gerhard Schreiber, Zur Perzeption des Unternehmens »Barbarossa« in der deutschen Presse, in: Gerd R. Ueberschär/Wolfram Wette (Hrsg.), »Unternehmen Barbarossa«. Der deutsche Überfall auf die Sowjetunion 1941. Berichte, Analysen, Dokumente, Paderborn 1984, S. 27-42.

2 Zum »Historikerstreit« siehe die Textsammlungen und zusammenfassenden Überblicke in: »Historikerstreit«. Die Dokumentation der Kontroverse um die Einzigartigkeit der nationalsozialistischen Judenvernichtung, München 1987; Jürgen Habermas, Eine Art Schadensabwicklung, Frankfurt 1987; Gernot Erler/Rolf-D. Müller/Ulrich Rose/Thomas Schnabel/Gerd R. Ueberschär/Wolfram Wette, Geschichtswende? Entsorgungsversuche zur deutschen Geschichte, Freiburg 1987; Reinhard Kühnl (Hrsg.), Vergangenheit, die nicht vergeht (zuletzt unter dem Titel: Streit ums Geschichtsbild). Die »Historiker-Debatte«. Darstellung, Dokumentation, Kritik, Köln 1987; Ernst Nolte, Das Vergehen der Vergangenheit. Antwort an meine Kritiker im sogenannten Historikerstreit, Berlin-Frankfurt 1987; Christian Meier, Vierzig Jahre nach Auschwitz. Deutsche Geschichtserinnerung heute, München 1987; Dan Diner (Hrsg.), Ist der Nationalsozialismus Geschichte? Zu Historisierung und Historikerstreit, Frankfurt 1987; Hilmar Hoffmann (Hrsg.), Gegen den Versuch, Vergangenheit zu verbiegen. Eine Diskussion um politische Kultur in der

Bundesrepublik aus Anlaß der Frankfurter Römerberggespräche 1986, Frankfurt 1987; Imanuel Geiss, Die Habermas-Kontroverse. Ein deutscher Streit, Berlin 1988; Eike Hennig, Zum Historikerstreit, Frankfurt am Main 1988; Hans-Ulrich Wehler, Entsorgung der deutschen Vergangenheit. Ein polemischer Essay zum »Historikerstreit«, München 1988; Landeszentrale für politische Bildung Nordrhein-Westfalen (Hrsg.), Streitfall Deutsche Geschichte. Geschichts- und Gegenwartsbewußtsein in den 80er Jahren, Essen 1988; Heinrich Senfft, Kein Abschied von Hitler. Ein Blick hinter die Fassaden des »Historikerstreits«, Hamburg 1989; Klaus Oesterle/Siegfried Schiele (Hrsg.), Historikerstreit und politische Bildung, Stuttgart 1989; Helmut Donat/Lothar Wieland (Hrsg.), »Auschwitz erst möglich gemacht?« Überlegungen zur jüngsten konservativen Geschichtsbewältigung, Bremen 1991.

3 Zur begrifflichen Einordnung siehe u. a.: Karl-Ernst Jeismann, Das Problem des Präventivkrieges im europäischen Staatensystem mit besonderem Blick auf die Bismarckzeit, München–Freiburg 1957.

4 Siehe dazu die Zwischenbilanz zum Forschungsstand in: Ueberschär/Wette (Hrsg.), Neuausgabe als Taschenbuch u. d. T.: Der deutsche Überfall auf die Sowjetunion 1941, Frankfurt 1991.

5 Joachim C. Fest, Hitler. Eine Biographie, Frankfurt 1973, S. 881.

6 Vgl. u. a. Lew Besymenski, Katheder-Revanchismus. Gedanken über die Ursprünge einer politisch-psychologischen Kampagne, in: Blätter für deutsche und internationale Politik 32 (1987) 3, S. 273–284, bes. S. 276, 280.

7 Schreiber, S. 41.

8 Gerhard L. Weinberg, Germany and the Soviet Union, 1939–1941, Leiden 1954; ders., The foreign Policy of Hitlerís Germany. Vol. 1: Diplomatic Revolution in Europe 1933–1936, Chicago–London 1970, Vol. 2: Starting World War 2, 1937-1939, Chicago-London 1980; Hugh R. Trevor-Roper, Hitlers Kriegsziele, in: Vierteljahrshefte für Zeitgeschichte 8 (1960) 2, S. 121-133; Eberhard Jäckel, Hitlers Weltanschauung. Entwurf einer Herrschaft, Tübingen 1969, erweiterte Neuausgabe Stuttgart 1981; Axel Kuhn, Hitlers außenpolitisches Programm. Entstehung und Entwicklung 1919-1938, Stuttgart 1970; Andreas Hillgruber, Hitlers Strategie, Politik und Kriegführung 1940-1941, München 1965, 2. Aufl. 1982.

9 Das Deutsche Reich und der Zweite Weltkrieg, Bd. 4: Der Angriff auf die Sowjetunion (Beitrag von Jürgen Förster), Stuttgart 1983; Eberhard Jäckel, Hitlers Herrschaft. Vollzug einer Weltanschauung, Stuttgart 1986.

10 Adolf Hitler, Mein Kampf, München 1925; Hitlers Zweites Buch. Ein Dokument aus dem Jahr 1928. Eingeleitet u. kommentiert von Gerhard L. Weinberg, Stuttgart 1961.

11 Hillgruber, S. 519 f.

12 Ebenda, S. 533.

13 Philipp W. Fabry, Der Hitler-Stalin-Pakt 1939–1941. Ein Beitrag zur Methode sowjetischer Außenpolitik, Darmstadt 1962; vgl. auch ders., Die Sowjetunion und das Dritte Reich. Eine dokumentierte Geschichte der deutsch-russischen Beziehungen von 1933 bis 1941, Stuttgart 1971. Dagegen John Erickson, Kriegsvorbereitungen der Sowjetunion 1940/41, in: Andreas Hillgruber (Hrsg.), Probleme des Zweiten Weltkrieges, Köln-Berlin 1976, S. 75–99.

14 Bernd Stegemann, Der Entschluß zum Unternehmen Barbarossa. Strategie oder Ideologie?, in: Geschichte in Wissenschaft und Unterricht 33 (1982), S. 205–213; vgl. ebenso Hartmut Schustereit, Vabanque. Hitlers Angriff auf die Sowjetunion 1941 als Versuch, durch den Sieg im Osten den Westen zu bezwingen, Herford-Bonn 1988.

15 Andreas Hillgruber, Noch einmal: Hitlers Wendung gegen die Sowjetunion 1940, in: Geschichte in Wissenschaft und Unterricht 33 (1982), S. 214–226; Gerd R. Ueberschär, Hitlers Entschluß zum »Lebensraum«-Krieg im Osten. Programmatisches Ziel oder militärstrategisches Kalkül?, in: Ueberschär/Wette (Hrsg.), S. 83–110.

16 Erich Helmdach, Überfall? Der sowjetisch-deutsche Aufmarsch 1941, Neckargemünd 1976, 7. Aufl. Berg am See 1983; Max Klüver, Präventivschlag 1941. Zur Vorgeschichte des Rußlandfeldzuges, Leoni 1986.

17 Siehe den Abdruck der Leserbriefe in: Europäische Wehrkunde/Wehrwissenschaftliche Rundschau 34 (1985), S. 306, 406, 520 f.

18 Vgl. Gerd R. Ueberschär, Deutsche Zeitgeschichte in Hitlers Schatten. Ein Überblick zum »Historikerstreit« über die Ursprünge und Vergleichbarkeit der NS-Verbrechen, in: Erler/Müller u. a., S. 2–85; ders., »Historikerstreit« und »Präventivkriegsthese«, in: Tribüne 26 (1987), S. 108-116.

19 Einzelbelege und Nachweise finden sich in der in Anm. 2 aufgeführten Literatur.

20 So Eberhard Jäckel in der Sendung »Auschwitz als Folge des Archipel GUlag?«, Norddeutscher Rundfunk, Redaktion Forum 3, 4. 1. 1987.

21 Zitiert nach: Gerd R. Ueberschär, Das Scheitern des Unternehmens »Barbarossa«. Der deutsch-sowjetische Krieg vom Überfall bis zur Wende vor Moskau im Winter 1941/42, in: Ueberschär/Wette (Hrsg.), S. 149.

22 Vgl. Eberhard Jäckel/Jürgen Rohwer (Hrsg.), Der Mord an den Juden im Zweiten Weltkrieg. Entschlußbildung und Verwirklichung, Stuttgart 1985.

23 Vgl. Andreas Hillgruber, Der Entschluß zur Ermordung der europäischen Juden, in: Jürgen Rohwer/Eberhard Jäckel (Hrsg.), Kriegswende. Dezember 1941, Koblenz 1984, S. 227.

24 Zitiert nach dem Tagebuch von Alfred Rosenberg, wiedergegeben im Leserbrief von Robert M. W. Kempner, in: Frankfurter Rundschau, 4. 7. 1987, S. 2.

25 Siehe dazu die einzelnen Forschungsergebnisse und abgedruckten Dokumente in: Ueberschär/Wette (Hrsg.), passim, sowie die Arbeiten von Christian Streit, Keine Kameraden. Die Wehrmacht und die sowjetischen Kriegsgefangenen, Stuttgart 1978, 2. Aufl. 1980; Helmut Krausnick/Hans-Heinrich Wilhelm, Die Truppe des Weltanschauungskrieges. Die Einsatzgruppen der Sicherheitspolizei und des SD 1939-1942, Stuttgart 1981; Helmut Krausnick, Hitlers Einsatzgruppen. Die Truppen des Weltanschauungskrieges 1938-1942, Frankfurt, durchges. Ausgabe 1985; Omar Bartov, The Eastern Front, 1941-45. German Troops and the Barbarisation of Warfare, London 1985; ferner: Eine Schuld, die nicht erlischt. Dokumente über deutsche Kriegsverbrechen in der Sowjetunion, Köln 1987; Arno Mayer, Der Krieg als Kreuzzug. Das Deutsche Reich, Hitlers Wehrmacht und die »Endlösung«, Reinbek 1989; Theo Schulte, The German Army and Nazi Policies in occupied Russia, Oxford 1989.

26 Ernst Topitsch, Stalins Krieg. Die sowjetische Langzeitstrategie gegen den Westen als rationale Machtpolitik, München 1985, 2. Aufl. 1986, 3. Aufl. 1990.

27 Joachim Hoffmann, Die Sowjetunion bis zum Vorabend des deutschen Angriffs, in: Das Deutsche Reich, Bd. 4, S. 38–97, und ders., Die Kriegführung aus der Sicht der Sowjetunion, in: Ebenda, S. 713–809; Viktor Suvorov, Who was Planning to Attack Whom in June 1941, Hitler or Stalin?, in: Rusi. Journal of the Royal United Services Institute for Defence Studies 130 (1985), S. 50–55; ders., Yes, Stalin was Planning to Attack Hitler in June 1941, in: Rusi. Journal of the Royal United Services Institute for Defence Studies 131 (1986), S. 73 f.

28 Zu Topitschs konservativer Position siehe Jens Fischer, Aufklärer in ideologischer Absicht. Konservativer Positivismus bei Ernst Topitsch und Hermann Lübbe, in: Martin Greiffenhagen (Hrsg.), Der neue Konservatismus der siebziger Jahre, Reinbek bei Hamburg 1974, S. 57–66.

29 Topitsch, S. 140 ff., 145.

30 Joachim Hoffmann, Stalin wollte den Krieg, in: Frankfurter Allgemeine Zeitung, 1. 10. 1986, S. 8.

31 Günther Gillessen, Der Krieg der Diktatoren. Wollte Stalin im Sommer 1941 das Deutsche Reich angreifen?, in: Frankfurter Allgemeine Zeitung, 20. 8. 1986.

32 So ein Leserbrief, in: Der Spiegel 43/1986.
33 Vgl. die Leserbriefe in der »Frankfurter Allgemeinen Zeitung« vom September bis Dezember 1986.
34 Lea Rosh, Bald sagen sie, Hitler kam Stalin nur zuvor, in: Vorwärts, 17. 1. 1987.
35 Ernst Topitsch, Perfekter Völkermord, in: Rheinischer Merkur/Christ und Welt 3, 16. 1. 1987, S. 20.
36 Gerd-Klaus Kaltenbrunner, Angst vor einem Raubtier, das schon tot ist, in: Rheinischer Merkur/Christ und Welt 51, 12. 12. 1986, S. 19.
37 Ernst Topitsch, Psychologische Kriegführung – einst und heute, in: Allgemeine Schweizerische Militärzeitschrift 152 (1986), S. 415–420; Bernd Stegemann, Geschichte und Politik. Zur Diskussion über den deutschen Angriff auf die Sowjetunion 1941, in: Beiträge zur Konfliktforschung. Psycho-politische Aspekte 17 (1987), S. 73–97; siehe auch Ernst Topitsch, Die deutsche Neurose. Pseudo-Moral als Waffe psychologischer Kriegführung, in: Criticon 100–101/1987, S. 67–72.
38 Elke Fröhlich (Hrsg.), Die Tagebücher von Joseph Goebbels. Sämtliche Fragmente, 4 Bde, München 1987.
39 Siehe u. a. den diffamierenden Bericht »Deutsche Geschichte ›amtlich‹ gefälscht. Das Militärgeschichtliche Forschungsamt der Bundeswehr macht es möglich«, in: Deutsche Wochen-Zeitung 4/1985.
40 Jörg Albisser, Ein anderer Historikerstreit. Turbulenzen im Militärgeschichtlichen Forschungsamt (Freiburg i. Br.), in: Criticon 100–101/1987, S. 120–123.
41 Zum »Echo von rechts« siehe u. a. die Artikel: Die Schuld am Rußlandfeldzug. Ein neues Geschichtsbild entsteht, in: Deutsche National-Zeitung 3/1987, S. 3, und Georg Pemlier, So kam es zum Rußland-Feldzug. War es wirklich ein Überfall?, in: Deutsche National-Zeitung 23/1987, S. 5; Adolf von Thadden, Der Rußlandfeldzug – Überfall oder Präventivschlag?, in: Nation und Europa 3/1987, S. 32–37.
42 Michael Stürmer, Geschichte in einem geschichtslosen Land, in: Frankfurter Allgemeine Zeitung, 25. 4. 1986; ders., Suche nach der verlorenen Erinnerung. Es geht um innere Kontinuität und außenpolitische Berechenbarkeit, in: Das Parlament 20/21 (17./24. 5. 1986), S. 1.
43 Vgl. dazu Arno Klönne, Bundestagswahl. Historiker-Debatte und »Kulturrevolution von rechts«, in: Blätter für deutsche und internationale Politik 32 (1987) 3, S. 285–296.
44 Hans Mommsen, Suche nach der »verlorenen Geschichte«? Bemerkungen zum historischen Selbstverständnis der Bundesrepublik, in: Merkur 40 (1986) 10, S. 867.
45 Günther Gillessen, Der Krieg der Diktatoren. Ein erstes Resümee der Debatte über Hitlers Angriff im Osten, in: Frankfurter Allgemeine Zeitung, 25. 2. 1987, S. 33.
46 Siehe z. B.: »Kriegsverbrecher«-Prozesse: So wird gefälscht. Forschungsamts-Direktor Dr. Hoffmann deckt auf, in: Deutsche National-Zeitung 22/1987, S. 5.
47 Klönne, S. 288, zum folgenden S. 296. Zur Verschiebung der ideellen Grundlagen der Bundesrepublik siehe auch die Hinweise bei Bernd Faulenbach, NS-Interpretationen und Zeitklima. Zum Wechsel in der Aufarbeitung der jüngsten Vergangenheit, in: Aus Politik und Zeitgeschichte. Beilage zur Wochenzeitung Das Parlament B 22/87 (30. 5. 1987), S. 19–30.
48 Ernst Nolte, Der europäische Bürgerkrieg 1917–1945. Nationalsozialismus und Bolschewismus, Frankfurt–Berlin 1987, zu den folgenden Zitaten siehe S. 460 f., 466.
49 Wigbert Benz, Präventiver Völkermord? Zur Kontroverse um den Charakter des deutschen Vernichtungskrieges gegen die Sowjetunion, in: Blätter für deutsche und internationale Politik 33 (1988) 10, S. 1215–1227.
50 Hillgruber, Noch einmal, S. 214, 224.
51 Wigbert Benz, Der Rußlandfeldzug des Dritten Reiches. Ursachen, Ziele, Wirkungen, Frankfurt 1986, 2. Aufl. 1988; Bianka Pietrow, Deutschland im Juni 1941 – ein Opfer sowjetischer Aggression?, in: Geschichte und Gesellschaft 14 (1987), S. 116–135; Gerd R.

Ueberschär/Wolfram Wette, Kriegspropaganda mit der »antibolschewistischen Platte«, in: Frankfurter Rundschau, 23. 6. 1987, S. 10.

52 Siehe Pietrow; zur Einschätzung der Stalin-Rede vgl. auch Besymenski, S. 281 f.

53 Rainer Zitelmann, Hitler. Selbstverständnis eines Revolutionärs, Hamburg–Leamington Spa–New York 1987, S. 463; ders., Zur Begründung des »Lebensraum«-Motivs in Hitlers Weltanschauung, in: Wolfgang Michalka (Hrsg.), Der Zweite Weltkrieg. Analysen, Grundzüge, Forschungsbilanz, München 1989, S. 551-567; Jäckel, Hitlers Herrschaft.

54 Viktor Suworow, Der Eisbrecher. Hitler in Stalins Kalkül, Stuttgart 1989, inzwischen mehrere Auflagen.

55 Vgl. u. a. die Besprechungen von Bernd Bonwetsch, Was wollte Stalin am 22. Juni 1941? Bemerkungen zum »Kurzen Lehrgang« von Viktor Suworow, in: Blätter für deutsche und internationale Politik 34 (1989) 6, S. 687-695; ferner Rolf-Dieter Müllers Rezension in: 1999. Zeitschrift für Sozialgeschichte des 20. und 21. Jahrhunderts 4 (1989) 4, S. 148-151; Wolfgang Malanowski, Rücken an Rücken oder Brust an Brust?, in: Der Spiegel 10/1989, S. 148-164; ebenso die Besprechung von Alexander Fischer, Unternehmen »Barbarossa«, in: Das Parlament 8, 16. 2. 1990, S. 13; und die Widerlegung von Suvorovs Thesen durch Gabriel Gorodetsky, Stalin und Hitlers Angriff auf die Sowjetunion. Eine Auseinandersetzung mit der Legende vom deutschen Präventivschlag, in: Vierteljahrshefte für Zeitgeschichte 37 (1989) 4, S. 645-672.

56 Topitsch, Stalins Krieg, 3. Aufl. als »Neuausgabe«, Herford 1990, neuerdings 2. überarb. und erw. Aufl. Herford 1993; Dimitri Wolkogonow, Stalin. Triumph und Tragödie. Ein politisches Porträt, Düsseldorf 1989.

57 Heinz Magenheimer, Neue Erkenntnisse zum »Unternehmen Barbarossa«, in: Österreichische Militärische Zeitschrift 29 (1991) 5, S. 441–445; ders., Zum deutsch-sowjetischen Krieg 1941. Neue Quellen und Erkenntnisse, in: Österreichische Militärische Zeitschrift 32 (1994) 1, S. 51-60.

58 Vgl. Ueberschär/Wette (Hrsg.), S. 399 ff.; Bernd Wegner (Hrsg.), Zwei Wege nach Moskau. Vom Hitler-Stalin-Pakt bis zum »Unternehmen Barbarossa«, München 1991, S. XIII f., darin insbesondere: Gabriel Gorodetsky, Stalin und Hitlers Angriff auf die Sowjetunion, S. 347–366; Roland Foerster (Hrsg.), »Unternehmen Barbarossa«. Zum historischen Ort der deutsch-sowjetischen Beziehungen von 1933 bis Herbst 1941, München 1993; Norman Naimark/Alexander Dallin/David Holloway/Sasha Pursley (Ed.), Operation Barbarossa: The German Attack on the Soviet Union, June 22, 1941, Salt Lake City: The College of Humanities, University of Utah, 1991 (Soviet Union/Sovietique Union, Vol. 18, Nos. 1–3); Hans Schafranek/Robert Streibel (Hrsg.), 22. Juni 1941. Der Überfall auf die Sowjetunion, Wien 1991; Hans-Heinrich Nolte, Der deutsche Überfall auf die Sowjetunion 1941. Text und Dokumentation, hrsg. v. d. Niedersächsischen Landeszentrale für politische Bildung, Hannover 1991; Peter Jahn/Reinhard Rürup (Hrsg.), Erobern und Vernichten. Der Krieg gegen die Sowjetunion 1941-1945. Essays, Berlin 1991; Hans-Heinrich Nolte (Hrsg.), Der Mensch gegen den Menschen. Überlegungen und Forschungen zum deutschen Überfall auf die Sowjetunion 1941, Hannover 1992.

59 Wolkogonow, S. 548; Vladimir Karpov, Zukov, in: Kommunist vooruzjonnijch sil (Kommunist der Streitkräfte) 5/1990, vgl. dazu auch den Hinweis bei Magenheimer, Neue Erkenntnisse, S. 444; Walerij Danilow, Hat der Generalstab der Roten Armee einen Präventivkrieg gegen Deutschland vorbereitet?, in: Österreichische Militärische Zeitschrift 31 (1993) 1, S. 41–51; E. I. Zjuzyn, Gotovil li SSSR preventivnyj udar? (Bereitete die UdSSR einen Präventivkrieg vor?), in: Voenno-Istoriceskij Zurnal 1/1992, S. 7–29; Andrej N. Mercalov, Der 22. Juni 1941: Anmerkungen eines sowjetischen Historikers, in: Aus Politik und Zeitgeschichte. Beilage zur Wochenzeitung Das Parlament 24 (7. 6. 1991), S. 25–36; Ju. A. Gorkov (Generaloberst), Gotovil li Stalin upreschdajuschtschij udar protiv Gitlera v 1941? (Was Stalin Preparing a Forestalling Thrust against Hitler in 1941?), in: Novaja i novejschaja Istorija 3/1993, S. 29–45.

203

60 Vgl. Günther Gillessen, Krieg zwischen zwei Angreifern, in: Frankfurter Allgemeine Zeitung, 4. 3. 1993; vgl. noch zuvor: Volker Detlef Heydorn, Der sowjetische Aufmarsch im Bilystoker Balkon bis zum 22. Juni 1941 und der Kessel von Wolkowysk, München 1989.

61 Ernst Nolte, Der Faschismus in seiner Epoche, München 1963, S. 436.

62 Vgl. Wolfram Wette, Die propagandistische Begleitmusik zum deutschen Überfall auf die Sowjetunion am 22. Juni 1941, in: Ueberschär/Wette (Hrsg.), S. 111–129; ders., »Unternehmen Barbarossa«: Die verdrängte Last von 1941, in: Donat/Wieland (Hrsg.), S. 94–103.

63 Annette Kuhn, »Wem gehört die deutsche Geschichte.« Eine notwendige Diskussion zu einer falsch gestellten Frage, in: Blätter für deutsche und internationale Politik 32 (1987), S. 25–32, hier S. 25; vgl. auch Wolfram Wette, Über die Wiederbelebung des Antibolschewismus mit historischen Mitteln. Oder: Was steckt hinter der Präventivkriegsthese?, in: Erler/Müller u. a., S. 86–115.

64 Gerhart Hass, Der deutsch-sowjetische Krieg 1941–1945. Zu einigen Legenden über seine Vorgeschichte und den Verlauf der ersten Kriegswochen, in: Zeitschrift für Geschichtswissenschaft 39 (1991) 7, S. 647–662, hier besonders S. 651 f.

65 Fritz Becker, Im Kampf um Europa. Stalins Schachzüge gegen Deutschland und den Westen, Graz–Stuttgart 1991; Werner Maser, Der Wortbruch. Hitler, Stalin und der Zweite Weltkrieg, München 1994.

66 Rainer F. Schmidt, Eine verfehlte Strategie für alle Fälle. Stalins Taktik und Kalkül im Vorfeld des Unternehmens »Barbarossa«, in: Geschichte in Wissenschaft und Unterricht 45 (1994), S. 368–379.

67 Ernst Nolte, Streitpunkte. Heutige und künftige Kontroversen um den Nationalsozialismus, Berlin–Frankfurt 1993, S. 269.

68 Vgl. Michael Schneider, Das »Unternehmen Barbarossa«. Die verdrängte Erblast von 1941 und die Folgen für das deutsch-sowjetische Verhältnis, Frankfurt 1989; Wolfram Wette, Erobern, zerstören, auslöschen. Die verdrängte Last von 1941: Der Rußlandfeldzug war ein Raub- und Vernichtungskrieg von Anfang an, in: Die Zeit 48, 20. 11. 1987, S. 49 f.

69 Wolfram Wette, Verteidigungslügen. Warum die Mär vom deutschen Präventivkrieg gegen Rußland neu belebt wird, in: Die Zeit 28, 8. 7. 1988.

70 Siehe die Beiträge in dem Sammelband: Elisabeth Raiser/Hartmut Lenhard/Burkhard Homeyer (Hrsg.), Brücken der Verständigung. Für ein neues Verhältnis zur Sowjetunion. Im Auftrag der Arbeitsgem. Solidarische Kirche Westfalen und Lippe, Gütersloh 1986.

71 Wigbert Benz, NS-Völkermord in der UdSSR und Friedenserziehung im Geschichtsunterricht, in: Karlsruher pädagogische Beiträge 7 (1986) 13/14, S. 57–69, hier S. 58, 64 f., zum Unterrichtsmodell siehe ders., Der Rußlandfeldzug, S. 144 ff., 159 ff. Zur pädagogischen Forderung, Feindbilder generell abzubauen und Feindbildpropaganda zu unterlassen, vgl. die Ansprache von Bundespräsident Richard von Weizsäcker bei der Kommandeurstagung der Bundeswehr vom 3. 6. 1987, auszugsweise abgedruckt in: Frankfurter Rundschau, 5. 6. 1987, S. 4.

72 Siehe Abdruck der acht »Versöhnungsthesen« in: Arbeitsgemeinschaften Solidarische Kirche Westfalen und Lippe u. a. (Hrsg.), Versöhnung und Frieden mit den Völkern der Sowjetunion. Herausforderungen zur Umkehr. Eine Thesenreihe, Redaktion: Hartmut Lenhard, Gütersloh 1987; ferner in: DS zitiert: Neue Thesen zur Versöhnung mit der Sowjetunion. »Glasnost« auch im Westen, in: Deutsches Allgemeines Sonntagsblatt 23, 7. 6. 1987, S. 16; Zur Diskussion vor dem Hintergrund der Ostdenkschrift von 1965 vgl. dagegen Erwin Wilkens, Ideologische Befangenheit ist keine guter Ratgeber, in: Rheinischer Merkur/Christ und Welt 23, 5. 6. 1987, S. 21, und den Bericht: Ruf nach Versöhnung mit Sowjetunion bewegt Kirchenpolitiker, in: Frankfurter Rundschau, 26. 5. 1987, S. 1. Vgl. ferner: Dietrich Goldschmidt (Hrsg.), Frieden mit der Sowjetunion – eine unerledigte Aufgabe, Gütersloh 1989.

73 Reinhard Rürup (Hrsg.), Der Krieg gegen die Sowjetunion 1941–1945. Eine Dokumentation (Ausstellungskatalog), Berlin 1991.
74 So die Feststellung von Manfred Messerschmidt in der Einleitung zu: Das Deutsche
Reich, Bd. 4, S. XVI.

Fabian Virchow

»Revisionismus« und Antisemitismus am Beispiel der Frey-Presse

Seit der Befreiung Europas vom deutschen Faschismus verbreitet die extreme Rechte – vorgeblich auf der Suche nach der historischen Wahrheit – »revisionistische« Propaganda. Allen Erkenntnissen und Tatsachen zum Trotz wird der nationalsozialistische Massenmord an den europäischen Juden geleugnet, verharmlost oder relativiert; die Ursache für den Zweiten Weltkrieg wird wahlweise Polen, Großbritannien, den USA oder der Sowjetunion zugeschoben. Solche Agitation findet in unzähligen Varianten ihren Niederschlag in den Publikationen der extremen Rechten. Mal als Phrase wie in den Magazinen der Nazi-Skins, mal wissenschaftlich aufgemacht wie in der Vierteljahresschrift »Deutschland in Geschichte und Gegenwart« – schier unerschöpflich sind die Bemühungen, den Faschismus von seinen beiden schwersten Verbrechen zu befreien, um den politischen Spielraum der extremen Rechten zu erweitern.

Die weite Verbreitung der »Deutschen National-Zeitung«, ihre hohe Auflage sowie die Häufigkeit ihres Erscheinens legen es nahe, »revisionistische« Agitationsmuster und die damit verbundene Bedienung antisemitischer Stereotype in dieser Zeitung zu untersuchen.

Das Presseimperium des Dr. Frey

Als im Jahre 1958 in München der aus vermögendem Elternhaus stammende Gerhard Frey 50 % der Anteile der »Deutschen Soldaten-Zeitung« erwarb[1], ahnte niemand, daß das Blatt auch vierzig Jahre später noch zu den bedeutendsten Agitationsinstrumenten der extremen Rechten in der Bundesrepublik gehören würde.

Die »Deutsche Soldaten-Zeitung« setzte sich – antikommunistisch motiviert – bereits früh für den Wiederaufbau einer deutschen Armee ein. Nachdem Frey 1958 die Deutsche Soldaten-Zeitung

Verlag GmbH gegründet hatte, erhielt das Blatt Ende 1960 den Titel »Deutsche Soldaten-Zeitung und National-Zeitung«.[2] In dieser Änderung kam bereits die Erweiterung der im Blatt berücksichtigten Themen zum Ausdruck. Nun ging es nicht mehr allein um die Glorifizierung der Kriegshandlungen deutscher Soldaten und die Beschimpfung von Angehörigen des aus Militärkreisen kommenden Widerstands gegen Hitler; hinzu traten revanchistische Forderungen nach Rückgabe der ehemaligen Ostgebiete, Kommentare über politische Ereignisse im Ausland sowie die Forderung nach Einführung der Todesstrafe.

Seitdem sich das Blatt, das im Untertitel mit dem Slogan »Das Gewissen der Nation« warb, nicht mehr allein an ehemalige Soldaten und Offiziere wandte, stieg die Auflage auf über 100.000 Exemplare. Eine Untersuchung aus den 60er Jahren wies darauf hin, daß die Zeitung, in der »die radikalsten und extremsten Ansichten vertreten und Forderungen erhoben« werden und »nationalistische und nazistische Ideen und Vorstellungen Unterstützung« finden, sich »zu einer Art Zentralorgan der rechtsradikalen Kräfte in der Bundesrepublik« entwickele.[3]

Seit Gründung der Zeitung hatte diese sich dem »revisionistischen« Kampf gegen die sogenannte »Kriegsschuldlüge« verschrieben.[4] Den »Auschwitz-Prozeß«, den 17 Jahre (!) nach dem Ende des Zweiten Weltkrieges stattfindenden, ersten großen Kriegsverbrecherprozeß vor einem deutschen Gericht, kommentierte das Blatt mit den Worten: »Nach den Nürnberger Prozessen und dem Eichmann-Prozeß wird die Weltpresse eine neue Welle des Deutschenhasses zu entfachen suchen, mit all ihren – nicht zuletzt finanziellen – Folgen für die Bundesrepublik.«

Zu einem Bestseller der geschichtsfälschenden Literatur wurde Anfang der 60er Jahre das Buch »Der erzwungene Krieg« des unbekannten US-Amerikaners David L. Hoggan.[5] Hoggan versuchte Hitler weitgehend von der Verantwortung für den Zweiten Weltkrieg zu entlasten, indem er die Kriegsursache in diplomatischen und menschlichen Fehlern sah. In dem englischen Außenminister Halifax machte er den eigentlichen Verantwortlichen wider den Frieden und den Hauptkriegsverbrecher aus.[6] Eine Vortragsreise durch die Bundesrepublik, die 1964 für öffentlichen Protest und eine Diskussion im Bundestag sorgte, brachte den organisierenden Gruppen nicht nur Publizität, sondern trug auch zur engeren Zusammenarbeit bis dahin rivalisierender Organisationen der extremen Rechten bei.[7] Auch Frey beteiligte sich am »Hoggan-Rummel«, gab für ihn in München einen Empfang und veröffentlichte in der Folge dessen Beiträge in der von ihm herausgegebenen »Deutschen National-Zeitung«. Daß die in den Schriften enthaltenen verfälschenden Interpretationen historischer Dokumente von der Geschichtswissenschaft bis ins Detail nachgewiesen wurden, störte den Münchner Verleger nicht.

Schon früh fanden sich in den Frey-Zeitungen[8] auch antisemitische Invektiven. So hieß es etwa in unmittelbarem Zusammenhang mit der Diskussion um die Verjährungsfrist für Kriegsverbrechen: »Erpreßt in alle Ewigkeit? – Kapitulation vor dem Weltjudentum«.[9] Auch die 1965 auf dem Gelände des ehemaligen Konzentrationslagers in Dachau errichtete Gedenkstätte wurde immer wieder zum Anlaß genommen, um Zweifel am nationalsozialistischen Massenmord an den europäischen Juden zu schüren. Das belegen die Schlagzeilen der »Deutschen National-Zeitung«: »Gaskammer-Schwindel aufgedeckt« (1960), »Kein Jude in Dachau vergast« (1974), »Die Gaskammer von Dachau – Die Wahrheit über das KZ« (1980) oder »Lügen über das KZ Dachau – Wie es wirklich war« (1983)[10].

Zusätzlich zur »Deutschen National-Zeitung« schuf Frey 1971 den »Deutschen Anzeiger« (DA) als Verbandsorgan der von ihm im selben Jahr als Auffangbecken für enttäuschte NPD-Anhänger gegründeten »Deutschen Volksunion e.V.«[11] Kurzfristig konnte Frey sogar über drei Wochenzeitungen verfügen, nachdem er 1986 die »Deutsche Wochen-Zeitung« (DWZ) des ehemaligen NPD-Präsidiumsmitglieds Waldemar Schütz übernommen hatte. 1991 führte er DA und DWZ zusammen; die »Deutsche Wochen-Zeitung« und die »Deutsche National-Zeitung«, die heute eine Auflage von wöchentlich etwa 100.000 Stück haben dürften, sind im wesentlichen textidentisch.

1987 hatte Frey – zunächst in Kooperation mit der »Nationaldemokratischen Partei Deutschlands« (NPD) – als Wahlpartei die »Deutsche Volksunion – Liste D« (später verkürzt auf »Deutsche Volksunion« (DVU) ins Leben gerufen, um das Wählerpotential der extremen Rechten nicht der Partei »Die Republikaner« zu überlassen. Bei den Wahlkämpfen der folgenden Jahre, insbesondere in Bremen und Schleswig-Holstein, wo 1987 und 1991 bzw. 1992 der Einzug in die Länderparlamente gelang, war die Werbung für die DVU zentraler Gegenstand der Berichterstattung der Frey-Zeitungen. Dabei verband sich aggressiver Rassismus gegen Flüchtlinge und Sinti und Roma mit nationalistischen und revanchistischen Standpunkten. Und neben der bereits bekannten Verherrlichung der Wehrmacht fanden sich erneut unzählige Beiträge, in denen mehr oder weniger deutlich Zweifel an der Ermordung von sechs Millionen Juden durch den deutschen Faschismus formuliert wurden. Die im Besitz von Frey befindlichen Wochenzeitungen fungierten dabei »als Integrationskern einer mehr oder weniger lose organisierten Anhängerschaft«.[12]

Aufgrund ihrer aggressiven Propaganda riefen die »Deutsche National-Zeitung« und ihr Herausgeber wiederholt Proteste der demokratischen Öffentlichkeit hervor. Nach der Veröffentlichung holocaustleugnender Textpassagen wurde die »Deutsche National-Zeitung« 1979 in Österreich gerichtlich eingezogen. Grundlage war dort das Gesetz gegen die NS-Wiederbetätigung.[13] Schon 14 Jahre vorher hatte der SPD-Bundestagsabgeordneten Adolf Arndt in der Debatte um die Verjährungsfrist für NS-Verbrechen konstatiert, daß bei der »Deutschen National-Zeitung« »aus jeder Zeile der giftigste Antisemitismus« hervorkomme; was dort stehe, sei »die Sprache der potentiellen Mörder von morgen«. Noch heute ist diese Zeitung, deren Inhalt sich im Wesen nicht geändert hat, an vielen Kiosken käuflich erhältlich und bietet so einen einfachen Zugang zu antisemitischem und »revisionistischem« Gedankengut.[14]

Geschichtsfälschung

Die seit Jahrzehnten in der »Deutschen National-Zeitung« auftauchende »revisionistische« Agitation bedient sich einer Vielzahl verschiedener Ansatzpunkte und Vorgehensweisen. Diese oszillieren zwischen Verharmlosung und Leugnung des nationalsozialistischen Massenmords an den europäischen Juden. Während im ersten Fall Rationalisierung, Aufrechnung, Abschieben oder Personalisierung der Schuld im Mittelpunkt stehen, verbindet sich im zweiten Fall die Opfer-Täter-Umkehr mit der Abwertung und Diffamierung des Gegners.[15]

Der »Revisionismus« gerät jedoch, wird er extrem formuliert oder ins Aggressive transformiert, in Konflikt mit Strafgesetzen. Daher ist, wie Hermann Bott in seiner Studie über Methoden »rechtsradikaler Propaganda« deutlich gemacht hat, diese Agitation oft durch die formale Abgrenzung gekennzeichnet: »Vor allem aus Gründen der juristischen Absicherung bedienen sich die rechtsradikalen Propagandisten der formalen Distanzierung.«[16] Verschiedentlich finden sich denn auch in der Frey-Presse nach Pflichtübung klingende Passagen wie diese: »Wobei völlig klar ist, daß die nationalsozialistische KZ-Barbarei scharf zu verurteilen ist.«[17] Ähnliches wird in einem Beitrag über die Sterbebücher des Vernichtungslagers Auschwitz formuliert. Das Lager sei ein Symbol »für die abscheuliche, menschenverachtende und zutiefst zu verurteilende antisemitische Barbarei der Hitlerzeit«.[18] Im Gesamtzusammenhang der jeweiligen Artikel und der Gesamtlinie der »Deutschen National-Zeitung« verschwinden diese formellen Bekenntnisse jedoch; die Sympathie der Autoren ist eindeutig verteilt. So heißt es in einem Beitrag über die Verurteilung eines »Revisionisten« distanziert, dieser habe sich »mit dem Mauerwerk in Auschwitz-Gebäuden beschäftigt, in denen sich *nach herrschender Ansicht* die Gaskammern befunden haben«.[19] Schließlich versucht die »Deutsche National-Zeitung« der Gefahr juristischer Sanktionierung dadurch auszuweichen und dennoch die spezifische Botschaft an den empfänglichen Leser zu bringen, indem oft »unter donnernden Überschriften ein Text folgt, der den Schlagzeilen nicht«[20] immer gerecht wird.

Die »revisionistische« Agitation der »Deutschen National-Zeitung« stellt inhaltlich zwei Aspekte in den Vordergrund: die Zahl der vom deutschen Faschismus ermordeten Juden[21] und die Kriegshandlungen oder »Verbrechen« andere Regierungen im Zweiten Weltkrieg.

Unter der zentimetergroßen Überschrift »Die Wahrheit über Auschwitz. Wieviele kamen wirklich um?« druckt das Blatt im Mai 1993 einen Beitrag ab, den es bereits dreißig Jahre zuvor veröffentlicht hatte.[22] Darin wird wie in anderen Publikationen neofaschistischer Gruppierungen im In- und Ausland ein Vergleich von bisher publizierten Opferzahlen dazu benutzt, aus deren Unterschiedlichkeit grundsätzliche Zweifel am Ausmaß der Verbrechen des deutschen Faschismus abzuleiten. Ein weiterer Beitrag auf derselben Seite trägt den Titel »Millionengrab Auschwitz«. Dort wird nicht etwa über den Massenmord an den europäischen Juden berichtet, sondern eine Aufstellung von Zahlungen zur Finanzierung von Instandsetzungsarbeiten in der Gedenkstätte des Vernichtungslagers Auschwitz gegeben. Der Autor hält dieses Geld nicht nur für verschwendet; die Überschrift erweist sich zudem als zynisches Wortspiel.

Eine besondere Rolle in der Agitation der »Deutschen National-Zeitung« spielen die Zahlenangaben des »Sonderstandesamtes Arolsen«. Die Einrichtung versucht, auf der Grundlage einer nach eigenen Angaben »sehr unvollständigen Sammlung von Akten« Auskunft über das Schicksal von Konzentrationslagerhäftlingen zu geben. Dabei bedient es sich u. a. der offiziellen Sterbebücher. Obwohl es immer wieder betont hat, daß die dabei ermittelten Zahlen in keiner Weise die Gesamtzahl der in den Konzentrationslagern ermordeten Menschen umfaßt, beruft sich die Publizistik der extremen Rechten immer wieder auf die beurkundete Zahl von etwa 300.000 Sterbefällen. Zwar räumt auch die »Deutsche National-Zeitung« am Rande ihrer Berichterstattung gelegentlich ein, daß diese Zahlen unvollständig sind. Diesem Hinweis stehen jedoch vielfältige andere Beiträge und Artikel gegenüber, in denen – etwa unter Überschriften wie »Aus Moskauer Geheimarchiven freigegeben«[23] oder »Auschwitz-Fälscher aufgeflogen«[24] – zugleich suggeriert wird, die Zahl der Ermordeten sei tatsächlich in einer solchen Größenordnung anzusiedeln.

Für das Vernichtungslager Auschwitz stellt die »Deutsche National-Zeitung« beispielsweise die Zahl 69.000 Tote groß heraus.[25] Die heute gesicherte Zahl von etwa einer Million in Auschwitz-Birkenau ermordeten Juden wird ignoriert; bei solchen Gelegenheiten betont die »Deutsche National-Zeitung« immer wieder den offiziellen Charakter der Einrichtung in Arolsen[26], um der eigenen Darstellung größere Glaubwürdigkeit zu verleihen. Zugleich verbindet das Blatt mit den Falschdarstellungen denunziatorische Attacken. Im November 1994 hieß es daher: »Nur als pervers bewertet werden kann, wer sich nach möglichst hohen Opferzahlen von Holocaustverbrechen sehnt.«[27]

An anderer Stelle verharmlost die Frey-Presse das System der NS-Konzentrationslager, indem sie einzelne Lager isoliert betrachtet. Unter der Überschrift »Die Wahrheit über Theresienstadt« gibt die »Deutsche Wochen-Zeitung« im November 1991 einen Befehl der »Reichsführung-SS« wieder:

»Der Reichsführer-SS wünscht die Abtransportierung von Juden aus Theresienstadt nicht, da sonst die Tendenz, daß die Juden im Altersghetto Theresienstadt in Ruhe leben und sterben können, damit gestört würde.«

Direkt im Anschluß macht sich das Blatt die NS-Propaganda zu eigen, wenn es schreibt:

»In diesem Befehl kommt klar zum Ausdruck, um was es sich bei Theresienstadt nach den Vorstellungen des NS-Regimes handelte: um eine Sammelstätte für Juden, die dort bis an ihr natürliches Lebensende verbleiben sollten, nicht aber um ein ›Vernichtungslager‹ oder um eine ›Durchgangsstation in den Tod‹.«[28]

Tatsächlich jedoch war für viele Juden Theresienstadt Durchgangsstation in das Vernichtungslager Auschwitz; zwischen dem 28. September und dem 28. Oktober 1944 wurden z.B. mehr als 18.000 Häftlinge dorthin deportiert. Diese elf Transporte begannen, nachdem Theresienstadt seine Funktion als »Vorzeige-Lager« für die internationale Öffentlichkeit erfüllt hatte.[29]

»Theresienstadt war keine Alternative zu Auschwitz, sondern in seiner Art eines der Hilfsinstrumente, die für das Funktionieren von Auschwitz bei der Vernichtung der europäischen Juden für notwendig gehalten wurde.«[30]

In den vergangenen Jahren hat die »Deutsche National-Zeitung« eine weitere Variante der Relativierung der nationalsozialistischen Verbrechen ausgebaut. Mit Überschriften wie »Die KZ-Lüge von Buchenwald«[31], »Der KZ-Buchenwald-Schwindel«[32] oder »KZ Buchenwald: Was wirklich geschah«[33] weckt das Blatt zunächst Assoziationen zur »Auschwitz-Lüge« und transportiert damit deren Botschaft; die folgenden Texte befassen sich jedoch in der Regel mit der Nutzung der Konzentrationslager als Internierungslager nach der Befreiung vom Faschismus und prangern tatsächliche oder vermeintliche Vergehen in diesen Einrichtungen an.

Die Zeitungen aus dem Hause Frey kommen dabei zu deutlich unterschiedlichen Bewertungen der Ereignisse vor und nach 1945. Während für die »Deutsche Wochen-Zeitung« Theresienstadt eine »Stätte des NS-Unrechts« war, wurde daraus nach 1945 »ein tschechisches KZ für Deutsche und der Gipfel des Grauens«.[34] In der »Deutschen National-Zeitung« nimmt kaum ein Bericht über das KZ Sachsenhausen Notiz von den Leiden der dort von den Nationalsozialisten inhaftierten, malträtierten und ermordeten Menschen. Von Mitgefühl gar nicht zu reden. Umfangreiche Berichte finden sich hingegen über die Zeit nach der Befreiung, als es als Internierungslager diente. Dann ist von »zu Tode gemarterten Menschen«, »eingepferchten und massenhaft zu Tode gebrachten Deutschen« in den »Nachkriegs-KZ der Sowjets« die Rede.[35] An anderer Stelle wird die »antideutsche KZ-Barbarei«[36] angeprangert.

Diese propagandistische Verschiebung knüpft vor allem an antikommunistische Vorurteile und Einstellungen an und verbindet die Verharmlosung der Nazi-Verbrechen mit ihrer Relativierung durch tatsächliche oder vermeintliche Vergehen und Verbrechen anderer.

Als sei Angriff die beste Verteidigung, finden sich in vielen Beiträgen der »Deutschen National-Zeitung« Hinweise auf Kriege und Interessenkonflikte, die die Verbrechen des deutschen Faschismus in milderem Licht erscheinen lassen sollen. Summarisch heißt es Anfang 1986 etwa:

»Aber wo bleibt der Hinweis auf die vielen Millionen im Zuge der sogenannten Befreiung ermordeten Deutschen und Angehörigen anderer europäischer sowie asiatischer Nationen? Seit Niederwerfung Hitlers gab es mindestens 150 blutige Kriege in der Welt mit über 30 Millionen Toten und 150 Millionen Verwundeten...«[37]

Zehn Jahre später ist die Zielrichtung nahezu identisch:

»Jeder andere Massenmord der Weltgeschichte wird minimiert oder gar ignoriert. Dies gilt für die 50 bis 100 Millionen Toten des Stalinismus ebenso wie für die vielleicht 90 Millionen ausgerotteten Indianer, die 50 Millionen bei der ›Neger‹-Sklaverei zu Tode Gebrachten, die Dutzende Millionen Opfer des englischen, französischen, belgischen, spanischen usw. usw. Kolonialismus.«[38]

Daß die Verbrechen des deutschen Kolonialismus nicht erwähnt werden, überrascht nicht.

Zu den »Verbrechen« der Alliierten im Zweiten Weltkrieg zählen die Zeitungen von Gerhard Frey vor allem die Bombenangriffe auf deutsche Städte. Von diesen versprach sich das Alliierte Bomberkommando die Zermürbung der deutschen Kampfmoral. Die »Deutsche National-Zeitung« vergleicht diese Kriegshandlungen hingegen mit dem industriell organisierten Massenmord an den europäischen Juden und inflationiert dabei die Verwendung des Begriffs Holocaust: »Holocaust an Deutschen« und »Ungezählte starben im alliierten Holocaust«[39] formuliert das Blatt, fabuliert von 350.000 Toten und versteigt sich zu der in eine rhetorische Frage gekleideten Behauptung »Dresden – Kein Gipfel der Unmenschlichkeit?«.[40]

Für die Berichterstattung der »Deutschen National-Zeitung« gilt insgesamt, was Peter Kritzer im Detail für die gerichtliche Aburteilung weniger NS-Verbrecher durch deutsche Gerichte gezeigt hat:

»Das Mitgefühl der ›Nationalzeitung‹ ist immer gleichmäßig verteilt. Es gehört den deutschen Mördern und den deutschen Opfern. Den Mördern, wenn sie beim Geschäft des Mordens NS-Uniform trugen, den deutschen Opfern, soweit sie von Russen, Polen oder von linken Terroristen ermordet wurden oder als Zivilisten bei der Vertreibung oder im Luftkrieg ums Leben kamen.«[41]

Schon in den 60er Jahren hat die »Deutsche National-Zeitung« eine Generalamnestie für die deutschen Kriegsverbrecher gefordert und den »Nürnberger Prozeß« gegen die Hauptkriegsverbrecher als Unrecht bezeichnet.[42] Ebenso engagiert berichtet sie in jüngster Zeit über »Revisionisten« wie Otto Ernst Remer, Germar Rudolf oder Udo Walendy.[43] Sie alle sollen nach Ansicht der Wochenzeitung des Münchner Verlegers ihre antisemitische Agitation in Zukunft ungehindert betreiben können.

Antisemitische Figuren in der
»Deutschen Nationalzeitung«

Die »Deutsche National-Zeitung« versucht durch den Hinweis auf fremde Schuld den Nationalsozialismus von seinem kriminellen Charakter zu reinigen. Dabei scheut sie auch nicht davor zurück, die Opfer des NS-Terrors zu Tätern zu machen. Als »objektive Wahrheit« verbreitete sie wiederholt einen Artikel, der am 24. März 1933 in der englischen Boulevardzeitung »Daily Express« erschienen war.[44] Dieser informiert über Proteste und die Androhung von Boykottmaßnahmen englischer und amerikanischer Juden als Gegenreaktion auf antijüdische Aktionen der Nationalsozialisten. Denselben Beitrag hatte schon das Nazi-Blatt »Völkischer Beobachter« zu einer Steigerung der antisemitischen Hetze benutzt. Die »Deutsche National-Zeitung« macht daraus eine »jüdische Kriegserklärung«, wie sie zwischen kriegführenden Nationen üblich ist, und legt auf diese Weise nahe, daß der folgende Weltkrieg und alle damit zusammenhängenden Verbrechen vom »Judentum« zu verantworten seien. Derselbe Beitrag der »Deutschen National-Zeitung« enthält auch den Hinweis auf die Veröffentlichung eines in den USA ansässigen Theodore N. Kaufman von einer »American Federation of Peace«, auf die die von der NSDAP gelenkte Presse im Sommer 1941 im Rahmen einer Kampagne gegen den damaligen USA-Präsidenten Roosevelt breit einging. Dabei handelte es sich bei dieser Schrift mit dem Titel »Deutschland muß zugrunde gehen« um eine persönliche Äußerung, die nichts mit irgendwelchen Planungen jüdischer Organisationen zu tun hatte. Wie Wolfgang Benz im Detail gezeigt hat, gab es zudem weder eine Organisation mit dem Namen »American Federation of Peace«, noch spielte Kaufman in den jüdischen Organisationen der USA irgendeine Rolle. Und Verbindungen zu Regierungskreisen hatte er schon gar nicht.[45]

Die Juden für den Antisemitismus selbst verantwortlich zu machen, ist eine alte antisemitische Figur. Sie findet sich auch an anderer Stelle in den Blättern des DVU-Vorsitzenden. In dem zwischenzeitlich eingestellten Deutschen Anzeiger schrieb das heutige Mitglied des Bundesvorstandes der neofaschistischen »Deutschen Liga für Volk und Heimat«, Harald Neubauer, anläßlich der Veröffentlichung einer Schrift der Bundeszentrale für politische Bildung:

»Die Bonner Bundeszentrale läßt nun zwei jüdische Geschichtsschreiber aus Südafrika zu Wort kommen [...], die sich mit der Har-
wood-Broschüre ›Did Six Million Really Die?‹ (Starben wirklich
sechs Millionen?) auseinandersetzen [...] der heute in Frankreich
lebende Jude George Wellers bekommt [...] Raum für ein breitan-
gelegtes Zahlenspiel, mit dem Rassiner hier widerlegt werden soll
[...] Ist es vielleicht eine unterschwellige Spielart des Antisemitismus, sich an der Sechs-Millionen-Summe zu berauschen?«[46]

In einem 1994 in der »Deutschen National-Zeitung« veröffentlichten Beitrag versucht das Blatt gar den Eindruck zu erwecken, als
wolle es aktiv gegen den Antisemitismus auftreten: »Kaum zu glauben, und dennoch wahr: Die Sucht, das deutsche Schuldkonto ums
Vielfache dessen zu belasten, was ›die Gegenseite‹ vorbringt, führt
bei bundesrepublikanischen Radikalumerziehern sogar zu – Antisemitismus!«[47] Dann berichtet die Zeitung, daß »die jüdische Holocaust-Forschung« darauf hingewiesen habe, daß »die Behauptung,
die Deutschen hätten jüdische KZ-Opfer zu Seife verarbeitet«, unhaltbar und zudem seelische Quälerei sei. Die Substanzlosigkeit der
Behauptung war 1960 auch vom »Münchner Institut für Zeitgeschichte« festgestellt worden[48]; das Frey-Blatt nutzt die zum Zeitpunkt der Veröffentlichung in der »Deutschen National-Zeitung«
bereits über vier Jahre alte Meldung jedoch zur Verbreitung antisemitischer Invektiven unter dem Deckmantel, den Antisemitismus
anklagen zu wollen. Der Artikel endet mit folgenden Sätzen:

»Demzufolge ist die Weiterverbreitung dieser Lüge, die sich gewa-
schen hat, eigentlich ein Fall für den bundesdeutschen Staatsanwalt:
als antisemitische Volksverhetzung. Gewissen deutschen Radikalumerziehern geht es nur vordergründig um Moral. In Wahrheit si-
chern sie sich mit ihren antideutschen Schwindeleien einträgliche
Posten und Pfründe ... und lassen sich in ihrem profitgierigen
Amoklauf *auch nicht von Juden* stoppen.« (Hervorhebung d. Verf.)

Diese kurze Passage bedient gleich mehrere antisemitische Figuren.
Der letzte Satz stellt die Verbindung zu einer in der Geschichte des
Antisemitismus in Europa wohlbekannten Assoziation her: Juden =
Geld. Diese bleibt freilich nicht deskriptiv, sondern transportiert die

Botschaft des »geschäftstüchtigen« bzw. »geldgierigen« Juden in dem Sinne, daß die »Profitgier« noch über das bei Juden übliche Maß hinausgehe. Das mehr oder weniger offener Anspielen auf diese antisemitische Figur findet sich auch an vielen anderen Stellen in der »Deutschen National-Zeitung«, insbesondere in Verbindung mit den »Wiedergutmachungsleistungen« und den für die Mahn- und Erinnerungsstätten bereitgestellten Gelder.

In dem Beitrag »Holocaust als ›big business‹« zitiert ein ungenannt bleibender Autor unter Berufung auf einen Beitrag des Feuilletonchefs der »New Republic« den »Hauptgeldgeber für das ›Simon Wiesenthal Center‹ in Los Angeles« mit den Worten: »Israel, jüdische Erziehung und all die anderen bekannten Stichworte scheinen nicht mehr überzeugend genug, um die Juden zur Solidarität anzuspornen. Nur der Holocaust funktioniert.«[49] Nun ist es durchaus legitim und sinnvoll, über die Darstellung des nationalsozialistischen Massenmords durch die Kulturindustrie kritisch zu reflektieren[50]; das allerdings hat die Zeitung aus dem Hause Frey nicht im Sinn. Sie vermittelt die Botschaft, daß die Juden in ihrer »Geldgier« auch die Leiden der Millionen Opfer des NS-Terrors instrumentalisieren.

Daß die »Deutsche National-Zeitung« dabei bevorzugt jüdische Stimmen zu Wort kommen läßt[51], hat ebenfalls Methode. Nützt eine Aussage den Zielen der »Deutschen National-Zeitung«, so beruft sich das Blatt zustimmend auch auf jüdische Quellen: »Journalistin jüdischer Herkunft«[52], »das einzige deutschsprachige jüdische Tageblatt der Welt«[53] oder Angaben »von der jüdisch geführten Klarsfeld Foundation«[54]. Wie auch in dem 1996 im FZ-Verlag, zum Pressepool Gerhard Freys gehörend, erschienenen Buch »Wer ist wer im Judentum?« wird zwischen »guten«, d.h. »nationalgesinnten« und den übrigen Juden differenziert.[55] »Diese Differenzierung hat ihre Vorteile. Wer die Guten von den Schlechten trennt, zeigt demonstrativ, daß er scheinbar keine Rassenvorurteile kennt […] Ferner korrigiert diese willkürliche Unterscheidung die offensichtlichen Mängel eines Kollektivurteils und wirft dabei noch einen propagandistischen Nebenertrag ab: die ›Guten‹ werden zur Ausnahme, die die Regel bestätigt.«[56]

Besonderes Augenmerk richten die Blätter aus dem Verlagshaus Freys auf Funktionsträger jüdischer Vereinigungen. Über Ignatz Bubis heißt es beispielsweise: »Die Stimme aller seiner Vorgänger im Amt war fast bedeutungslos im Vergleich zu den täglichen medienwirksamen Auslassungen von Bubis [...] Ein Wort von Bubis würde genügen, um das Holocaust-Monster [...] nicht entstehen zu lassen ...«[57] An anderer Stelle wird agitiert: »So mächtig ist Bubis. Warum alle vor ihm kuschen«.[58] Unter der Überschrift »Wiesenthals Macht« bedient die »Deutsche Wochen-Zeitung« das Stereotyp vom »machthungrigen« und »einflußreichen Juden«; das Blatt spricht von seinem »großen Einfluß« in Österreich und der Bundesrepublik Deutschland und behauptet: »Der mit Wiesenthal befreundete Kohl beschuldigte auf dessen Wunsch vor dem Bundestag Deutschland des Völkermords an 500.000 Zigeunern.«[59]

Anläßlich des Todes des Herausgebers der Wochenzeitung »Die Zeit«, Gerd Bucerius, warf die »Deutsche National-Zeitung« ihm in ihrem »Nachruf« »extreme deutsche Nestbeschmutzung« vor, legte ausführlich dar, daß er »jüdischer Mischling« sei und stellte heraus, daß »Die Zeit« »unter dem Patronat jüdischer Umerzieher [...] nach dem Kriege aus der Taufe gehoben worden«[60] sei. Hermann Bott hat in seiner Untersuchung über die Propaganda der extremen Rechten festgestellt, daß der

»›Antigermanismus‹ [...] der rechtsradikale terminus technicus für ›jüdischen Deutschenhaß‹ (ist); er wird nicht nur als Verschlüsselung eingesetzt, sondern dient häufig [...] als ein Etikett, das dem ›internationalen Judentum‹ angeheftet wird, um antisemitische Einstellung als Abwehrmaßnahme zu kaschieren.«[61]

An das Bild von der »freimaurerisch-jüdischen Weltverschwörung« schließlich knüpft die »Deutsche National-Zeitung« bei der Erwähnung der »weltweit sehr starken jüdischen Loge B'nai B'rith International«[62] an, die einem »freimaurerhaften Geheimritual«[63] huldige. Ende 1995 und Anfang 1996 beschäftigten sich gleich ein Dutzend Artikel in der »Deutschen National-Zeitung« bzw. der Deutschen Wochen-Zeitung mit der Aufzählung »jüdische(r) Spitzen internationaler Vereinigungen«[64], der Entlarvung von »Einflußreiche(n), Mächtige(n): wer ist jüdisch?«[65] und der Auflistung von »wahren Namen prominenter Juden«.[66] Dabei – so die Einleitung des Artikels – »erfährt der Leser [...] die wahren Namen jüdischer

Berühmtheiten, von denen allgemein nur die Pseudonyme bekannt sind.« Den Zweck dieser Form von Agitation hat Leo Löwenthal in seinen »Studien zur faschistischen Agitation« klar benannt:

»Der Agitator betont, daß man ihm eines bestimmt nicht vorwerfen könne: daß er nicht immer das Wesen der Dinge hinter ihrer bloßen Erscheinung enthülle. Ein Name ist eben nicht einfach ein Name; wenn man näher zusieht, wenn man nach dem Ursprung forscht und die richtige Aussprache anwendet, dann erst zeigt sich seine wahre Bedeutung. Der jüdische Name ist ein Etikett, welches die Natur seines Trägers deutlich bezeichnet; er ist ein Stigma, er nagelt den Juden fest, so daß er nicht entweichen kann.«[67]

Schließlich bedient die »Deutsche National-Zeitung« auch das antisemitische Stereotyp vom »unersättlichen« und »unversöhnlichen Juden«. Da wird beklagt, daß trotz der bisher geleisteten Zahlungen »neue Forderungen folgen«[68] und »immer neue Wiedergutmachungs- und Reparationsforderungen an uns gestellt«[69] werden. Der Bericht über die Verleihung einer Medaille der »B'nai B'rith« an Bundeskanzler Kohl spielt mit der Passage »Christdemokrat Kohl wich in seiner Rede bemerkenswert deutlich von christlichen Grundsätzen des Verzeihens und der Vergebung ab«[70] u.a. auf das Bild des »rachsüchtigen Juden« an.

Die Bedienung antisemitischer Stereotype im Kontext »revisionistischer« Agitation wird in der »Deutschen National-Zeitung« und in der »Deutschen Wochen-Zeitung« in weitere antisemitische Darstellungen eingebettet. Ein PDS-Politiker wird dabei als »durchtrieben«[71] dargestellt[72], Vorträge werden »vor der Bonner, der bayerischen und der jüdischen Prominenz«[73] gehalten, und angesichts der Zuwanderung von Juden aus der ehemaligen Sowjetunion wird ein altes Bedrohungsszenario wiederbelebt. Die einwandernden Menschen, in der Frey-Presse als »Ostjuden«[74] bezeichnet, hätten »so gut wie keinerlei Beziehungen zur deutschen Sprache oder zur deutschen Kultur«[75], würden »erhebliche Vorteile«[76] in der Behandlung erhalten und seien »nur die Vorhut vieler weiterer Hunderttausender, die dann den Wohnungsmarkt und die Sozialkassen in Deutschland [...] belasten werden.«[77] Die ostjüdische Abstammung galt in der Weimarer Republik bereits als besonders anrüchig. In der

»›Ostjudenfrage‹ verband sich die allgemeine Furcht vor dem ›fremden‹ Juden mit der generellen Stigmatisierung Osteuropas als einer Deutschland zivilisatorisch weit unterlegenen Region«.[78] Die »Deutsche National-Zeitung« tritt die Nachfolge dieser diffamierenden Propaganda an.

Der Holocaust ist einzigartig darin, daß ein Industriestaat sich zum Ziel gesetzt hatte, *alle* europäischen Juden zu beseitigen und die Spuren jüdischer Kultur und Geschichte auszulöschen.[79] Zur Durchsetzung autoritärer Gesellschaftskonzepte und einer starken Partei rechts von der CDU/CSU müssen diese Verbrechen des deutschen Faschismus geleugnet bzw. verharmlost werden. Diesem Ziel haben sich die »Revisionisten« verschrieben, und sie haben in den Publikationsorganen des Münchner Verlagshauses von Gerhard Frey ein entsprechendes Medium gefunden.

Die Bemühungen zur »Entschuldung« und »Entkriminalisierung« gehen in der Bundesrepublik Deutschland über diesen Personenkreis allerdings hinaus. Die Forderung, einen »Schlußstrich zu ziehen« und sich ausschließlich den – wie es die »Deutsche National-Zeitung« auch formuliert – »deutschen Lebensinteressen« zuzuwenden, gewinnt gesellschaftlich weiter an Boden. Daß dabei »in einer nationalen deutschen Perspektive ›die Juden‹ wiederum als Störenfriede (erscheinen), weil sie durch ihre Mahnung an die deutschen Verbrechen einer naiven und ungebrochenen Identifizierung mit der deutschen Vergangenheit und deutschen Kultur im Wege stehen,«[80] muß Anlaß zu besonderer Wachsamkeit sein. Denn auch wenn die Skandalisierung des Antisemitismus dazu beigetragen hat, diesen im öffentlichen Diskurs zurücktreten zu lassen, so lebt er doch in verschiedenen Ausprägungen im privaten Raum fort.[81] Daran versuchen die Publikationen aus dem Hause Frey anzuknüpfen.

1 Die Zeitung erschien seit 1951, war jedoch zunehmend in finanzielle Probleme geraten. Vgl. zur Frühgeschichte des Blattes: Brüdigam, Heinz: Der Schoß ist fruchtbar noch … Neonazistische, militaristische, nationalistische Literatur und Publizistik in der Bundesrepublik. Frankfurt 1965, S. 79 ff.

2 Anfang 1963 wurde das Blatt erneut umbenannt: Deutsche National-Zeitung und Soldaten-Zeitung. Später wurde der Titel auf Deutsche National-Zeitung verkürzt.

3 Brüdigam, a.a.O., S. 82.

4 Diese Linie der Geschichtsfälschung der extremen Rechten kann an dieser Stelle aus Platzgründen nicht ausführlich entwickelt werden. Zu einigen aktuellen Ausprägungen dieser Propaganda vergleiche den Beitrag von Gerd R. Ueberschär in diesem Band.

5 Vgl. Hoggan, David L.: Der erzwungene Krieg. Tübingen 1961. Zur Entstehungsgeschichte des Buches im Kontext des »Revisionismus« in den USA vgl. Lipstadt, Deborah: Denying the Holocaust. The Growing Assault on Truth and Memory. New York, Ontario 1993, S. 69 ff. David L. Hoggan (1923–1988) diente im Zweiten Weltkrieg in der US-Army und unterrichtete später an einigen Hochschulen der USA. Anfang der 80er Jahre wurde sein Vertrag am Menlo-College nicht mehr verlängert.

6 Die Geschichtsfälschung, die Hoggan dabei vornahm, ist im Detail nachgewiesen bei Jasper, Gotthard: Über die Ursachen des Zweiten Weltkrieges. Zu den Büchern von A.J.P. Taylor und David L. Hoggan. Vierteljahrshefte für Zeitgeschichte 10 (1962) 3, S. 311–340 sowie bei Graml, Hermann: David L. Hoggan und die Dokumente. Geschichte in Wissenschaft und Unterricht, 14 (1963) 8, S. 492–514.

7 Vgl. N.N.: Fragwürdigkeiten am Fall Hoggan. Für die Demokratie, Hannover, V (1964) 7–8, S. 25 ff.

8 Als Nebenausgaben der DNZSZ erschienen eine Zeitlang Notweg der 131er, Schlesische Rundschau, Der Sudetendeutsche und Teplitz-Schönauer Anzeiger.

9 Nr. 7 vom 12. Februar 1965 (zit. bei Brüdigam).

10 Vgl. Distel, Barbara: Diffamierung als Methode. Erfahrungen an der Gedenkstätte des ehemaligen Konzentrationslagers Dachau. In: Rechtsextremismus in der Bundesrepublik. Hrsg.: W. Benz. Frankfurt am Main 1984. S. 224–237.

11 Im Zeitraum von 1978 bis 1986 gründete Frey zudem verschiedene »Aktionsgemeinschaften«. Zu den Versuchen, das Potential der extremen Rechten organisatorisch an sich zu binden, vgl. Stöss, Richard: Die extreme Rechte in der Bundesrepublik. Opladen 1989, S. 184 ff. sowie Linke, Annette: Der Multimllionär Frey und die DVU. Essen 1994.

12 Kritzer, Peter: Die Wut der Unbelehrten. Wie die »Deutsche Nationalzeitung« mit der Wahrheit umgeht. In: Rechtsextremismus in der Bundesrepublik. Hrsg.: W. Benz. Frankfurt am Main 1984. S. 209–223, hier: S. 210.

13 Vgl. Österreichische Juristen-Zeitung, 35 (1980) 16, S. 443–444.

14 Dies ist auch der Grund, warum sich eine Reihe antifaschistischer Gruppen in der ersten Hälfte der 90er Jahre dazu entschloß, eine Kampagne gegen den öffentlichen Verkauf der DVU-nahen Zeitungen aus dem Verlagsimperium des Dr. Frey zu organisieren.

15 Vgl. die Beiträge in diesem Band sowie meinen Aufsatz im »Handbuch des deutschen Rechtsextremismus«, Berlin 1996; zu Fallbeispielen aus Österreich z.B. Wodak, Ruth; Nowak, Peter; Pelikan, Johanna: »Wir sind alle unschuldige Täter«. Diskurshistorische Studien zum Nachkriegsantisemitismus. Frankfurt/Main 1990.

16 Bott, Hermann: Die Volksfeind-Ideologie. Zur Kritik rechtsradikaler Propaganda. Stuttgart 1969, S. 76.

17 Deutsche National-Zeitung 5/1996 vom 26. Januar 1996.

18 Deutsche National-Zeitung 27/1995 vom 30. Juni 1995.

19 Deutsche National-Zeitung 22/1996 vom 24. Mai 1996. Hervorhebung von mir.

20 Kritzer, a.a.O., S. 218. Kritzer konstatiert eine gravierende Differenz zwischen Über-

schrift und Text. Diese scheint mir für die Wirkung der Texte jedoch weniger schwerwiegend.

21 Vgl. hierzu allgemein Benz, Wolfgang: Realitätsverweigerung als antisemitisches Prinzip: die Leugnung des Völkermords. In: Benz, Wolfgang (Hg.): Antisemitismus in Deutschland. Zur Aktualität eines Vorurteils. München 1995, S. 121–139, hier besonders S. 129 ff.

22 Deutsche National-Zeitung 20/1993 vom 14. Mai 1996.

23 Deutsche National-Zeitung 27/1995 vom 30. Juni 1995.

24 Deutsche National-Zeitung 46/1994 vom 11. November 1994.

25 Deutsche National-Zeitung 27/1995 vom 30. Juni 1995.

26 Z.B. ausführlich in der Deutschen National-Zeitung 6/1995 vom 3. Februar 1995.

27 Deutsche National-Zeitung 46/1994 vom 11. November 1994. Ähnlich in der Ausgabe 5/1996 vom 26. Januar 1996.

28 Deutsche Wochen-Zeitung 47/1991 vom 15. November 1991.

29 In Theresienstadt wurden am 23. Juni 1944 Delegierte des Internationalen Roten Kreuzes empfangen, nachdem das Lager zur Täuschung verschönert worden war.

30 Kárny, Miroslav: Theresienstadt und Auschwitz. 1999 Zeitschrift für Sozialgeschichte des 20. und 21. Jahrhunderts, Hamburg, 3 (1988) 3, S. 9–26, hier S. 25.

31 Deutsche National-Zeitung 7/1996 vom 9. Februar 1996.

32 Deutsche National-Zeitung 1–2/1996 vom 5. Januar 1996.

33 Deutsche National-Zeitung 23/1996 vom 31. Mai 1996.

34 Deutsche Wochen-Zeitung 47/1991 vom 15. November 1991.

35 Deutsche National-Zeitung 5/1996 vom 26. Januar 1996.

36 Deutsche Wochen-Zeitung 20/1996 vom 10. Mai 1996.

37 Deutsche National-Zeitung 9/1986 vom 21. Februar 1986.

38 Deutsche National-Zeitung 4/1996 vom 19. Januar 1996.

39 Deutsche National-Zeitung 8/1996 vom 16. Februar 1996.

40 Deutsche National-Zeitung 7/1996 vom 9. Februar 1996.

41 Kritzer, a.a.O., S. 214.

42 Solche Stellungnahmen ziehen sich bis heute durch (vgl. Deutsche National-Zeitung 18/1996 vom 26. April 1996).

43 Deutsche National-Zeitung 22/1996 vom 24. Mai 1996.

44 Deutsche National-Zeitung 7/1996 vom 9. Februar 1996.

45 Benz, Wolfgang: Judenvernichtung aus Notwehr? Vom langen Leben einer rechtsradikalen Legende. In: Rechtsextremismus in der Bundesrepublik. Hrsg.: W. Benz. Frankfurt am Main 1984. S. 187–208. In der Deutschen National-Zeitung wird Theodore N. Kaufman der Vorname Nathan zugeschrieben. Tatsächlich stand das Initial des zweiten Vornamens jedoch für Newman.

46 Pressedienst Demokratische Initiative: Bericht über neonazistische Aktivitäten 1978, München 1979, S. 136.

47 Deutsche National-Zeitung 46/1994 vom 11. November 1994.

48 Die während des Nürnberger Hauptkriegsverbrecherprozesses 1945/46 vom sowjetischen Anklagevertreter vorgebrachte Behauptung, im Anatomischen Institut der Medizinischen Akademie in Danzig sei aus Leichen von Konzentrationslagerhäftlingen Seife hergestellt worden, erwies sich als nicht zutreffend. Vgl. Benz, Wolfgang (Hrsg.): Legenden Lügen Vorurteile. Ein Lexikon zur Zeitgeschichte. München 1990, S. 172/173.

49 Deutsche National-Zeitung 20/1993 vom 14. Mai 1993.

50 Z.B. Werz, Michael (Hg.): Antisemitismus und Gesellschaft. Zur Diskussion um Auschwitz, Kulturindustrie und Gewalt. Frankfurt 1995.

51 Ob die von der DNZ als Juden vorgestellten Personen dies tatsächlich sind, muß hier offen bleiben. In der Geschichte des Antisemitismus in Deutschland sind wiederholt Menschen mit dem Etikett »Juden« versehen worden, die dies nicht waren. Die Absicht

der Stigmatisierung heiligt offensichtlich das Mittel der Fälschung.

52 Deutsche National-Zeitung 33/1992 vom 7. August 1992.

53 Deutsche National-Zeitung 5/1996 vom 26. Januar 1996.

54 Deutsche National-Zeitung 27/1995 vom 30. Juni 1995.

55 »Es gibt – je nach Bedarf – ›gute‹ und ›böse‹ Juden, solche, die stillhalten und sich anpassen ..., und solche, ›die die Vergangenheit nicht ruhen lassen‹ bzw. im Ausland leben und ›hetzen‹. Letztere sind bedrohlich und sind als Sündenbock brauchbar.« Wodak, Ruth u.a., a.a.0, S. 27.

56 Bott, a.a.O., S. 79.

57 Deutsche National-Zeitung 38/1995 vom 15. September 1995. Mit dem »Holocaust-Monster« ist das in Berlin geplante Mahnmal für die jüdischen Opfer des NS-Terrors gemeint.

58 Deutsche Wochen-Zeitung 19/1996 vom 3. Mai 1996.

59 Deutsche Wochen-Zeitung 39/1995 vom 22. September 1995.

60 Deutsche National-Zeitung 42/1995 vom 13. Oktober 1995.

61 Bott, a.a.O., S. 54.

62 Deutsche National-Zeitung 8/1996 vom 16. Februar 1996.

63 Deutsche National-Zeitung 6/1996 vom 2. Februar 1996.

64 Deutsche National-Zeitung 41/1995 vom 6. Oktober 1995. Mit diesem Beitrag begann das Blatt eine Artikelserie mit Auszügen aus dem Buch »Wer ist wer im Judentum«.

65 Deutsche Wochen-Zeitung 28/1995 vom 7. Juli 1995. Der Beitrag war Werbung für das »neue Lexikon« aus Freys FZ-Verlag mit dem Titel »5000 jüdische Prominente«.

66 Deutsche National-Zeitung 47/1995 vom 17. November 1995.

67 Löwenthal, Leo: Untergang der Dämonologien. Studien über Judentum, Antisemitismus und faschistischen Geist. Leipzig 1990, S. 165.

68 Deutsche National-Zeitung 8/1996 vom 16. Februar 1996.

69 Deutsche National-Zeitung 10/1996 vom 1. März 1996.

70 Deutsche National-Zeitung 6/1996 vom 2. Februar 1996.

71 Deutsche Wochen-Zeitung 25/1995 vom 16. Juni 1995.

72 Vgl. Gerson, Daniel: Der Jude als Bolschewist. Die Wiederbelebung eines Stereotyps. In: Benz, Wolfgang (Hg.): Antisemitismus in Deutschland. Zur Aktualität eines Vorurteils. München 1995, S. 157–180.

73 Deutsche National-Zeitung 6/1996 vom 2. Februar 1996.

74 Deutsche National-Zeitung 21/1996 vom 17. Mai 1996.

75 Deutsche National-Zeitung 13/1996 vom 22. März 1996.

76 Deutsche Wochen-Zeitung 33/1995 vom 11. August 1995.

77 Deutsche National-Zeitung 21/1996 vom 17. Mai 1996.

78 Gerson, a.a.O., S. 163.

79 »Niemals, auch unter Stalin nicht, betrieb die Sowjetunion eine Politik der systematischen und mit Präzision durchgeführten Ausrottung von in- und ausländischen Bürgern, einschließlich der Alten, Frauen, Kinder und Säuglinge; nur unter der Naziherrschaft wurde (unter Beihilfe von Chemiekonzernen) die Vernichtung von Menschenleben industriell betrieben; nur in Nazideutschland wurden die Haare der Opfer zur Erzeugung von Hausschuhen und U-Boot-Dichtungen verwendet, ihre Kleidungsstücke und andere Habe der ›Winterhilfe‹ übergeben, das Gold der falschen Zähne der ermordeten ausgebrochen und zur Verwertung an die Staatsbank weitergeleitet, Menschenasche als Düngemittel für Gemüseanbau benutzt.« Grab, Walter: Kritische Anmerkungen zur nationalen Apologetik Joachim Fests, Ernst Noltes und Andreas Hillgrubers. 1999 Zeitschrift für Sozialgeschichte des 20. und 21. Jahrhunderts, Hamburg, 2 (1987) 2, S. 151–157, hier S. 153.

80 Hoffmann, Christhard: Das Judentum als Antithese. Zur Tradition eines kulturellen Wertungsmusters. In: Benz, Wolfgang (Hg.): Antisemitismus in Deutschland. Zur Aktualität eines Vorurteils. München 1995, S. 25 – 46, hier S. 45.

81 Vgl. z.B. Strauss, H.A.; Bergmann, W.; Hoffmann, Christhard (Hg.): Der Antisemitismus der Gegenwart. Frankfurt/New York; Wiehn, Erhard R.: Judenfeindschaft. Konstanz 1989.

Martin Dietzsch/Anton Maegerle
Antisemitismus per Mausklick

Die Kommunikation via Computer wird nach der massiven Medien- und Werbekampagne der letzten Zeit auch in der Bundesrepublik immer beliebter. Im Internet sind weltweit regionale Computernetze miteinander verbunden. Das Internet ist also quasi das Netz der Netze. Es ist dezentral, flexibel, chaotisch – gerade das war bisher das Geheimnis seines Erfolges.

Die meisten Nutzer erreichen das Netz derzeit über kommerzielle Provider, die gegen Entgelt über ihre Rechner einen Zugang bereitstellen. Über Telefon oder ISDN wählt man sich in einen solchen Rechner ein und bekommt nach Abfrage von Kennung und Passwort Zugriff auf das Netz.

Die Alternative dazu ist derzeit noch sehr teuer. Man vereinbart mit einem anderen Rechner, der bereits an das Internet angeschlossen ist, den Aufbau einer Standleitung. Wenn man gewisse technische Standards einhält, erlangt man so einen direkten Anschluß ans Netz und kann (außer vom zuständigen Staatsanwalt) nicht ausgeschlossen werden.

Schätzungen zufolge sind derzeit (Juni 1996) weltweit 9,5 Millionen Rechner mit ca. 43 Millionen Nutzern an das Netz angeschlossen.

Prinzipiell hat jeder Nutzer des Netzes nicht nur die Möglichkeit, Informationen zu empfangen, sondern auch bereitzustellen. Es sollte nicht verwundern, daß dieses neue Medium auch für kriminelle Aktivitäten genutzt werden kann. Aber das ist beispielsweise beim Telefonnetz nicht anders.

Seit einiger Zeit nutzen auch Rechtsextreme, Neonazis, Antisemiten und Auschwitzleugner die Möglichkeiten des Internets. Sie können ihre Propaganda auf diesem Wege relativ preisgünstig weltweit verbreiten und die in vielen Staaten bestehenden Verbote von Propaganda und Organisationen durch Ausweichen ins Ausland umgehen.

Bei alldem ist es allerdings wichtig, sich zu vergegenwärtigen, daß solche Aktivitäten ein Randphänomen darstellen, in das von den Millionen Internetnutzern nur einige hundert verwickelt sind. Der Eindruck, der von einer reißerischen Berichterstattung erzeugt wird, das Internet bestehe nur aus Pornographie, Nazipropaganda und Organisierter Kriminalität, ist völlig falsch. Ja man muß sogar gerade diese Berichterstattung, die z.B. in »SPIEGEL« und »FOCUS« immer auch die vollen Netzadressen enthält, für den relativen Erfolg der Nazi-Propaganda mit verantwortlich machen. Ohne diese Werbung in Millionenauflage würde die braune Propaganda im Informationswust des Netzes untergehen, bzw. seine Wirkung wäre auf die aktiven Sympathisanten und Anhänger begrenzt, die gezielt nach solchem Material suchen.

Ernst Zündel

Ernst Zündel entdeckte das Internet etwa Anfang 1995. Nachdem er seine Propaganda jahrelang per Rundbrief, Video und Rundfunksendung verbreitet hatte, eröffnete sich für ihn hier ein neues Betätigungsfeld, das er mit der bei ihm gewohnten Penetranz zu nutzen versteht. Zunächst plazierte er seine WWW-Seiten bei Gesinnungsgenossen. Später mietete er bei einem kommerziellen Provider eigene Seiten an. Dieser kündigte bald darauf den Vertrag, als er bemerkte, mit wem er sich da eingelassen hatte (Zündel: »auf Druck jüdischer Internet-Terroristen« – Germania 11/95).

Zündel wechselte zu einem anderen Provider in Kalifornien (USA), der sich inzwischen zwar von Zündels Inhalten distanzierte, ihn aber weiterhin dulden will.

Das Medium kommt Zündels Selbstdarstellungswut und Größenwahn sehr entgegen. Er will nichts geringeres, als den verlorengegangenen Krieg via Internet doch noch gewinnen:

»Die elektronische Nachrichten- und Informationsübermittlung, besonders jetzt über das 50 Millionen Menschen direkt ansprechende Internet, geben uns die wunderbare Möglichkeit, in Sekundenschnelle Millionen und Abermillionen von Menschen individuell, persönlich und privat erreichen zu können. Dadurch können wir das

226

durch den verlorengegangenen Krieg erlittene Schicksal unseres Volkes doch noch einmal zum Positiven wenden, denn die Wahrheit allein kann uns freimachen. Ich werde auf jeden Fall alles in meinen Möglichkeiten tun, um eine Besserung des deutschen Ansehens in den Annalen der Geschichte, in der Politik und auch wirtschaftlich auf dem Weltmarkt zu erreichen.« (Germania 7/95)

Politisches Hauptziel ist für Zündel die Verbreitung von in der Bundesrepublik verbotener auschwitzleugnender, antisemitischer und NS-Propaganda.

»Auf dem Internet können wir nicht nur in Englisch, sondern bald auch in über 50 Artikel in deutscher Sprache über die brisantesten Themen abgerufen werden – Themen, die deutschen Bürgern heute immer mehr hinterlistig und gegen das Grundgesetz verstoßend vom Staat durch repressive Maßnahmen vorenthalten werden. Wir sind also jetzt wahrlich zur ›Deutschen Stimme der Freiheit‹ geworden – und werden es morgen noch intensiver sein!« (Germania 7/95)

Als grafisches Symbol für seine WWW-Seite wählte Zündel eine Hakenkreuzfahne, in der das Hakenkreuz durch ein schwarzes »Z« ersetzt wurde. Auf der Einstiegsseite sieht man ein Foto von Zündel in seiner liebsten Pose – umringt von Reportern und Mikrofonen.

Die deutschsprachige Sektion enthält neben etlichen Pamphleten der Auschwitz-Leugner, z.B. dem »Leuchter-Report«, sehr viel Zündel-Selbstdarstellung, in der er sich selbst in gewohnter Manier zum Märtyrer stilisiert. Daneben findet man auch Texte, die direkt von deutschen Neonazis stammen, so berichtet z.B. Christian Worch über den Nazi-Aufmarsch im dänischen Roskilde vom August 1995. Auch Beiträge von Oliver Bode, Michael Petri, Udo Walendy, Günter Deckert, Arthur Vogt (»Die Kastration der deutschen Seele«) und Hans Schmidt sowie die Theoriepapiere des NPD-Studentenverbandes NHB für eine rechte Stadtguerilla in der BRD (»Befreite Zonen schaffen«, »Die politische Tat«, »Zentrale Thesen des Dritten Weges« – diese Texte setzte Zündel in seine Rubrik »Tiefe Gedanken«) dokumentieren, daß Zündel in das internationale Neonazi-Netzwerk fest eingebunden ist. Es ist damit zu rechnen, daß in dieser Hinsicht die letzten Skrupel fallen werden, wenn es Zündel gelingt, die kanadische oder US-Staatsbürgerschaft zu erlangen und ihm keine Ausweisung mehr droht.

Ganz unumstritten ist Zündel in der Nazi-Szene allerdings nicht. Schon vor Jahren machte er Furore, als er unter dem Pseudonym Christof Friedrich Broschüren über Nazi-Ufos veröffentlichte und unter seinen Anhängern Geld für eine Expedition in die Antarktis sammelte, die den Eingang zur »Hohlwelt« finden sollte, in der Adolf Hitler auf sein Comeback wartet.[1]

Auch später machte sich Zündel in der Nazi-Szene nicht nur Freunde. So gehörte er zu den Leuten, die Ewald Althans zum Nachfolger von Michael Kühnen aufbauen wollten. In jüngster Zeit übernahm Zündel vom Altnazi und Autor der »Auschwitzlüge« Thies Christophersen dessen Zeitschrift »Die Bauernschaft« und stellte sie schon nach wenigen Ausgaben ein. Zündel übernahm die Adressenkartei Christophersens und leitete den üppigen Spendenfluß in seine Kanäle um.[2] Zum Dank veröffentlichte Zündel auf seinen WWW-Seiten einen Brief von Christophersen, aus dem dessen geheimer neuer Aufenthaltsort in der Schweiz hervorging. Das hatte Christophersens Ausweisung aus der Schweiz zur Folge.

Neben seiner NS-Gesinnung und dem Drang nach Selbstdarstellung scheint in der Tat das Eintreiben von Spenden bei »alten Kameraden« ein wesentliches Motiv für Zündels Aktivitäten zu sein. In seinem monatlichen Rundbrief »Germania« beschreibt er den Alten das Internet als »moderne Zauberei« und hält wieder mal die Hand offen:

»Ich selbst bin nur Computer-Theoretiker und technologisch nicht so versiert wie die meisten meiner jüngeren Mitarbeiter. Aber die müssen ja auch ihr Brot verdienen, und so habe ich mir eben diese Talente angestellt. (...) Dieser weltweite Durchbruch kann immer weiter ausgebaut werden, solange man mir die Gelder dafür schickt und soweit ich dann imstande bin, weitere Fachkräfte anstellen zu können, die diese ver- oder geschlüsselten Informationen mit den richtigen Codifizierungen eintippen helfen können. Dort liegt im Moment der Engpaß. Ich brauche also damit wieder einmal finanzielle Hilfe.« (Germania 11/95)

»All dies kostet natürlich eine Menge Geld. Der Freundeskreis hat mir bisher immer wieder die Mittel gegeben, um diese weltweite, geistige Aufklärungskampagne zu organisieren und durchzuführen, auch um die vielen technischen Geräte und die teuren Computers mit viel Speicherkapazität sowie die ›Software‹ usw. dafür erstehen, wofür ich sehr dankbar bin. Ich habe dieses Jahr besonders von zwei betagten Unterstützerinnen meiner Arbeit im richtigen Augenblick Hilfe bekommen (…). Diese deutschen Patriotinnen, beide kinderlos, betrachten aber ihre Spenden als Investment in der Zukunft unseres Volkes.« (Germania 12/95)

An anderer Stelle schreibt Zündel, die WWW-Seiten seien ihm von einem »Freund« zur Verfügung gestellt worden (Germania 6/95). Betreut werden die WWW-Seiten von einer Mitstreiterin Zündels, der US-Bürgerin rußlanddeutscher Herkunft Ingrid Rimland. Sie verbreitet inzwischen auf elektronischem Wege einen eigenen täglichen Rundbrief zur Unterstützung von Ernst Zündel und Co. So wird z. B. Germar Rudolf-Scheerer als »brillianter junger Industrie-Chemiker« (ZGram 5.6.96) und völlig unpolitischer junger deutscher Wissenschaftler (ZGram 20.6.96) vorgestellt. Ingrid Rimland ist Schriftstellerin. Eigenen Angaben zufolge arbeitet sie gerade an einem Roman in englischer Sprache mit dem deutschen Titel »Lebensraum«. In diesem Roman werden laut Selbstdarstellung die deutschen Werte hochgehalten, die heutzutage schändlichen Angriffen ausgesetzt seien – u. a. die Liebe zur eigenen Rasse, der Respekt vor den Vorvätern. Der Roman rufe die Deutschen in Amerika zu ethnischem Stolz und zu ethnischer Wachsamkeit auf (WWW-Seite von Ingrid Rimland, Juli 1996).

Eigenen Angaben zufolge verzeichnet Zündel derzeit monatlich etwa 8.000 bis 9.000 Zugriffe auf seine Seite. Diese Zahlen kann man zwar nicht mit Auflagenzahlen von Zeitungen vergleichen. Um im Bilde zu bleiben: jedesmal, wenn die elektronische Zeitung aufgeschlagen wird, springt der Zähler weiter. Wer als Beobachter oder Interessent ernsthaft an den Zündel-Seiten interessiert ist, wird täglich nach Änderungen suchen und erhöht jedesmal den Zähler. Aber dennoch sind die Abrufzahlen beachtlich hoch. Beträchtlich zur Bekanntheit der Seiten beigetragen haben dürfte die Berichterstattung in großen Magazinen wie »SPIEGEL« und »FOCUS«, die in Millionenauflage die Internet-Adresse Zündels verbreitet und sich so als kostenloser Werbeträger zur Verfügung gestellt haben.

Bradley R. Smith

Der relative Erfolg Zündels ermutigte auch andere Holocaustleugner, nun ebenfalls in deutscher Sprache tätig zu werden. Im Mai 1996 wurde unter Pseudonym eine Nachricht in hunderte von deutschsprachigen Diskussionsforen des Internets gesetzt, die Werbung für neue deutschsprachige Internet WWW-Seiten machte:

»Liebe europaeische Freunde, wir in Kalifornien, die die Wahrheit lieben, bieten Euch Euere Netzverbindung zu benutzen, auf einer in Deutschland VERPOENTEN Diskussion teilzunehmen: ist das sogenannte ›Holocaust‹ die Wahrheit, oder der Schwindel des 20. Jahrhunderts?«

Geworben wurde damit für die Internet-Seiten von Bradley R. Smith, dem Leiter eines Vereins mit Namen »Committee for Open Debate On the Holocaust« (CODOH).

Smith gründete CODOH 1987 zusammen mit Mark Weber als Ableger des »Institute for Historical Review« (IHR). 1990 wurde der als Rechtsextremist bekannte Mark Weber durch Robert Countess ersetzt, ebenfalls ein Mitarbeiter des IHR.[3]

CODOH hat es sich zur Aufgabe gemacht, die Argumente der Holocaustleugner in den Mainstream-Diskurs einzuschleusen. Bekannt wurde es vor allem durch eine Serie von bezahlten Anzeigen in College-Zeitungen in den USA. Dabei wurden recht geschickt Aversionen gegen »Political Correctness« zur Sympathiewerbung für den Geschichts-»Revisionismus« der Holocaustleugner benutzt.[4]

Auf den WWW-Seiten von Bradley R. Smith findet man u. a. eine eigene Seite mit aktuellen Meldungen von David Irving, zahlreiche Artikel, ja ganze Bücher von französischen Auschwitzleugnern, u. a. »Les mythes fondateurs de la politique israélienne« von Roger Garaudy und Bücher von Robert Faurisson, Jean-Francois Beaulieu und von dem Schweizer Jürgen Graf. Die deutsche Sektion besteht fast ausschließlich aus Manuskripten von Germar Rudolf-

Scheerer, die ab dem 17. Mai 1996 eingespielt wurden. Sie erschienen z.T. zuvor in den Staatsbriefen, es sind aber auch veränderte und unveröffentlichte Manuskripte darunter. Es kann also mit hoher Wahrscheinlichkeit davon ausgegangen werden, daß Rudolf die Dateien persönlich zur Verfügung stellte. Auch das von ihm herausgegebene und mitverfaßte pseudowissenschaftliche Machwerk »Grundlagen zur Zeitgeschichte. Ein Handbuch über strittige Fragen des 20. Jahrhunderts« aus dem Grabert-Verlag wurde im Volltext auf den Seiten von CODOH veröffentlicht, nachdem das Buch bundesweit beschlagnahmt worden war. In englischer Sprache findet man außerdem Rudolfs Grußadresse an die Konferenz des IHR im September 1994, bei der er als Überraschungsgast vorgesehen war, dann aber nicht erschien. Außerdem veröffentlicht die mittlerweile 90-jährige Else Löser, von Zündel als »Mutter der Nation« bezeichnet und Autorin in zahlreichen Nazi-Gazetten, ihr anti-polnisches Pamphlet »The Image of the Germans in Polish Literature« auf diesem Wege.

Achmed Rami

Auf der COHOH-Seite findet man auch einen Querverweis, der mit »Radio Islam« betitelt ist. Er führt den Interessenten per Mausklick nach Schweden auf die Seiten des Holocaustleugners Achmed Rami.

Achmed Rami war Offizier der marokkanischen Armee. Seit der Teilnahme an einem gescheiterten Putschversuch 1972 lebt er in Schweden im Exil. Seit vielen Jahren betreibt Rami eine nur oberflächlich als »Antizionismus« getarnte antisemitische Propaganda.

Schon den Begrüßungsbildschirm schmückt ein Foto von Achmed Rami zusammen mit Otto Ernst Remer im spanischen Exil. Ramis »Radio Islam« (benannt nach seiner gleichnamigen lokalen Radiosendung) sei die einzige europäische »revisionistische« Internet-WWW-Seite. In einer Fotoleiste posiert Rami zusammen mit »berühmten Menschen«: Ayatollah Mohamad Hussein Fadlallah, Mark Weber, Jürgen Graf, General Remer und Robert Faurisson. Auf einer anderen Seite findet man Fotos, auf denen Rami und Faurisson die Gedenkstätte Dachau »inspizieren«.

Mehrere Bücher Ramis, die bereits in schwedisch im Kultur-Verlag, Stockholm, erschienen, sollen jetzt in einer deutschen Übersetzung des Schweizers Jürgen Graf herauskommen und sind hier im Volltext abrufbar, z. B. der Titel »Die Macht der Zionisten« mit Kapiteln wie: »Die USA unter zionistischer Herrschaft«, »Von der ›russischen‹ Revolution«, »Die Macht des Hauses Rothschild«, »Wie kam die USA in den 1. Weltkrieg?«, »Mafiabosse für Israel«, »Die harte Pornographie fest in jüdischer Hand«, »Der historische Revisionismus«.

Amerikanische Nazi-Szene

Noch brachialer äußert sich der Antisemitismus in den Diskussionsforen der englischsprachigen Neonazis (vor allem aus den USA und aus Kanada), die man dank Internet mitlesen kann. Dort gehört es zum unbestrittenen common sense, daß alles Übel auf der Welt von Juden verursacht werde. Die USA werde beherrscht von einer »Zionistischen Okkupations-Regierung« (»Zionist Occupation Government – ZOG«). Da ist es natürlich selbstverständlich, daß in diesen Kreisen statt von Holocaust nur die Rede vom »Holohoax« (»Holoschwindel«) ist.

Auf diesem Sumpf spießen die krudesten Verschwörungstheorien à la »Protokolle der Weisen von Zion«, synkretisch vermengt mit abenteuerlichem Unsinn wie Freimaurer/Illuminaten-Verschwörung, UFO-Invasion, Gedanken-Kontrolle.[5]

Das alles ist so absurd, daß es schon wieder komisch wird. Das Lachen bleibt allerdings im Halse stecken, wenn man sieht, wie die in diesen Theorien enthaltene Ausmerzungslogik durchbricht. Die weiße, arische Rasse müsse um jeden Preis gerettet werden – gegen Juden und vor allem gegen Rassenverräter unter den »Ariern« sei deshalb jedes Mittel nicht nur gerechtfertigt, sondern zwingend geboten.

Einer der größten Scharfmacher in dieser Richtung ist Wyatt Kaldenberg, alias »Wotan« von der Organisation »White Aryan Resistance« (WAR).

»Und wenn Hitler 6 Millionen Juden getötet hat, na und? Das ist der Lauf der Geschichte. Töte oder werde getötet. Der Sieger hat am

Ende Recht. (...) Wenn Ihr richtige Killer sehen wollt, seht Euch im Tierreich um. Jedes Tier ist ein Nationalsozialist. Unser Problem ist, daß die weiße Rasse zivilisiert wurde und glaubt, sie gehöre nicht mehr zum Tierreich. Die Schwarzen gewinnen, weil der animalische Trieb in ihnen stark ist. Wir machen uns lustig über Neger, weil sie wie Affen handeln, und über Juden, weil sie wie Ratten handeln, aber ist dies nicht der Grund, warum sie uns besiegen?« (Wotan, Stormfont-L, 5.8.95, Übers. d. Verf.).

Auf den Internet-Seiten von WAR findet man ähnlich Widerwärtiges. Z.B. eine Karikatur, auf der ein »Arier« eine ins riesenhafte vergrößerte Laus, deren Gesicht von der Stürmer-Karikatur eines Juden kopiert wurde, mit Giftgas besprüht.

Deutsche Rechtsextreme im Internet

Von solcher »Meinungsfreiheit« können deutsche Nazis bisher nur träumen. Bei ihnen herrscht ein ähnliches Gedankengut vor, öffentlich geäußert wird das aber nur indirekt und in Form von Anspielungen.

Seit 1993 betreiben Neonazis der militanten Szene ein eigenes Hobby-Mailboxnetz unter dem Namen »Thule-Netz«. Etwa ein Dutzend Boxen in der ganzen Bundesrepublik tauschen allnächtlich mit der Zentrale in Erlangen Nachrichten aus. Mit seinen ca. 100–200 Nutzern, von denen nur ca. 30–50 aktiv sind, gehört das Thule-Netz zu den kleinsten Mailboxnetzen, die überhaupt existieren. Brisanz bekommt das Netz dadurch, daß sich der Aktivenstamm durchweg aus der Szene der militanten Neonazis rekrutiert. Mittel- und langfristig soll hier das Medium Datenfernübertragung als Infrastruktur für eine Untergrundbewegung ausgebaut werden.

Seit April/Mai 1996 werben deutsche Rechtsextremisten – zum Teil Aktivisten aus dem »Thule-Netz« – auch im Internet. Ermöglicht wird ihnen das durch die kommerziellen Provider Compuserve und AOL-Europe (Bertelsmann), die ihren Kunden Raum im WWW zur Verfügung stellen und sich bisher an rechtsextremen Inhalten nicht stören.

* Compuserve:

– »Nationales Infotelefon« (NIT) Hamburg (NIZ-Verlag – Andre Görtz. »Bollwerk BBS«. »Stahlhelm«.) Hier findet man u.a. regelmäßige Auszüge aus den Ansagen des NIT Hamburg und Werbung für das »Thule-Netz«.

– NPD Augsburg (NPD-Propaganda, militante Vernetzung)

– »Konservativer Gesprächskreis Hannover« (»Leserkreis der Jungen Freiheit«)

* AOL (Bertelsmann):

– »Deutschland-Bewegung« (Alfred Mechtersheimer, früher Nachrüstungsgegner und MdB auf der Liste der Grünen; heute stramm deutschnational, Referent und Autor in rechtsextremen Zirkeln, aktiv beteiligt an der Ausforschung von Antifaschisten)

– »Elias BBS« (»Thule-Netz«, Jürgen Jost)

– Osgiliath BBS (Frankfurter Thule-Mailbox)

– Michael Prümmer Buchdienst und Verlag »Im Zeichen der Schwarzen Sonne«. Bietet u.a. eine online-Ausgabe der »Dekkert-Depesche«.

– Bund Freier Bürger« (die ultrarechte Partei des nationalistischen Maastricht-Gegners Manfred Brunner)

»Zensur«-Debatte

Im Frühjahr 1996 sorgte der Versuch des in der Bekämpfung rechtsextremer Propaganda sehr engagierten Wiesbadener Staatsanwalts Hans Heiko Klein für Aufsehen, der die Telekom-Tochter T-Online dazu zwingen wollte, ihren Kunden den Zugriff auf die WWW-Seiten von Ernst-Zündel zu sperren.

Diese Maßnahme beruhte auf der recht zweifelhaften Annahme, man könne einen Internet-Provider, also jemanden, der seinen Kunden gegen Entgelt über seinen Rechner den Zugang zum Internet bietet, für die Inhalte des Netzes (über neun Millionen Rechner), juristisch haftbar machen. Zu klären wäre allerdings, unter welchen Bedingungen Provider für Straftaten der eigenen Kunden im Netz mitverantwortlich sind, wenn sie davon Kenntnis haben.

Ganz abgesehen von der juristischen Grundlage erweist es sich als großes technisches Problem, einzelne WWW-Seiten im Internet zu sperren. Und auch die aufwendigste Sperre ließe sich mit Tricks umgehen.

Straftaten von deutschen Rechtsextremisten und auf deutschen Internetrechnern sind genauso verfolgbar wie herkömmliche Presse- und Propagandadelikte. Daß dennoch auch in Zukunft Nazi-Propaganda aus dem Ausland in die Bundesrepublik gelangen wird, ist zwar ärgerlich, aber nicht gänzlich zu verhindern. Bevor man mit dem Finger auf das Ausland zeigt, sollte die Bundesrepublik im eigenen Land mit der Bekämpfung von rechtsextremer Propaganda anfangen – da liegt nach wie vor vieles im argen, wie das nahezu ungehinderte Wirken des »Thule-Netzes« und die rechtsextremen Angebote in T-Online (BTX) und bei AOL/Compuserve zeigen.

Auch wenn man der Absicht nur zustimmen kann, Zündels antisemitische Propaganda zu unterbinden – rein administrativ wird man das Problem nicht lösen können.

Besser wäre die Förderung von Gegentendenzen, die sich aus dem Netz selbst heraus entwickeln. Anregung und Vorbild könnte beispielsweise das »NIZKOR-Projekt« in Kanada sein. Dabei handelt es sich um eine riesige Datenbank mit Informationen über die Realität des Holocaust und zur Auseinandersetzung mit Neonazis und Holocaustleugnern, die von einem großen Kreis von Internet-Benutzern gepflegt wird, die sich gegen die Nazis im Netz zur Wehr setzen wollen.

In den Diskussionsgruppen des Usenet ist es wichtig, daß der Agitation systematisch contra gegeben wird. Dabei hat sich bewährt, nicht mit den organisierten Nazis zu diskutieren, sondern über sie.

Wer wirklich etwas gegen Nazis im Netz tun will, dem tut sich ein weites Betätigungsfeld auf. Gefordert ist nicht nur persönlicher Einsatz, sondern vor allem auch finanzielle Unterstützung, z.B. für die Bereitstellung eines leistungsfähigen antifaschistischen Servers nach dem Vorbild von »NIZKOR«.

Wünschenswert wäre auch ein Rechtsfond zur Unterstützung von Geschädigten im Netz, die sich gegen Übergriffe (von Beleidigungen und Verleumdungen bis hin zu Morddrohungen durch Nazis) juristisch zur Wehr setzen wollen.

WWW-Adressen mit weiterführenden Informationen

Informationszentrum für Rassismusforschung, Marburg
http://www.uni-marburg.de/dir/

Mailbox NADESDA, Düsseldorf
http://sunserver1.rz.uni-duesseldorf.de/~schatzs/nadeshda.html

NIZKOR Project, Kanada
http://almanac.bc.ca/

Kopie des NIZKOR ftp-Servers in Bonn
ftp://nizkor.iam.uni-bonn.de/pub/nizkor

Anti Defamation League, USA
http://www.adl.org/

Simon Wiesenthal Center, Los Angeles
http://www.wiesenthal.com

Anmerkungen

1 Dokumente dazu findet man im NIZKOR-Archiv.
2 Das Antifa-Infoblatt Berlin Nr. 35 vom Juli/August 1996 berichtet mit Berufung auf das Buch »Leugnen von Auschwitz« von Frede Farmand, Christophersen habe in seiner Zeit in Dänemark 900.000 DM an Spenden eingenommen.
3 Siehe dazu: Anti-Defamation League: Bradley Smith: A Man and His Myth. Special Edition, February, 1992.
4 Zu dieser Kampagne siehe Deborah E. Lipstadt: Betrifft: Leugnen des Holocaust. Zürich 1994, S. 221–252.
5 In deutscher Sprache erschien ein Teil dieser Theorien in dem Buch »Geheimgesellschaften« von »Jan van Helsing«, alias Jan Udo Holey (lt. esotera 7/96), das bis zu seiner Beschlagnahme Mitte 1996 angeblich ca. 100.000 mal verkauft wurde – vor allem in Esoterik-Kreisen. Ein Anhänger Holeys kündigte inzwischen an, dieses Buch werde demnächst im Internet neu veröffentlicht.

Wolfgang Wippermann

»Revisionismus light«

Die Modernisierung und »vergleichende Verharmlosung« des »Dritten Reiches«

Der Begriff »Revisionismus« hat viele Bedeutungen[1]. Im Bereich der Politik bezeichnet er Bestrebungen, die auf eine Revision von Grenzen und Verträgen abzielen. Innerhalb der Wissenschaft im allgemeinen, der Geschichtswissenschaft im besonderen kann jede Veränderung und Infragestellung des jeweiligen Kenntnisstandes als revisionistisch charakterisiert werden. Als revisionistisch im engeren Sinne werden seit einiger Zeit Versuche bezeichnet, das – selbstverständlich! – negative Bild des »Dritten Reiches« zu revidieren. Dies kann durch die glatte Leugnung seiner Verbrechen – vom Rassenmord bis zum Rassenkrieg – mit Hilfe der sogenannten Auschwitz- und Kriegsschuldlüge geschehen. Dies kann jedoch auch durch die Abschwächung und Relativierung der nationalsozialistischen Verbrechen erfolgen, indem man schlicht behauptet, daß doch »alles nicht so schlimm« und »die anderen mindestens genauso schlimm« gewesen wären.[2] Mit dieser zweiten Variante des Revisionismus einem, wie ich etwas flapsig formuliere, »Revisionismus light« beschäftigt sich dieser Beitrag.

An deutschen Stammtischen konnte man es schon immer hören: »Immerhin hat Hitler die Autobahn gebaut!« Die wissenschaftliche Variante des Autobahn-Arguments ist die Modernisierungsthese.[3] Sie ist weder von »Revisionisten« erfunden noch nur von »Revisionisten« verwandt worden, sondern stammt aus dem Selbstverständnis der (italienischen) Faschisten, die sich in ihrer Propaganda als eine dezidiert moderne Bewegung darstellten, die angetreten sei, um das noch sehr rückständige Italien zu modernisieren. Diese propagandistische Selbstdarstellung der Faschisten wurde von vielen Antifaschisten nicht nur ernst, sondern sogar übernommen. Zu ihnen gehörte der deutsche Soziologe Franz Borkenau, der den Faschismus als eine Art Entwicklungsdiktatur charakterisierte, weshalb er im bereits hoch entwickelten Deutschland keine Chance habe.[4] Als Borkenaus Aufsatz im Februar 1933 erschien, war Hitler bereits an der Macht und Borkenaus Theorie grausam widerlegt. Nicht viel besser ging es Karl Otten, der in einem 1942 im Londoner Exil veröffentlichten Buch die These vertrat, daß das »Dritte Reich« die negativen Aspekte der allgemeinen Moderne repräsentiere.[5] Sein Buch wurde von der englischen Kritik mehr als ungnädig aufgenommen. Kein Wunder, denn damals wurde London gerade von sicherlich modernen, zugleich aber mit einem Balkenkreuz gezierten deutschen Flugzeugen bombardiert, weshalb viele Engländer mehr den Thesen ihres Landsmanns Lord Robert Vansittart folgten, wonach das »Dritte Reich« eine spezifisch deutsche Erscheinung und das Ergebnis eines deutschen Sonderwegs sei.

Die Sonderwegsdiskussion verdrängte die Modernisierungsthese. Erst 1965 wurde sie von Ralf Dahrendorf wieder aufgegriffen, der meinte, daß das Dritte Reich einen allerdings mehr unfreiwilligen »Stoß in die Moderne« hervorgerufen habe.[6] Diese »Stoß-in-die-Moderne«-These wurde 1966 von dem amerikanischen Historiker David Schoenbaum radikalisiert[7]. Das »Dritte Reich« habe eine »soziale Revolution« nicht nur in Kauf genommen, sondern bewußt angestrebt und in vielen Bereichen auch erreicht. Doch diese Behauptung (mehr war es wirklich nicht) wurde von einigen deutschen Sozialhistorikern sofort widerlegt[8]. Von einer weitgehenden und gewollten Modernisierung im Bereich der Sozial- und Wirtschaftspolitik könne nicht die Rede sein. Nach dieser Widerlegung der Modernisierungsthese widmete sich die deutsche und internationale NS-Forschung wieder wichtigeren Themen – z.B. der nationalsozialistischen Rassen- und Vernichtungspolitik, die eigentlich erst jetzt in ihrem ganzen Ausmaß und ihrer Schrecklichkeit erkannt wurde.

Doch während sich die Historiker darüber stritten, ob diese Rassenpolitik intendiert oder improvisiert gewesen und vornehmlich die Juden oder auch die sogenannten anderen Opfer ergriffen habe[9], vertrat Rainer Zitelmann in seiner Dissertation die verblüffende These, daß der Rassist und fanatische Antisemit Hitler eigentlich ein »Sozialrevolutionär« gewesen sei[10]. Dies begründete Zitelmann einmal mit einer sehr weit gefaßten Definition des Begriffs »Revolution«, der aller »normative Elemente entkleidet« und mit dem der »Modernisierung« gleichgesetzt wurde. Hinzu kam zweitens ein sehr problematischer, weil völlig kritikloser Umgang mit den Quellen. Ohne die Regeln der inneren und äußeren Quellenkritik (in der ersten Auflage wurden selbst gefälschte Hitler-Zitate verwandt) zu beachten, wurden alle möglichen Äußerungen Hitlers, die er in »Mein Kampf« und in weiteren Schriften gemacht oder die er Dritten gegenüber gemacht haben soll (!), zusammengestellt, um zu beweisen, daß Hitler ein »Sozialrevolutionär« gewesen sei. Damit nicht genug, schloß Zitelmann von diesen tatsächlichen oder auch nur angeblichen Worten Hitlers auf die Wirklichkeit des »Dritten Reiches«, das, wie er in einem weiteren kleinen Buch schrieb, »auf verschiedenen sozialpolitischen Gebieten beachtliche Fortschritte« gebracht und insgesamt eine »modernisierende Funktion« gehabt habe[11].

1990 gab Zitelmann zusammen mit dem Bielefelder Sozialhistoriker Michael Prinz einen Sammelband heraus, in dem die These der Modernisierung des Nationalsozialismus fortgesetzt wurde, was selbstverständlich politisch motiviert war[12]. Doch dies wurde nur von wenigen erkannt und kritisiert. Zu ihnen gehörte der NS-Experte Christoph Dipper, der eine geradezu vernichtende Rezension des Modernisierung-des-Nationalsozialismus-Buches veröffentlichte[13].

Doch diese fachliche Kritik machte auf Zitelmann keinen großen Eindruck. Er machte sich in einschlägigen Kreisen als Verfasser rechter Kommentare in rechten Zeitungen einen Namen und sammelte eine Gruppe von gleichgesinnten neurechten Historikern um sich. Diese neurechten Junghistoriker verbanden den Begriff der »Modernisierung« mit der von Martin Broszat erhobenen mißverständlich formulierten Forderung nach einer »Historisierung« des Nationalsozialismus zu einer Art Zauberformel, um endlich, wie dies schon Ernst Nolte gefordert hatte, aus dem »Schatten der Vergangenheit« heraustreten zu können. Diesem Ziel diente ein weiterer Sammelband, der diese Absicht schon im Titel ankündigte: »Die Schatten der Vergangenheit – Impulse zur Historisierung des Nationalsozialismus«[14]. Tatsächlich geht es um nichts anderes als um eine »Relativierung« und »Verharmlosung« des Dritten Reiches, was die Herausgeber, die »Extremismus«-Forscher Uwe Backes und Eckhard Jesse sowie Rainer Zitelmann selber, zwar in ihrem einleitenden programmatischen Aufsatz immer wieder abstreiten, aber dennoch tun[15].

So wenn sie den »Angehörigen der älteren Generation« recht

geben, wonach der »Nationalsozialismus [...] nicht nur schlechte, sondern auch gute Seiten gehabt« habe[16]. So wenn sie behaupten, daß die »neuere Forschung belegt« habe[17], daß das »Dritte Reich« eine »in mancher Hinsicht durchaus progressive Sozialpolitik« betrieben habe[18], wobei sie vor allem auf Robert Ley hinweisen, der diese »in manchen Bereichen fortschrittliche, auf ›Chancengleichheit‹ für die Angehörigen der ›deutschen Volksgemeinschaft‹ zielende Sozialpolitik« initiiert hat[19]. So wenn sie das Schicksal der von den Nationalsozialisten nicht zur »Volksgemeinschaft« gerechneten »Volksschädlinge« einfach übergehen und behaupten, daß schließlich nur eine »Minderheit (!) von rassisch Ausgegrenzten, politisch Oppositionellen und anderen Randgruppen verfolgt, gedemütigt und letztlich ausgemerzt« worden sei.[20]

Kritikern, die die These von der »gewollt modernisierenden Wirkung des NS-Regimes«[21] bezweifeln und die sich vor allem an der schnoddrigen Sprache stören, mit der die angeblich so »guten Seiten« des NS-Regimes und die »progressive« und »fortschrittliche« Politik dieses Rassenstaates gefeiert werden, wurden »volkspädagogische« Motive unterstellt[22] und gleichzeitig darüber belehrt, wie notwendig »Objektivität« und »Distanz zum Objekt der Analyse« seien.[23] Doch weder von »Objektivität« noch von »Distanz« zeugt es, wenn die Autoren die »Rituale einer falschen Unterwürfigkeit« kritisieren[24] und eine »Normalisierung« der NS-Zeit in »unserem Geschichtsbewußtsein« anstreben.[25] Tatsächlich reden Backes, Jesse und Zitelmann einer »Geschichtspolitik« das Wort. Sie streben nach einer »kulturellen Hegemonie«, die nur dann zu erreichen ist, wenn der Nationalsozialismus seiner Funktion als »Negativfolie« enthoben und ihm »progressive« und »moderne« Aspekte bescheinigt werden.[26]

Dies war genau das, was der neurechte Ideologe Karlheinz Weißmann gewollt hatte. Schon 1986 hatte der damals nur in einschlägigen Kreisen bekannte Weißmann in der konservativen Zeitschrift »Criticón« beklagt, daß es in der Bundesrepublik so lange keinen wirklich einflußreichen »Neokonservativismus« geben werde, so lange es nicht gelinge, die vermaledeite »Vergangenheitsbewältigung« zu »bewältigen« und das Bild des »Dritten Reiches« zu revidieren.[27] Weißmann erkannte sehr bald, daß dies am besten im Zeichen und mit Hilfe der Modernisierungsthese geschehen könne. Zitelmann, der inzwischen den Posten eines Cheflektors bei Ullstein angetreten hatte, verschaffte Weißmann einen Druckvertrag mit diesem bis dahin hoch angesehenen Verlag.

1992 erschien Weißmanns »Rückruf in die Geschichte«.[28] Der Titel ist gut gewählt. Geht es Weißmann doch um eine Rehabilitierung des alten Geschichtsbildes. Dazu muß die »Vergangenheitsbewältigung« bekämpft und beendet werden,[29] die mit der »Umerziehungs«-Politik amerikanischer Politiker begonnen habe, von denen nicht zufälligerweise verschiedene Juden gewesen seien.[30] Doch um diese »Anomalie der geistigen Situtation« zu überwinden[31] und um die »Renaissance des Nationalbewußtseins« voranzutreiben[32], muß die nationalsozialistische Vergangenheit im wörtlichen Sinne bewältigt und »entschuldet« werden. Diesem Ziel dient die Behauptung, daß »Modernität« der »Schlüssel« des Erfolges der NSDAP gewesen sei und »Modernität (...) auch nach Hitlers Machtergreifung ein wesentliches Moment nationalsozialistischer Gesellschaftspolitik« gewesen sei.[33] Wenn diese Sicht des Dritten Reiches durchgesetzt sei, müßten die »Nostalgiker mit ihren überständigen Beschwörungsformeln und ihrer Rückwärtsgewandtheit abtreten« und den Weg für eine »Erneuerung der politische Klasse« freigeben.[34]

Ein weiterer Schritt auf diesem Weg ist der Band 9 der angesehenen »Propyläen Geschichte Deutschlands« über das »Dritte Reich«, den Weißmann wiederum auf Vermittlung Zitelmanns statt des renommierten NS-Forschers Hans Mommsen schreiben durfte. Hier wird der nationalsozialistische Rassenstaat ohne Wenn und Aber als »Sozialstaat« bezeichnet, in dem es ein ausgesprochenes »Wirtschaftswunder« gegeben habe.[35] Er weise »keine signifikante Abweichung von der allgemeinen Tendenz« zum »Sozialstaat« auf.[36] Dies gelte vor allem für die »Bürokratisierung, Professionalisierung und Verrechtlichung der Wohlfahrtspflege«.[37] Die »Rolle der Frauen« sei selbst in den Berichten der Sopade als »gut« bewertet worden.[38] Im Schulwesen habe es eine »Aufstiegsmobilität« gegeben, die fast doppelt so hoch wie in der Weimarer Republik gewesen sei.[39]

Nachdem Weißmann noch ausführlich die modernisierenden und wohltätigen Aktivitäten von »Nationalsozialistischer Volkswohlfahrt« (NSV)[40] und »Kraft durch Freude« (KdF)[41] gewürdigt hat, kommt er zu folgendem Schluß: »Die gesellschaftliche Entwicklung zwischen 1933 und 1945 wurde von den meisten Zeitgenossen als beschleunigte Veränderung wahrgenommen. Trotz der archaischen Elemente in der Selbstdarstellung des Regimes und trotz der vordergründigen Restauration älterer Wertvorstellungen fand tatsächlich ein Modernisierungsprozeß statt. Die Auflösung überlieferter Lebenswelten und sozialer Zusammenhänge war gewollt. Die Modernisierung vollzog sich nicht unbeabsichtigt.«[42] Dies ist »Revisionismus« pur, der sich jedoch als Wissenschaft tarnt. Doch diese Mimikry ist nicht leicht zu durchschauen. Schließlich wird die Modernisierungsthese keineswegs nur von neurechten Ideologen wie Weißmann, sondern auch von seriösen Sozialhistorikern vertreten, die die politische Bedeutung und Funktion dieser wissenschaftlichen Theorie nicht billigen oder gar nicht erkennen.

Ähnlich ist es mit der Totalitarismustheorie, die nach 1989/90 eine bemerkenswerte Renaissance erlebt, nachdem sie lange Zeit als obsolet gegolten hatte.[43] Dies zeigte sich vor allem während des »Historikerstreits«, in dem es im wesentlichen um die Frage der Singularität der Verbrechen des »Dritten Reiches« ging, das daher nach der Meinung einer überwältigenden Mehrheit der damaligen Diskutanten nicht mit anderen Regimen verglichen und gleichgesetzt werden sollte. Doch diese, wie Weißmann sie nennt, »Aufklärungs-Fundamentalisten« haben im »Historikerstreit« nur einen »Pyrrhus-Sieg« errungen, weil die »Konfrontation mit der Wirklichkeit des anderen großen totalitären Regimes nach dem Zusammenbruch des Kommunismus« den »Paradigmawechsel, der anderweitig vorbereitet wurde«, beschleunigt habe.[44]

Weißmann hat Recht. Auch der zum neurechten Ideologen mutierte einstmals linke Historiker Imanuel Geiss räumt in seiner Kampfschrift gegen Hans-Ulrich Wehler und andere liberale Historiker ein, daß »jeder strukturelle Vergleich [...] unvermeidlich auch zur strukturellen Relativierung« führt.[45] Daß dabei eine »Relativierung« der Verbrechen des »Dritten Reiches« nicht nur in Kauf genommen wird, sondern bewußt intendiert ist, führt Geiss in seinem wirklich hysterischen »Hysterikerstreit« dann gleich selber vor. Faschismus und Kommunismus bzw., wie Geiss in Anlehnung an die berüchtigte CSU-Kampagne formuliert, der »nationale« und der »international-proletarische Sozialismus« seien »Produkte der Industrialisierung«.[46] Die Aggressivität der beiden »Totalitarismen« hänge vom jeweiligen »Industrialisierungsgrad« ab. Während sich die »Spannungen« im »industrialisierten Deutschland« in der Aggression nach außen entladen hätten, »weshalb die meisten Opfer des Dritten Reiches Nicht-Deutsche« gewesen seien, habe sich der Kommunismus im »industriell unterentwickelten Rußland« gegen »Angehörige des eigenen Imperiums« gewandt. Der »höhere Industrialisierungsgrad Deutschlands« habe ferner die »Technik des industrialisierten Massenmordes von Auschwitz, Treblinka und Majdanek« ermöglicht, während die »niedrigere Industrialisierungsstufe der UdSSR [...] zur rationalisierten, aber noch konventionellen Methode des administrativen Massenmordes – Genickschuß, Verhungernlassen, Zutodearbeiten unter unmenschlichen Lebens- und Arbeitsbedingungen« gereicht habe.[47]

Geiss reduziert damit die Unterschiede zwischen dem bolschewistischen Klassen- und dem nationalsozialistischen Rassenmord auf die dabei angewandten Techniken des Tötens! Ganz abgesehen davon, daß der nationalsozialistische Rassenmord keineswegs nur in den Vernichtungslagern, sondern auch durch die »Truppen des Weltanschauungskrieges« exekutiert wurde, wird hier von der Bedeutung und Wirkungsweise der Ideologien des Rassismus und Antisemitismus abstrahiert. Die gesamte Diskussion über die Singularität von Auschwitz und die »Grenzen des Verstehens« ist an Geiss völlig wirkungslos vobeigegangen.[48] Dies ist nichts anderes als eine »Trivialisierung durch Vergleich« bzw. eine »vergleichende Verharmlosung« des »Dritten Reiches«.[49] Doch Geiss (und Weißmann) stehen damit nicht allein da.

Eine weitere Variante der »vergleichenden Verharmlosung« des Dritten Reiches steuerte der Schriftsteller Hans Magnus Enzensberger bei, der 1991 während des Golfkrieges allen Ernstes Hitler mit dem bis dahin kaum beachteten, aber vom Westen wegen seiner Anti-Iran-Politik geradezu verhätschelten irakischen Diktator Saddam Hussein verglich.[50] Hitler und Saddam Hussein seien »Feinde des Menschengeschlechts«. Bei beiden habe man es »nicht mit einer deutschen, nicht mit einer arabischen, sondern mit einer anthropologischen Tatsache zu tun«. Mit dieser Anthropologisierung ist der deutsche Faschismus wirklich bewältigt und völlig trivialisiert.[51]

Der Hitler-Saddam-Hussein-Vergleich ist heute schon fast vergessen. Dies gilt jedoch nicht für den Vergleich zwischen Hitler und Honecker, der ebenfalls nach dem Fall der Mauer auftauchte.[52] Dies kam mehr als überraschend, denn schließlich hatte man Honecker noch wenige Jahre zuvor in Bonn mit allen protokollarischen Ehren empfangen. Die DDR Honeckers wurde zwar nicht geachtet, aber allgemein als politischer und wirtschaftlicher Partner akzeptiert. Selbst die »Bild-Zeitung« berücksichtigte dies und ließ im Sommer 1989 die bis dahin nur noch in diesem Presseorgan gebräuchlichen Anführungszeichen für die »sogenannte DDR« weg. Auf die Idee, die kleine DDR mit dem »Großdeutschen Reich« zu vergleichen, ist auch während des »Historikerstreits« niemand gekommen. Derartiges wäre als ein völlig überflüssiges Relikt aus der Zeit des Kalten Krieges allenfalls belächelt worden.

Doch 1991 änderte sich dies schlagartig.[53] Bei der Aufdeckung der verschiedenen Untaten der Stasi, die nicht in allen Details, zumindest aber in den Grundzügen schon vorher allen bekannt gewesen waren, wurde dauernd an die Gestapo erinnert.[54] Die von der sowjetischen Besatzungsmacht errichteten »Speziallager« und selbst Zuchthäuser der DDR wie Bautzen wurden mit den nationalsozialistischen Konzentrations- und Vernichtungslagern verglichen.[55] Die bisher »Bürgerbewegung« genannte »Opposition« in der DDR wurde als »Widerstand« bezeichnet und mit dem Widerstand im »Dritten Reich« gleichgesetzt.[56] Dem realsozialistischen Regime insgesamt wurde bescheinigt, zwar kein reales, wohl aber ein »Auschwitz in den Seelen« hervorgerufen zu haben.[57]

Diese Renaissance und, was gerade den Hitler-Honecker-Vergleich angeht, auch Radikalisierung der Totalitarismustheorie ist bisher von nur wenigen kritisiert worden[58] und scheint mehr und mehr zur communis opinio der neuen DDR-Forschung geworden zu sein[60], während sich NS-Forscher meist vornehm zurückhalten.[59] Letzteres ist erstaunlich, führt die Auschwitz=Bautzen-These doch nicht nur zu einer Dämonisierung der DDR, sondern zugleich auch zu einer bis dahin nicht dagewesenen Trivialisierung des »Dritten Reiches«, das gewissermaßen nur eine etwas vergrößerte DDR gewesen sein soll. Beides scheint zudem politisch gewollt zu sein, wobei sich bezeichnenderweise gerade diejenigen hervortun, die nicht müde wurden, die angeblich »positiven« und »progressiven« Aspekte des »Dritten Reiches« ins rechte Bild zu rücken.

Beispielhaft ist der jetzt in Chemnitz lehrende Politologe Eckhard Jesse, der sich zusammen mit Uwe Backes und Rainer Zitelmann schon um die »Historisierung des Nationalsozialismus« »verdient« gemacht und den programmatischen Sammelband über die »Schatten der Vergangenheit« zu verantworten hat. Seit 1989 geben Backes und Jesse zudem das »Jahrbuch Extremismus und Demokratie« heraus. Bei diesem »Extremismus«, der hier »erforscht« wird, handelt es sich um eine Art »Kreuzung« aus Kommunisten und Faschisten bzw, um die vom Verfassungsschutz erfundenen Begriffe anzuwenden, aus »Links«- und »Rechtsextremismus«.[61] Daß es diesen »Extremismus« in der Realität gar nicht gibt, scheint sie nicht zu stören. Sie schreiben einfach Bücher über dieses real nicht existierende Phänomen, dessen Existenz so »bewiesen« wird.

Mit dem Eifer von Hexenjägern stürzen sich Backes und Jesse dann auf die vermeintlichen »Extremisten«, um sie mit Kuli und Computer zu exorzieren. Dies liest sich dann so: »Rechts- und Linksextremisten brauchen mithin einander. Letzlich sind sie also gar nicht daran interessiert, daß die andere Variante des Extremismus, die sie zu bekämpfen vorgeben, gänzlich von der Bildfläche verschwindet. Sie wollen vielmehr das hervorrufen, was sie so heftig attackieren.«[62]

Gleichzeitig haben sich Backes und Jesse für die Wiederaufnahme des Totalitarismuskonzeptes eingesetzt, dessen »Renaissance« sie bereits 1984 verkündeten.[63] Dies war damals etwas voreilig, weil der kurz darauf einsetzende »Historikerstreit« ja zunächst zu einer radikalen Infragestellung der im Zeichen von Totalitarismustheorien stehenden Vergleiche und Gleichsetzungen von Faschismus und Kommunismus führte. Dies hat sich inzwischen geändert. Im November 1994 erschien eine Sondernummer der Zeitschrift »Das Parlament« unter dem Leitartikel »Der stille Sieg eines Begriffs«.[64] Gemeint war die Totalitarismusdoktrin, deren staatstragende Vorzüge unter anderem auch von verschiedenen neurechten Ideologen, darunter auch Karlheinz Weißmann, ziemlich lauthals verkündet wurde. Jesse, der auch einen Beitrag zu dieser »Sieg-des-Totalitarismus-Sondernummer« beisteuerte, durfte inzwischen für die Bundeszentrale für politische Bildung einen Totalitarismus-Sammelband herausgeben.[65] Hier sowie in einem weiteren Aufsatz[66] wurden all diejenigen heftig getadelt, die die Verwendung des Totalitarismusbegriffs immer noch ablehnen. Ihnen wurden ehemalige Linke wie der frühere Frankfurter ASTA-Vorsitzende Wolfgang Kraushaar als leuchtendes Vorbild vorgehalten, der sich »angesichts der desaströsen Hinterlassenschaft des ›realen Sozialismus‹« »genötigt« gesehen habe, den Totalitarismusbegriff aufzuwerten.[67]

Hier wird der Totalitarismusbegriff zu einem Geßlerhut, vor dem sich alle aufrechten Demokraten zu verbeugen haben. In brutaler Deutlichkeit ist dies von dem sehr weit rechts stehenden Bonner Politologen Hans-Helmuth Knütter ausgedrückt worden, der jeden als Gegner der »freiheitlich-demokratischen Grundordnung« denunziert, der sich nicht zu dem allseits verlangten »antitotalitären Grundkonsens« bekennt.[68] Ich meine, daß dieser »verordnete Antitotalitarismus« nicht zu unserem pluralistischem Demokratieverständnis paßt und finde es geradezu zynisch, wenn Knütter die »rechtsextremen Aktivitäten«, womit er offensichtlich die schändlichen Übergriffe auf Ausländer meint, nur deshalb kritisiert, weil sie »für die zusammengebrochene, desorientierte Linke […] geradezu ein Geschenk des Himmels« gewesen seien.[69]

Damit keine Mißverständnisse entstehen: Selbstverständlich kann man, wie dies in den 70er Jahren vielfach geschehen ist, Totalitarismustheorien nicht einfach als Ideologien des Kalten Krieges abqualifizieren.[70] Die »klassischen« Totalitarismustheorien von Hannah Arendt, Zbigniew Brzezinski, Carl Joachim Friedrich u.a. sind es nach wie vor wert, diskutiert zu werden. Die Frage ist nur, ob sie das theoretische Fundament für einen Vergleich DDR/»Drittes Reich« bieten können. Sollten nicht andere Theorien entwickelt werden und sollte man die DDR nicht besser mit den zeitgenössischen kommunistischen Diktaturen in Osteuropa als mit dem »Dritten Reich« vergleichen?

Doch wenn sich die neue DDR-Forschung anders entscheiden soll, dann sollte sie bei diesen Vergleichen nicht von Auschwitz und dem nationalsozialistischen Rassenmord abstrahieren und das »Dritte Reich« als weniger »schlimm« und viel »moderner« als die DDR bezeichnen.[71] Dies hat der Verleger und Publizist Wolf Jobst Siedler in einem Gespräch mit dem Historiker Arnulf Baring getan, als er folgendes erklärte: »Ganz allmählich erst wird bewußt, daß das Dritte Reich und der Arbeiter-und-Bauern-Staat gänzlich unvergleichbar sind. Das Dritte Reich war, ganz abgesehen davon, was es sonst noch war, ein außerordentlich moderner Staat, in vielerlei Hinsicht der modernste Staat Europas, wenn man das außermoralisch nimmt.«[72]

Siedler und viele andere der hier genannten und kritisierten Autoren sind sicherlich keine »radikalen Revisionisten«[73]. Sie arbeiten jedoch mit ihrer Modernisierung und »vergleichenden Verharmlosung« des »Dritten Reiches« den Auschwitz- und Kriegsschuldleugnern in die Hände. Sie tragen dazu bei, daß nationalkonservatives und rechtsradikales Gedankengut »salonfähig« wird und Deutschland nach rechts »driftet«, was der Rechte Zitelmann dezidiert fordert[74] und wovor der Liberale Friedbert Pflüger eindringlich warnt.[75]

Anmerkungen

1 Vgl. dazu den Beitrag von Brigitte Bailer-Galanda in diesem Band.

2 Diesen erweiterten Begriff des Revisionismus findet man übrigen auch schon in Veröffentlichungen des Verfassungsschutzes. Vgl.: Landesamt für Verfassungsschutz Berlin, Die internationale Revisionismus-Kampagne, in: Durchblicke 1. Jg. 1994, Nr. 3.

3 Zum folgenden: Wolfgang Wippermann, Faschismustheorien. Zum Stand der gegenwärtigen Diskussion, 5. völlig neu bearbeitete Aufl. Darmstadt 1989, S. 80 ff.

4 Franz Borkenau, Zur Soziologie des Faschismus, in: Archiv für Sozialwissenschaften und Sozialpolitik 68, 1933, in: Ernst Nolte (Hrsg.), Theorien über den Faschismus, Köln 1967, S. 156–181.

5 Karl Otten, Geplante Illusionen. Eine Analyse des Faschismus, Frankfurt a. M. 1989 (zuerst: London 1942.)

6 Ralf Dahrendorf, Gesellschaft und Demokratie in Deutschland, München 1965.

7 David Schoenbaum, Die braune Revolution. Eine Sozialgeschichte des Dritten Reiches, Köln 1968 (zuerst: The Social Revolution, New York 1966)

8 Horst Matzerath/Heinrich Volkmann, Modernisierungstheorie und Nationalsozialismus, in: Jürgen Kocka (Hrsg.), Theorien in der Praxis des Historikers, Göttingen 1977, S. 86–116.

9 Zu dieser Diskussion: Michael Burleigh/Wolfgang Wippermann, The Racial State. Germany 1933–1945, Cambridge 2. Aufl. 1992.

10 Rainer Zitelmann, Hitler. Selbstverständnis eines Revolutionärs, Stuttgart 1987. Vgl. zum folgenden auch die Kritik von: Karl Heinz Roth, Verklärung des Abgrunds. Zur nachträglichen »Revolutionierung« der NS-Diktatur durch die Gruppe um Rainer Zitelmann, in: 1999. Zeitschrift für Sozialgeschichte des 19. und 20. Jahrhunderts H. 1, 1992, S. 7–11.

11 Rainer Zitelmann, Adolf Hitler. Eine politische Biographie, Göttingen 1989, S. 122. Dieses Büchlein ist besonders problematisch, weil hier ein hitlerzentristischer mit einem modernisierungstheoretischen Ansatz verbunden wird.

12 Michael Prinz/Rainer Zitelmann (Hrsg.), Nationalsozialismus und Modernisierung, Darmstadt 1991.

13 Christoph Dipper, Modernisierung und Nationalsozialismus, in: Neue Politische Literatur 36, 1991, S. 450–456.

14 Uwe Backes/Eckhard Jesse/Rainer Zitelmann (Hrsg.), Die Schatten der Vergangenheit –

Impulse zur Historisierung des Nationalsozialismus, Frankfurt /M. 1990.

15 Uwe Backes/Eckhard Jesse/Rainer Zitelmann, Was heißt »Historisierung« des Nationalsozialismus, in: dies. (Hrsg.), Die Schatten der Vergangenheit, S. 25–57, S. 25.

16 Ebenda S. 41.

17 Diese Bemerkung ist falsch. Nur einige, keineswegs alle Sozialhistoriker vertreten diese
These. Vgl. die Hinweise bei: Günter Könke, »Modernisierungsschub« oder relativ Stagnation? Einige Anmerkungen zum Verhältnis von Nationalsozialismus und Moderne, in:
Geschichte und Gesellschaft 20,1994, S. 584–608. Könkes Aufsatz ist die beste und
schärfste fachhistorische Abrechnung mit der Modenisierungsthese.

18 Ebenda. Vgl. dazu den Artikel »NS-Gemeinschaft »Kraft durch Freude« im revisionistischen »Lexikon Deutsche Geschichte«, Rosenheim 1990, S. 316 f., in dem es heißt, daß
die »Leistungen des KdF (…) wesentlich mit dazu (beitrugen), viele deutsche Arbeiter
für die NSDAP zu gewinnen, das Klassenkampfdenken zu überwinden und den Großteil
der Deutschen in eine Volksgemeinschaft einzubinden.«

19 Ebenda S. 61. Vgl. dazu die fast identischen Bemerkungen zu Ley in dem revisionistischen »Lexikon Deutsche Geschichte«, S. 253, wo es heißt, daß Ley »wesentliche Verbesserungen am Arbeitsplatz, für die Freizeit und die Mitbestimmung der deutschen Arbeiter« bewirkt habe. Der Verfasser beruft sich hier auf Zitelmann. Der Historiker Wolfgang Zollitsch weist dagegen in seiner Studie über »Arbeiter zwischen Weltwirtschafts-
krise und Nationalsozialismus. Ein Beitrag zur Sozialgeschichte der Jahre 1928 bis
1936«, Göttingen 1990, bes. S. 243 f., darauf hin, daß von einer »Chancengleichheit«
nicht die Rede sein könne.

20 Ebenda S. 61.

21 Ebenda S. 42. Die These von der »gewollten Modernisierung« ist eine in der Wissenschaft umstrittene These, keine feststehende Tatsache!

22 Ebenda S. 36. Der Begriff »volkspädagogisch« stammt aus einem Brief Golo Manns an
den Reichstagsbrandforscher Fritz Tobias. M.W. hat ihn kein anderer Historiker jemals
benutzt. Dennoch wird er von diesen Revisionisten wie eine Waffe verwandt.

23 Ebenda S. 27. Hier rühmen sich Backes und Jesse, daß sie Anfang der 80er Jahre im Auftrag des Bundesministeriums des Innern (damals Zimmermann) an der »empirischen Erforschung des Terrorismus« mitgewirkt haben, was sie übrigens in ihren damals veröffentlichten Arbeiten nicht angegeben haben. Ebenda. S. 39.

24 Ebenda S. 29. Hier zitieren sie zustimmend einen Ausspruch von Joachim Fest.

25 Ebenda S. 27. Sie zitieren hier aus einem Aufsatz Martin Broszats aus dem Jahr 1985.
Gegen diese Indienstnahme durch Zitelmann und Co kann sich der 1989 gestorbene
Broszat nicht wehren. Vgl. dazu auch die scharfe Kritik von: Norbert Frei, Wie modern
war der Nationalsozialismus?, in: Geschichte und Gesellschaft 19, 1993, S. 367–387.

26 Ebenda S. 50.

27 Karlheinz Weißmann, Neokonservativismus in der Bundesrepublik? Eine Bestandsaufnahme, in: Criticón Juli/August 1986, S. 176–179.

28 Karlheinz Weißmann, Rückruf in die Geschichte. Die deutsche Herausforderung, Berlin
1992.

29 Ebenda S. 41. Hier setzt er den »Antifaschismus« in der DDR mit der »Vergangenheitsbewältigung« in der Bundesrepublik gleich: »Die NS-Vergangenheitsbewältigung war für
den westdeutschen Staat ein Teil seiner Identität geworden. Sie band in einem erheblichem Umfang geistige Energien und diente gleichzeitig als Waffe im politischen Tages-
kampf. Mit dem drohenden Hinweis, daß immer noch nicht ausreichend ›bewältigt‹
wurde, hat man das Kollektiv schließlich in einen Zustand gebracht, der bei einem einzelnen Straftäter niemals geduldet würde: permanenter Verdacht trotz erwiesenen Wohl-
verhaltens, Fortschreibung der Buße ad infinitum.« (S. 145).

30 Ebenda S. 31.

31 Ebenda S. 49.

32 Ebenda S. 103.
33 Ebenda S. 86.
34 Ebenda S. 155. Weißmann beruft sich hier erneut auf Gramsci.
35 Karlheinz Weißmann, Der Weg in den Abgrund. Deutschland unter Hitler 1933 bis 1945, Berlin 1995 (= Propyläen Geschichte Deutschlands Bd. 9), S. 154 ff. Dagegen ist von der seriösen Forschung eindeutig nachgewiesen worden, daß die Überwindung der Arbeitslosigkeit Folge der »Rüstungsoffensive« war. Vgl. mit weiteren Literaturhinweisen: Könke, »Modernisierungsschub« oder relative Stagnation?, S. 586 ff.
36 Ebenda S. 172.
37 Tatsächlich wurde im Bereich der Sozialpolitik das Leistungsniveau der Weimarer Republik nicht wieder erreicht. Vgl. u.a.: Tilla Siegel, Lohnpolitik im nationalsozialistischen Deutschland, in: Cornelia Sachse u.a., Angst, Belohnung, Zucht und Ordnung. Herrschaftsmechanismen im Nationalsozialismus, Opladen 1982, S. 54–139.
38 Ebenda S. 181. Dies ist völliger Unsinn, was eindeutig und übereinstimmend in der neueren Forschung über die Lage der Frauen im Dritten Reich auch nachgewiesen worden ist.
39 Ebenda S. 178. Wie bereits erwähnt, ist auch dies falsch. Vgl. mit weiterführenden Literaturhinweisen: Könke, »Modernisierungsschub« oder relative Stagnation?, S. 591 ff.
40 Die NSV beteiligte sich weit mehr an der rassenideologischen Selektion als an der sozialpolitischen Verbesserung der Lage der Bevölkerung. Vgl. dazu: Herwart Vorländer, Die NSV. Darstellung und Dokumentation einer nationalsozialistischen Organisation, Boppard 1988.
41 Die tatsächlich erbrachten Leistungen von DAF und KdF werden maßlos übertrieben. Die immer wieder gerühmten KdF-Reisen kamen keineswegs den Arbeitern, sondern weit mehr dem Mittelstand zugute. Vgl.: Hasso Spode, Arbeiterurlaub im Dritten Reich, in: Sachse u.a., Angst, Belohnung, Zucht und Ordnung, S. 275–328.
42 Ebenda S. 184. Vgl. dazu das bereits zitierte völlig gegenteilige, aber begründete Urteil von: Könke, »Modernisierungsschub« oder relative Stagnation?, S. 607: »Der Nationalsozialismus hat den Modernisierungsprozeß in Deutschland nicht beschleunigt, sondern eher gehemmt.«
43 Dazu: Wippermann, Faschismustheorien, S. 96 ff.
44 Weißmann, Rückruf, S. 48.
45 Imanuel Geiss, Der Hysterikerstreit. Ein unpolemischer Essay, Bonn 1992, S. 120.
46 Ebenda S. 122.
47 Ebenda.
48 Dazu unter anderem: »Historikerstreit« – Die Dokumentation der Kontroverse um die Einzigartigkeit der nationalsozialistischen Judenvernichtung, München 1987; Hans Ulrich Wehler, Entsorgung der deutschen Vergangenheit? Ein polemischer Essay zum »Historikerstreit«, München 1988; Dan Diner (Hrsg.), Ist der Nationalsozialismus Geschichte? Zur Historisierung des Historikerstreits, Frankfurt / M.1987; Hanno Loewy (Hrsg.), Holocaust: Die Grenzen des Verstehens. Eine Debatte über die Besetzung der Geschichte, Reinbek 1992.
49 Dies hat der amerikanische Historiker Peter Gay schon lange vor dem Ausbruch des Historikerstreits Ernst Nolte vorgeworfen. Vgl.: Peter Gay, Freud, Juden und andere Deutsche. Herren und Opfer in der modernen Kultur, München 1989, S. 14 ff.
50 Hans Magnus Enzensberger, Hitlers Widergänger, in: Der Spiegel 4.2.1991.
51 Zur Kritik vgl.: Heinrich Senfft, Die Stasi und Saddam Hussein als Identitätsstifter. Zwei neue Kapitel im Historikerstreit, in: 1999. Zeitschrift für Sozialgeschichte des 20. und 21. Jahrhunderts, H. 4, 1991, S. 110–119.
52 Die im folgenden beschriebene Renaissance und, was den Hitler-Honecker-Vergleich angeht, auch Radikalisierung der Totalitarismustheorie habe ich in verschiedenen Artikeln und Aufsätzen kritisiert. Vgl.: Wolfgang Wippermann, Zur Kritik der Totalitarismustheo-

rie, in: Der einäugige Blick. Vom Mißbrauch der Geschichte im Nachkriegsdeutschland. 3. Buchenwald-Geschichtsseminar 1992, Weimar 1993, S. 15–28; ders., Antifaschismus als kulturelle Identität?, in: Ulrich Lange (Hrsg.), Identität, Integration und Verantwortung. Vorträge und Referate der ersten Görlitzer Wissenschaftstage, Berlin 1994, S. 90–96; ders., Sind Rot und Braun nun doch gleich? Die Totalitarismustheorie: Politische und historische Bemerkungen zur Renaissance einer Ideologie des Kalten Krieges, in: Schrägstrich. Zeitschrift für bündnis-grüne Politik 3–4/1995, S. 14f.; ders., Ist Rot gleich Braun? Totalitarismus-Theorien und ihre Renaissance, in: Evangelische Kommentare 7/1995, S. 386–388.

53 Zum folgenden auch: Jürgen Elsässer, Antisemitismus – das alte Gesicht des neuen Deutschlands, Berlin 1992, S. 27 ff.

54 Vgl.: Ernst Nolte, Die fortwirkende Verblendung, in: FAZ 22.2.1992. Nolte meinte hier, daß der »ungeheure Apparat der Staatssicherheit der DDR eine weit intensivere Überwachung der Bevölkerung zustande« gebracht habe, »als es die Gestapo im Dritten Reich vermocht« habe.

55 Ein erstes und zugleich besonders radikales Beispiel war: Alexander Fischer, Zur Geschichte der Sonderlager in der sowjetischen Besatzungszone, in: Erinnern ist das Geheimnis der Versöhnung. 2. Buchenwald-Geschichtsseminar, Weimar 1992, S. 41–50. Der Bonner Osteuropa-Historiker Fischer vertrat hier die These, daß die sowjetischen »Sonderlager« den Zweck gehabt hätten, »die bürgerliche Elite (...) zu isolieren, wenn nicht gar zu dezimieren« (S. 49).

56 Beispielhaft dafür ist: Ulrike Poppe/Rainer Eckart/Ilko-Sascha Kowalczuk (Hrsg.), Zwischen Selbstbehauptung und Anpassung. Formen des Widerstandes und der Opposition in der DDR, Berlin 1995. Vgl. bes. die Beiträge von Rainer Eckart, der die »Widerstandsforschung über die NS-Zeit als methodisches Beispiel« (S. 85–115) anpreist und Ilko-Sascha Kowalczuk über »Widerständiges Verhalten in der DDR« (S. 116–124), zu dem Kowalczuk bereits den Empfang westlicher Medien zählt; also Widerstand als Derrick-Gukken.

57 So der Schriftsteller Jürgen Fuchs im Dezember 1991 gegenüber der »Welt«, zitiert nach: Elsässer, Antisemitismus, S. 29.

58 Eine Ausnahme war Eberhard Jäckel, der die Hitler=Honecker-These in einem Artikel scharf zurückwies: Eberhard Jäckel, Zweierlei Vergangenheit, in: Der Spiegel Nr. 52, 1991. Erst in allerjüngster Zeit scheint sich die Kritik zu verstärken. Vgl.: Arnold Sywottek, »Stalinismus« und »Totalitarismus« in der DDR-Geschichte, in: Deutsche Studien H. 117/118, 1993, S. 25–38; Ralph Jessen, DDR-Geschichte und Totalitarismustheorie, in: Berliner Debatte Initial 4/5, 1995, S. 17–24.

59 Noch relativ ausgewogen bzw. unschlüssig äußerte sich der Leiter des Potsdamer Zentrums für Zeitgeschichtliche Studien, Jürgen Kocka. Vgl.: Jürgen Kocka, Die Geschichte der DDR als Forschungsproblem. Einleitung, in: ders. (Hrsg.), Historische DDR-Forschung. Aufsätze und Studien, Berlin 1993, S. 9–26. Kockas Zurückhaltung hinderte verschiedene Mitarbeiter, darunter verschiedene ehemalige DDR-Historiker nicht, die Totalitarismustheorie auf die Verhältnisse in der DDR anzuwenden.

60 Eine Ausname ist Hans Mommsen, der in einem für seine Begriffe bemerkenswert zurückhaltend formulierten Aufsatz die Anwendung der Totalitarismustheorie auf das Dritte Reich bezweifelt: Hans Mommsen, Leistungen und Grenzen des Totalitarismus-Theorems: Die Anwendung auf die nationalsozialistische Diktatur, in: Hans Maier (Hrsg.), »Totalitarismus« und »Politische Religionen«. Konzepte des Diktaturvergleichs, Paderborn 1996, S. 291–300.

61 Zu dieser obrigkeitsstaatlichen Begriffssetzung, die von der offenbar völlig affirmativ gewordenen deutschen Politikwissenschaft kaum noch kritisiert wird: Wolfgang Wippermann, Wider die Verwirrung der Begriffe! Was ist Rechtsradikalismus, Rechtsextremismus, Fundamentalismus, Populismus, Faschismus, Neonazismus und Neofaschismus,

in: Rechtsextremismus und Neonazismus unter Jugendlichen Ostberlins, Berlin 1991, S. 26–45.

62 Uwe Backes/Eckhard Jesse, Politischer Extremismus in der Bundesrepublik Deutschland, Bd. 1–3, Bonn 1989, Bd. 1, S. 271.

63 Uwe Backes/Eckhard Jessse, Totalitarismus, Extremismus, Terrorismus. Ein Literaturführer und Wegweiser im Lichte deutscher Erfahrung, Opladen 1984, bes. S. 47 ff.: »Totalitarismus: Renaissances eines strittigen Begriffs?«

64 Jürgen Braun, Stiller Sieg eines Begriffs, in: Das Parlament 11/18.11.1994

65 Eckhard Jesse (Hrsg.), Totalitarismus im 20. Jahrhundert. Eine Bilanz der internationalen Forschung, Bonn 1996 (= Schriftenreihe der Bundeszentrale für politische Bildung Bd. 336).

66 Eckhard Jesse, Überlegungen zur weiteren Totalitarismusforschung, in: Maier (Hrsg.), »Totalitarismus« und »Politische Religionen«, S. 275–284. Folgendes Zitat S. 275 f.

67 Jesse bezieht sich auf folgenden Aufsatz: Wolfgang Kraushaar, Sich aufs Eis wagen. Plädoyer für eine Auseinandersetzung mit der Totalitarismustheorie, in: Der Mittelweg 36, 1993, S. 6–29.

68 Hans-Helmuth Knütter, Die Faschismus-Keule. Das letzte Aufgebot der deutschen Linken, Berlin 1993, S. 152.

69 Ebenda S. 88.

70 Vgl. etwa: Martin Greiffenhagen/Reinhard Kühnl/Johann Baptist Müller, Totalitarismus. Zur Problematik eines politischen Begriffs, München 1972.

71 Derartige relativierende Tendenzen trifft man auch in der neueren amerikanischen Sowjetologie an. So hat Martin Malia kürzlich den »sowjetischen Totalitarismus zum schlimmsten und langlebigsten des ganzen Jahrhunderts« erklärt, weil der »sowjetische Terror (...) ein Vielfaches der Opfer sämtlicher Konzentrationslager Hitlers« gefordert habe. Martin Malia, Vollstrecker Wahn. Rußland 1917–1991, Stuttgart 1994, S. 564 f.

72 Arnulf Baring, Deutschland, was nun? Ein Gespräch mit Dirk Rumberg und Wolf Jobst Siedler, Berlin 1991, S. 76.

73 Ich übernehme den Begriff »radikale Revisionisten« von: Ernst Nolte, Streitpunkte. Heutige und künftige Kontroversen um den Nationalsozialismus, Berlin 1993, S. 304 ff.

74 Vgl. seine Kampfschrift: Rainer Zitelmann, Wohin treibt unsere Republik, Berlin 1994.

75 Friedbert Pflüger, Deutschland driftet. Die Konservative Revolution entläßt ihre Kinder, Düsseldorf 1994, S. 84 f.: »Wird jetzt die rechte Tyrannei abgelegt, eingeordnet und bagatellisiert, die linke dagegen dämonisiert – so werden Rechtsradikale und Konservative Revolutionäre salonfähig. Dann beanspruchen sie ihren Platz im demokratischen Verfassungsspektrum, dann verschiebt sich die Mitte nach rechts. Die Maßstäbe verschwimmen und Deutschland driftet.«

Anja Weusthoff

Endlich geregelt?

Zur Ahndung der Holocaust-Leugnung durch die deutsche Justiz

Im Herbst 1994 wurde nach zähen Auseinandersetzungen in der bundesdeutschen Öffentlichkeit ein Straftatbestand geschaffen, der gemeinhin als »Auschwitz-Lüge« bezeichnet wird. Doch dieser Begriff ist unzutreffend: er wurde von dem ehemaligen SS-Mann Thies Christophersen[1] zu Beginn der siebziger Jahre mit der Absicht geprägt, den nationalsozialistischen Massenmord an Juden als »Lüge« zu entlarven. Daher ist es angesichts juristischer und politischer Begriffsverwirrung geboten, mindestens den Terminus »Auschwitz-Leugnung« zu verwenden. Doch eigentlich ist in diesem Zusammenhang stets von der »Holocaust-Leugnung« zu sprechen und zu schreiben, werden doch nicht nur die im Vernichtungslager Auschwitz begangenen Verbrechen geleugnet, sondern sämtliche Gewalttaten des Nationalsozialismus an den Juden in Zweifel gezogen.

Von Holocaust-Leugnung muß daher dann die Rede sein, wenn Menschen in geschichtsrevisionistischer Absicht die massenhaft und industriell betriebene Ermordung von Juden aus rassistischen Gründen unter der Herrschaft des Nationalsozialismus bestreiten. Zusätzlich wird von diesen »Revisionisten« oft auch die Kriegsschuld Deutschlands am Zweiten Weltkrieg bestritten. So hoffen sie, Hitler und den Nationalsozialismus von den beiden größten Makeln zu befreien und rechter Ideologie in der Öffentlichkeit eine breitere Akzeptanz zu verschaffen.

Um der Instrumentalisierung von Kriegsschuldfrage und Holocaust-Leugnung durch rechtsextremistische Propaganda entgegenzuwirken, wurde immer wieder das Strafrecht bemüht, in der Kriegsschuldfrage jedoch vergeblich. Denn noch 1994 stellte das Bundesverfassungsgericht in diesem Zusammenhang fest: »Auffassungen, die sich in der wissenschaftlichen Diskussion durchgesetzt haben, bleiben der Revision und dem Wandel unterworfen.«[2] Voraussetzung sei nur, daß es sich in Inhalt und Form um einen ernst-

252

haften Versuch zur Ermittlung von Wahrheit handle. Die Frage, ob das NS-Regime und namentlich Hitler Schuld am Ausbruch des Zweiten Weltkrieges trügen, sei einer Beantwortung durch reine Tatsachenbehauptung nicht zugänglich, sondern erfordere eine wertende Beurteilung. Daher verstoße die Indizierung eines Buches als jugendgefährdend mit der Begründung, es enthalte zur Schuldfrage des Zweiten Weltkrieges eine falsche geschichtliche Darstellung, gegen das grundgesetzlich verbriefte Recht der Meinungsfreiheit. Darüber hinaus, so das Bundesverfassungsgericht in einem anderen Urteil, beeinträchtige die Leugnung der deutschen Kriegsschuld unabhängig von ihrer historischen Anfechtbarkeit keine Rechtsgüter Dritter.[3]

Bei der Leugnung des Massenmordes an Juden in den nationalsozialistischen Konzentrationslagern liegt der Fall jedoch anders: Er ist durch ungezählte Zeugenaussagen bestätigt, weitestgehend wissenschaftlich erforscht und durch Schuldsprüche der Justiz in zahlreichen Prozessen als Tatsache anerkannt. Hierdurch ist die Auseinandersetzung von Gesetzgebung und Rechtsprechung mit der Holocaust-Leugnung in der Bundesrepublik nachhaltig geprägt.

»Vergangenheitsbewältigung« in der deutschen Justiz

Der Frage nach dem Umgang der bundesdeutschen Justiz mit der Leugnung des größten Verbrechens unter der nationalsozialistischen Herrschaft darf man nicht ohne einen kurzen Blick auf die westdeutsche »Vergangenheitsbewältigung« nachgehen. Hier scheinen sich zwei Perspektiven anzubieten: auf der einen Seite die Beteiligung der Richterschaft am nationalsozialistischen Unrechtsstaat, auf der anderen Seite die Verfolgung der NS-Verbrechen durch die bundesdeutsche Justiz.

Doch bei genauerem Hinsehen vermengen sich beide Perspektiven. Wohl keine Berufsgruppe, so vermutet Ingo Müller in seinem Buch »Furchtbare Juristen«,[4] sei »aus der Nazi-Zeit mit derart gutem Gewissen hervorgegangen wie die Juristenschaft«.[5] Zunächst bestritt man kategorisch die Beteiligung der Richterschaft am Unrecht mit dem Grundsatz: Recht ist, was Gesetz ist – auch unter Hitler. Der Grundgesetzartikel 103 Absatz 2 (Verbot rückwirkender

Strafgesetze) wurde zum juristischen Freibrief für viele NS-Täter; der Gesetzgeber erklärte das deutsche Strafrecht zur alleinigen Grundlage für die Bestrafung von NS-Verbrechen durch bundesdeutsche Gerichte. Aus dem 1951 in Kraft getretenen Artikel 131 des Grundgesetzes ergab sich die Wiedereinstellung großer Teile des öffentlichen Dienstes, darunter auch der Juristenschaft, die nach dem Krieg wegen ihrer Nazi-Vergangenheit entfernt worden waren. Viele der von den alliierten Gerichten verurteilten NS-Verbrecher wurden Anfang der fünfziger Jahre aus der Haft entlassen. Der »Wille zu Integration« hatte sich mittlerweile in weiten Teilen der Bevölkerung und der Bonner Politik durchgesetzt. In der Justiz – in den eigenen Reihen nicht wenige Vorbelastete – war man der Auffassung, die juristische Bewältigung der Vergangenheit sei abgeschlossen.

So war der Massenmord an den Juden unter der NS-Herrschaft in den Anfangsjahren der Bundesrepublik in der Justiz kein Thema. Prozesse kamen mehr oder weniger zufällig in Gang. Erst der »Ulmer Einsatzgruppen-Prozeß« von 1958 bildete in der Strafverfolgungspraxis eine Zäsur.[6] Durch seinen Antrag auf Wiedereinstellung in den Staatsdienst nach Artikel 131 Grundgesetz war die Staatsanwaltschaft auf die Spur des Hauptangeklagten, des ehemaligen Polizeidirektors von Memel, gestoßen. Der anschließende Prozeß und auch das Urteil gaben Einblicke in die Geschehnisse um den Massenmord an der jüdischen Bevölkerung durch ein Einsatzkommando in Litauen.

Erst dann wurde die Strafverfolgung gegen NS-Verbrecher durch die Einrichtung der Ludwigsburger »Zentralstelle der Landesjustizverwaltungen zur Aufklärung nationalsozialistischer Gewaltverbrechen« systematisiert. Aufgabe dieser »Zentralstelle« war es, Verbrechen zu verfolgen, die außerhalb der Bundesrepublik an Zivilpersonen im Zusammenhang mit den Kriegsereignissen, aber außerhalb der eigentlichen Kriegshandlungen begangen worden waren, für die es jedoch in der Bundesrepublik keinen Gerichtsstand gab.[7] Die Arbeit dieser Stelle ermöglichte einige größere Prozesse. Doch deren Umfang und Medienwirkung können keineswegs darüber hinwegtäuschen, daß die Tendenz vorherrschte, »ausschließlich Tote, nämlich Hitler, Himmler und Heydrich zu den Haupttätern zu machen«.[8] Begünstigt wurde diese Rechtsprechung durch die Verjährung aller als Totschlag zu qualifizierenden Tötungsverbrechen 1960 und eine »Amnestie durch die Hintertür«[9] im Jahre 1969. Sie führte im Ergebnis dazu, daß die Taten vieler Mordgehilfen bereits 1960 verjährt waren.

Dennoch waren die wenigen »durchgehaltenen« Verfahren gegen Beteiligte am Massenmord an den Juden von großer Bedeutung. Diese lag jedoch weder im Nachweis der Taten einzelner Angeklagter noch in einer den Taten angemessenen Strafzumessung für die Beschuldigten. Entscheidend war vielmehr, daß die Angeklagten in der Regel die allgemeinen Feststellungen zum Massenmord an den Juden nicht in Zweifel zogen.[10] Damit wurde vor allem der Auschwitz-Prozeß – in der ersten Hälfte bis Mitte der sechziger Jahre vom damaligen hessischen Generalstaatsanwalt Fritz Bauer als »volkspädagogische Aufklärungsveranstaltung« vorbereitet und durchgeführt – zu einem bleibenden Zeugnis gegen jedes Leugnen des nationalsozialistischen Völkermordes. Doch erst durch die Studentenrevolte 1967/68 und die Kontroverse um die 1979 ausgestrahlte Fernsehserie »Holocaust« wurde die Auseinandersetzung um die Zeit des Nationalsozialismus in weite Kreise der Bevölkerung getragen.

Ahndung der Holocaust-Leugnung durch das Strafgesetz

Im Jahr 1994 wurde sowohl in der bundesdeutschen wie in der ausländischen Presse der Fall Günter Deckert heftig diskutiert. Deckert, aus dem Schuldienst entlassener Vorsitzender der NPD, hatte in einer Versammlung die massenhafte Ermordung von Juden durch Gas unter der nationalsozialistischen Herrschaft bestritten und Juden unterstellt, sie nutzten die Behauptung dieser Verbrechen zu ihrem Vorteil aus.

Im Zusammenhang mit den Urteilen gegen Deckert kam es zu heftigen Angriffen auf die Justiz. Zwar hatte das nach einer Revision erneut zuständige Mannheimer Landgericht einem angemessenen Urteil eine völlig unangemessene, äußerst kritikwürdige Urteilsbegründung nachgestellt, doch die Auseinandersetzung um die grundsätzliche Strafbarkeit der Holocaust-Leugnung wurde durch Unwissenheit auf der einen und unzureichende Gesetzeslage auf der anderen Seite gekennzeichnet. Grundsätzlich lassen sich in diesem Zusammenhang nämlich unterschiedliche Strafbestimmungen – in Kombination – anwenden. Ein Versuch, das Gewirr zu entzerren, lohnt sich.

»Volksverhetzung« erfordert die »qualifizierte Auschwitzlüge«

Im Zuge der ersten großen bundesdeutschen Prozesse gegen NS-Verbrecher und als Reaktion auf antisemitische Schmieraktionen 1959/60 verabschiedete der Deutsche Bundestag 1960 den neu gefaßten § 130 des Strafgesetzbuches (StGB). Die drei vorliegenden Entwürfe von Regierung, SPD und FDP hatte man im Rechtsausschuß zusammengefaßt: Mit mindestens drei Monaten Gefängnis oder Geldstrafe sollte bestraft werden, »wer in einer Weise, die geeignet ist, den öffentlichen Frieden zu stören, die Menschenwürde anderer angreift«,[11] indem er zum Haß gegen Bevölkerungsteile aufstachelt, zu Gewalt- und Willkürmaßnahmen gegen sie aufruft bzw. Bevölkerungsteile beschimpft, böswillig verächtlich macht oder verleumdet.

Mehrfach sah der Bundesgerichtshof (BGH) in den sechziger Jahren diesen Tatbestand erfüllt, wenn in Büchern (3 StR 55/60) oder Wahlkämpfen (3 StR 4/67) gegen Juden gehetzt wurde. Zu Beginn der achtziger Jahre führte die Anwendung des § 130 StGB zur Einziehung des Buches »Der Auschwitz-Mythos«[12], weil dort ein Zusammenhang zwischen »Auschwitz-Lüge« und Erpreßbarkeit des deutschen Volkes hergestellt wurde (3 StR 414/82).

Dennoch blieb der Straftatbestand der Volksverhetzung ein unhandliches Delikt. Durch seine Ansiedlung im siebten Abschnitt des Strafgesetzbuches (Straftaten gegen die öffentliche Ordnung) und die beiden Strafvoraussetzungen a) des Angriffs auf die Menschenwürde und b) der Eignung zur Störung des öffentlichen Friedens waren die Hürden zu seiner Anwendung höher als bei den Straftatbeständen im vierzehnten Abschnitt des Strafgesetzbuches (Beleidigung).

So mußte es fast zwangsläufig zum Unwort von der »qualifizierten Auschwitz-Lüge« kommen, die insbesondere dann vorlag,

»wenn das Schicksal der Juden unter dem Nationalsozialismus als ›Erfindung‹ dargestellt und diese Behauptung mit dem Motiv der angeblichen Erpressung verbunden«[13] wurde.

Leugnung des nationalsozialistischen Judenmordes als Beleidigung der Juden

Anders geht der Straftatbestand der Beleidigung mit der Holocaust-Leugnung um. Im Jahre 1979 hatte der BGH nämlich ein Urteil gefällt, das Weichen für die Folgezeit stellte: Wer den Rassenmord durch den Nationalsozialismus eine Erfindung nenne, spreche den Juden das unmenschliche Schicksal ab, dem sie allein wegen ihrer Abstammung ausgesetzt gewesen sind.[14] Damit werde das Persönlichkeitsbild der Menschen, die durch die Verfolgung der Juden im »Dritten Reich« besonders gekennzeichnet sind, angegriffen. Zumindest durch die Sondergesetzgebung des nationalsozialistischen Staates seien die jüdischen Staatsbürger in der Bundesrepublik zu einer in jeder Beziehung scharf abgegrenzten Volksgruppe geworden. Daher umrissen Äußerungen unter der Bezeichung »die Juden« den Kreis der betroffenen Personen eindeutig genug, um als Beleidigung der Einzelperson strafrechtlich verfolgt zu werden (§ 185 StGB).

So schien im Hinblick auf den Ehrenschutz der in der Bundesrepublik lebenden Juden keine Notwendigkeit zu bestehen, die Verherrlichung oder Verharmlosung von Gewalttaten gegen Juden explizit unter Strafe zu stellen.

Gleichzeitig geahndet: Leugnung von Auschwitz und Vertreibungsverbrechen

Dennoch war die SPD-geführte Bundesregierung Mitte 1982 bemüht, einen neuen strafrechtlichen Schutzbereich im Rahmen der Straftaten gegen die öffentliche Ordnung zu schaffen. Nur so konnte der gesellschaftsbezogene Schutzcharakter deutlich werden, denn dieser Anspruch ließ sich nicht in den Beleidigungstatbeständen verwirklichen, die allein Individualrechtsgüter schützen.

Die ab Oktober 1982 amtierende CDU/CSU/FDP-Bundesregierung übernahm zunächst diese Gesetzesinitiative. Schließlich traten verstärkt Schriften in Umlauf, die sich ihrer Tendenz nach aggressiv-kämpferisch gegen die gesellschaftliche und staatliche Ordnung richteten, ihrem Wortlaut nach sich aber auf die Leugnung oder Verharmlosung des NS-Regimes und seiner Untaten beschränkten.[15] Das bisherige Recht sei nicht geeignet, diese Umtriebe erfolgreich zu ahnden: § 130 StGB (Volksverhetzung) erfasse einen Angriff auf die Menschenwürde nur, wenn er mit den darin beschriebenen Mitteln erfolge. Deren Annahme ließe sich aber allein aus der Leugnung oder Verharmlosung nationalsozialistischer Gewalttaten nicht herleiten. Und die Anwendung der § 131 StGB (Aufstachelung zum Rassenhaß) scheitere regelmäßig daran, daß die dafür erforderliche grausame oder unmenschliche Weise der Schilderung fehle.[16]

Der Entwurf sprach sich deshalb für eine Regelung der Materie im siebten Abschnitt (Straftaten gegen die öffentliche Ordnung) aus, weil so ein gewisser Schutz im Vorfeld der Gefährdung des demokratischen Rechtsstaates gewährleistet sei. Das Schwergewicht lag auf der Sicherung des öffentlichen Friedens: Dieser werde durch die zu ahndenden Äußerungen beeinträchtigt, weil sie vor allem bei jungen Menschen die Bereitschaft zur Bejahung des NS-Systems fördern und dadurch zur Beunruhigung der Bevölkerung führen könnten.[17]

So hatte die CDU/CSU-geführte Bundesregierung unter Helmut Kohl zunächst die von der abgelösten Regierung Schmidt übernommene Gesetzesinitiative begründet: Durch die Erweiterung des § 140 StGB (Belohnen und Billigen von Straftaten) um einen Absatz sollte mit einer Freiheitsstrafe bis zu drei Jahren belegt werden, wer eine unter dem Nationalsozialismus begangene Handlung belohnt oder in einer Weise, die geeignet ist, den öffentlichen Frieden zu stören, öffentlich, in einer Versammlung oder durch Verbreiten von Schriften billigt, leugnet oder verharmlost.[18] Doch im März 1985 zog die Führung der Regierungsparteien den Gesetzentwurf zurück. Zwangsläufig schloß sich auch der federführende Justizminister Engelhard (FDP) dem »Ansinnen vornehmlich der Stahlhelmfraktion [der CDU] und der CSU an, die Leugnung des Holocaust nur noch als Beleidigung und nicht als eigenen Straftatbestand zu verfolgen«.[19]

Die Empfehlung der Mehrheit (CDU/CSU/FDP) im Rechtsausschuß lag dem Bundestag im April 1985 vor:[20] Man wollte auf eine Änderung des § 140 StGB gänzlich verzichten. Es sollte bei der beleidigungsrechtlichen Lösung des Problems (§ 185 StGB) bleiben. Zum Ausgleich sollte lediglich § 194 StGB (Strafantrag) insoweit ergänzt werden, daß die Notwendigkeit eines Strafantrages zur Verfolgung dieses Vergehens entfalle, damit namentlich das Leugnen des Rassenmordes an den Juden während des NS-Regimes von Amts wegen als Beleidigung geahndet werden könne.[21]

Allerdings schloß die auch vom Bundestag im Juni 1985 verabschiedete Formulierung des neuen § 194 StGB ein Weiteres ein: Ein Antrag auf Verfolgung der Beleidigung sei »nicht erforderlich, wenn der Verletzte als Angehöriger einer Gruppe unter der nationalsozialistischen oder einer anderen Gewalt- und Willkürherrschaft verfolgt wurde«.[22] Ebenso sollte die Verunglimpfung des Andenkens Verstorbener geahndet werden.

Hatte die von der SPD und zunächst auch von der CDU/CSU gewählte Lösung die Holocaust-Leugnung gezielt ins Visier genommen, so war nun von der »ehemalig anti-faschistischen Schutzrichtung«[23] nichts mehr übriggeblieben. Im Gegenteil: man stellte, so auch die Minderheitenmeinung im damaligen Rechtsausschuß des Bundestages, »eine nicht vertretbare Gleichgewichtung nationalsozialistischer Völkermordhandlungen – insbesondere an Juden – und sonstiger Gewalttaten unter anderen Gewalt- und Willkürherrschaften«[24] sowie »eine ›Verkopplung‹ des Rassenmordes an den Juden mit den Vertreibungsverbrechen«[25] her.

Exkurs

Die politische Stimmungslage, in der diese Entscheidung mit der Mehrheit der konservativ-liberalen Koalition gefällt werden konnte, bedarf hier einer kurzen Erläuterung. Wegweisend für den damals von großen Teilen der Konservativen bevorzugten Umgang mit der deutschen Geschichte des 20. Jahrhunderts war die im Frühjahr 1985 anstehende Gestaltung des 40. Jahrestages des Kriegsendes in Deutschland. Bundeskanzler Kohl drängte den amerikanischen Präsidenten Reagan zum offiziellen Besuch eines deutschen Soldatenfriedhofes in Bitburg, auf dem auch Mitglieder der Waffen-SS[26] begraben sind.

Auch eine Beziehung zum 1986 ausgetragenen »Historikerstreit« ist nicht gänzlich von der Hand zu weisen, wenn man die Hauptstreitpunkte zusammenfaßt: »Anlaß waren Aufsätze des rechtskonservativen Historikers Ernst Nolte, in denen er die Judenvernichtung zwar nicht geleugnet, jedoch ihre ›Singularität‹ durch die spekulative Behauptung implizit in Frage gestellt hat, daß Auschwitz Hitlers Reaktion auf vorherige und/oder befürchtete zukünftige stalinistische Verbrechen des ›Klassen‹-Mordes oder auf andere ›asiatische Taten‹ gewesen sei. Der Sozialphilosoph Jürgen Habermas griff diesen und andere Versuche von Historikern, die deutschen Verbrechen gegen die anderer Kriegsparteien aufzurechnen bzw. durch diese zu relativieren, 1986 als eine ›Art Schadensabwicklung‹ auf und eröffnete damit eine heftige öffentliche Kontroverse in der Historikerzunft.«[27]

Die aktuelle Regelung: Leugnung nationalsozialistischer Verbrechen wird ausdrücklich unter Strafe gestellt

Die unter den genannten Umständen geschaffene und am 13. Juni 1985 verkündete 21. Strafrechtsänderung blieb ein »zahnloser Tiger«.[28] Gerade im Verwirrspiel um den bereits erwähnten Fall Deckert wurde deutlich, welch große Verantwortung der Richterschaft in der Begründung ihrer im Zusammenhang mit der Holocaust-Leugnung gefällten Urteile zukommt. So kam es aufgrund eines offenbar schlecht begründeten Urteils und seiner umstrittenen höchstrichterlichen Aufhebung erst 1994 zu einer gesetzgeberischen Klärung.

Um die Rechtslage eindeutiger zu gestalten, »die Anwendung der §§ 130, 131 StGB in der Praxis zu erleichtern und die generalpräventive Wirkung dieser Strafvorschriften zu erhöhen«[29], entschloß sich der Deutsche Bundestag 1994 auf Initiative der SPD-Fraktion, die Strafvorschriften zu ändern. Herta Däubler-Gmelin, stellvertretende Parteivorsitzende der SPD, sah zwar Handlungsbedarf auch auf gesellschaftlicher Ebene: »Öffentliche Ächtung, mehr Information für unsere jungen Leute und mehr klare, aber geduldige Auseinandersetzung auch mit den uninformierten und frustrierten Mitläufern der Rechten – das alles muß sein.«[30] Doch für die Hetzer der Rechtsextremisten müßten endlich die »Instrumente des Strafrechts so gestaltet werden, daß sie greifen«.[31]

Durch den ergänzten § 130 StGB[32] wird nun ausdrücklich die Holocaust-Leugnung mit einer Freiheitsstrafe bis zu drei Jahren oder Geldstrafe bedroht. Bestraft wird, »wer eine unter der Herrschaft des Nationalsozialismus begangene Handlung [...] in einer Art und Weise, die geeignet ist, den öffentlichen Frieden zu stören, öffentlich oder in einer Versammlung billigt, leugnet oder verharmlost«.[33] Die Strafandrohung ist auch auf Schriften anzuwenden, ein Vorbehalt für wissenschaftliche Forschung ist angemerkt.

Darüber hinaus stellt § 130 StGB die Aufstachelung »zum Haß gegen Teile der Bevölkerung oder gegen eine nationale, rassische, religiöse oder durch ihr Volkstum bestimmte Gruppe«[34] ebenso unter Strafe. Dadurch entfällt der Straftatbestand »Aufstachelung zum Rassenhaß« in § 131 StGB, der durch den Begriff »Rassenhaß« Auslegungsprobleme aufwarf, da er an die Begriffswelt der Rassenideologie anknüpfte.

Kritische Würdigung

»Allgemein bekannte geschichtliche Tatsachen zu leugnen kann keine Strafe verdienen. Wer etwa behauptet, Deutschland habe am 1. Weltkrieg nicht teilgenommen, oder Adenauer habe 333 bei Issus mitgewirkt, ist durch seine Dummheit genug bestraft. Gleiches muß für die Leugnung der Scheußlichkeiten und Verbrechen der jüngsten deutschen Vergangenheit gelten. Vielleicht ist die Infragestellung der Gaskammermorde eine Spätfrucht der m. E. zu zaghaft aufgearbeiteten NS-Gewaltverbrechen.«[35] So argumentiert der Mitarbeiter der »Neuen Juristischen Wochenschrift« Baumann Anfang 1994 in der Kommentierung eines BGH-Urteils zur Leugnung des Massenmordes an Juden.[36] Trotz des etwas locker geratenen Vergleichs bei der Leugnung historischer Tatsachen trifft diese Anmerkung den Kern des Problems: Dummheit ist durch Strafe nicht auszurotten, doch ist der wissentlichen Falschaussage von »Revisionisten« damit beizukommen?

Vertraut man einer Umfrage des Forsa-Institutes Mitte 1994, so stimmen 1,9 Millionen Deutsche der Holocaust-Leugnung zu, und 53% der Befragten möchten einen Schlußstrich unter die NS-Vergangenheit gezogen wissen.[37]

Hier scheint sich ein weites Agitationsfeld für die Rechtsextremen anzubieten, zu deren grundlegenden Ideologiebausteinen der »Revisionismus« schließlich zählt. Ihre Chance besteht unter anderem darin, Unwahrheiten wie die Verneinung der deutschen Kriegsschuld und die Leugnung von Auschwitz gesellschaftsfähig zu machen.

In der Annahme, dieser Gefahr sei mit der Strafbarkeit der Holocaust-Leugnung zu begegnen, mußte der Deutsche Bundestag der Rechtsprechung endlich eine eindeutige Regelung an die Hand geben, wie sie nun durch die Ausformulierung des § 130 StGB erfolgt ist. Die Holocaust-Leugnung muß in der bundesdeutschen Gesellschaft als eine Tabuverletzung von extremer Schärfe gelten. Doch nachdenkliche Anmerkungen zur Wirksamkeit solcher Strafbestimmungen seien erlaubt:

Bei Menschen, die die Auffassung der Auschwitz-Leugner ehrlich teilen, wird auch diese Repression keine Einstellungsänderung zur Folge haben. Jene, die wider besseres Wissen den nationalsozialistischen Massenmord an den Juden anzweifeln, werden sich, um ihre Behauptungen agitatorisch zu nutzen, als »Märtyrer« unter einer eigens für sie geschaffenen »Sondergesetzgebung« gefallen. Mithin kann die 1994 erfolgte Strafrechtsänderung mit der Absicht, die Holocaust-Leugnung konkret unter Strafe zu stellen, auch als ein Zeichen, ein Signal gegen »revisionistische«, ja rechtsextremistische Strömungen allgemein gewertet werden. Doch darf es im Strafrecht zu »symbolischer« Gesetzgebung kommen?

Darüber hinaus hat der Bundestag in seiner neuen Gesetzgebung nicht nur die Billigung oder Leugnung der Judenverfolgung mit Strafe belegt. Vielmehr soll gemäß der genannten Bestimmung auch die Verharmlosung des unter nationalsozialistischer Herrschaft begangenen Unrechts verfolgt werden. Hier ergibt sich ein erhebliches Interpretationsproblem in der Frage, ob unbedachte Äußerungen in diesem Zusammenhang schon strafbar sein können und inwieweit einzelne Feststellungen, wie sie beispielsweise im »Historikerstreit« getroffen wurden (siehe oben), von der wissenschaftlichen

Freiheit gedeckt sind. Und schließlich – bedürfen die »ideologisch-politischen Irrwege der deutschen Nation und die einzelnen Schandtaten des NS-Regimes«[38] überhaupt noch der Bagatellisierung oder Leugnung, wenn der Historiker Nolte den Nationalsozialismus allen Ernstes »als die verständliche und sogar unvermeidliche Reaktion [...] vor allem der Deutschen, auf die Herausforderung und Bedrohung durch den Marxismus-Leninismus und die bolschewistische Diktatur in Rußland«[39] darzustellen vermag? Denn eine andere Interpretation der Haltung Noltes lassen seine Äußerungen im Herbst 1994 – außerhalb des bereits erwähnten »Historikerstreits« – gar nicht zu: »Der Nationalsozialismus, die Gegenvernichtungspartei, wie ich ihn definiert habe, war die radikale Reaktion auf den Sieg der bolschewistischen Ideologie 1917 in Rußland.«[40]

Also kommen wir doch nicht umhin: »Der demokratische Staat vertraut grundsätzlich darauf, daß sich in der offenen Auseinandersetzung zwischen unterschiedlichen Meinungen ein vielschichtiges Bild ergibt, dem gegenüber sich einseitige, auf Verfälschung von Tatsachen beruhende Auffassungen im allgemeinen nicht durchsetzen.«[41] Die Menschen in einer Demokratie, die ihre Glaubwürdigkeit und Zuverlässigkeit auch in Krisenzeiten unter Beweis stellen wollen, haben keine andere Wahl, als die geistige und politische Auseinandersetzung durchzustehen. Denn: »Die einzig wahrhafte Kraft gegen das Prinzip von Auschwitz wäre Autonomie [...]; die Kraft zur Reflexion, zur Selbstbestimmung, zum Nicht-Mitmachen.«[42]

Auszüge aus dem Strafgesetzbuch der Bundesrepublik Deutschland

(unter Berücksichtigung der Änderung vom 28. Oktober 1994, BGBl I 3186)

§ 86 Verbreiten von Propagandamitteln verfassungswidriger Organisationen

(1) Wer Propagandamittel

1. einer vom Bundesverfassungsgericht für verfassungswidrig erklärten Partei oder einer Partei oder Vereinigung, von der unan-

fechtbar festgestellt ist, daß sie Ersatzorganisation einer solchen Partei ist,

2. einer Vereinigung, die unanfechtbar verboten ist, weil sie sich gegen die verfassungsmäßige Ordnung oder gegen den Gedanken der Völkerverständigung richtet, oder von der unanfechtbar festgestellt ist, daß sie Ersatzorganisation einer solchen verbotenen Vereinigung ist,

3. einer Regierung, Vereinigung oder Einrichtung außerhalb des räumlichen Geltungsbereichs dieses Gesetzes, die für die Zwecke einer der in den Nummern 1 und 2 bezeichneten Parteien oder Vereinigungen tätig ist, oder

4. Propagandamittel, die nach ihrem Inhalt dazu bestimmt sind, Bestrebungen einer ehemaligen nationalsozialistischen Organisation fortzusetzen,

im Inland verbreitet oder zu Verbreitung im Inland oder Ausland herstellt, vorrätig hält, einführt oder ausführt, wird mit Freiheitsstrafe bis zu drei Jahren oder mit Geldstrafe bestraft.

(2) Propagandamittel im Sinne des Absatzes 1 sind nur solche Schriften (§ 11 Abs. 3), deren Inhalt gegen die freiheitliche demokratische Grundordnung oder den Gedanken der Völkerverständigung gerichtet ist

(3) Absatz 1 gilt nicht, wenn das Propagandamittel oder die Handlung der staatsbürgerlichen Aufklärung der Abwehr verfassungswidriger Bestrebungen, der Kunst oder der Wissenschaft, der Forschung oder der Lehre, der Berichterstattung über Vorgänge des Zeitgeschehens oder der Geschichte oder ähnlichen Zwecken dient.

(4) Ist die Schuld gering, so kann das Gericht von einer Bestrafung nach dieser Vorschrift absehen.

§ 86a Verwendung von Kennzeichen verfassungswidriger Organisationen.

(1) Mit Freiheitsstrafe bis zu drei Jahren oder mit Geldstrafe wird bestraft, wer

1. im Inland Kennzeichen einer der in § 86 Abs. 1 Nr. 1, 2 und 4 bezeichneten Parteien oder Vereinigungen verbreitet oder öffentlich in einer Versammlung oder in von ihm verbreiteten Schriften (§ 11 Abs 3) verwendet oder

2. Gegenstände, die derartige Kennzeichen darstellen oder enthal-

ten, zur Verbreitung oder Verwendung im Inland oder Ausland in der in Nummer 1 bezeichneten Art und Weise herstellt, vorrätig hält, einführt oder ausführt.

(2) Kennzeichen im Sinne des Absatzes 1 sind namentlich Fahnen, Abzeichen, Uniformstücke, Parolen und Grußformen. Den im Satz 1 genannten Kennzeichen stehen solche gleich, die ihnen zum Verwechseln ähnlich sind.

(3) § 86 Abs. 3 und 4 gilt entsprechend

§ 130 Volksverhetzung

(1) Wer in einer Weise, die geeignet ist, den öffentlichen Frieden zu stören,

1. zum Haß gegen Teile der Bevölkerung aufstachelt oder zu Gewalt- und Willkürmaßnahmen gegen sie auffordert oder

2. die Menschenwürde anderer dadurch angreift, daß er Teile der Bevölkerung beschimpft, böswillig verächtlich macht oder verleumdet,

wird mit Freiheitsstrafe von drei Monaten bis zu fünf Jahren bestraft.

(2) Mit Freiheitsstrafe bis zu drei Jahren oder mit Geldstrafe wird bestraft, wer

1. Schriften (§ 11 Abs. 3), die zum Haß gegen Teile der Bevölkerung oder gegen eine nationale, rassische, religiöse oder durch ihr Volkstum bestimmte Gruppe aufstacheln, zu Gewalt- oder Willkürmaßnahmen gegen sie auffordern oder die Menschenwürde anderer dadurch angreifen, daß Teile der Bevölkerung oder eine vorbezeichnete Gruppe beschimpft, böswillig verächtlich gemacht oder verleumdet werden,

   a) verbreitet

   b) öffentlich ausstellt, ausschlägt, vorführt oder sonst zugänglich macht,

   c) einer Person unter achtzehn Jahren anbietet, überläßt oder zugänglich macht oder

   d) herstellt, bezieht, liefert, vorrätig hält, anbietet, ankündigt, anpreist, einzuführen oder auszuführen unternimmt, um sie oder aus ihnen gewonnene Stücke im Sinne der Buchstaben a bis c zu verwenden oder einem anderen eine solche Verwendung zu ermöglichen, oder

2. eine Darbietung des in Nummer 1 bezeichneten Inhalts durch Rundfunk verbreitet.

(3) Mit Freiheitsstrafe bis zu fünf Jahren oder mit Geldstrafe wird bestraft, wer eine unter der Herrschaft des Nationalsozialismus begangene Handlung dem § 220a Abs. 1 bezeichneten Art in einer Weise, die geeignet ist, den öffentlichen Frieden zu stören, öffentlich oder in einer Versammlung billigt, leugnet oder verharmlost.

(4) Absatz 2 gilt auch für Schriften (§ 11 Abs. 3) des in Absatz 3 bezeichneten Inhalts.

(5) In den Fällen des Absatzes 2, auch in Verbindung mit Absatz 4, und in den Fällen des Absatzes 3 gilt § 86 Abs. 3 entsprechend.

§ 130a Anleitung zu Straftaten

(1) Wer eine Schrift (§ 11 Abs 3), die geeignet ist als Anleitung zu einer in § 126 Abs. 1 genannten rechtswidrigen Tat zu dienen, und nach ihrem Inhalt bestimmt ist, die Bereitschaft anderer zu fördern oder zu wecken, eine solche Tat zu begehen, verbreitet, öffentlich ausstellt, anschlägt, vorführt oder sonst zugänglich macht, wird mit Freiheitsstrafe bis zu drei Jahren oder mit Geldstrafe bestraft.

(2) Ebenso wird bestraft, wer
1. eine Schrift (§ 11 Abs. 3), die geeignet ist, als Anleitung zu einer in § 126 Abs. 1 genannten rechtswidrigen Tat zu dienen, verbreitet, öffentlich ausstellt, anschlägt, vorführt oder sonst zugänglich macht oder
2. öffentlich oder in einer Versammlung zu einer im § 126 Abs. 1 genannten rechtswidrigen Tat eine Anleitung gibt,
um die Bereitschaft anderer zu fördern oder zu wecken, eine solche Tat zu begehen.

(3) § 86 Abs. 3 gilt entsprechend.

§ 131 Gewaltdarstellung

(1) Wer Schriften (§ 11 Abs. 3), die grausame oder sonst unmenschliche Gewalttätigkeiten gegen Menschen in einer Art schildern, die eine Verherrlichung oder Verharmlosung solcher Gewalttätigkeiten ausdrückt oder die das Grausame oder Unmenschliche des Vorgangs in einer die Menschenwürde verletzenden Weise darstellt,
1. verbreitet,

2. öffentlich ausstellt, anschlägt, vorführt oder sonst zugänglich macht,

3. einer Person unter achtzehn Jahren anbietet, überläßt oder zugänglich macht oder

4. herstellt, bezieht, liefert, vorrätig hält, anbietet, ankündigt, anpreist, einzuführen oder auszuführen unternimmt, um sie oder aus ihnen gewonnene Stücke im Sinne der Nummern 1 bis 3 zu verwenden oder einem anderen eine solche Verwendung zu ermöglichen,

wird mit Freiheitsstrafe bis zu einem Jahr oder mit Geldstrafe bestraft.

(2) Ebenso wird bestraft, wer eine Darbietung des in Absatz 1 bezeichneten Inhalts durch Rundfunk verbreitet.

(3) Die Absätze 1 und 2 gelten nicht, wenn die Handlung der Berichterstattung über Vorgänge des Zeitgeschehens oder der Geschichte dient.

(4) Absatz 1 Nr. 3 ist nicht anzuwenden, wenn der zur Sorge für die Person Berechtigte handelt.

Auszüge aus den einschlägigen österreichischen Gesetzen

Auszug aus dem Verfassungsgesetz vom 8. Mai 1945, StGBl. Nr. 13, über das Verbot der NSDAP (Verbotsgesetz 1947) in der Fassung der Verbotsgesetz-Novelle 1992, BGBl. 1992 Nr. 148, beschlossen am 26. Februar 1992

Art. I:
Verbot der NSDAP

§ 1. Die NSDAP, ihre Wehrverbände (SS, SA, NSKK, NSFK), ihre Gliederungen und angeschlossenen Verbände sowie alle nationalsozialistischen Organisationen und Einrichtungen überhaupt sind aufgelöst; ihre Neubildung ist verboten. [Ihr Vermögen ist der Republik verfallen.][43]

§ 2. Mandate der Mitglieder von Gebietskörperschaften oder Berufsvertretungen, die unmittelbar oder mittelbar auf Grund von Vorschlägen der NSDAP, der in 1 genannten Organisationen und Einrichtungen oder ihrer Mitglieder erlangt worden sind, sind erloschen.

§ 3. Es ist jedermann untersagt, sich, sei es auch außerhalb dieser Organisationen, für die NSDAP oder ihre Ziele irgendwie zu betätigen.

§ 3a. Mit Freiheitsstrafe von zehn bis zu zwanzig Jahren, bei besonderer Gefährlichkeit des Täters oder der Betätigung auch mit lebenslanger Freiheitsstrafe wird bestraft:

1. wer versucht, eine gesetzlich aufgelöste nationalsozialistische Organisation aufrechtzuerhalten oder wiederherzustellen oder mit einer solchen Organisation oder einer in ihrem Namen handelnden Person in Verbindung zu treten; als nationalsozialistische Organisation (1) gelten: die NSDAP, die SS, die SA, das NSKK, das NSFK, der NS-Soldatenring, der NS-Offiziersbund, alle sonstigen Gliederungen der NSDAP und die ihr angeschlossenen Verbände sowie jede andere nationalsozialistische Organisation;

2. wer eine Verbindung gründet, deren Zweck es ist, durch Betätigung ihrer Mitglieder im nationalsozialistischen Sinn die Selbständigkeit und Unabhängigkeit der Republik Österreich zu untergraben oder die öffentliche Ruhe und den Wiederaufbau Österreichs zu stören, oder wer sich in einer Verbindung dieser Art führend betätigt;

3. wer den Ausbau einer der in der Z. 1 und der Z. 2 bezeichneten Organisationen und Verbindungen durch Anwerbung von Mitgliedern, Bereitstellungen von Geldmitteln oder in ähnlicher Weise fördert, die Mitglieder einer solchen Organisation oder Verbindung mit Kampfmitteln, Verkehrsmitteln oder Einrichtungen zur Nachrichtenübermittlung ausrüstet oder in ähnlicher Weise die Tätigkeit einer solchen Organisation oder Verbindung ermöglicht oder unterstützt;

4. wer für eine solche Organisation oder Verbindung Kampfmittel, Verkehrsmittel oder Einrichtungen zur Nachrichtenübermittlung herstellt, sich verschafft oder bereithält.

§ 3b. Wer an einer Organisation oder Verbindung der in 3a bezeichneten Art teilnimmt oder sie durch Geldzuwendungen oder in anderer Weise unterstützt, wird, wenn die Handlung nicht nach 3a strafbar ist, mit Freiheitsstrafe von fünf bis zu zehn Jahren, bei besonderer Gefährlichkeit des Täters oder der Betätigung bis zu zwanzig Jahren, bestraft.

§ 3c. Die Strafbarkeit der in den 3a und 3b bezeichneten Handlungen erlischt, wenn der Schuldige aus eigenem Antrieb, ehe die Behörde sein Verschulden erfährt, alles, was ihm von der Organisation oder Verbindung und ihren Plänen bekannt ist, zu einer Zeit, da es noch geheim war und ein Schaden verhütet werden konnte, der Behörde entdeckt.

§ 3d. Wer öffentlich oder vor mehreren Leuten, in Druckwerken, verbreiteten Schriften oder bildlichen Darstellungen zu einer der nach 1 oder 3 verbotenen Handlungen auffordert, aneifert oder zu verleiten sucht, insbesondere zu diesem Zwecke die Ziele der NSDAP, ihre Einrichtungen oder Maßnahmen verherrlicht oder anpreist, wird, sofern sich darin nicht eine schwerer verpönte strafbare Handlung darstellt, mit Freiheitsstrafe von fünf bis zu zehn Jahren, bei besonderer Gefährlichkeit des Täters oder der Betätigung bis zu zwanzig Jahren, bestraft.

§ 3e.(1) Wer die Begehung eines Mordes, eines Raubes, einer Brandstiftung (bisher: Brandlegung) oder einer strafbaren Handlung nach den 126, 173 oder 176 StGB[44] als Mittel der Betätigung im nationalsozialistischen Sinn mit einem anderen verabredet, wird mit Freiheitsstrafe von zehn bis zu zwanzig Jahren, bei besonderer Gefährlichkeit des Täters oder der Betätigung auch mit lebenslanger Freiheitsstrafe bestraft.

(2) Nach Abs. 1 wird nicht bestraft, wer sich in eine Verabredung der dort bezeichneten Art eingelassen hat, in der Folge aber aus eigenem Antrieb, ehe die Behörde sein Verschulden erfährt, alles, was ihm von der Verabredung bekannt ist, der Behörde zu einer Zeit entdeckt, da es noch geheim war und die beabsichtigte strafbare Handlung verhütet werden konnte.

§ 3f. Wer einen Mord, einen Raub, eine Brandstiftung oder eine strafbare Handlung nach den 126, 173 oder 176 StGB als Mittel der Betätigung im nationalsozialistischen Sinn versucht oder vollbringt, wird mit Freiheitsstrafe von zehn bis zu zwanzig Jahren, bei besonderer Gefährlichkeit des Täters oder der Betätigung auch mit lebenslanger Freiheitsstrafe bestraft.

§ 3g. Wer sich auf eine andere als die in den 3a bis 3f bezeichnete Weise im nationalsozialistischen Sinn betätigt, wird, sofern die Tat nicht nach einer anderen Bestimmung strenger strafbar ist, mit Freiheitsstrafe von einem bis zu 10 Jahren, bei besonderer Gefährlichkeit des Täters oder der Betätigung bis zu 20 Jahren bestraft.

§ 3h. Nach 3g wird auch bestraft, wer in einem Druckwerk, im Rundfunk oder in einem anderen Medium oder wer sonst öffentlich auf eine Weise, daß es vielen Menschen zugänglich wird, den nationalsozialistischen Völkermord oder andere nationalsozialistische Verbrechen gegen die Menschlichkeit leugnet, gröblich verharmlost, gutheißt oder zu rechtfertigen sucht.

§ 3i. Wer von einem Unternehmen der in 3a, 3b, 3d oder 3e bezeichneten Art oder von einer Person, die sich in ein solches Unternehmen eingelassen hat, zu einer Zeit, in der ein Schaden verhütet werden konnte, glaubhafte Kenntnis erhält und es vorsätzlich unterläßt, der Behörde Anzeige zu erstatten, obgleich er sie machen konnte, ohne sich, seine Angehörigen (72 StGB)[45] oder unter seinem gesetzlichen Schutze stehende Personen einer Gefahr auszusetzen, wird mit Freiheitsstrafe von einem bis zu 10 Jahren bestraft.

§ 3j. Die Hauptverhandlung und Urteilsfällung wegen der in den 3a bis 3i bezeichneten Verbrechen obliegt dem Geschworenengericht.

Art. II-VII:

(Bestimmungen über Registrierung der Nationalsozialisten und strafrechtliche Sonderregelung, die seit der NS-Amnestie 1957 weitgehend gegenstandslos geworden sind.)

Anmerkungen

1 Thies Christophersen ist Verfasser eines gleichnamigen Buches, das als eines der »Standardwerke« »revisionistischer« Literatur gilt. 1986 floh er vor der deutschen Strafverfolgung nach Dänemark und gab von dort aus die Vierteljahresschrift »Die Bauernschaft« heraus, die »revisionistischen« Themen breiten Raum bot.

2 BVerfG, Beschl. v. 11.1.1994 (NJW 1994, S. 1782).

3 BVerfG, Beschl. v. 13.4.1994 (NJW 1994, S. 1781).

4 Ingo Müller, Furchtbare Juristen. Die unbewältigte Vergangenheit unserer Justiz, München 1987. Müller schildert in seinem grundlegenden Werk die Richterkarrieren, erläutert die Funktionsweise der Justiz und ihren Abstieg zu einer der tragenden Säulen des NS-Herrschaftssystems und legt dar, mit welch ungebrochenem Selbstverständnis die bundesdeutsche Justiz sich nach dem Zusammenbruch etablierte und in ihrem Wirken an die »gute alte« Tradition anknüpfte.

5 Ebenda, S. 221.

6 Gerhard Werle, Der Holocaust als Gegenstand der bundesdeutschen Strafjustiz, in: NJW 1992, S. 2530.

7 Ralph Giordano, Die zweite Schuld oder Von der Last Deutscher zu sein, München 1990, S. 127.

8 Ebenda, S. 136.

9 Müller, S. 247.

10 Werle, S. 2532.

11 Bundestagsdrucksache III/1746, S. 5.

12 Autor des Buches war Wilhelm Stäglich. Dem pensionierten Hamburger Oberfinanzrichter erkannte die Göttinger Universität 1987 den 1951 erworbenen Doktortitel ab.

13 BGH, Beschl. v. 16.11.1993 (NJW 1994, S. 140).

14 BGH, Beschl. v. 18.9.1979 (BGHZ 75, S. 160 ff.).

15 Vgl. Bundestagsdrucksache 10/1286, S. 7.

16 Ebenda.

17 Ebenda, S. 8.

18 Vgl. ebenda, S. 4.

19 Klaus-Henning Rosen, »Auschwitzlüge« soll schärfer bestraft werden, in: blick nach rechts 11 (1994) 11, S. 1.

20 Vgl. Bundestagsdrucksache 10/3242.

21 Vgl. ebenda, S. 8.

22 Vgl. ebenda, S. 5.

23 Heribert Ostendorf, Im Streit: Die strafrechtliche Verfolgung der »Auschwitzlüge«, in: NJW 1985, S. 1062.

24 Bundestagsdrucksache 10/3242, S. 10.

25 Ebenda.

26 Die Waffen-SS war durch das Nürnberger Tribunal zur verbrecherischen Organisation erklärt worden.

27 Sabine Berghan, Die Auschwitz-Leugnung vor Gericht, in: Gegenwartskunde 3/94, S. 334.

28 Rosen, S. 1.

29 Bundestagsdrucksache 12/6853, S. 24.

30 Verbieten oder politisch bekämpfen?, in: Neue Zeit, 23.4.1994.

31 Ebenda.

32 Die Bestimmung ist seit 1.12.1994 in Kraft.

33 Bundesratsdrucksache 416/1994, S. 2.

34 Ebenda.

35 NStZ 1994, S. 392 (Baumann).

36 BGH, Urteil v. 15.3.1994 (NStZ 1994, S. 390).

37 Vgl. NRZ, 1.6.1994.

38 Hermann Graml, Alte und neue Apologeten Hitlers, in: Wolfgang Benz (Hrsg.), Rechtsextremismus in Deutschland, Frankfurt 1994, S. 61.

39 Ebenda. Graml bezieht sich hier wohl unter anderem auf Thesen Noltes, die am 6. Juni 1986 in der »Frankfurter Allgemeinen Zeitung« zu lesen waren: »Vollbrachten die Nationalsozialisten, vollbrachte Hitler eine ›asiatische Tat‹ vielleicht nur deshalb, weil sie sich und ihresgleichen als potentielle oder wirkliche Opfer einer ›asiatischen Tat‹ betrachteten? War nicht der ›Archipel GULag‹ ursprünglicher als Auschwitz? War nicht der ›Klassenmord‹ der Bolschewiki das logische und faktische Prius des ›Rassenmordes‹ der Nationalsozialisten?«

40 Ernst Nolte im Spiegel-Gespräch, Der Spiegel 40/1994, S. 94.

41 BVerfG, Beschl. v. 11.1.1994 (NJW 1994, S. 1782).

42 Theodor W. Adorno, Erziehung nach Auschwitz (1966), in: ders., Erziehung zur Mündigkeit, Frankfurt 1971, S. 93.

43 Gegenstandslos seit der NS-Amnestie 1957. Im weiteren Text unterbleibt daher die Wiedergabe der Anordnung der Rechtsfolge des Vermögensverfalls.

44 Es werden hier die entsprechenden Paragraphen des StGB 1975 angeführt. Im Original: 85, 87 und 89 StG.
45 Im Original: 216 StG.

Constantin Goschler

Die sogenannte Wiedergutmachung

Deutschland und die Verfolgten
des Nationalsozialismus[1]

Bei den abschließenden Beratungen des Bundesentschädigungsge-
setzes 1953 rechnete der SPD-Politiker Hermann Brill einmal vor,
wie sich die Relation von KZ-Häftlingen zu entschädigungsberech-
tigten Verfolgten des Nationalsozialismus verhalte. Am Beispiel des
ihm als ehemaligem Häftling wohlvertrauten Konzentrationslagers
Buchenwald erklärte er,

»dieses habe zuletzt eine Belegstärke von etwa 42.000 Häftlingen
gehabt. Von diesen seien in der Schlußphase noch etwa 35.000 im
Lager gewesen, von denen 22.000 Russen gewesen seien. Unter den
Häftlingen hätten sich in der Auflösungsphase nur 1.800 Deutsche
befunden, von denen lediglich 700 politische Gefangene gewesen
seien. Alle übrigen seien Asoziale, Homosexuelle, Sicherungsver-
wahrte, Berufsverbrecher usw. gewesen. [...] Die letzteren fielen ja
nicht unter das vorliegende Gesetz. Man müsse also von der Zahl
von 42.000 heruntergehen auf 700. Ähnlich seien die Verhältnisse in
Dachau, Ravensbrück und Sachsenhausen gewesen.«[2]

Diese Bemerkungen Brills verdeutlichen ein Grundproblem der
Frage nach dem Umgang mit den Opfern des Nationalsozialismus
in Deutschland nach dem Krieg: Zwischen der Gesamtzahl derer,
die im »Dritten Reich« oder durch dieses diskriminiert, verfolgt
oder ermordet, und der Zahl derer, die nach dem Krieg in Deutschland als Verfolgte des Nationalsozialismus angesehen wurden,
herrscht eine erhebliche Diskrepanz.

Vergegenwärtigen wir uns kurz das Ausmaß der nationalsozialistischen Verfolgung. Dazu gehörten zunächst die Menschen, die seit
1933 im Deutschen Reich Opfer von Diskriminierung und Terror
wurden. Das waren anfänglich vor allem politische Gegner, namentlich Kommunisten und Sozialdemokraten, Juden, kritische Kirchen-
leute, Zeugen Jehovas, später zunehmend auch sogenannte »Ge-

meinschaftsfremde«: »Asoziale«, Zigeuner, Homosexuelle, Gewohnheitsverbrecher etc. Dabei lag der Häftlingsbestand aller deutschen Konzentrationslager pro Jahr vor Kriegsbeginn noch unter 10.000. Der NS-Terror wurde jedoch beginnend mit dem »Anschluß« Österreichs und mit einer im Verlaufe des Zweiten Weltkrieges rapide zunehmenden Radikalität nach außen getragen und erreichte dort gewaltige Größenordnungen, die sich nur noch in Millionen fassen lassen. Vor allem im Osten wurde ein ideologischer Vernichtungskrieg geführt, der auch Teile der Zivilbevölkerung systematisch einbezog. Juden und »Russen« bildeten dabei die größten Opfergruppen. Die Gesamtzahl der Menschen, die unter Verfolgungsmaßnahmen des Nationalsozialismus inner- und außerhalb Deutschlands zu leiden hatte, läßt sich nur schätzen, doch überstieg sie vermutlich die 20-Millionen-Grenze[3].

Die beiden deutschen Nachkriegsstaaten haben jedoch aus dieser gewaltigen Menge nur mehr oder weniger begrenzte Gruppen als Opfer des Nationalsozialismus definiert. Der größere Teil wurde hingegen allenfalls als Opfer von Exzessen »normaler« Gesetzbarkeit oder Kriegführung angesehen. Damit besteht also die Schwierigkeit, daß unter dem Begriff »Opfer bzw. Verfolgte des Nationalsozialismus« sowohl die Gesamtheit der vom NS-Regime geschädigten Menschen verstanden werden kann, als auch der in West- und Ostdeutschland nach dem Krieg in Betracht gezogene Personenkreis. Hieraus ergibt sich die Frage nach den Definitionen der Verfolgten des Nationalsozialismus in Ost und West: Wer wurde jeweils dazu gezählt und wer wurde ausgeschlossen? Welche Unterschiede und Gemeinsamkeiten bestanden dabei in der Bundesrepublik und in der DDR? Und welche politischen und gesellschaftlichen Faktoren sind dafür verantwortlich? Wie war der Umgang mit den materiellen und moralischen Wiedergutmachungsansprüchen dieser Menschen? Dies mündet schließlich in die allgemeine Thematik der Stellung der ehemaligen Verfolgten in den beiden deutschen Nachkriegsgesellschaften.

Erste Hilfe und Fürsorge für befreite KZ-Häftlinge

Am Ende des Zweiten Weltkriegs traten die Verfolgten des Nationalsozialismus zunächst vor allem als ein akutes Fürsorgeproblem in das Bewußtsein der Deutschen bzw. der alliierten Besatzungsmächte ein. Im Zuge des alliierten Vormarsches waren Hunderttausende von Häftlingen aus den deutschen Konzentrationslagern befreit worden: Allein in Buchenwald waren es etwa 35.000, in den beiden großen bayerischen Lagern Dachau und Flossenbürg etwa 32.000 bzw. 15.000, weitere 50 bis 60 Häftlinge wurden dort in Außenlagern oder auf Evakuierungsmärschen befreit. Diese völlig mittellosen und meist gesundheitlich sehr geschwächten Menschen benötigten unverzüglich elementare Hilfe und Betreuung.

Die ersten Schritte hatten die Alliierten bereits ein knappes Jahr vor Kriegsende festgelegt. Bei gemeinsamen Beratungen in London beschlossen sie, daß die deutschen Behörden alle diejenigen Personen, die »aus politischen Gründen oder in Folge irgendwelcher NS-Handlungen, Gesetze oder Verordnungen, die aus Gründen der Rasse, des Glaubensbekenntnisses oder der politischen Überzeugung« inhaftiert waren, freilassen und betreuen sollten. Diese Bestimmungen wurden auch zum Bestandteil der bedingungslosen Kapitulation des Deutschen Reiches. Neben der Umsetzung der politischen Ziele der Allianz ging es dabei nicht zuletzt auch um den Gesichtspunkt der Aufrechterhaltung der öffentlichen Ordnung. Deutsche und Ausländer wurden im Rahmen dieser von den Alliierten angeordneten ersten Fürsorge strikt getrennt. Die Betreuung der ausländischen und staatenlosen Verfolgten übernahmen Organisationen der UN oder private, insbesondere jüdische Hilfsorganisationen wie das »American Joint Distribution Committee«. Die Verantwortung für die deutschen Verfolgten lag demgegenüber, abgesehen von einer ersten Versorgung unmittelbar nach der Befreiung aus einem KZ, bei deutschen Stellen[4]. Unter der deutschen Nachkriegsbevölkerung wurde dabei zumeist gar nicht realisiert, »daß die größten Opfergruppen der Naziherrschaft Ausländer waren und auch überwiegend außerhalb des Reichsgebietes getötet wurden«.[5] So empfand die deutsche Bevölkerung die vielen Millionen ehemaliger ausländischer Zwangsarbeiter nach ihrer bei Kriegsende erfolgten Verwandlung in »Heimatlose Ausländer« in erster Linie als Belästigung und Sicherheitsrisiko und nicht etwa als ehemalige Opfer des Nationalsozialismus. Bis zu ihrer Repatriierung lebten die Displaced Persons (DPs) in den drei westlichen Besatzungszonen in Lagern, die Hilfsorganisationen der United Nations versorgten. Erst 1950 ging die Verantwortung für die noch verbliebenen mehr als 100.000 DPs in deutsche Verantwortung über[6]. Anfeindungen durch die deutsche Bevölkerung erlebten auch diejenigen ausländischen wie deutschen Juden, die in der ersten Nachkriegszeit Hilfe von amerikanischen Hilfsorganisationen erhielten. Besonders ihre Versorgung mit manchen Konsumgütern, die in der Nachkriegszeit in Deutschland kaum erhältlich waren, diente der nachträglichen Bestätigung antisemitischer Stereotypen.

Auf deutscher Seite entstanden nach Kriegsende teils aufgrund der Bemühungen kommunaler oder Landkreisbehörden, vor allem aber aufgrund der Eigeninitiative befreiter Häftlinge an zahlreichen Orten KZ-Betreuungsstellen. Von KZ-Häftlingen gegründete Ausschüsse übernahmen dabei einen Teil der Aufgaben der kommunalen Sozialbehörden[7]. Der Charakter der ersten Betreuungsmaßnahmen unterschied sich anfänglich in den verschiedenen Teilen des besetzten Deutschlands nur wenig. Er war in erster Linie von den dringenden Bedürfnissen der befreiten Häftlinge einerseits und den bescheidenen Möglichkeiten andererseits diktiert. Ein typisches Beispiel ist etwa Stuttgart, das nach einem kurzen französischen Intermezzo der US-Zone zugehörte: Dort hatten die ersten Heimkehrer aus den Konzentrationslagern und Gefängnissen, die meisten davon langjährige Häftlinge, in Verbindung mit dem städtischen Wohlfahrtsamt eine Betreuungsstelle gegründet. Sie kümmerten sich zunächst darum, die Rückkehr befreiter Stuttgarter Häftlinge in ihre Heimatstadt zu organisieren. Jeder Rückkehrer bekam neben der üblichen Wohlfahrtsunterstützung einen Betrag von 30 RM. Ein kleiner Teil erhielt zudem eine Ehrengabe der Stadt Stuttgart in Höhe von 200 bis 300 RM, manche auch einige hundert Reichsmark für Kleider und Hausratbeschaffung aus Wohlfahrtsmitteln[8]. Ähnlich bescheiden schaute es für die Verfolgten in den ersten Monaten nach ihrer Rückkehr fast überall aus.

Noch in den Jahren 1945/46 erließen die Länder der verschiedenen Besatzungszonen eine Reihe von Regelungen, die die Fürsorge für die notleidenden ehemaligen Verfolgten vereinheitlichten. Diese besaßen durchwegs provisorischen Charakter und sollten vor allem die soziale Wiedereingliederung erleichtern. Eine wichtige Rolle spielten aber auch Maßnahmen der Alliierten oder der einzelnen Besatzungsmächte: So erließ die britische Militärregierung am 4. Dezember 1945 für alle Länder ihrer Zone die Zonenpolitische Anweisung Nr. 20, in der Sondervergünstigungen bei der Lebensmittelversorgung, bei der Arbeitsplatz- und Wohnraumbeschaffung sowie finanzielle Hilfen zugunsten rassisch, religiös und politisch Verfolgter angeordnet wurden[9]. Auch die amerikanische Militärregierung intervenierte wiederholt in dieser Richtung. Das alliierte Kontrollratsgesetz Nr. 18 räumte zudem den Verfolgten Priorität bei der Vergabe freien Wohnraums durch die deutschen Wohnungsämter ein. Überdies leiteten die Alliierten auch erste Maßnahmen zur rechtlichen und moralischen Rehabilitierung der ehemaligen Verfolgten ein: Die Kontrollratsproklamation Nr. 3 über Grundsätze für die Umgestaltung der Rechtspflege ordnete die Aufhebung von Verurteilungen aus rassischen, religiösen und politischen Gründen an.

Im Sommer 1946 waren in allen vier Besatzungszonen etwa 250–300.000 Personen durch Ausschüsse der Opfer des Faschismus (OdF) erfaßt[10]. In dieser Zahl fehlen diejenigen ausländischen NS-Verfolgten, die in Deutschland von Einrichtungen der United Nations oder jüdischer Hilfsorganisationen unterstützt wurden. Das Bild der Zusammensetzung der anerkannten Verfolgten des Nationalsozialismus ähnelte sich in der Anfangszeit insofern, als im Westen wie im Osten der Anteil der politischen Verfolgten jeweils mindestens 50% ausmachte. Das lag vor allem daran, daß politisch Verfolgte in stärkerem Maße als rassisch Verfolgte nach ihrer Befreiung wieder nach Hause zurückkehrten. Für letztere gab es hingegen meist kein solches »zu Hause« mehr.

Die Festlegung des Berechtigtenkreises für Betreuungsmaßnahmen zugunsten ehemaliger Verfolgter, bei der anfänglich die Häftlings-Ausschüsse maßgeblich beteiligt waren, war jedoch mit manchen Problemen verbunden. So kam es in der sowjetischen Besatzungszone als Folge der starken Dominanz der politischen Häftlinge in den OdF-Ausschüssen anfänglich zu einer kategorialen Trennung zwischen »Kämpfern gegen den Faschismus« und »Opfern des Faschismus«. Zu den »Kämpfern« zählten vor allem langjährig inhaftierte Mitglieder der KPD bzw. der SPD, die aktiv politisch motivierten Widerstand gegen das NS-Regime geleistet hatten. Zu den »Opfern« gehörten in erster Linie die rassisch Verfolgten, darunter vor allem Juden und Zigeuner, sowie die »Zeugen Jehovas«. Diese politisch-moralische Abstufung führte nicht nur zur Ausgabe unterschiedlicher Ausweise für »Kämpfer« und für »Opfer«. Vielmehr schlug sie sich auch in einer Reihe der frühesten Fürsorgeregelungen für diesen Kreis in der SBZ in handfesten materiellen Benachteiligungen der »Nur-Opfer« nieder. Zwar entfiel diese Diskriminierung in den folgenden Regelungen wieder, doch nahm die zugrundeliegende Unterscheidung von »Kämpfern« und »Opfern« die spätere Entwicklung in der DDR vorweg. In den westlichen Besatzungszonen konnte sich eine solche politisch-moralische Zweiteilung der Verfolgten trotz gleichgerichteter Bemühungen der dortigen politischen Verfolgten nicht durchsetzen. Der württemberg-badische Justizminister Josef Beyerle hatte sich 1948 solchen Vorstößen mit der bissigen Bemerkung widersetzt, daß es nicht darum ginge, »Widerstandskämpfer zu prämieren, sondern Verfolgte zu entschädigen«.[11] Zudem besaßen die jüdischen Verfolgten im Westen insbesondere bei der amerikanischen Militärregierung einen größeren Rückhalt als in der SBZ, so daß die politisch Verfolgten weniger stark dominierten.

Der deutschen Bevölkerung war nur schwer begreiflich zu machen, daß die ehemaligen Verfolgten keine ungerechtfertigten Privilegien empfingen, sondern nur einen bescheidenen Ausgleich ihrer erlittenen Schäden. So führte schlichter Neid zu Abgrenzung. Hinzu kam, daß die vor allem in der zweiten Hälfte des »Dritten Reiches« erfolgte Inhaftierung zahlreicher »gewöhnlicher« Krimineller in den Konzentrationslagern dazu beigetragen hatte, daß deren Insassen im breiten Bewußtsein der Bevölkerung pauschal als Verbrecher gegolten hatten, und diese Bewertung wirkte auch nach dem Ende der NS-Zeit noch kräftig nach. Auch ehemalige Widerstandskämpfer oder Juden wehrten sich dagegen, in einen begrifflichen Zusammenhang mit diesen Menschen gestellt zu werden. So erklärten ehemalige politische Verfolgte 1946 in Hessen: »Asoziale und kriminelle Elemente schädigen unser Ansehen. Wir haben es nicht verdient, daß man uns in einem Atemzug mit diesen Elementen nennt.«[12] Deshalb wurde zur Hebung des Ansehens der NS-Verfolgten besonders streng auf die Aussiebung aller »zur Betreuung Unwürdigen« geachtet. Konkret hieß dies, daß etwa Menschen, die als »Asoziale« oder als Homosexuelle verfolgt worden waren, generell von der Betreuung ausgeschlossen wurden. Die Sorge ehemaliger Verfolgter um das eigene Ansehen traf sich dabei natürlich häufig mit den Interessen der auf Kostensenkung bedachten Behörden. Zudem wird deutlich, daß manche NS-Verfolgungsmaßnahmen auf Einstellungen beruht hatten, die quer durch die gesamte Bevölkerung gegangen waren und weiterhin bestanden.

Ein politisches Mandat für NS-Verfolgte?

Aus den KZ-Betreuungsstellen erwuchsen aber auch Bemühungen um einen umfassenden organisatorischen Zusammenschluß der ehemaligen Verfolgten, der neben ihren sozialen Interessen auch den moralischen Anspruch auf Mitwirkung an der politischen Neugestaltung Deutschlands vertreten sollte. Dies mündete schließlich im März 1947 in die Gründung der »Vereinigung der Verfolgten des Naziregimes« (VVN). Hierbei handelte es sich um einen gesamtdeutschen »überparteilichen« Zusammenschluß der deutschen »Opfer des Faschismus«. Bildete das gemeinsame Verfolgungserlebnis eine Grundlage für eine gemeinsame politische Plattform?

Noch im April 1948 pries Eugen Kogon, der zu dieser Zeit selbst dem Vorstand der hessischen VVN angehörte, in den »Frankfurter Heften« diese Organisation »mit ihren dreihunderttausend Mitgliedern in Deutschland« als das »einzige große politische Forum, wo Deutsche der verschiedensten Herkunft, Konfession und Parteizugehörigkeit aufgrund einer gemeinsam durchkämpften und durchlittenen Vergangenheit noch zusammenwirken«. Die VVN genieße zwar »beim deutschen Volk kein sonderlich gutes Ansehen«, da ihre Mitglieder immer noch mit dem Odium der einstigen Verfolgung behaftet seien. Doch sei sie »kein Verband der Einflußlosen: Dutzende von deutschen Ministern, Staatssekretären und Parteiführern in allen Besatzungszonen, Hunderte von maßgebenden Männern und Frauen des öffentlichen Lebens gehören ihr an.«[13] Doch genau ein Jahr später trug Kogon an selber Stelle seine früheren Hoffnungen auf eine tragende politische Rolle des europäischen Widerstandes zu Grabe. Und enttäuscht revidierte er seine euphorischen Bemerkungen über die Rolle der VVN in der deutschen Gesellschaft: »Legen wir's zum übrigen.«[14]

Das Ziel vor allem der politisch Verfolgten, mit Hilfe der VVN eine tragende Rolle bei der politischen Neugestaltung Deutschlands zu spielen, war somit schon bald an den Klippen des Ost-West-Konflikts gescheitert. Da die VVN der SBZ von Anfang an politisch von der SED dominiert war, übte sich insbesondere die von Kurt Schumacher auf einen harten antikommunistischen Kurs gebrachte SPD ihr gegenüber frühzeitig in Abgrenzung. Im Mai 1948 untersagte ein Unvereinbarkeitsbeschluß des SPD-Parteivorstandes die gleichzeitige Mitgliedschaft in beiden Organisationen[15]. In der Folge zersplitterten sich im Westen die Verfolgtenvereinigungen durch die Bildung neuer Gruppierungen wie der 1948 gegründeten »Arbeitsgemeinschaft verfolgter Sozialdemokraten« (AvS) und des 1950 als ausdrückliche Gegengründung zur VVN ins Leben gerufenen »Bundes der Verfolgten des Naziregimes« (BVN). Diesem gelang allerdings nie ein zahlenmäßig bedeutender Durchbruch, während andererseits die VVN als einstmals größte deutsche Verfolgtenorganisation im Westen politisch marginalisiert wurde. Zugleich nahm ihre Abhängigkeit von der DDR immer mehr zu. Das äußerte sich unter anderem in einer aggressiven Rhetorik gegen Adenauers Westintegrationspolitik. Deshalb beschloß das Bundeskabinett im September 1950, die Zugehörigkeit zur VVN künftig mit Berufsverbot im öffentlichen Dienst zu ahnden. Am 26. Juli 1951 folgte schließlich das Verbot des »Rates der Vereinigung der Verfolgten des Naziregimes«, d.h. der Dachorganisation der VVN.

Aber auch in der DDR blies der VVN der Wind immer stärker ins Gesicht. Grund war, daß ein »politisch nicht überbrückbarer Interessengegensatz zwischen der SED-Führung – die von der Moskauer Remigration dominiert wurde – und der politisch mehrheitlich im Untergrund sozialisierten VVN-Mitgliedschaft bald Grenzen der Instrumentalisierung des Verbandes«[16] deutlich machte. Besonders die starken Vorbehalte innerhalb der VVN gegen den 1948 beschlossenen Abschluß der Entnazifizierung und die darauffolgende Integration der ehemaligen Nationalsozialisten führten zu heftigen Spannungen. Im Februar 1953 nötigte die SED schließlich die VVN in einer pseudodemokratischen Farce zur Selbstauflösung. Die Diskreditierung der VVN in beiden Teilen Deutschlands Anfang der 50er Jahre ist somit ein Symbol für das Scheitern des Anspruchs der ehemaligen NS-Verfolgten auf ein eigenes politisches Mandat bei der Gestaltung Nachkriegsdeutschlands.

An die Stelle der VVN trat nun im Osten das »Komitee der anti-faschistischen Widerstandskämpfer der DDR«. Die Bezeichnung brachte bereits eine wichtige Funktion dieser Veränderung zum Ausdruck: die stärkere Betonung des kommunistischen Wider-standskampfes. Im Zuge der Anstrengungen zur Legitimierung der SED-Herrschaft gewann das Antifaschismus-Konzept eine Schlüs-selstellung. Zu diesem Zweck wurden vor allem die »Kämpfer« bei vielen Gelegenheiten zu Wegbereitern der DDR erklärt. Aus dem Andenken an den Kampf gegen den Faschismus wurde dann die Verpflichtung zum Einsatz für die DDR, wie es dort vor allem die zahlreichen Denkmäler für antifaschistische Widerstandskämpfer auf den Punkt brachten. Auf diese Weise erfolgte eine Instrumenta-lisierung der »Kämpfer« zu »Ikonen des Antifaschismus«. Aber nicht allein in symbolischer, sondern auch in praktischer Hinsicht waren gerade die »Kämpfer« unter den Verfolgten des Nationalso-zialismus (VdN) in der SBZ/DDR stark gefordert: Sie stellten an-fangs einen wichtigen Bestandteil der Kaderreserve der SED dar. Von ihnen wurde in hohem Maße politisches und gesellschaftliches Engagement erwartet. Unter der politischen Elite nahmen sie einen wichtigen Platz ein und erfüllten auch damit wieder ein Stück Legi-timierungsaufgabe.

Für die »Nur-Opfer« in der DDR bestand hingegen zumindest eine paternalistische Betreuung auf hohem Niveau. Zumal die weni-gen nach dem Exodus zu Anfang der 50er Jahre noch in der DDR verbliebenen Juden (Ende der 80er Jahre zählten die jüdischen Ge-meinden kaum noch 350, überwiegend im Rentenalter stehende Personen[17]) hätschelte die DDR sorgsam zum (welt-)öffentlichen Beweis der eigenen Anstrengungen zur Überwindung von Antise-mitismus und Nazismus. Der Staat trug die Kosten der jüdischen Gemeinden, er sorgte für den Unterhalt von Synagogen und jüdi-schen Friedhöfen, Altersheimen etc. Bezeichnend für den musealen Charakter dieser Fürsorge ist, daß die DDR Anfang der sechziger Jahre kaum 1.500 Juden, aber 160.000 jüdische Gräber betreute[18]. Anders als in der DDR, wo die VdN als Aushängeschild der grundlegenden gesellschaftlichen Erneuerung und des antifaschistischen Charakters des Systems im öffentlichen Leben dienten, standen die Verfolgten in der Bundesrepublik nicht derartig im Rampenlicht. Vielmehr wurden sie im Zuge der Wiedergutmachung weitgehend individualisiert[19]. Sofern die NS-Verfolgten innerhalb (West-)Deutschlands lebten, zielte die offizielle Politik der Bundesrepublik auf deren möglichst unauffällige gesellschaftliche Integration. Für die Bundesrepublik wurden dagegen die ausländischen Verfolgtenorganisationen, vor allem die »Jewish Conference on Material Claims against Germany«, zunehmend wichtiger, die sich jedoch weniger für die innere gesellschaftliche und politische Entwicklung Deutschlands, als für die materielle Rehabilitierung von Verfolgten interessierten.

Es zeichnete sich bereits in der Anfangszeit der Bundesrepublik ab, daß sich die Stellung der Verfolgten in der Gesellschaft insgesamt veränderte. Dahinter stand ein weitverbreitetes Bedürfnis, die Polarisierung zwischen Opfern des Nationalsozialismus und des Krieges zu überwinden. So gingen die Länder seit Beginn der 50er Jahre dazu über, den seit 1947 in ganz Deutschland am zweiten Sonntag des Septembers begangenen Tag der Opfer des Faschismus bzw. Nationalsozialismus mit dem Volkstrauertag im November zusammenzulegen. Bundespräsident Theodor Heuss erklärte bei seiner Rede zum Volkstrauertag am 20. November 1952:

»Die Mal- und Mahnsteine wachsen – dies gilt den Opfern der Bombenangriffe, dies wächst an dem Rand eines Konzentrationslagers, dies steht auf dem und dem jüdischen Friedhof. [...] Hier die Folge der wüsten technischen Gewalt, dort die Folge der sittlichen Zerrüttung. Und wir stehen betreten, bedrückt vor beiden steinernen Zeugen. Es wird schon so sein: mancher wird murren, daß ich diese Opfer einer bösen Politik in einem nenne.«[20]

In der Tat stieß diese symbolische Überwölbung von Opfern des Nationalsozialismus und Opfern des Krieges bei den ehemaligen Verfolgten auf heftige Kritik. Die Debatte um diese Frage nahm in vielem die Auseinandersetzung von 1993 um die Neugestaltung der Zentralen Gedenkstätte der Bundesrepublik für die Opfer von Krieg und Gewaltherrschaft in der »Neuen Wache« in Berlin vorweg.

NS-Verfolgte in Amt und Würden?

Der unterschiedliche Umgang mit den Verfolgten in beiden deutschen Staaten läßt sich am Beispiel des öffentlichen Dienstes demonstrieren: In der SBZ/DDR vollzog sich im Zeichen der gesellschaftlichen Umwälzungen ein radikaler Elitenwechsel. Viele der im Zuge der Entnazifizierung frei werdenden Stellen wurden dabei anfänglich mit Verfolgten des Naziregimes besetzt, wobei traditionelle Rekrutierungsmerkmale wie die fachliche Eignung stark an Bedeutung verloren. »Laut einer Befragung von 11.360 VVN-Mitgliedern waren 1948 fast 1.000 (8,8 %) im Polizeidienst, 160 (1,4 %) Lehrer, 779 (6,9 %) Angestellte in Parteien und Massenorganisationen, 68 (0,6 %) leitende Angestellte bei den Landesregierungen. Die Mitglieder der VVN in der SBZ stellten 1948 insgesamt 17 Minister, 23 Ministerialdirektoren, 31 Ministerialräte, 50 Oberbürgermeister, 73 Landräte, 230 Partei- und Gewerkschaftsvorsitzende sowie 58 Landtagsabgeordnete.«[21] Doch mit der 1948 einsetzenden Integration der ehemaligen Parteigenossen und der zunehmenden Instrumentalisierung der VVN für die Deutschlandpolitik der SED verloren die VdN auch im Osten Deutschlands an Bedeutung, vor allem aber an politischer Selbständigkeit.

Auch in Westdeutschland bescherte die Integration ehemaliger Nationalsozialisten den NS-Verfolgten, die nach dem Krieg zunächst auf eine bevorzugte Behandlung bei der Vergabe von Wohnungen und Arbeitsplätzen rechnen konnten, eine zunehmend stärkere Konkurrenz. In Bayern führte dieses Problem 1949 zu einer Untersuchung im Landtag. Die von der Regierung vorgelegten Zahl über Einstellungen und Entlassungen ehemaliger Parteigenossen und Verfolgter im öffentlichen Dienst zeigten dabei, daß 6.239 nichtentlassenen Beamten 14.400 wiedereingestellte ehemalige Parteigenossen gegenüberstanden, bei den Angestellten betrug das entsprechende Verhältnis 2.535 zu 9.527. Demgegenüber wurden 282 Verfolgte als Beamte eingestellt, von denen 17 wieder entlassen wurden; von 801 eingestellten Angestellten aus diesem Kreis wurden sogar 266 wieder gekündigt. Der SPD-Abgeordnete Josef Kiene zog daraus im Mai 1949 vor dem Bayerischen Landtag den Schluß, »daß die Personalpolitik darauf abgestellt ist, die ehemaligen Parteigenossen-Beamten wieder in Stellungen unterzubringen«[22]. Eine ähnliche Entwicklung zeigte sich auch in den anderen westdeutschen Ländern.

Aufschlußreich ist auch der Vergleich der Regelung der Versorgung der seit Kriegsende brotlosen ehemaligen Bediensteten des Deutschen Reiches, den sogenannten »131ern«, mit den von den Nationalsozialisten nach 1933 entlassenen Angehörigen des öffentlichen Dienstes. Gleichzeitig mit dem Gesetz zur Regelung der Rechtsverhältnisse der 131er beschloß der Deutsche Bundestag am 11. Mai 1951 das Gesetz zur Regelung der Wiedergutmachung nationalsozialistischen Unrechts für Angehörige des öffentlichen Dienstes (BWGöD). So wurde der Gefahr begegnet, daß man die unter Artikel 131 GG fallenden Personen, die dem NS-Regime bis zum Schluß gedient hatten und zum Teil selbst Nationalsozialisten gewesen waren, günstiger stellen würde als die häufig schon 1933 durch das Gesetz zur Wiederherstellung des Berufsbeamtentums geschädigten Beamten. Bis Ende 1986 wurden über 10.000 positiv entschiedene Fälle nach dem BWGöD gezählt[23].

Folgt man den Klagen der Betroffenen, so funktionierte allerdings in der Praxis die Wiedereinstellung bei den vertriebenen und entnazifizierten Beamten erheblich besser als bei den verfolgten. So bleibt als ein Schatten auf der erfolgreichen »Verwandlung unserer Nachkriegsbevölkerung in die Bürgerschaft der Bundesrepublik Deutschland«[24], daß dort (sieht man einmal von der Parteiprominenz ab) in der Regel den ehemaligen Nationalsozialisten die gesellschaftliche Rehabilitierung schneller gelang als den vormalig Verfolgten.

Die Rückerstattung geraubten und entzogenen Vermögens

Eine andere Frage war die der materiellen Rehabilitierung. Schon frühzeitig hatten an verschiedenen Orten Überlegungen begonnen, inwieweit über eine Fürsorge für bedürftige NS-Verfolgte hinaus auch die im Dritten Reich erlittenen Schädigungen wiedergutgemacht werden könnten. Dabei besaß zunächst die Rückerstattung von geraubten oder entzogenen Vermögen Priorität. Vor allem ging es um das im Zuge der »Arisierung« den Juden weggenommene Vermögen, aber auch um das von den Nationalsozialisten enteignete Vermögen politischer, gewerkschaftlicher, sozialer und karitativer Organisationen.

Am frühesten wurde diese Frage im sowjetisch besetzten Thüringen geregelt. Das durch die Sowjetische Militäradministration am 14. September 1945 in Kraft gesetzte Wiedergutmachungsgesetz ging auf Überlegungen im Umkreis des damaligen thüringischen Regierungspräsidenten Hermann Brill zurück. Rückerstattet werden sollten diesem Gesetz zufolge wiederauffindbare Vermögensgegenstände wie Grundstücke, Unternehmen und Handelsgeschäfte, die entweder aus jüdischer Hand oder aus dem Vermögen ehemaliger Parteien, Gewerkschaften sowie ehemaliger politischer, religiöser oder ähnlicher Vereinigungen stammten[25]. In der SBZ blieb das thüringische Wiedergutmachungsgesetz allein auf weiter Flur. Zudem wurde es im Zuge seiner Durchführung seit etwa 1947 schrittweise demontiert, bis es 1952 schließlich ganz aufgehoben wurde. Grund dafür war, daß es der Veränderung der Eigentumsverhältnisse im sozialistischen Sinne im Wege stand. Hinzu kam, daß für die Sowjetunion von Anfang an eine klare Priorität ihrer eigenen Reparationsansprüche gegenüber derartigen individuellen Rückerstattungsansprüchen bestanden hatte.

Das verdeutlicht auch die Geschichte des Versuches, die Rückerstattung für das Gebiet der gesamten SBZ zu regeln. Auf Initiative einer Gruppe von SED-Funktionären, zu denen vor allem Paul Merker und Leo Zuckermann gehörten, wurde seit 1947 an einem Gesetzesvorschlag[26] der SED gearbeitet, der diese Frage mitberücksichtigen sollte. Von Anfang an war dabei die Rückerstattung von solchem Vermögen, das durch Enteignungsmaßnahmen nach 1945 betroffen war, ausdrücklich ausgenommen. Auch gegen den verbleibenden Umfang der Rückerstattung liefen Teile der politisch Verfolgten wie der SED Sturm, bis schließlich unter den veränderten politischen Rahmenbedingungen des Jahres 1949 das ganze Vorhaben fallengelassen wurde. Die SED bzw. die SMAD machten sich damit in der SBZ/DDR in erheblichem Maße zum Nutznießer der in nationalsozialistischer Zeit erfolgten »Arisierungen«, die der nun betriebenen Sozialisierung tatkräftig vorgearbeitet hatten.

In den westlichen Besatzungszonen, wo der Grundsatz des Privateigentums unangetastet blieb, wurde hingegen die Rückerstattung vorrangig geregelt. Den Vorreiter bildete dabei die US-Zone, was vor allem ein Erfolg der amerikanischen jüdischen Organisationen war. Da weder die deutschen Vertreter aus der US-Zone noch die anderen Alliierten bereit waren, so weit zu gehen wie die amerikanische Militärregierung, verkündete diese schließlich am 10. November 1947 ihren Entwurf einseitig als Militärregierungsgesetz Nr. 59. Dort wurde die Rückerstattung des aus rassischen, religiösen oder politischen Gründen entzogenen oder geraubten wiederauffindbaren Vermögens in sehr umfassender Art und Weise geregelt. Dabei übertraf es die Bestimmungen des Thüringer Wiedergutmachungsgesetzes bei weitem an Strenge. Während die französische Militärregierung am gleichen Tage die Verordnung Nr. 120 erließ, die stark durch die innerfranzösische Restitutionsgesetzgebung inspiriert war, folgten die Briten am 12. Mai 1949 mit einer vereinfachten Variante des Rückerstattungsgesetzes der US-Zone.

Insgesamt wurden in der Bundesrepublik einschließlich Westberlins auf diese Weise Vermögen im Umfang von etwa 3,5 Mrd. DM an ihre früheren Eigentümer zurückerstattet[27]. Dies blieb weit hinter den von den Gegnern der Rückerstattung verbreiteten Horrorzahlen zurück. Als problematisch galt insbesondere, daß ein großer Teil der Ansprüche vom Ausland aus gestellt wurde, was natürlich beträchtliche Transferprobleme mit sich brachte. Dahinter stand aber, daß aufgrund der Verfolgung in Deutschland nur wenige jüdische Erbberechtigte überlebt hatten. Im Gegensatz zum thüringischen Gesetz, dessen Durchführung in zunehmendem Maße politisch behindert wurde, sorgten die westlichen Alliierten für eine strenge und relativ zügige Durchführung der Rückerstattung wiederauffindbarer Vermögenswerte. Sie behielten bei der Durchführung die Fäden weitgehend in der Hand, vor allem durch die Besetzung der eigens geschaffenen Obersten Rückerstattungsgerichte mit einer Mehrheit von alliierten Richtern. Gegen diese und andere Bestimmungen wurde bis zum weitgehenden Abschluß der Verfahren Mitte der 50er Jahre deutscherseits Sturm gelaufen, was auch im Deutschen Bundestag sowie in den Länderparlamenten heftig nachhallte. Wie kein anderer Bereich der sogenannten Wiedergutmachung sorgte die Rückerstattung für offene Konflikte zwischen der deutschen Bevölkerung und ehemaligen Verfolgten des Nationalsozialismus. Das lag vor allem daran, daß hier eine große Zahl von Deutschen direkt von Forderungen betroffen war und nicht nur indirekt über den

Staatshaushalt. So wurden allein in der US-Zone insgesamt etwa 160.000 Rückerstattungsansprüche gestellt. Zudem bestand hier eine beträchliche Kluft bei der Bewertung des Unrechtscharakters von Kaufgeschäften zwischen »Ariern« und Juden in nationalsozialistischer Zeit[28]. Im Osten wie im Westen Deutschlands war zu dieser Zeit der mehr oder weniger unterschwellige Appell an antisemitische Vorurteile über »jüdischen Kapitalismus« ein Bestandteil der Auseinanderandersetzung um die Rückerstattung »arisierten« Vermögens.

Entschädigung oder erweiterte Sozialfürsorge?

Neben der Rückerstattung wiederauffindbaren Eigentums wurde aber auch daran gearbeitet, die ersten, am Prinzip der Bedürftigkeit orientierten Fürsorgeregelungen durch weiterreichende Entschädigungsregelungen abzulösen. Im Westen war dabei bis zur Anfangszeit der Bundesrepublik ein »Flickenteppich« von Regelungen zustandegekommen, die eine solche Entschädigung von rassisch, religiös und politisch Verfolgten für Schäden an Leib, Leben, Gesundheit, Freiheit, beruflichem Fortkommen oder des Eigentums auf sehr unterschiedlichem Niveau regelten. Am weitesten ging dabei die US-Zone, die eine einheitliche Regelung schuf. Das im Sommer 1949 beschlossene Entschädigungsgesetz der US-Zone (USEG) war die Grundlage der späteren bundeseinheitlichen Entschädigungsgesetzgebung. Das Schlußlicht bildete hingegen die britische Zone.

Auch in der SBZ wurde seit Ende 1946 an einer einheitlichen Regelung dieser Frage gearbeitet[29]. Dabei war die innerdeutsche Konkurrenz in Wiedergutmachungsfragen ein wichtiger Motor der Entwicklung. Die Arbeiten mündeten schließlich in die am 5. Oktober 1949, d.h. zwei Tage vor Gründung der DDR, von der Deutschen Wirtschaftskommission erlassene Anordnung zur Sicherung der rechtlichen Stellung der anerkannten Verfolgten des Naziregimes. Dort wurde die Problematik auf andere Weise als im Westen gelöst: Das nach dem Kriegsende entwickelte Fürsorgeprinzip wurde beibehalten. Im Mittelpunkt stand die verbesserte Sozialfürsorge für anerkannte Verfolgte des Naziregimes im Rahmen der Sozialversicherung. Die Verordnung gewährte einen verbesserten Anspruch auf Alters- und Arbeitsunfähigkeitsrenten, besondere Berücksichtigung bei der Wohn- und Gewerberaumvergabe, ausreichende Versorgung mit Hausrat, umfassende Leistungen zur gesundheitlichen Rehabilitierung sowie besondere Studienbeihilfen für ihre Kinder. In Verbindung mit den Bestimmungen zur Auswahl des Berechtigtenkreises wurden diese Leistungen jedoch streckenweise zu einer Wohlverhaltensprämie. Es handelte sich also hier um eine für die DDR charakteristische paternalistische Betreuung und Privilegienverteilung. Ansprüche besaßen dabei jedoch lediglich anerkannte Verfolgte, die auf dem Territorium der DDR bzw. Ost-Berlins lebten. Das waren 1953, nach einer Welle von politisch motivierten Aberkennungen des VdN-Status, insgesamt 40.622 Personen[30].

Da die Bundesrepublik sich als Rechtsnachfolger des Deutschen Reiches definierte, mußte sie sich der Wiedergutmachungsfrage in umfassenderer Weise stellen. Anders als zuvor die einzelnen Länder konnte sie sich nicht mehr strikt auf diejenigen Verfolgten beschränken, die auf ihrem Territorium lebten. So fand seit Gründung der Bundesrepublik eine bedeutende Verschiebung statt: Im Mittelpunkt standen nun nicht mehr wie bisher die in Deutschland lebenden Verfolgten, was zu einem gewissen Übergewicht der politisch Verfolgten geführt hatte. Vielmehr wurden nun in zunehmendem Maße auch Forderungen von Verfolgten aus dem Ausland (in der Regel jüdische oder andere Emigranten) bedeutsam. Insgesamt stand hier die Angelegenheit der Verfolgten seit Gründung der Bundesrepublik also stärker unter außen- als unter innenpolitischem Primat. 1953 wurden mit dem Bundesentschädigungsgesetz die bisher bestehenden Länderregelungen vereinheitlicht und dabei zugleich manche bislang in einzelnen Ländern bestehende Lücken geschlossen. Anspruch auf Entschädigung für Schädigungen an Leib, Leben, Gesundheit, Freiheit, beruflichem Fortkommen oder Eigentum besaß demnach, wer aus rassischen, religiösen oder politischen Gründen verfolgt worden war. Entscheidend war, daß nun auch Verfolgte im Ausland Ansprüche besaßen, sofern sie während der Verfolgungszeit einen territorialen Bezug zum Deutschen Reich besessen hatten, d. h. in der Regel, deutsche Staatsbürger gewesen waren. Die Ansprüche ausländischer Staatsbürger wurden hingegen weiterhin als Bestandteil der Reparationsforderungen betrachtet[31].

Im Unterschied zur DDR vollendete die Bundesrepublik im Zuge dessen auch die Abkehr vom anfänglichen Fürsorge- zum Entschädigungsprinzip. Diese Entschädigungsansprüche zielten allerdings nicht auf einen vollen Schadensausgleich im Sinne des bürgerlichen Rechts, sondern waren nach Maßgabe der Leistungsfähigkeit der Bundesrepublik beschränkt. Nachdem diese sich aber in zuvor unvorstellbarer Weise entwickelte, führte dies dazu, daß am Ende mehr gezahlt wurde, als am Anfang irgendjemand für möglich gehalten hätte. Dazu trugen auch mehrere Novellierungen des Bundesentschädigungsgesetz bei, die schließlich 1965 ein Ende fanden: In diesem Jahr beschloß der Bundestag das Bundesentschädigungs-Schlußgesetz. Vor allem die in den 80er Jahren geführte Debatte über die »vergessenen Opfer« führte später noch zu einigen Detailkorrekturen durch zusätzliche Härteregelungen, so vor allem für Sinti und Roma, Opfer der Zwangssterilisation und osteuropäische Juden. Doch blieb dabei das Bundesentschädigungsgesetz selbst unangetastet. Die Zahl der NS-Verfolgten, die nach diesem Gesetz Entschädigung erhalten haben, liegt bei rund einer Million. Zu zwei Dritteln verteilt sich dies auf Menschen, die in Ghettos oder in Lagern gelitten haben, ein weiteres Drittel sind Menschen, die rechtzeitig emigrieren konnten. Die Ausgaben gingen dabei zu über 80 % ins Ausland mit Schwerpunkt in USA und Israel[32]. Allein bis 1988 transferierte die Bundesrepublik etwa 55,6 Mrd. DM an individuellen Wiedergutmachungszahlungen ins Ausland. Der Gesamtbetrag der geleisteten Wiedergutmachung – der Löwenanteil entfällt dabei mit 72,6 Mrd. DM auf das Bundesentschädigungsgesetz – belief sich bis Januar 1994 auf 93,3 Mrd. DM und wird vermutlich bis zum endgültigen Abschluß noch auf ca. 124 Mrd. DM ansteigen[33].

Das Jahr 1965 bedeutete auch für die NS-Verfolgten in der DDR eine wichtige Zäsur. Damals wurde die seit 1949 geltende Fürsorgeregelung für anerkannte Verfolgte des Naziregime (VdN) durch die »Verordnung über Ehrenpensionen für Kämpfer gegen den Faschismus und für Verfolgte des Faschismus sowie für deren Hinterbliebene« abgelöst. Damit erfüllte sich vor allem die seitens der ehemaligen politischen Verfolgten bereits seit langem erhobene Forderung, wonach die Leistungen an VdN nicht mehr im Rahmen der Sozialversicherung zugeteilt, sondern in Form einer staatlichen Pension gewährt werden sollten, deren Höhe nicht mehr vom früheren Einkommen, sondern vom Status als »Kämpfer« oder »Verfolgter« abhing. Der sich dahinter verbergende prinzipielle Gegensatz zwischen dem Umgang mit den NS-Verfolgten in Ost und West wurde dort bereits in den 50ern einmal treffend auf folgende Formel gebracht: Während die westliche Frage gelautet habe, »Was haben wir gelitten?«, müsse sie im Osten lauten »Was hast Du getan und was tust Du«. Der »Wichtigkeit des verlorenen Vermögens« im Westen stehe dabei »die Bedeutung der Leistung im antifaschistischen Widerstandskampf« gegenüber[34].

Mit dieser Wiederaufnahme der bereits in der unmittelbaren Nachkriegszeit getroffenen Unterscheidung der VdN nach dem Kriterium ihrer politischen Haltung unter dem NS-Regime wurden die politischen Momente dieser Bezüge wieder stärker zur Geltung gebracht. »Kämpfer«, die das um fünf Jahre herabgesetzte Pensionsalter erreicht hatten oder invalide waren, erhielten künftig eine Ehrenpension in Höhe von monatlich 800 Mark, für »Opfer« waren demgegenüber lediglich 600 Mark vorgesehen. Das war in jedem Fall eine beträchtliche Summe, betrug doch 1966 die durchschnittliche Altersrente der Arbeiter und Angestellten in der DDR etwa 164 Mark[35]. Hauptgrund für diesen Sinneswandel der DDR-Führung bildete der Umstand, daß der Kreis der infrage kommenden Berechtigten mittlerweile recht klein war. So gab es dort Ende 1964 insgesamt 25.200 anerkannte VdN, wozu etwa 10.500 Hinterbliebene kamen. Bei der letzten Zählung Ende 1988 waren es schließlich noch etwa 10.300 Ehrenpensionäre, die dann später von der Bundesrepublik übernommen wurden[36]. Die Behauptung, daß die DDR keine Wiedergutmachung geleistet habe, ist so gesehen also sicherlich unrichtig. Doch beschränkte sie sich im Kern auf eine sozialpolitische Privilegierung bzw. paternalistische Fürsorge für auf ihrem Staatsgebiet lebende Verfolgte des Nationalsozialismus, was auch die geringe Zahl der Betroffenen erklärt.

Die Bundesrepublik leistete dagegen in einer Anzahl von Globalabkommen in bescheidenem Umfange auch Hilfen für NS-Verfolgte aus anderen Ländern. Dabei wurden pauschale Beträge an deren Heimatstaaten gezahlt. Es lassen sich drei Phasen unterscheiden, die in engem Zusammenhang mit außenpolitischen Konjunkturen standen: Den Auftakt bildete 1953 das Wiedergutmachungsabkommen mit Israel und der »Jewish Claims Conference«, bei dem 3,45 Mrd. DM geleistet wurden. In der zweiten Phase Ende der 50er/Anfang der 60er Jahre wurden insgesamt 12 Abkommen mit Ländern geschlossen, die politisch dem Westen zugehörten, die ein Gesamtvolumen von 1 Mrd. DM umfaßten. Nach der deutschen Vereinigung kamen schließlich auch noch ähnliche Abkommen über Wiedergutmachungsleistungen für ehemalige Zwangsarbeiter mit Polen und den Nachfolgestaaten der Sowjetunion mit einem Gesamtvolumen von ca. 1,5 Mrd. DM zustande. Eine Regelung für NS-Opfer aus der Tschechischen Republik scheiterte dagegen bislang an der deutschen Gegenforderung für Vertreibungsschäden.

Demgegenüber lehnte die DDR alle derartigen Leistungen ins Ausland ab, die sie als Reparationsforderungen deklarierte, so namentlich den Anfang der 50er Jahre aufgestellten Anspruch Israels auf Wiedergutmachung für die vom Dritten Reich verfolgten Juden. Dabei pochte die DDR unter Berufung auf das Völkerrecht darauf, daß sie alle aus dem Potsdamer Abkommen resultierenden Reparationspflichten sorgfältig erfüllt habe[37]. So hatte die DDR nach neuesten Berechnungen bis zum Abschluß der Reparationen Ende 1953 an Polen und die Sowjetunion Leistungen in Höhe von etwa 56 Mrd. RM erbracht[38]. Nach der dort bestehenden Auffassung handelte es sich bei diesen Ländern um die primären Opfer des Faschismus. Noch einmal wird deutlich, welche Rolle die unterschiedlichen Interpretationen des Wesens des nationalsozialistischen Terrors spielten.

Das Muster der An- und Aberkennung in Ost und West

Faßt man also die Entwicklung in der Frage der Abgrenzung des Verfolgtenkreises seit der Gründung der beiden deutschen Staaten zusammen, so ergeben sich bezeichnende Unterschiede. Vor allem die Bewertung des jeweiligen Anteils von Juden und »Russen« bzw. Kommunisten unter den Gesamtopfern des Krieges und der Verfolgung war in den beiden deutschen Nachkriegsstaaten einander diametral entgegengesetzt. In der SBZ/DDR wurden zwar prinzipiell die Juden als Opfer des Nationalsozialismus, sprich: Faschismus angesehen, doch traten sie hier gleichsam nur in der bescheideneren Rolle der Opfer eines »Nebenwiderspruchs« auf. Auch das jahrzehntelang stark unterkühlte Verhältnis der DDR zu Israel, das lange im Zeichen eines partiell antisemitische Traditionen fortführenden »Antizionismus« stand, trug zu dieser Einstellung bei. Aus der sowjetmarxistischen Faschismusdefinition folgte zudem, daß die Hauptstoßrichtung des Hitler-Faschismus gegen die Kommunisten und die Sowjetunion gerichtet gewesen sei.

Aus dieser Sichtweise resultierte jedoch zugleich, daß in der DDR der individuellen Wiedergutmachung eine geringere Rolle beigemessen wurde als den Reparationen vor allem an die Sowjetunion. Von der Bedeutung des hier zugrundeliegenden, nicht auf das NS-Regime begrenzten Faschismus-Begriffs zeugt auch etwa die Tatsache, daß in den 50er Jahren nicht nur ehemalige deutsche pro-republikanische Spanien-Kämpfer, sondern auch etwa 1.000 nach dem verlorenen kommunistischen Partisanenkrieg in die DDR geflüchtete Griechen als Verfolgte des Nationalsozialismus anerkannt wurden. Dies gipfelte darin, daß gelegentlich sogar Opfer des stalinistischen Terrors in der Sowjetunion auf diesem Wege entschädigt wurden. Die Unterscheidung zwischen »Kämpfern« und »Opfern« wurde dabei zwar bis Mitte der 60er Jahre durch die gemeinsame Bezeichnung »Verfolgte des Nazismus« überwölbt, kam dann aber 1965 wieder zu neuen Ehren.

In der Bundesrepublik nahm man hingegen die vielen Millionen sowjetischen Opfer – ermordete Kriegsgefangene, Zwangsarbeiter und Zivilisten – lange Zeit erst gar nicht zur Kenntnis bzw. ließ sie aufgrund von Gegenrechnungen oder aktuellen Bedrohungsängsten weitgehend unter den Tisch fallen. Ähnlich stießen die von den Nationalsozialisten verfolgten Kommunisten in der Bundesrepublik in der Hochzeit des Kalten Krieges auf erhebliche Schwierigkeiten bei der Anerkennung ihrer Wiedergutmachungsansprüche, wenn sie sich weiterhin in Parteifunktionen betätigten, da ihnen weniger der Widerstand gegen ein vergangenes als der Einsatz für ein gegenwärtiges Gewaltregime angerechnet wurde. Den Katalysator dieser Entwicklung bildete dabei die politisch gespannte Situation in der »Frontstadt« Berlin.

Nachdem in der ersten Nachkriegszeit, ähnlich wie in der SBZ, auch im Westen die politisch Verfolgten noch sehr stark dominiert hatten, nahmen etwa seit Anfang der 50er Jahre die Juden den ersten Rang im bundesrepublikanischen Opfer-Pantheon ein. Dabei handelte es sich allerdings in erster Linie um jüdische Emigranten. Der ostdeutschen Metamorphose des alten Antisemitismus in den neuen Antizionismus stand hier eine verwickelte Dialektik von Antisemitismus und Philosemitismus gegenüber. In beiden deutschen Staaten stießen dagegen vor allem diejenigen auf Schwierigkeiten bei der Anerkennung als Verfolgte des Nationalsozialismus, die außerhalb der »bürgerlichen« Normen standen, also etwa diejenigen, die als »Asoziale«, »Arbeitsscheue«, »Bummelanten«, Homosexuelle etc. verfolgt worden waren.

So hatten Sinti und Roma über Jahre hinweg beträchtliche Schwierigkeiten, als Opfer einer rassischen Verfolgung anerkannt zu werden, da man die vorgeschobenen kriminaltechnischen Begründungen der Nationalsozialisten oftmals für bare Münze nahm. Demnach sei die Verfolgung der Zigeuner vielfach im Zuge der vorbeugenden Verbrechensbekämpfung erfolgt. Im Westen wie im Osten Deutschlands wurde deshalb die Anerkennung als Verfolgte des Nationalsozialismus sowie die Gewährung daran geknüpfter Leistungen an den Nachweis einer seßhaften Lebensweise sowie einer geregelten Arbeitstätigkeit gebunden. In der Bundesrepublik bedeutete ein Urteil des Bundesgerichtshofes von 1963 die Wende, das im Gegensatz zur früheren Rechtsprechung und Entschädigungspraxis feststellte, daß eine allgemeine rassische Verfolgung der Zigeuner bereits seit 1938 bestanden habe. Seit einigen Jahren zählt diese Gruppe – nunmehr unter der Rubrik Sinti und Roma – in der Bundesrepublik zum quasi kanonisierten Teil der anerkannten NS-Verfolgten. Signifikant dafür ist die als Ergebnis einer langen Diskussion um die Neugestaltung der »Neuen Wache« in Berlin als Zentrale Gedenkstätte für die Opfer von Krieg und Gewaltherrschaft dort angebrachte Gedenktafel, die sie namentlich an zweiter Stelle hinter den Juden hervorhebt. Dies wäre noch zehn Jahre früher kaum so selbstverständlich gewesen.

Fazit

Die Definitionen des Kreises der Verfolgten in beiden deutschen Staaten spiegeln nicht einfach das Muster der Verfolgung wider. Vielmehr waren sie abhängig von innen- und außenpolitischen Entwicklungen, von veränderten Interpretationen des Nationalsozialismus und seiner Folgen und nicht zuletzt von finanziellen Zwängen. Vereinfacht gesprochen, läßt sich sagen, daß im Westen die Juden und im Osten die Kommunisten bzw. die »Russen« als Hauptopfer des Nationalsozialismus/Faschismus angesehen wurden[39]. Damit korrespondierte, daß Reparationen und Wiedergutmachung in der Bundesrepublik und der DDR in einem diametral entgegengesetzten Verhältnis standen.

Die DDR konzentrierte sich also auf die Reparationen an Polen und die Sowjetunion einerseits und auf eine zwischen Paternalismus und Privilegierung schwankende Betreuung der ehemaligen NS-Verfolgten auf ihrem Staatsgebiet. Dabei dienten vor allem die aktiven Kämpfer gegen den Faschismus sowohl als Kaderreserve der SED wie als antifaschistische Legitimationsinstanz der DDR. Während die Bundesrepublik dagegen im Bereich der Reparationen vor allem aufgrund des Londoner Schuldenabkommens von 1953 recht glimpflich davonkam, leistete sie in erheblichem Maße individuelle und kollektive Wiedergutmachung, wovon ein erheblicher Teil ins Ausland floß.

In der westdeutschen Gesellschaft nahmen die ehemaligen NS-Verfolgten keine politisch-moralische Sonderstellung ein. Vielmehr bildete deren möglichst konturenlose Integration in die entstehende bundesrepublikanische Nachkriegsgesellschaft die oberste Maxime des Umgangs mit dieser Gruppe. Der Bedeutungszuwachs vor allem ausländischer jüdischer Organisationen Anfang der 50er Jahre, der mit dem Bedeutungsrückgang der deutschen, politischen Verfolgten einherging, unterstützte dabei den Trend, wonach zunehmend nicht mehr die gesellschaftliche und moralische, sondern vor allem die materielle Rehabilitierung der NS-Verfolgten im Vordergrund stand. Für die Bundesrepublik ist dies in engem Zusammenhang mit der Wiedergewinnung des internationalen »politischen Kredits« nach dem Zweiten Weltkrieg zu sehen. So bildete der Umgang mit den NS-Verfolgten in beiden deutschen Staaten ein besonders kompliziertes Kapitel der Bewältigung der Folgen von Krieg und Nationalsozialismus. Aufgrund der ungeheuren Ausmaße dieser Vorgänge ist dieser Prozeß 50 Jahre nach dem Ende des »Dritten Reiches« bis heute noch nicht zum endgültigen Abschluß gelangt.

1 Der Beitrag erschien erstmalig im Band: Ende des Dritten Reiches – Ende des Zweiten Weltkriegs. Eine perspektivische Rückschau. Im Auftrag des Militärgeschichtlichen Forschungsamtes herausgegeben von Hans-Erich Volkmann. München, Zürich 1995, S. 317–342.

2 Protokoll der 254. Sitzung des Bundestagsausschusses für Rechtswesen und Verfassungsrecht am 4.5.1953, Bundesarchiv Koblenz (BAK), B 141/618.

3 Ludolf Herbst, Einleitung, in: Wiedergutmachung in der Bundesrepublik Deutschland, hrsg. von Ludolf Herbst und Constantin Goschler, München 1989, S. 19.

4 Constantin Goschler, Wiedergutmachung. Westdeutschland und die Verfolgten des Nationalsozialismus, 1945–1954, München 1992, S. 70 ff.

5 Lutz Niethammer, Juden und Russen im Gedächtnis der Deutschen, in: Der historische Ort des Nationalsozialismus. Annäherungen, hrsg. von Walter H. Pehle, Frankfurt a. M. 1990, S. 116.

6 Vgl. Wolfgang Jacobmeyer, Vom Zwangsarbeiter zum Heimatlosen Ausländer. Die Displaced Persons in Westdeutschland 1945–1951, Göttingen 1985, S. 224 f.

7 Ebenda; Olaf Groehler, Integration und Ausgrenzung von NS-Opfern. Zur Anerkennungs- und Entschädigungsdebatte in der Sowjetischen Besatzungszone Deutschlands 1945 bis 1949, in: Historische DDR-Forschung: Aufsätze und Studien, hrsg. von Jürgen Kocka, Berlin 1993, S. 106–109.

8 Goschler, Wiedergutmachung (wie Anm. 4), S. 81.

9 Nils Asmussen, Der kurze Traum von der Gerechtigkeit. »Wiedergutmachung« und NS-Verfolgte in Hamburg nach 1945, Hamburg 1987, S. 27 f.

10 Bericht über die Tagung des Zonenbeirats »OdF« am 19.8.1946, SAPMO-BA, ZPA, IV 2/2.027/29.

11 Josef Beyerle an Walter Römer, 26.8.1947, Archiv des Bayerischen Justizministeriums, München, 1101b, H. 1.

12 Die Vorsitzenden der Betreuungsstellen von Hanau, Wiesbaden, Giessen, Fulda, Darmstadt, Offenbach, Frankfurt a.M. an das großhessische Innenministerium, 10.8.1946, Hessisches Hauptstaatsarchiv, Wiesbaden, Abt. 502, Nr. 2772 c.

13 Eugen Kogon, Politik der Versöhnung, in: Frankfurter Hefte, 3. Jg., H. 4, April 1948, S. 321.

14 Ders., Der politische Untergang des europäischen Widerstandes, in: Frankfurter Hefte, 4. Jg., H. 5, Mai 1949, S. 410 f.

15 Susanne Miller, Die Behandlung des Widerstands gegen den Nationalsozialismus in der SPD nach 1945, in: Das Unrechtsregime. Internationale Forschung über den Nationalsozialismus, Bd. 2: Verfolgung – Exil – Belasteter Neubeginn, hrsg. von Ursula Büttner, Hamburg 1986, S. 417 f.

16 Jan Foitzik, Vereinigung der Verfolgten des Naziregimes (VVN), in: SBZ-Handbuch. Staatliche Verwaltungen, Parteien, gesellschaftliche Organisationen und ihre Führungskräfte in der Sowjetischen Besatzungszone Deutschlands 1945–1949, hrsg. von Martin Broszat und Hermann Weber, München 1990, S. 748.

17 Monika Richarz, Juden in der BRD und DDR seit 1945, in: Jüdisches Leben in Deutschland seit 1945, hrsg. von Michael Brumlik usw., Frankfurt a. M. 1986, S. 21. Wichtig ist dabei allerdings die Unterscheidung zwischen denen, die sich nach 1945 zum jüdischen Glauben bekannten, und denen, die vor 1945 von den Nationalsozialisten als Juden verfolgt wurden. Die Zahl der letzteren lag über der der Glaubensjuden.

18 Jerry E. Thompson, Jews, Zionism, and Israel: The Story of the Jews in the German Democratic Republic, Diss. Ann Arbor (Mich.) 1978, S. 249.

19 Christian Pross, Wiedergutmachung. Der Kleinkrieg gegen die Opfer, Frankfurt a. M. 1988, S. 295.

20 »Unser Opfer ist Eure Verpflichtung: Frieden!« Die Ansprache des Bundespräsidenten Theodor Heuss am Volkstrauertag im Bundeshaus, in: Bulletin des Presse- und Informationsamtes der Bundesregierung, 20.11.1952, Nr. 181, S. 1597 f.

21 Foitzik (wie Anm. 16), S. 751.

22 Anfrage MdL Josef Kiene (SPD), Personalpolitik der Regierung, Bayerischer Landtag, 1. Wp. 1946–1950, 111. Sitzung vom 31.5.1949, Stenographische Berichte, S. 192.

23 Deutscher Bundestag, 10. Wp. 1982–1986, Drucksache Nr. 6287, Bericht der Bundesregierung über Wiedergutmachung und Entschädigung für nationalsozialistisches Unrecht sowie über die Lage der Sinti, Roma und verwandter Gruppen vom 31.10.1986, S. 25, Anlagen Bd. 341.

24 Hermann Lübbe, Der Nationalsozialismus im deutschen Nachkriegsbewußtsein, in: Historische Zeitschrift 236 (1983), S. 585.

25 Thomas Schüler, Das Wiedergutmachungsgesetz vom 14. September 1945 in Thüringen, in: Jahrbuch für Antisemitismusforschung 2 (1993), S. 119 ff.

26 Constantin Goschler, Nicht bezahlt? Die Wiedergutmachung für Opfer der nationalsozialistischenVerfolgung in der SBZ/DDR, in: Wirtschaftliche Folgelasten des Krieges in der SBZ/DDR, hrsg. v. Christoph Buchheim, Baden-Baden 1995, S. 174 ff.; Groehler (wie Anm. 7), S. 119–125; Ralf Kessler, Hartmut R. Peter: Wiedergutmachung im Osten Deutschlands 1945–1953, Frankfurt a. M. usw. 1995; Angelika Timm, Der Streit um Restitution und Wiedergutmachung in der Sowjetischen Besatzungszone Deutschlands, in: Babylon, H. 10–11 (1992), S. 125–138.

27 Walter Schwarz, Rückerstattung nach den Gesetzen der Alliierten Mächte, München 1974, S. 364.

28 Constantin Goschler, Die Auseinandersetzung um die Rückerstattung »arisierten« jüdischen Eigentums nach 1945, in: Die Deutschen und die Judenverfolgung im Dritten Reich, hrsg. von Ursula Büttner, Hamburg 1992, S. 339–356.

29 Siehe Anm. 26.

30 Vorschläge zur Änderung bzw. Ergänzung der Anordnung zur Sicherung der rechtlichen Stellung der anerkannten VdN vom 5.10.1949, o. Autor, 8.3.1954, SAPMO-BA, ZPA, IV 2/611/86.

31 Vgl. Ulrich Herbert, Nicht entschädigungsfähig? Die Wiedergutmachungsansprüche der Ausländer, in: Wiedergutmachung in der Bundesrepublik Deutschland (wie Anm. 3), S. 273–302.

32 Karl Heßdörfer, Die finanzielle Dimension, in: ebenda, S. 55–59.

33 Dokumentation des Bundesfinanzministeriums, Nr. 7/94 vom Oktober 1994, »Härteregelungen des Bundes zur Entschädigung von NS-Unrecht«. In diesem Betrag ist die statistisch nicht erfaßte Wiedergutmachung in der Sozialversicherung nicht enthalten.

34 Hans Fahrland an Hanna Sielaff, 26.2.1955, SAPMO-BA, ZPA, IV 2/611/86.

35 Siehe Denkschrift: »Entwicklung auf dem Gebiet der Renten und der allgemeinen Sozialfürsorgeleistungen«, 15.2.1967, SAPMO-BA, ZPA, IV A 2/6.11/11.

36 Übersicht über die Anzahl der anerkannten Kämpfer gegen den Faschismus, Verfolgten des Naziregimes und deren Hinterbliebene per 31.12.1988, Sassenbach-Stiftung, Archiv der Gewerkschaftsbewegung, A 200.13457. Für dieses Dokument danke ich herzlich Andreas Rhaue.

37 Peter Dittmar, DDR und Israel. Ambivalenz einer Nicht-Beziehung, Teil I, in: Deutschland-Archiv 10 (1977), S. 752 f.

38 Rainer Karlsch, Allein bezahlt? Die Reparationsleistungen der SBZ/DDR 1945–53, Berlin 1993, S. 231.

39 Niethammer, Juden und Russen (wie Anm. 5), S. 131 f.

Adelheid Schmitz

Wenn Auschwitz geleugnet wird – Überlegungen für den schulischen Unterricht

»Null Bock auf Holocaust«, klagte »Die Zeit«[1] in einem Artikel über das angeblich fehlende Interesse von Schülern am Thema Holocaust.[2] Für Pädagogen, die sich im historisch-politischen Unterricht nun auch noch mit der Leugnung des Massenmordes an den Juden (»Auschwitz-Lüge«) befassen wollen, stellen sich deshalb nicht neue Fragen, sondern die alten neu: Wie können Schüler sich heute mit der Zeit des Nationalsozialismus, dem bürokratisch organisierten und technokratisch umgesetzten Massenmord vor allem an Juden, aber auch an Sinti und Roma, Behinderten, sogenannten Asozialen, Homosexuellen, politisch Verfolgten sowie den Auswirkungen und Folgen bis in die Gegenwart auseinandersetzen? Adornos Ansatz: »Erziehung wäre sinnvoll überhaupt nur als eine zu kritischer Selbstreflektion«[3] gilt noch immer und nicht nur für Schüler. Wer sich angesichts der verstärkten Aktivitäten der »Revisionisten« und Leugner auf deren Lügen, ihre angeblichen »Beweise« oder »Gutachten« konzentriert, verliert sehr schnell die weitere Erforschung der Zusammenhänge und Bedingungen, die den Massenmord ermöglichten, aus den Augen. Damit wird auch die Frage nach Kontinuitäten dieser Bedingungen bis in die Gegenwart ausgeblendet, eine »kritische Selbstreflektion« verhindert.

In diesem Beitrag geht es deshalb weniger um die Präsentation didaktisch und methodisch gut aufbereiteter Argumente zur Widerlegung der »Auschwitz-Lüge«[4], sondern um Überlegungen, wie jungen Menschen zukünftig die nationalsozialistische Vergangenheit, ihre Auswirkungen und Folgen vermittelt werden können, so daß sie Interesse entwickeln und Fragen an sich selbst stellen. Der Blick ist also weniger auf diejenigen gerichtet, die Auschwitz leugnen, sondern auf das, was über den Nationalsozialismus vermittelt wird und wie dies geschieht.

Wichtig sind dabei auch die »weißen Flecken«, also das, was ausgeblendet oder verschwiegen wird und somit vor allem denen nützt, die Auschwitz leugnen, relativieren, legitimieren oder historisieren.

Probleme der Vermittlung

Es gibt zahlreiche Beispiele, die belegen, daß viele Schüler sehr wohl an der Zeit des Nationalsozialismus interessiert sind.[5] Deshalb muß differenzierter untersucht werden, wie Interesse geweckt bzw. wodurch es erstickt wird. Fehlendes Interesse führt Rolf Ballof, Vorsitzender des »Verbandes deutscher Geschichtslehrer«, vor allem auf den öffentlichen Umgang mit dem Nationalsozialismus und didaktische Mängel zurück.

»Die öffentliche Diskussion darüber findet ja zumeist nur an Gedenktagen statt, dafür dann aber um so geballter. Viele Schüler haben ein feines Gespür dafür, daß dadurch eine wirkliche Auseinandersetzung mit diesem Thema eher verhindert wird. Zweitens sind die Schulbücher und die Unterrichtsmethodik zum Holocaust weitgehend veraltet. Sie beschränken sich oft auf eine Aneinanderreihung von Opferzahlen und Bilder von Leichenbergen. Dadurch wird nicht klar, daß hier Menschen umgebracht wurden. Und drittens ist das nicht zuletzt ein Generationsproblem: Während die Kriegsgeneration den Holocaust größtenteils verdrängt hat, hat die nachfolgende Generation, zu der die meisten Lehrer von heute gehören, ein tiefes Schuldgefühl entwickelt, das viele noch an ihre Schüler weitergeben.«[6]

Aufgrund der zeitlichen und personellen Distanz, aber auch angesichts der zahlreichen Gedenkveranstaltungen im Jahre 1995 und ihrer medialen Aufbereitung fragen sich viele junge Menschen heute: »Was hat das alles noch mit mir zu tun?«

Zum historischen Bewußtsein bei Jugendlichen

Die historischen Kenntnisse über den Nationalsozialismus und die Verbrechen der Deutschen spielen bei der Beantwortung dieser

Frage eine nicht unerhebliche Rolle. Anders als Mitte der 70er Jahre[7] wissen Jugendliche im Alter von 16 bis 17 Jahren heute wesentlich besser darüber Bescheid.[8] Dennoch sind selbst bei Studenten in West- und Ostdeutschland noch immer erhebliche Wissenslücken bei einigen Aspekten feststellbar.[9] Sowohl im Westen als auch im Osten konnten nicht einmal 40 % der Studenten die Frage »Was waren die Nürnberger Gesetze?« richtig beantworten. 20 % der Studenten wußten nicht, was das »Euthanasie-Programm« war, 24 % der Studierenden im Westen und 30 % im Osten beantworteten die Frage nach der »Endlösung« völlig falsch. Gut informiert hingegen zeigten sie sich über die sogenannte »Reichskristallnacht«. Kenntnisse über Daten und Fakten, über die nationalsozialistischen Verbrechen sind wichtig, aber erst durch die Analyse der Bedingungen, die Auschwitz ermöglichten, kann das Bewußtsein für mögliche Kontinuitäten entwickelt werden.

»Gegenstand der pädagogischen Veranstaltungen sollten nicht nur die nationalsozialistischen Verbrechen sein, sondern auch und vor allem die Auseinandersetzung mit den gesellschaftlichen Strukturen, ideologischen Traditionen und Verhaltensdispositionen, die diese Verbrechen möglich gemacht haben. Denn hier liegen die größten Versäumnisse in der Vergangenheit und die zentralen Aufgaben der Geschichtspädagogik heute.«[10]

Die Frage nach den Bedingungen, die Auschwitz ermöglichten, bleibt präsent

Die öffentliche Debatte um Daniel Jonah Goldhagens Buch »Hitlers Willing Executioners« zeigt vor allem, daß die Frage nach den Bedingungen, die den Völkermord ermöglichten, präsent bleibt. Zygmunt Bauman warnte jedoch davor, den »Holocaust als Tragödie der Juden und der Juden allein«[11] zu interpretieren. »Der Holocaust ist nicht einfach ein jüdisches Problem und nicht ausschließlich ein Element jüdischer Geschichte. Der Holocaust wurde inmitten der modernen, rationalen Gesellschaft konzipiert und durchgeführt, in einer hochentwickelten Zivilisation und im Umfeld außergewöhnlicher Leistungen; er muß daher als Problem dieser Gesellschaft, Zivilisation und Kultur betrachtet werden.«[12] Damit schlägt Bauman eine Verbindung zur Gegenwart und zeigt, daß die technologischen Entwicklungen der Industriegesellschaft, aber vor allem auch die organisatorische Effizienz ihrer Bürokratie auch einen Massenmord ermöglichen können.»Ob die Bürokraten und Spezialisten nun Eigentum beschlagnahmten, Zugfahrpläne erstellten, Gesetze erarbeiteten, Telegramme verschickten oder Listen zusammenstellten – aufgrund des arbeitsteiligen, routinemäßigen und entpersönlichten Charakters ihrer Tätigkeit konnten sie ihre Arbeit erledigen, ohne mit der Realität des Massenmords konfrontiert zu werden.«[13] Bürokratische Rationalität und das Bemühen um Effizienz waren entscheidende Voraussetzungen für die Umsetzung des Massenmordes. »Wir haben es hier in der Tat mit gesellschaftlichen Organisationsstrukturen in einer ganz spezifischen Variante zu tun. Obwohl es um einen Massenmord ungeheuren Ausmaßes ging, kümmerte sich der riesige Beamtenapparat um die korrekten bürokratischen Verfahren, feilte an präzisen Begriffsbestimmungen und regulativen Details und sorgte sich um die Einhaltung bestehender Gesetze und Verordnungen.«[14] In seinem berühmten Aufsatz »Erziehung nach Auschwitz« empfahl Adorno deshalb als eine Maßnahme, damit sich Auschwitz nicht wiederhole:

»Kritisch zu behandeln wäre, um nur ein Modell zu geben, ein so respektabler Begriff wie der der Staatsraison: indem man das Recht des Staates über das seiner Angehörigen stellt, ist das Grauen potentiell schon gesetzt.«[15]

Vom Verschweigen, Verdrängen und Leugnen

Bei der Frage, welche Bedeutung der bürokratisch vorbereitete und industriell umgesetzte Massenmord im Bewußtsein heutiger Jugendlicher hat, spielt nicht nur das eine Rolle, was vermittelt wird, sondern auch das, was (bewußt oder unbewußt) ausgeklammert wurde und wird. In den meisten Familien wurde den Kindern, die nach 1945 geboren wurden, nichts über persönliche Einstellungen, Funktionen oder Verhaltensweisen der Eltern in der Zeit des Nationalsozialismus vermittelt. Das Wissen der Kinder, die heute selbst erwachsen und meist Eltern sind, über die Lebensgeschichte ihrer Eltern im Nationalsozialismus, »ist auffällig gering und beschränkt sich weitgehend auf die unpolitischen Anteile.«[16]. Die Schwierigkeiten von Studenten, deren Großeltern in der NS-Zeit junge Erwachsene waren, sich mit dieser Zeit auseinanderzusetzen, sieht Matthias Heyl deshalb auch als »ein Beispiel für das Fortwirken von familiären Tabus«.[17] Viele Jugendliche haben kaum Kenntnisse über familiäre, lebens- und erfahrungsgeschichtliche Aspekte aus der Zeit des Nationalsozialismus. Auf die Frage: »Was haben Dir Deine Eltern über die Verfolgung und Ermordung von Menschen aus religiösen, politischen und rassischen Gründen im Dritten Reich erzählt?«, antworteten 41 % der 16–21jährigen Jugendlichen im Jahre 1988 »relativ wenig« und 25 % »fast nichts.«[18] Das bedeutet, daß diese Jugendlichen die Zeit des Nationalsozialismus nicht mit ihrem eigenen Leben, mit familiären oder persönlichen Erfahrungen in Verbindung bringen und nur als historische Epoche begreifen konnten. Wir müssen davon ausgehen, daß heutige Jugendliche aufgrund der größeren zeitlichen Distanz noch weniger personelle Bezüge wahrnehmen. So wurde deutschen Studenten erst bei Kontakten mit jungen Juden der zweiten und dritten Generation nach Auschwitz bewußt, daß die Kinder und Enkelkinder der Opfer zu »Trägern der Erinnerung« wurden. Eine bewußte Verhaftung in einer familiären Tradition ist bei jungen Menschen in Deutschland meist nur bei jenen feststellbar, die sich zu neonazistischem oder rechtsextremistischem Gedankengut bekennen, sie verherrlichen die Verbrechen ihrer Großväter oder wollen sie gar fortführen. Die große Mehrheit der Jugendlichen hingegen wurde im Hinblick auf familiäre Traditionen »weniger zu Trägern des Erinnerns denn des Abdrängens, des Vergessenwollens«.[19] Wer sich mit der offenen und direkten Leugnung der Massenmorde (»Auschwitz-Lüge«) auseinandersetzen will, muß deshalb auch darauf eingehen, wie nach 1945 individuelle und kollektive Geschichte verschwiegen, verfälscht, umgedeutet und schließlich geleugnet wurde und wird.

Daß überzeugte Anhänger der nationalsozialistischen Ideologie den Völkermord an den Juden leugnen, ist kein neues Phänomen.[20] In dieser Tradition sehen sich auch heutige Neonazis, die sich auf die nationalsozialistische Ideologie berufen, sie legitimieren und fortsetzen wollen. »Auschwitz muß fallen, dann erst können die

Leute akzeptieren, was wir wollen.«[21] Der Völkermord an den Juden ist *die* große »Hürde«, die einer gänzlichen Rehabilitierung des Nationalsozialismus entgegensteht.

Wesentlich undurchschaubarer argumentieren konservative Historiker und Wissenschaftler, die den Völkermord relativieren, die Verbrechen sogar legitimieren und so den Nationalsozialismus rehabilitieren. Die Verbrechen werden nicht geleugnet, sondern umgedeutet. Ernst Nolte warf im »Historikerstreit« die Frage auf:

»Vollbrachten die Nationalsozialisten, vollbrachte Hitler eine ›asiatische‹ Tat vielleicht nur deshalb, weil sie sich und ihresgleichen als potentielle oder wirkliche Opfer einer ›asiatischen‹ Tat betrachteten? War nicht der ›Klassenmord‹ der Bolschewiki das logische und faktische Prius des ›Rassenmords‹ der Nationalsozialisten? […] Rührte Auschwitz vielleicht in seinen Ursprüngen aus einer Vergangenheit her, die nicht vergehen wollte?«[22]

Der Völkermord als »asiatische« Tat ist nicht mehr Teil der »zivilisierten«, europäischen Welt, die Täter sind keine Täter mehr, sondern »potentielle oder wirkliche Opfer«. Der Massenmord an den Juden wird so nachträglich noch gerechtfertigt. Die Umdeutung der Täter zu Opfern ist auch eines der Ziele der Auschwitz-Leugner. Sie sehen sich selbst als »Opfer« eines imaginären »Weltjudentums« und setzen so die antisemitische Propagana »Die Juden sind unser Unglück« fort. Laut Wilhelm Stäglich (vom Dienst suspendierter Richter und Autor des beschlagnahmten Buches »Der Auschwitz-Mythos«) ist »… die angebliche Ausrottung von 6 Millionen Juden ein schon von langer Hand vorbereiteter Propagandaschwindel zur Durchsetzung bestimmter Ziele des Weltjudentums.«[23]

Trotz vieler Unterschiede zwischen der »revisionistischen« Argumentation konservativer Historiker und der offensichtlich antisemitischen Intention der Auschwitz-Leugner gibt es verbindende Elemente: »Die Grenzen zwischen Fakten und Fiktion, zwischen Verfolgten und Verfolgern werden verwischt.«[24] Auch wenn sich viele »Revisionisten« von den Neonazis distanzieren oder von der Öffentlichkeit überhaupt nicht in diesem Zusammenhang gesehen werden, tragen sie ihr »Scherflein« zu einem »Ja, aber-Syndrom«[25] bei.

»Ja, einen Holocaust hat es gegeben, aber nur weil die Nazis sich gegen ihre Feinde wehren mußten. Ja, einen Holocaust hat es gegeben, aber die meisten Juden starben wegen Hunger und Krankheiten (wie in jedem Krieg) oder wurden als Partisanen und Spione getötet. Ja, einen Holocaust hat es gegeben, aber den haben sich die Juden aufgrund ihres Verhaltens selbst zuzuschreiben. Ja, einen Holocaust hat es gegeben, aber er unterschied sich nicht von einer Reihe anderer Katastrophen, bei denen Unschuldige massakriert wurden. Die hieraus logisch resultierende Frage lautet: Wenn es so ist, warum hört man ›immer nur‹ vom Holocaust?«[26]

Solche Auffassungen korrespondieren mit denen der überwiegenden Mehrheit der Bevölkerung in der Bundesrepublik. Bei den über 59jährigen Bundesbürgern plädierten 70 % dafür, »endlich einen Schlußstrich unter die Vergangenheit« zu ziehen und »nicht mehr so viel über die Judenverfolgung« zu reden, bei den 18–29jährigen stimmten 53 % dieser Aussage zu.[27] Jugendliche werden also weniger mit der offenen und direkten Leugnung der Massenmorde vor allem an jüdischen Menschen, aber auch an vielen anderer Menschengruppen konfrontiert, sondern mit Auffassungen, die das Ende der Auseinandersetzung mit der NS-Vergangenheit fordern. Solche Meinungen aus ihrem Umfeld nehmen Jugendliche zur Kenntnis und lassen sie in ihre Einstellungen einfließen. Schulischer Unterricht kann deshalb auch nur einen Teil zum historischen Lernen, Erinnern und Gedenken beitragen. Je stärker innerhalb der Gesellschaft Tendenzen zur Historisierung des Nationalsozialismus, zur Verharmlosung, Relativierung oder gar Leugnung der millionenfachen Ermordung von Menschen deutlich werden, um so schwieriger, aber auch wichtiger wird schulischer Unterricht.

Schulischer Rahmen

Nach dem Lehrplan wird der Nationalsozialismus im Unterricht in der Regel erst in der 9./10. Klasse behandelt. Immer häufiger – insbesondere anläßlich von Gedenktagen oder auch bei rechtsextremistischen Vorfällen – wird dieses Thema auch schon früher angesprochen.[28] Vereinzelt greifen Fachlehrer, z. B. in Deutsch oder Religion, bestimmte Aspekte (Antisemitismus, Verfolgung von Minderheiten, Rassismus) auch bereits mit jüngeren Schülern auf. Bereits 1990 hat das Europäische Parlament in den Empfehlungen des Untersuchungsausschusses »Rassismus und Ausländerfeindlichkeit« detaillierte pädagogische Maßnahmen vorgeschlagen.[29] So fordert »Empfehlung 23« dazu auf, »die Entwicklung von Unterrichtseinheiten für die Schulen und pädagogische Programme für die Kinder- und Jugendarbeit zur Aufklärung über Rassismus, Fremdenfeindlichkeit und Antisemitismus in der Gemeinschaft zu fördern«. Es wird auch vorgeschlagen, »Unterrichtseinheiten oder -veranstaltungen gegen den Rassismus in den Lehrplan der Grundschulen aufzunehmen« (Empfehlung 71). Pädagogen fordern schon seit Jahren, bestimmte Bereiche der nationalsozialistischen Herrschaft, die Denkweisen, die sie möglich machten, und ihre Auswirkungen auch mit jüngeren Schülern zu behandeln. Wie groß jedoch das Interesse der Schüler ist und ob es sich entwickeln kann, hängt vor allem davon ab, was vermittelt wird und wie dies geschieht.

Zeitlicher Rahmen, Umfang der Themenkomplexe, die in den Lehrplänen vorgesehen sind, sowie die üblichen Unterrichtsstrukturen lassen dabei wenig Raum für fragendes, forschendes Lernen. So sind im Geschichtslehrplan für Realschulen in Nordrhein-Westfalen für die Themeneinheit »Faschismus – Nationalsozialismus – Rassismus« »in der Regel nicht mehr als 8–12 Stunden« vorgesehen.[30] Ein kaum leistbares Pensum nach »Abhak-Schema«. Auch 45-Minuten-Takte, Tests und Klassenarbeiten sind wenig geeignet, bei Schülern tiefergehendes Interesse zu wecken. Dort, wo Lehrer und Lehrerinnen die gewohnten Unterrichtsstrukturen durchbrechen, z.B. durch Projektwochen, Spurensuche vor Ort, Exkursionen zu Gedenkstätten, Gespräche mit überlebenden Opfern usw., bieten sich schon eher Chancen für eine ernsthafte Auseinandersetzung[31]. Dies kann ein erster Schritt sein, um denjenigen, die Auschwitz leugnen, den Boden zu entziehen.

Geschichtsbücher/Unterrichtsmaterialien

Der Geschichtsunterricht leidet – trotz einiger Verbesserungen – immer noch unter dem Mangel an guten Lehrmaterialien. »Viele

Schulbücher schildern die Verfolgung nach wie vor überwiegend aus der Sicht der Verfolger, oft mit der Sprache der Verfolger. Zahlreiche Autoren glauben weiterhin, Authentizität vor allem durch Stellungnahmen der Bürokratie, durch Berichte von außen, nicht durch Erleben belegen zu sollen. Unsere Schulbücher vermeiden ganz allgemein eine subjektive Sprache und emotionale Urteile. Indem sie versuchen, so objektiv wie möglich zu sein, bleiben sie manchmal nahezu unerträglich faktenorientiert.«[32] Obwohl inzwischen immer häufiger Täter und Opfer in Quellentexten zitiert werden, finden sich nur vereinzelt Hinweise darauf, »daß bestimmte Gruppen der Mehrheitsgesellschaft materielle oder ideologische Interessen an der Ausgrenzung und schließlich an der Verfolgung der Juden hatten«.[33] Die erweiterte Perspektive, die Raul Hillberg mit seiner Forschung über »Täter, Opfer und Zuschauer«[34] deutlich gemacht hat, ist in Geschichtsbüchern bisher noch kaum vertreten. Der Blick auf den Alltag, »die Normalität« der bürokratischen Organisation der Deportationen und des Massenmordes wirft Fragen nicht nur nach den direkten Mördern und den Schreibtischtätern auf, sondern auch nach den vielen Beteiligten, ohne die eine Durchführung des Völkermordes nicht funktioniert hätte:

»die Eisenbahner, die Bewacher, die Beamten der Melde- und Standesämter (die bei der Erfassung der Juden halfen), die Pfarrer, die ihre Taufregister zur Verfügung stellten, um zu klären, wer als Jude nach den nationalsozialistischen Kriterien zu gelten habe. Polizisten trieben die Juden zur Deportation zusammen, Gerichtsvollzieher versiegelten ihre Wohnungen und inventarisierten ihr Hab und Gut. Schuldirektoren wiesen jüdische Schülerinnen und Schüler von den Schulen.«[35]

Die Aufzählung ließe sich beliebig fortführen und auf fast alle Berufsgruppen übertragen. Auch bei den Zuschauern, den Nachbarn, den »normalen« Deutschen plädiert Matthias Heyl für eine differenzierte Betrachtungsweise: Sie »konnten einerseits Helfer der Nazis und andererseits Helfer der Verfolgten werden«.[36] Materialien, die einen differenzierten Blick auf Täter, Opfer und Zuschauer ermöglichen, sowie entsprechende didaktische Hinweise enthält das Handbuch »Thema Holocaust«. Es setzt dort an, wo Schulbücher Fragen ausblenden.[37]

Die Lehrer und Lehrerinnen

Nicht nur die Unterrichtsmaterialien, sondern auch die Art und Weise der Vermittlung können Interesse wecken oder blockieren. Die Einstellungen und Haltungen der Pädagogen spielen dabei eine nicht unerhebliche Rolle:

»Ich hatte bei manchem meiner Lehrer den Eindruck, daß sie sich Auschwitz in dem Konflikt mit ihren Eltern, den Tätern, Mitläufern und Zuschauern als Thema zu eigen gemacht hatten, um ihre Ablösung von den Eltern mit größerem, ja größtem moralischen Gewicht auszustatten. Sie instrumentalisierten Auschwitz und solidarisierten sich posthum mit dessen Opfern, ungeachtet ihrer eigenen biografischen und familialen Herkunft. Auschwitz war ihnen mehr ein Argument, mit dem sie das Gespräch und die Auseinandersetzung mit den Eltern eher abbrachen, denn begannen. Auschwitz versicherte sie einer billigen Moralität mit absolutem Anspruch, ohne auch sie wirklich herauszufordern. Ihnen war Auschwitz keine Frage mehr, sondern eine Antwort.«[38]

Nur selten vermitteln Lehrer ihren Schülern, welche Bedeutung die Auseinandersetzung mit der NS-Vergangenheit, insbesondere das Schweigen oder gar die Rechtfertigungen der eigenen Eltern in ihrer persönlichen und politischen Biographie hatte.

»Eine andere Position, in der Lehrer bemüht waren, eigene Versäumnisse nachzuholen und die Schuld ihrer Eltern abzutragen, verführte gelegentlich zu ähnlich zwanghaften Auseinandersetzungsformen, in denen Schulunterricht zur permanenten Projektwoche wurde, in der die Erziehenden alle Register zogen, ohne ihre eigene Hilflosigkeit am Thema einzugestehen. Und schließlich begegnete mir eine dritte Attitüde, in der Lehrer ihre ›Betroffenheit‹ in den Mittelpunkt stellten, einen Schock bei den Schülern herzustellen versuchten, indem der Blick auf Leichenberge gezwungen wurde, ohne daß das sich dahinter verbergende Leid der Umgekommenen und der Überlebenden noch Raum gefunden hätte.«[39]

Instrumentalisierung/Inflationierung des Begriffs »Auschwitz«

Diese »Strategien der Konfrontation, die vorrangig der Nicht-Auseinandersetzung, der Abwehr des Themas in seiner existentiellen Dimension«[40] dient, läßt sich nicht nur in der Pädagogik erkennen. »Der konservative Pol, der Auschwitz aus der deutschen Geschichte externalisiert, wird von linksalternativer Seite – gutmeinend wie immer – mit einer Inflation von Auschwitz kontrastiert und ergänzt.«[41] Die unreflektierte Übertragung des Begriffs »Auschwitz« auf heutige Bürgerkriege und Massaker an der Zivilbevölkerung und der inflationäre Gebrauch dieses Symbols für unermeßliches Leid dient inzwischen vielen Linksalternativen auch zur Legitimation militärischer Einsätze, und dies mit einem unbedingten moralischen Impetus.

»Sie, die Kinder und Enkel (der Täter; d. Verf.) gingen daran, Auschwitz nachträglich, in einer Art von nachgeholtem Widerstand, zu verhindern. Überall, wo Leid war, war plötzlich Auschwitz. Auschwitz wurde projiziert – nach Ruanda, Somalia, Bosnien. [...] Ein Grauen, das Auschwitz gleichkommt, ja Auschwitz ist, kann nur beendet werden wie das historische Auschwitz: militärisch.«[42]

Gleichsetzungen bzw. der inflationäre Gebrauch des Begriffs »Auschwitz« bagatellisieren allerdings das, was Auschwitz war. Auch eine »Instrumentalisierung des Holocaust«[43] im Zusammenhang mit gegenwärtigen rechtsextremistischen und rassistischen Mordanschlägen führt bei Jugendlichen eher zu Mißtrauen. »Sprechen wir von Mölln, wenn es um Mölln geht, und von Auschwitz, wenn es um Auschwitz geht.«[44]

Wie werden Jugendliche mit der direkten Leugnung von Auschwitz und Geschichtsverfälschungen konfrontiert?

Die große Mehrheit der Jugendlichen gewinnt ihre Einstellung zum Nationalsozialismus nicht über die direkte Agitation organisierter Rechtsextremisten und Neonazis. Von größerer Bedeutung sind ideologische Elemente des Nationalsozialismus, des Rechtsextremismus und Neonazismus in der politischen Kultur der Bundesrepublik Deutschland. Hierzu gehören auch die Relativierung, Normalisierung oder gar Rehabilitierung des Nationalsozialismus, der Wunsch nach einem »Schlußstrich«. Die von vielen Erwachsenen nach langen Jahren der Tabuisierung nunmehr offen vertretenen und sozial anerkannten (oder zumindest widerspruchslos hingenommenen) »revisionistischen« Auffassungen bilden den Nährboden, auf dem junge Menschen eine weitere Auseinandersetzung mit dem Nationalsozialismus ablehnen. 28 % der Studenten an hessischen Hochschulen befürworten einen »Schlußstrich unter die deutsche Vergangenheit«.[45] Auffallend sind dabei Einstellungen wie etwa die »Neutralisierung und Enthistorisierung« der NS-Zeit[46], die denen konservativer Historiker ähneln und die nicht nur im »Historikerstreit« offen geäußert wurden.

Rechte Medienangebote und jugendliche Subkulturen

Auch über ein umfassendes, nur schwer duchschaubares Medienangebot der rechten Szene, über Musik, zunehmend auch über das Internet werden Jugendliche mit Auffassungen konfrontiert, die den Nationalsozialismus verharmlosen, die nationalsozialistischen Verbrechen relativieren oder die den Völkermord leugnen. Rechtsextremistische und neonazistische Jugendzeitungen und Fanzines, rassistische Video- und Computerspiele, Comics, Schallplatten und Hörkassetten mit sogenanntem deutschen Liedgut, alten Nazireden oder rechter Rockmusik, Bildbände über die NS-Zeit mit nur scheinbar dokumentarischem Inhalt, Propagandafilme der Wehrmacht, dazu die inzwischen weit verbreitete neonazistische Propaganda im Internet – dies alles steht Jugendlichen oft schon zur Verfügung, längst ehe der Unterricht in Geschichte und Politik wirksam werden könnte. 1991, als die inzwischen verbotene »Nationalistische Front« noch 400.000 Flugblätter in Umlauf brachte, um den Völkermord an den Juden zu leugnen[47], hing es noch vom Zufall ab, ob Jugendliche solche Blätter in die Hände bekamen. Inzwischen können alle, die einen Zugang zum Internet haben (und den werden demnächst auch die meisten Schüler nutzen), durch ein einfaches Klicken der

Maus neonazistische Propaganda abrufen. Die Texte zur Leugnung von Auschwitz, die z. B. der deutsch-kanadische Neonazi und Auftraggeber des »Leuchter-Reports«, Ernst Zündel, im Internet verbreitet, sind ebenso wie die scheinwissenschaftlichen Fragen des amerikanischen »Institute for Historical Review« (»Laßt uns den Holocaust von allen Seiten untersuchen« oder »66 Fragen und Antworten an den Holocaust«) ohne große Mühe allen Internet-Nutzern zugänglich.

Verbote oder Indizierungen, wie sie bei rechtsextremistischen Computerspielen, dem Vertrieb oder der Aufführung rechtsextremistischer Rockmusik in den letzten Jahren praktiziert wurden, sind angesichts der unbegrenzten Möglichkeiten der neuen Kommunikationstechnik unwirksam. Es stellt sich auch die Frage, ob Verbote bzw. die Forderung nach Einschränkung der Meinungsfreiheit letztlich nicht eher einem »starken Staat« dienen, in dem Bürger- und Freiheitsrechte immer mehr eingeschränkt werden. Statt die »juristische Keule« zu schwingen, ist nicht nur die offensive Auseinandersetzung mit den Argumenten und den Strategien der Leugner von Auschwitz nötig, sondern vor allem der Forderung nach einem »Schlußstrich« entgegenzuwirken.

Vorschläge für den schulischen Unterricht

Für den historisch-politischen Unterricht geht es also um die Frage, wie die Auseinandersetzung mit der nationalsozialistischen Vergangenheit didaktisch und methodisch so thematisiert wird, daß diejenigen, die Auschwitz leugnen, verharmlosen, relativieren oder historisieren, keinen fruchtbaren Boden finden. Die zahlreichen Versuche der vergangenen Jahre, Geschichte für Jugendliche erlebbar, nachvollziehbar zu vermitteln und einen Bezug zur eigenen Lebenswelt herzustellen, sind dafür gute Anknüpfungspunkte. Es zeigte sich, daß das Interesse der Schüler am Nationalsozialismus zunahm, wenn die Formen der Bearbeitung den Rahmen der »normalen« Unterrichtseinheiten sprengten und fragendes forschendes Lernen ermöglichten. [48]

Wichtige Voraussetzungen dafür sind:

1. Die Vermittlung der NS-Geschichte, die bürokratische Vorbe-

reitung und Organisation der Ermordung von Millionen Menschen muß historisch so eingebunden sein, daß Auschwitz nicht als »schwarzes Loch des Erklärens« (Dan Diner) erscheint, sondern als eine mögliche Konsequenz des Zivilisationsprozesses (Zygmunt Bauman) mit einer Vorgeschichte und Folgen bis heute. »Der Nationalsozialismus und seine Völkermorde stehen nicht außerhalb der Moderne, sie repräsentieren nicht – um diesen ethnozentrischen Begriff der alten Griechen zu benutzen – den Rückfall einer an sich fortschrittlichen Zivilisation in die ›Barbarei‹. Das NS-System war eine moderne Diktatur, es ist Teil der europäischen und deutschen Moderne des 20. Jahrhunderts, wobei Zivilisation und Moderne per se eben nicht mit einem Fortschritt menschlichen Zusammenlebens gleichzusetzen sind. Nationalsozialistischer Genozid und bürgerliche Normalität waren vielfach miteinander verwoben.«[49] Dies läßt sich sowohl beim Antisemtismus als auch beim Sozialrassismus zeigen. Die Etikettierung, Diffamierung und Ausgrenzung von Menschen als »minderwertig«, »unnütz« oder »lebensunwert« wurde lange vor dem Nationalsozialismus u.a. von angesehenen Wissenschaftlern eingeleitet, die öffentliche und private Fürsorge hatte die Opfer lange vor 1933 zu »lebensunwertem Leben« erklärt und zur Zwangssterilisation freigegeben. Mit der Vergasung von geisteskranken, behinderten oder alten Menschen (T4-Aktion) begannen die Nationalsozialisten, solche Denkweisen konsequent umzusetzen.[50] »Baulicher, bürokratischer und pflegerischer Zynismus gegenüber den ›Unbrauchbaren‹ und Leistungsgeminderten ist noch längst nicht Geschichte. Ihre gesellschaftliche Ächtung ist noch nicht Vergangenheit.«[51] Diese Spuren bis heute gilt es aufzudecken.

2. Die Vermittlung der NS-Geschichte muß auch die Bereiche des alltäglichen Lebens einbeziehen, damit deutlich wird, wieviele Menschen und Berufsgruppen durch ihre »routinemäßige« Arbeit an der Vorbereitung und Organisation der Massenmorde tatsächlich beteiligt waren.

3. Die Spurensuche sollte nicht nur identifizierbare Orte – möglichst in der eigenen Region, der Stadt, dem Dorf, in dem die Schüler leben – umfassen, sondern auch den Blick auf die Gegenwart richten und mögliche Kontinuitäten aufzeigen.

4. Sie muß von konkreten Menschen handeln, ihren Motivationen,

Interessen und Gefühlen. Ein differenzierter Blick auf Täter, Opfer und Zuschauer ist nötig.

5. Der Unterricht muß den Schülern Möglichkeiten bieten, sich fragend und forschend der Geschichte sowie den Auswirkungen und Folgen selbst zu nähern.

6. Nötig sind auch Projekte, die kritisch untersuchen, wie heute mit dieser Geschichte umgegangen wird (bei öffentlichen Gedenkveranstaltungen, in Gedenkstätten, auf Gedenktafeln, wenn z.B. die Opfer nur als anonyme Gruppe erwähnt werden, das Passiv benutzt wird, wenn Täter benannt werden müßten, wie etwa »Im Gedenken an die Juden, die von hier deportiert wurden«).

Die Erfahrungen zeigen, daß an Schulen, in denen die Auseinandersetzung mit dem Nationalsozialismus eher selbstverständlich zum festen Teil der Schulkultur geworden ist (z.B. durch eine Namensgebung wie »Geschwister-Scholl-« oder »Anne-Frank-Schule«) und eine daran anknüpfende Tradition des Erinnerns gepflegt wird, das Interesse und Engagement der Schüler, sich mit solchen Themen zu befassen, in der Regel größer ist als an anderen Schulen. Solche Formen des Gedenkens, der Erinnerung (z.B. an Jahrestagen oder bei Projektwochen) dürfen allerdings nicht in einer ritualisierten Rückbesinnung stecken bleiben. Vielmehr müßten sie Anlaß sein, um die Bezüge zwischen der nationalsozialistischen Vergangenheit und der Gegenwart aufzudecken.

Bei einer Spurensuche, die den Alltag, die »Normalität« im Nationalsozialismus erforscht, stellen sich neue Fragen. »Die große Chance der Spurensuche vor Ort liegt darin, daß über die räumliche Nähe zum Geschehen die zeitliche Distanz relativiert wird. Wenn den Schülern deutlich wird, daß es ›Menschen wie Du und ich‹ waren, die zu Tätern, Opfern oder Zuschauern wurden, und daß die Geschichte sich vor ihrer Haustür abspielte, fällt es ihnen meist leichter, das Geschehene zu sich in Beziehung zu setzen.«[52] Ausgangspunkt sind nicht die Massenmorde, nicht das Extrem der Verbrechen, für das Auschwitz zum Symbol geworden ist, sondern die Bedingungen, die es ermöglichten. Das in den USA entwickelte Programm »*Facing History and Ourselves*« (FHAO), das inzwischen auch in einigen west- und osteuropäischen Ländern praktiziert wird, bietet dazu einige didaktisch-methodische Anregungen.[53] Eine solche Spurensuche darf allerdings nicht in der Beleuchtung des Alltäglichen, Kleinräumigen stecken bleiben. Vielmehr geht es um eine Konkretisierung, damit für Jugendliche die einzelnen Schritte, die Verantwortlichen, die Beteiligten, die Profiteure, die Zuschauer erkennbar werden. Dies kann manchmal auch bedeuten, daß plötzlich klar wird, daß der eigene Großvater von »arisiertem« jüdischem Eigentum profitierte oder als Beamter einer Meldebehörde für die Erfassung der jüdischen Bewohner zuständig war. In solchen Fällen muß deutlich werden, daß es nicht um die Übertragung der Schuld auf die Enkelgeneration geht, sondern um die vielen »weißen Flecken«, die es bis heute in der Auseinandersetzung mit dem Nationalsozialismus gibt.

Die heutigen Jugendlichen gehören zu der letzten Generation, die noch *Gespräche mit Zeitzeugen* führen können. Diskussionen mit überlebenden Opfern sind für viele Schüler eher selten, aber dort, wo sie im Rahmen des schulischen Unterrichts ermöglicht werden, eröffnen sich den Jugendlichen ganz andere Perspektiven: Sie können nicht nur viele persönliche Fragen bezüglich der damaligen Ereignisse stellen, sondern erfahren auch, wie die Überlebenden die Leugnung der Massenmorde wahrnehmen. Für die überlebenden Opfer bedeutet die Leugnung, die Verdrängung oder Verharmlosung der Verbrechen angesichts ihres eigenen unermeßlichen Leids oder des Verlusts von Familienangehörigen die Fortsetzung der Verletzungen.

Auch *Jugendbücher*, die sich mit der Zeit des Nationalsozialismus, den Auswirkungen und Folgen auseinandersetzen, die zum großen Teil Zeugnisse von Überlebenden sind, können den schulischen Unterricht um persönliche Erfahrungen ergänzen. Die Wanderausstellung »Jugendbücher über Nationalsozialismus und Neonazismus«, die an der »Arbeitsstelle Neonazismus der FH Düsseldorf« zusammengestellt wurde[54], bietet dazu zahlreiche Anregungen für Schüler ab Klasse 7. Die Bücher zum Nationalsozialismus beschreiben nicht nur historische Daten und Fakten, sondern auch die Schicksale einzelner Menschen. Viele dieser Bücher ermöglichen zudem den Diskurs über den Nationalsozialismus auf der imaginären Ebene der Bilder und Gefühle[55] und lassen so die Mechanismen der Faszination von damals ahnen. Schilderungen aus der Alltagsgeschichte des Nationalsozialismus rücken das ins Bewußtsein, was für alle sichtbar war, wie die Überreste einer zerstörten Synagoge, eines Lagers für Zwangsarbeiter oder Photos mit alten Nazigrößen aus der Lokalpresse. Vielen überlebenden Opfern war es erst nach vierzig Jahren möglich, selbst ihre schrecklichen Erlebnisse, aber auch ihre Hoffnungen an die junge Generation weiterzugeben. In den letzten Jahren sind wichtige Bücher über das Fortwirken und die Folgen der nationalsozialistischen Verbrechen erschienen, sie entstanden aus Gesprächen mit Söhnen und Töchtern der Überlebenden, mit Kindern von Menschen, die deportiert und ermordet wurden sowie mit Nachkommen aus Nazifamilien. Angesichts der Leugnung der millionenfachen Morde an den Juden sind vor allem die autobiographischen Berichte der Überlebenden, aber auch Tagebuchaufzeichnungen von Kindern oder Jugendlichen wie Anne Frank, Dawid Rubinowicz oder Dawid Sierakowiak[56] für junge Menschen wichtige und authentische Zeugnisse der damaligen Verbrechen. Auch die Erinnerungen von Miep Gies[57], in denen sie beschreibt, wie sie Familie Frank in ihrem Versteck versorgte, oder auch die Zeitzeugenberichte von Frauen, die Anne Frank und ihre Schwester in Bergen-Belsen erlebten[58], bieten hilfreiche Argumente, um die Behauptung zu widerlegen, das »Tagebuch der Anne Frank« sei eine Fälschung.

Eine Debatte über neonazistische Propaganda im Internet, insbesondere die Leugnung der Massenmorde, (die allerdings gut vorbereitet sein muß), eröffnet älteren Schülern die Chance, sich mit den Argumenten und Strategien der »Revisionisten« und Leugner, aber vor allem mit möglichen Gegenstrategien auseinanderzusetzen. Da es in der internationalen Netzgemeinde selbst inzwischen großen Widerstand gegen die ungehemmte Verbreitung antisemitischen Gedankengutes gibt und nicht überall der Ruf nach Verboten oder Zensur so laut ist wie in der Bundesrepublik, finden Schüler mit ausreichenden Englischkenntnissen im Netz selbst auch genügend Argumentationshilfen, um die Lügen zu widerlegen. Die Gruppe »Nizkor« (»wir werden uns erinnern«) in den USA[59] lehnt z.B. grundsätzlich jede Form von Zensur im Netz ab und plädiert stattdessen für eine offensive Auseinanderstzung mit der Argumentation der Auschwitz-Leugner. »Nizkor« bietet allen Netz-Usern, also auch den Neonazis ein Forum zur Diskussion. Wer sich im Internet unter http://nizkor.almanac.bc.ca/ einlockt, erhält zahlreiche Informationen und Dokumente, mit denen die Lüge, es habe keine Massenmorde gegeben, widerlegt werden kann. Nicht selten entblößen »Revisionisten« und Leugner bei einer offensiven Konfrontation mit Gegenargumenten ihr wahres Gesicht: Die pseudowissenschaftliche Argumentation kippt um in offenen und aggressiven Antisemitismus und Rassismus, ihre wirklichen Ziele werden erkennbar.

Die intensive Beschäftigung mit den Argumenten der »Auschwitz-Leugner« birgt allerdings auch Gefahren in sich. Eine sehr detaillierte Einlassung auf deren Argumente, angeblichen »Beweise« oder »Gutachten« kann dazu führen, daß die Verbrechen nur noch technokratisch analysiert werden (z.B. wie der Tötungsprozeß ablief), der Massenmord selbst und vor allem die Hintergründe und die Bedingungen, die ihn erst ermöglichten, aus den Augen verlorengehen. Eine Folge davon könnte sein, daß auch keine Fragen mehr zu den Kontinuitäten dieser Bedingungen in der Gegenwart gestellt werden und damit ihre Fortführung erst recht ermöglicht werden. Eine Fixierung auf die Argumente derjenigen, die den millionenfachen Mord an den Juden leugnen, führt allzu leicht zu einer bedingungslosen Akzeptanz der Strategie der Leugner, ihre Argumentation bestimmt die Auseinandersetzung mit dem Nationalsozialismus. Historisch-politische Bildung sollte deshalb vielmehr einen Beitrag dazu leisten, »damit etwas von dem entsteht, was Adorno die ›einzig wahrhaftige Kraft gegen das Prinzip Auschwitz‹ nennt: ›Autonomie und die Kraft zur Reflektion, zur Selbstbestimmung, zum Nicht-Mitmachen.‹«[60]

Anmerkungen

1 Die Zeit Nr. 34, 19. August 1994.

2 Den Begriff »Holocaust« benutze ich hier nur im Zusammenhang mit Zitaten; zur Problematik dieses Begriffs siehe: Annegret Ehmann, Über Sprache, Begriffe und Deutungen des nationalsozialistischen Massen- und Völkermords. Aspekte des Erinnerns, in: Ehmann/Kaiser/Lutz u.a. (Hg.), Praxis der Gedenkstättenpädagogik. Erfahrungen und Perspektiven, 1995, S. 75–100.

3 Theodor W. Adorno, Erziehung nach Auschwitz, in: ders., Erziehung zur Mündigkeit, 1969, S.90.

4 Siehe dazu: Markus Tiedemann, »In Auschwitz wurde niemand vergast. 60 rechtsradikale Lügen und wie man sie widerlegt«, Verlag an der Ruhr, Mülheim 1996 (i.E.), Wolfgang Benz (Hg.), Legenden, Lügen,Vorurteile. Ein Lexikon zur Zeitgeschichte, 1990.

5 Erfahrungsberichte über pädagogische Projekte in: Ehmann/Kaiser/Lutz u.a. (Hg.), Praxis der Gedenkstättenpädagogik, 1995, S. 102–272, das große Interesse an dem Film »Schindlers Liste« oder bei Gesprächen mit Zeitzeugen.

6 In: ›Die Zeit‹ Nr. 34, 19.8.1994.

7 Dieter Boßmann (Hg.), »Was ich über Adolf Hitler gehört habe...«, Frankfurt am Main 1977.

8 Thilo Castner, in: Das Parlament Nr. 9, 24. Februar 1995, S. 15.

9 Manfred Brusten/Bernd Winkelmann, Wie denken Studenten in ›West‹ und ›Ost‹ nach der Wiedervereinigung über den Holocaust? Erste empirische Ergebnisse zu den Auswirkungen unterschiedlicher ›politischer Sozialisation‹ und ›parteipolitscher Grundorientierung‹, in: Institut für Deutsche Geschichte an der Universität Tel Aviv (Hg.), Internationales Jahrbuch für Deutsche Geschichte, 1994.

10 Wolf Kaiser, Historische Erkenntnisse contra Rechtsextremismus? Zur politschen Funktion der Auseinandersetzung mit dem Nationalsozialismus, in: Ehmann/Kaiser/Lutz u.a. (Hg.), Praxis der Gedenkstättenpädagogik, 1995, S. 285.

11 Zygmunt Bauman, Dialektik der Ordnung. Die Moderne und der Holocaust, 1992, S. 8.

12 Ebenda, S.10.

13 Christopher R. Browning, Ganz normale Männer. Das Reserve-Polizeibataillon 101 und die »Endlösung« in Polen, 1993, S. 212.

14 Leo Kuper, Genocide: It's Political Use in the Twentieth Century, 1981, S.121, zitiert nach Zygmunt Bauman, Dialektik der Ordnung, 1992, S. 28.

15 Theodor W. Adorno, Erziehung nach Auschwitz, in: Erziehung zur Mündigkeit, 8. Aufl. 1982, S. 104.

16 Elke Rottgardt, Das Gespenst lebt noch... Einbettung des Rechtsextremismus in Deutschland, in: Wissenschaft und Frieden, Informationsdienst 1/93, S. 54–58 (55).

17 Matthias Heyl, Erziehung nach Auschwitz und ›Holocaust Education‹ – Überlegungen, Konzepte und Vorschläge, in: Ido Abram/Matthias Heyl, Thema Holocaust. Ein Buch für die Schule, 1996, S. 61–165 (81).

18 Bernd Winkelmann, Einstellung heutiger Jugendlicher zum Holocaust. Zum historischen Bewußtsein 16–21Jähriger, in: Bar-On/Brusten (Hg.), Der Holocaust – Familiäre und gesellschaftliche Folgen – Aufarbeitung in Wissenschaft und Erziehung? Universität Wuppertal, 1988, S. 194–214.

19 Matthias Heyl (s. Anm. 17).

20 Ausführlich dazu Deborah E. Lipstadt, Betrifft: Leugnen des Holocaust, 1994, S. 51 ff.

21 Bela Ewald Althans, in: Michael Schmitt, Heute gehört uns die Straße. Der Inside-Report aus der Neonazi-Szene, 1993, S. 326.

22 Ernst Nolte, Vergangenheit, die nicht vergehen will, in: Frankfurter Allgemeine Zeitung, 6. Juni 1986, abgedruckt in: Piper Verlag (Hg.), Historikerstreit, 1987, S. 45.

23 Wilhelm Stäglich, Der Auschwitz-Mythos.Legende oder Wirklichkeit? Grabert Verlag, Tübingen 1979, S. 150.

24 Deborah Lipstadt, a.a.O., S. 260.

25 Ebenda, S. 260.

26 Ebenda, S. 260.

27 Ergebnisse einer Emnid-Umfrage, in: Juden und Deutsche, SPIEGEL-SPEZIAL Nr. 2, August 1992, S. 68.

28 Die »Erinnerungs-Konjunkturen«, die »Pflichtübung Gedenken« und das reflexartige Reagieren auf rechtsextremistische Vorfälle mit Unterrichtseinheiten über den Nationalsozialismus werden problematisiert in: Ido Abram/Matthias Heyl, Thema Holocaust. Ein Buch für die Schule, 1996, S. 102–114.

29 Europäische Gemeinschaften, Bericht über die Untersuchungsergebnisse des Ausschusses »Rassismus und Ausländerfeindlichkeit« vom 23. Juli 1990, DocDE/RR/93062, S. 152–167.

30 Ministerium für Schule und Weiterbildung NRW, Richtlinien und Lehrpläne, Geschichte, Realschule, Düsseldorf 1994, S. 62.

31 Konkrete Vorschläge und Materialien für den Unterricht siehe: Ido Abram/Matthias Heyl,

Thema Holocaust. Ein Buch für die Schule, 1996, S. 116 ff.

32 Falk Pingel, Jüdische Geschichte in deutschen Lehrbüchern, in: Geschichte lernen, Heft 34, 1993, S. 4–5.

33 Ebenda.

34 Raul Hilberg, Täter, Opfer, Zuschauer. Die Vernichtung der Juden 1933–1945, 1992.

35 Matthias Heyl, in: Ibo Abram/Matthias Heyl, Thema Holocaust. Ein Buch für die Schule, 1996, S. 96.

36 Ebenda, S. 97.

37 Der Band »Thema Holocaust. Ein Buch für die Schule« liefert dazu ausgezeichnete und sehr differenzierte Vorschläge mit konkreten Materialien, Quellen und Dokumenten für den Unterricht.

38 Matthias Heyl, Anstelle eines Nachworts. Von der dritten Generation gesprochen, in: Helmut Schreier/Matthias Heyl (Hg.), Das Echo des Holocaust. Pädagogische Aspekte des Erinnerns, 1992, S. 260.

39 Ebenda, S. 260.

40 Ebenda, S. 260.

41 Alexander Ruoff, Von der Auschwitz-Lüge zur Inflation des Holocaust, in: Ästhetik und Kommunikation, Sept. 1995, S. 38.

42 Ebenda, S. 39.

43 Mattias Heyl, Thema Holocaust, S. 109.

44 Ebda. S. 109.

45 Alex Demirovic/Gerhard Paul, Trend nach rechts? Zur politischen Orientierung der Studierenden an hessischen Hochschulen, in: Forschung Frankfurt, Wissenschaftsmagazin der Johann-Wolfgang-Goethe-Universität, Frankfurt/Main, 2/1996, S. 15.

46 Frankfurter Rundschau, 24. April 1996.

47 Anton Maegerle, »Revisionistische Hetze geht weiter«, in: Jüdische Rundschau, Nr. 37, 13.9.1991, S. 27.

48 Vgl. hierzu GEW Berlin (Hg.), Wider das Vergessen. Antifaschistische Erziehung in der Schule. Erfahrungen, Projekte, Anregungen, Frankfurt 1981, Ehmann, Kaiser, Lutz u. a. (Hg.) Praxis der Gedenkstättenpädagogik, 1995, S. 102 ff

49 Michael Zimmermann, Die Gefahr, den Nationalsozialismus aus dem Kontext der Zeit herauszulösen, in: Ideen-Redaktion (Hg.), Wer sich des Vergangenen nicht erinnert, 1993, S. 41.

50 Ernst Klee, »Euthanasie« im NS-Staat. Die Vernichtung »lebensunwerten Lebens«, 1993.

51 Ebenda, S. 13.

52 Matthias Heyl, in: Abram/Heyl, Thema Holocaust, 1996, S. 153.

53 Siehe hierzu ausführlicher in: Deutsche Vereinigung für politische Bildung e.V. (Hg.), Politisches Lernen, Heft 1.2, Oktober 1994, S. 108 ff.: Stephen Black, Facing History and Ourselves (FHAO): Ein internationales Erziehungs- und Bildungsprogramm aus den USA, S. 108–112, Kuno Rinke, Erziehung gegen Gewalt in den USA – zugleich ein Lehrgangsbericht über »Facing History and Ourselves. Holocaust and Human Behaviour«, S. 137–145.

54 Die Sammlung enthält inzwischen 155 Bücher, die mit Altersempfehlungen in einem Katalog aufgeführt und kommentiert sind. Anfragen für die Wanderausstellung und den Katalog: Arbeitsstelle Neonazismus, FH Düsseldorf, FB 6, Universitätsstr. 1, 40225 Düsseldorf.

55 Saul Friedländer, Kitsch und Tod. Der Widerschein des Nazismus, München 1986, S. 11 ff.

56 Anne Frank, Tagebuch, Frankfurt a. M., Neuaufl. 1992, Das Tagebuch des Dawid Rubinowicz, Weinheim 1988, Das Tagebuch des Dawid Sierakowiak, Leipzig 1993; diese Tagebücher sind im Katalog der Wanderausstellung rezensiert.

57 Miep Gies, Meine Zeit mit Anne Frank, München 1992.

58 Willy Lindwer, Anne Frank. Die letzten sieben Monate. Augenzeuginnen berichten, Frankfurt a. M., 1990.

59 Yves Eudes, Internet, alerte aux néonazis, in: Le Monde, 11.2.1996.

60 Theodor W. Adorno, in: Stichworte. Kritische Modelle 2, Frankfurt am Main 1969, S. 85 ff.

Anhang

»Revisionistische« Autoren und ihre Publikationen

Zusammengestellt von Wilhelm Lasek[1]

Die nachfolgende Aufzählung »revisionistischer« Autoren erhebt keinen Anspruch auf Vollständigkeit. Es wurden jene »Revisionisten« aufgenommen, die von neonazistischen und rechtsextremen Gruppen häufig zitiert werden.

Althans, Bela Ewald (geb. 1966)

Ehemaliges Mitglied der »Freiheitlichen Deutschen Arbeiterpartei« (FAP)

Ehemaliger Vorsitzender der »Bismark-Jugend«

Kontaktmann von Ernst Zündel in der BRD

Chef des 1986 gegründeten »Deutschen Jugendbildungswerkes« (DJBW)

Organisator des »Amtes für Volksaufklärung und Öffentlichkeitsarbeit« (AVÖ) bzw. der »Althans Vertriebswege und Öffentlichkeitsarbeit«

Planung und Durchführung bundesweiter Vortragsveranstaltungen mit führenden »Revisionisten«

1989 – Kontakte zur spanischen »Circulo espanol de amigos de Europa« (CEDADE)

1990 – Organisator einer Vortragsveranstaltung mit dem französischen »Revisionisten« Robert Faurisson in München

Mitorganisator einer mit David Irving unter dem Motte »Wahrheit macht frei« durchgeführten Veranstaltung im Münchner Löwenbräukeller

1991 – Organisator eines »Internationalen Revisionistenkongresses« am 23. März in München, der nach dem Verbot durch die Behörden in eine Protestkundgebung umfunktioniert wird. Teilnehmer sind u. a. David Irving, Fred Leuchter, Udo Walendy, Wilhelm Stäglich und Robert Faurisson

Teilnehmer und Redner beim Begräbnis von Rainer Sonntag

Planung einer unter dem Motto »Schluß mit der Holocaust-Propaganda – Wahrheit für Deutschland« stehenden »Mahnwache« am Rande des Oktoberfestes, die durch die Münchner Behörden verboten wird

Redner bei einer von der »Nationalen Liste« (NL) des Christian Worch mitorganisierten Veranstaltung in Halle

Mitinitiator der »Deutschen Allianz – Arbeitsgemeinschaft Vereinigte Rechte«

1992 – Durchführung einer gemeinsamen Veranstaltung mit der »Deutschen Alternative« (DA)

Schließung seines Büros »Amt für Volksaufklärung und Öffentlichkeitsarbeit« (AVÖ) in München

Mitorganisator des »Rudolf-Heß-Gedenkmarsches« in Rudolstadt

1993 – Aktivist des »Freundeskreis Ernst Zündel«

Freispruch durch das Amtsgericht München vom Vorwurf der »Auschwitz-Lüge«

Hauptfigur in dem Film »Beruf Neonazi«

1994 – Kandidat für die »Nationaldemokratischen Partei Deutschlands« (NPD) bei der Münchner Stadtratswahl

Verurteilung durch das Landgericht München wegen Volksverhetzung, Verunglimpfung des Andenkens Verstorbener und Verwenden von Kennzeichen verfassungswidriger Organisationen

1995 – Verurteilung durch das Landgericht Berlin wegen Verunglimpfung des Andenkens Verstorbener in Tateinheit mit Volksverhetzung und Beleidigung

App, Austin J. (1902–1984)

Vor 1945:

1934–42 – Englischprofessor an der University of Scranton

1942 – Kurze Zeit beim US-Militär, danach Professor für englische Literatur des Mittelalters am La Salle College (USA)

1942–45 – Briefe an Zeitungen und Politiker mit Angriffen auf die US-Intervention im Zweiten Weltkrieg bzw. Verharmlosung des Angriffskrieges und der Politik des NS-Regimes

Nach 1945:

1945 – Führer der »Federation of American Citizens of German Descent«

1949 – Briefe an das »Time Magazin«, in denen er den Holocaust anzweifelt

1965 – Veröffentlichungen zur Totalleugnung des Holocaust
1973 – Acht Thesen unter dem Titel »The Six Million Swindle: Blackmailing the German People for Hard Marks with Fabricated Corpses«, auf denen die Holocaust-Leugnung im wesentlichen bis heute beruht und die das »Institute for Historical Review« bei seiner Gründung als zentrale Prinzipien nannte
1979 – Referent bei der 1. »Revisionisten«-Tagung des »Institute for Historical Review«
Publikationen: Ravishing the Women of Conquered Europa, 1946; History's Most Terrifying Peace, 1947; Morgenthau Era Letters, 1966; The Six Million Swindle, Boniface Press 1974; A Straight Look at the Third Reich, 1974; Power and Propaganda, 1978; The Sudeten-German Tragedy, 1979; No Times for Silence. Pleads for a Just Peace over Four Decades; Autobiography, German-American Voice for Truth

Aretz, Emil
Publikation: Hexen-Einmal-Eins einer Lüge, Verlag Hohe Warte – Franz von Bebenburg, 5. Aufl. Pähl/Obb. 1984

Ball, John Clive
Geologe
1994 – Beitrag in Zündels Rundbrief »Germania«, in dem er dazu auffordert, den Film »Schindlers Liste« wegen Volksverhetzung zu verbieten Referent bei der 12. »Revisionisten«-Tagung des »Institute for Historical Review«
Publikation: Der Ball-Bericht. Auschwitz: Entschlüsselt und erklärt! Konzentrationslager gezeichnet nach alliierten und deutschen Luftaufnahmen, Kanada-USA 1994

Bardeche, Maurice (geb. 1907)
Vor 1945:
1944 – Nach der Befreiung Frankreichs für mehrere Monate inhaftiert
Nach 1945:
1948 – Teilnahme an einem internationalen Nazitreffen in Malmö
1952 – Gründung der Zeitschrift »Defense de l'Occident«, in der Artikel von Paul Rassinier, Robert Faurisson, Heinz Roth, Richard

Harwood etc. veröffentlicht werden

Seit 1975 – Teilnahme an Tagungen von »Parti National Français« (PNF) und »Groupement de Recherche et d'Etude pour la Civilisation Européenne« (GRECE)

Publikationen: Lettre à François Mauriac, 1947; Nuremberg ou la Terre Promise, 1948; What is Fascism?, 1961

Barnes, Harry Elmer (1889–1968)

Verfasser zahlreicher Bücher zur westlichen Zivilisationsgeschichte, Lehrer an mehreren US-Universitäten

Vor 1945:

Nach 1918 – Beteiligt an geschichtsrevisionistischen Tendenzen in den USA, die die offizielle US-Historiographie zum Ersten Weltkrieg kritisierten; beschuldigt schon vor 1945 die Alliierten, den Zweiten Weltkrieg ausgelöst zu haben

Nach 1945:

Herausgeber mehrerer Publikationen, in denen er die deutsche Kriegsschuld bestreitet und die Greueltaten des NS-Regimes zu relativieren versucht

1955 – Unterstützt die Veröffentlichung des Buches des US-»Revisionisten« David L. Hoggan »Der erzwungene Krieg«

1966/67 – Verfasser der Artikel »Revisionism: A Key to Peace« und »The Public Stake in Revisionism« mit neuerlicher Verharmlosung der NS-Verbrechen

Publikationen: The Genesis of the World War. An Introduction to the Problem of War Guilt, 1926; In Quest of Truth and Justice. Debunking the War Guilty Myth, 1928; World Politics in Modern Civilisation. The Contributions of Nationalism, Capitalism and Militarism to Human Culture and International Anarchy, 1930; The Struggle Against Historical Blackout, 1947; Was Roosevelt Pushed Into War by Popular Demand in 1941?, 1952; Blasting of the Historical Blackout. Professor A.J.P. Taylor's »The Origins of the Second World War«. It's Nature, Reliability, Shortcomings and Implications, 1962; Revisionism and Brainwashing, 1963; Learned Crusader; Pearl Harbor after a Quarter of Century, 1968

Bohlinger, Roland (geb. ca. 1937)

Eigentümer des »Verlags für ganzheitliche Forschung und Kultur«

Inhaber der »Versandbuchhandlung Bohlinger«
Vorsitzender des »Deutschen Rechts- und Lebensschutz-Verbandes« (DRLV)
Sympathisant des »Bundes für Gotterkenntnis« (BfG)
Mitbegründer eines »Instituts für biologische Sicherheit«
Herausgeber der Buchreihe »Genozid«
1988 – Einladung zu einer »Frühjahrstagung« nach Dorfmark bei Hannover (Motto: »Strategien für eine kulturelle Evolution«)
1990 – Ankündigung eines sogenannten »volkspädagogischen Feldzugs« zur »Rückgewinnung der Ostgebiete und des Sudetenlandes«
1991 – Planung eines Treffens des »Forums für deutsche Selbstbestimmung«
1991–1993 – Herausgeber der Zeitschrift »Nation«
1993 – Vorgesehen als Referent für die von Thies Christophersen geplanten »Nordischen Dichtertage« (sie wurden aufgrund öffentlicher Proteste nicht durchgeführt)
1994 – Übernahme des »Askania-Verlags« von Herbert Taege
1995 – Leiter eines »Instituts für ganzheitliche Forschung«
Planung einer neuen Publikation mit dem Titel »Rechtsstaat«
Publikation: Die Volksschöpfung oder Ziel, Weg, Mittel und Planung einer völkisch-freiheitlichen Entwicklung Teil I-III, Verlag für ganzheitliche Forschung, Wobbenbüll/Husum 1976;
Rassimsus in Israel; Pädagogik im Dienste geistiger Diktatur

Burg, J. G. (1908–1990)

Ehemaliges Mitglied der Israelitischen Kultusgemeinde München (ausgeschlossen)
1979 – Beschlagnahme des Buches »Majdanek in alle Ewigkeit?« auf Anordnung des Amtsgerichtes München, Einleitung eines Ermittlungsverfahrens wegen Volksverhetzung
1988 – Zeuge für Ernst Zündel in Kanada
Publikationen: Majdanek in alle Ewigkeit?, Ederer Verlag, München 1979; Holocaust des schlechten Gewissens unter Hexagramm Regie, Ederer Verlag, München 1979; Zionnazi Zensur in der BRD, Ederer Verlag, München 1980; Ich klage an, Ederer Verlag, 2. Aufl. München 1982

Butz, Arthur R. (geb. 1934)

Mitarbeiter des »Editorial Advisory Committee« der Zeitschrift »Journal of Historical Review«

Absolvent des Massachusetts Institute of Technology, Abschlüsse auf dem Gebiet der Elektro- und Regeltechnik, außerordentlicher Professor für Elektrotechnik und Computerwissenschaft an der Nordwest-Universität in Evanston, Illinois

1977 – Reise nach Deutschland mit Unterstützung der »Deutschen Volksunion«, auszugsweise Veröffentlichung seines Buches »Der Jahrhundertbetrug« als Serie in der »Deutschen National-Zeitung«

1979 – Referent bei der 1. »Revisionisten«-Tagung des »Institute for Historical Review«

1982 – Referent bei der 4. »Revisionisten«-Tagung des »Institute for Historical Review«

1985 – Hauptredner bei einer Versammlung der Gruppe »Nation of Islam« in Chicago

1992 – Referent bei der 11. »Revisionisten«-Tagung des »Institute for Historical Review«

1996 – Installierung einer Homepage im Computernetzwerk Internet

Publikation: Der Jahrhundertbetrug, Historical Review Press, Richmond, Surrey, England 1976. Verantwortliche Gestaltung der deutschen Ausgabe: Udo Walendy, Zentralvertrieb für die deutsche Ausgabe: Verlag für Volkstum und Zeitgeschichtsforschung, Vlotho, BRD

Carto, Willis Allison (geb. 1926)

Ehemaliges Mitglied der »John Birch Society«, Mitbegründer der Gruppen »United Republicans for America«, »Youth for Wallace« (Unterstützung der Präsidentschaftskandidatur von George Wallace), »National Youth Alliance«

1957/58 – Gründung einer »Interessensgemeinschaft zur Rettung des Patriotismus«, aus der die antisemitische Organisation »Liberty Lobby« (Publikationen: »Liberty Letter«, »The Spotlight«) hervorgeht.

Gründung eines »Joint Council for Repatriation«, mit dessen Hilfe alle Schwarzen nach Afrika zurückgebracht werden sollten

1966 – Leiter der Zeitschrift »American Mercury«

1978 – Gründung des »Institute for Historical Review« (IHR)
1979 – Übergabe der Leitung der Zeitschrift »American Mercury«
an Ned Touchstone, Vorstandsmitglied der »Liberty Lobby«
seit 1979 – Durchführung der »Revisionisten«-Tagungen des IHR

Teilnehmer der 1. IHR-Konferenz 1979:
James J. Martin, Arthur R. Butz, Udo Walendy, Robert Faurisson,
Louis FitzGibbon, Austin J. App, John Bennett, Willis Carto, Devin
Garrity

Teilnehmer der 2. IHR-Konferenz 1980:
Robert Faurisson, Martin A. Larson, Keith Stimely, Ray Merriam,
James J. Martin, Ranjan Borra, Ditlieb Felderer, Mark Weber, Willis Carto, John Bennett, Samuel Konkin III

Teilnehmer der 3. IHR-Konferenz 1981:
James J. Martin, Serban Andronescu, Charles E. Weber, Willis A.
Carto, Percy L. Greaves, Samuel E. Konkin III, Issah Nakhleh,
Charles Lutton

Teilnehmer der 4. IHR-Konferenz 1982:
James J. Martin, Andreas Wesserle, Arthur R. Butz, Mark Weber,
Ditlieb Felderer, Martin A. Larson, Tyler Kent, Sami Hadawi, Leon
Degrelle

Teilnehmer der 5. IHR-Konferenz 1983:
James J. Martin, William B. Lindsey, Robert John, Friedrich P.
Berg, David Irving, Martin A. Larson, H. Keith Thompson, Robert
Faurisson, Wilhelm Stäglich, Noam Chomsky

Teilnehmer der 6. IHR-Konferenz 1985:
Mark Weber, Ingrid Weckert, Rev. David Baxter, Valentyn Moroz,
David L. Hoggan, W. A. Carto, Tom Marcellus, G. G. Baumen,
Karl Otto Braun, Walter N. Sanning, Ditlieb Felderer

Teilnehmer der 7. IHR-Konferenz 1986:
Mark Weber, Martin A. Larson, Alexander Ronnett, Bradley Smith,
Douglas H. Christie, Georg Franz-Willing, Sam Dickson, Ivor Benson, Donald Martin, Ivo Omrcanin, Ed Dieckmann Jr., Ted O'Keefe, Bradley Smith, Tom Marcellus, W. A.Carto

Teilnehmer der 8. IHR-Konferenz 1987:
Ted O'Keefe, Otto Ernst Remer, Alexander Berkis, Henri Roques,
R. Clarence Lang, Martin A. Larson, Robert Countess, Robert Faurisson, Karl Otto Braun, August Klapprott, Bradley Smith

Teilnehmer der 9. IHR-Konferenz 1989:

Tom Marcellus, Mark Weber, Ted O'Keefe, F. Rost van Tonningen, Anthony Kubek, Carlo Mattogno, Hideo Miki, Victor Marchetti, Fred Leuchter, David Irving, James Keegstra, Rev. Herman Otten, Robert Faurisson, Jerome Brentar

Teilnehmer der 10. IHR-Konferenz 1990:
Robert Faurisson, David Irving, Ivor Benson, Joseph Halow, John Toland, Fred Leuchter, Mark Weber, Albert Kawachi, Doug Collins, Dr. Robert Countess, Bradley Smith, Tom Marcellus, Ernst Zündel, Ted O'Keefe

Teilnehmer der 11. IHR-Konferenz 1992:
Tom Marcellus, Mark Weber, James J. Martin, Willis Carto, Ernst Zündel, Fred Leuchter, Kirk Lyons, Ted O'Keefe, Bradley Smith, David Cole, Jerome Brentar, Ahmed Rami, Wolf Rüdiger Heß, Arthur Butz, Robert Faurisson, David Irving

Teilnehmer der 12. IHR-Konferenz 1994:
David Irving, Ernst Zündel, Robert Faurisson, Carlo Mattogno, Jürgen Graf, John Ball, Ted O'Keefe, Greg Raven, Mark Weber, Tom Marcellus, David Cole, Bradley Smith, Robert Countess

seit 1980 – Herausgabe des »Journal of Historical Review«, enge Zusammenarbeit mit der ebenfalls auf das Verlegen von »revisionistischer« Literatur spezialisierten »Noontide Press«

Laut »Journal of Historical Review« 4/1994 sind mit der Herausgabe dieser Zeitschrift folgende Personen betraut: Editor: Mark Weber; Associate Editor: Greg Raven; Review Editor: Theodore J. O'Keefe, Editorial Advisory Committee: George Ashley (USA), Enrique Aynat (Spanien), Philip Barker (USA), John Bennett (Australien), Friedrich P. Berg (USA), Alexander V. Berkis (USA), W. Bevcraggi-Allende (Argentinien), Arthur R. Butz (USA), Boyd Cathey (USA), Robert H. Countess (USA), Albert J. Eckstein, Robert Faurisson (Frankreich), Georg Franz-Willing (BRD), Verne E. Fuerst (USA), Samuel Edward Konkin III (USA), R. Clarence Lang (USA), James Martin (USA), Carlo Mattogno (Italien), Hideo Miki (Japan), Revilo P. Oliver (USA), Henri Roques (Frankreich), Wilhelm Stäglich (BRD), Udo Walendy (BRD), Charles E. Weber (USA).

Der bis Juni 1994 im Editorial Advisory Committee genannte Andreas R. Wesserle ist auch für die österreichische rechtsextreme Zeitschrift »Aula« als Autor tätig.

1994 – Als Interviewpartner für das »Journal of Historical Review«
fungieren u. a. der Schweizer Armin Mohler (Verfasser des »revisionistischen« Buches »Der Nasenring«), der Historiker Ernst Nolte
und der französische Vordenker der »Neuen Rechten«, Alain de Benoist
Installierung einer Homepage im Computernetzwerk Internet
Publikationen: Journal of Historical Review, IHR-Newsletter
Verkauf von »revisionistischer« Literatur

Christophersen, Thies (geb.1918)

Vor 1945:
SS-Sonderführer in der Pflanzenschutzanstalt in Rajsko, nahe dem
KZ Auschwitz[2]
Nach 1945:
1968 – Landesgeschäftsführer der »Notgemeinschaft Deutscher
Bauern«
1969 – Herausgeber der Zeitschrift »Die Bauernschaft. Für Recht
und Gerechtigkeit«
1971 – Herausgeber der Schriftenreihe »Kritik – Die Stimme des
Volkes« und Gründer der »Bürger- und Bauerninitiative«/BBI
1972 – Inhaber des Kritik-Verlags und Herausgeber der ersten Ausgabe von Manfred Roeders Schrift »Deutsche Bürgerinitiative«
unter dem Titel »Unser Kampf gegen eine widernatürliche Justiz«
1973 – Ermittlungsverfahren der Staatsanwaltschaft Flensburg
wegen übler Nachrede und Verleumdung aufgrund seines Buches
»Ist Rassebewußtsein verwerflich?«
1974 – Vorträge in Berlin und Hamburg, fordert die Aufhebung des
Verbotes der NSDAP
1976 – Verurteilung durch die 1. Große Strafkammer des Landgerichts Flensburg wegen Verbreitung von NS-Propaganda
1977 – Aufhebung eines Freispruchs des Landgerichts Flensburg
durch den Bundesgerichtshof in Karlsruhe
1978 – Verurteilung durch die 2. Große Strafkammer des Landgerichts Flensburg u. a. wegen Volksverhetzung und Verunglimpfung
des Staates
1979 – Verurteilung durch das Landgericht Flensburg wegen Verbreitung verfassungswidriger Symbole
Vertrieb des Buches »Die Auschwitz-Lüge« über den Schweizer

Verlag »Courrier du Continent« des Generalsekretär der ENO, Gaston Armand Amaudruz

1981 – Verurteilung durch das Landgericht Flensburg, Flucht nach Belgien

1983 – Vorbereitung einer Veranstaltung der »Europäischen Neu-Ordnung« (ENO) in Hagenau/Elsaß

Festnahme an der deutsch-belgischen Grenze

1984 – Neuerliche Verurteilung wegen Verunglimpfung des Staates und des Andenkens Verstorbener

1986 – Übersiedlung nach Dänemark, führt von dort seine Versandbuchhandlung »Nordwind« weiter

1987 – Verlegung des Kritik-Verlags nach Lausanne/Schweiz. Herausgabe seiner Publikation »Die Bauernschaft« durch den Nordland Forlag des dänischen Neonaziführers Poul Rijs Knudsen

1988 – Zeuge für Ernst Zündel in Kanada

Rücktritt als Vorsitzender der BBI

1989 – Redner bei einer vom »Komitee zur Vorbereitung der Feierlichkeiten zum 100. Geburtstag Adolf Hitlers« (KAH) organisierten Veranstaltung in Madrid

1990 – Auflösung der BBI

1992 – Teilnahme an einem von der »Circulo Espanol de Amigos de Europa«/CEDADE (»Spanischer Kreis der Freunde Europas«) in Madrid organisierten »Revisionisten«-Treffen

Durchführung einer Vortragsveranstaltung in Antwerpen unter Teilnahme von Ernst Zündel, David Irving und Pedro Varela Geiss

1993 – Planung der »Nordischen Dichtertage«[3]

1994 – Beschlagnahme der »Bauernschaft« durch die bundesdeutschen Behörden

Ernst Zündel wird Herausgeber der Publikation »Die Bauernschaft«

1995 – Zwischenzeitliche Übersiedlung von Dänemark in die Schweiz

1996 – Ausweisung aus der Schweiz

Publikation: Die Auschwitz-Lüge, Kritik-Verlag, Mohrkirchen 1973

Cole, David

Gibt sich als orthodoxer Jude aus

1992 – Referent bei der 11. »Revisionisten«-Tagung des »Institute

for Historical Review«
Produziert in Zusammenarbeit mit dem »Institute for Historical Review« das Video »David Cole interviews Dr. Franciszek Piper«: »Filmed on location at Auschwitz, this Video destroys the mythical ›gas-chamber‹ exhibited to millions of tourists at the main Auschwitz camp [...]«, Institute for Historical Review, Catalog Update, May 1993, S.6 (Dr. Franciszek Piper ist der Direktor des Auschwitz-Museums)
1994 – Referent bei der 12. »Revisionisten«-Tagung des »Institute for Historical Review«

Deckert, Günter (geb. 1940)

Inhaber der Agentur »Germania-Reisen«
Autor in den Zeitschriften »Nation und Europa«, »Deutsche Monatshefte« und »Unabhängige Nachrichten«
1966 – Eintritt in die »Nationaldemokratische Partei Deutschlands« (NPD)
1969 – Gründungsmitglied der »Jungen Nationaldemokraten« (JN)
Kandidat auf der NDP-Liste für den Bundestag
1972–1975 – Landesvorsitzender der baden-württembergischen »Jungen Nationaldemokraten« (JN)
1973–1975 – Bundesvorsitzender der JN
1972 – Mitglied des Bundesvorstandes der NPD
1975–1977 – Stellvertretender Parteivorsitzender der NPD
NPD-Kandidat bei den baden-württembergischen Kommunalwahlen. Wahl in den Weinheimer Gemeinderat
1979 – Verliert gegen Martin Mußgnug eine Kampfabstimmung um das Amt des NPD-Parteivorsitzenden
1980 – NPD-Kandidat bei den baden-württembergischen Kommunalwahlen. Wahl in den Weinheimer Gemeinderat
1981–1991 – Organisator des »Kurpfälzer Treffens«
1981 – Verfasser der Broschüre »Ausländer Stop – Handbuch gegen Überfremdung«
Referent bei mehreren Veranstaltungen der »Gesellschaft für Freie Publizistik« (GFP)
Erstunterzeichner der »Bürgeraktion Ausländerstop«
1982 – Austritt aus der NPD
1983 – Referent bei der 7. Gästewoche des »Deutschen Kulturwerks

europäischen Geistes«

1984 – Gründung einer »Deutschen Liste«, mit der er bei den Kommunalwahlen in das Weinheimer Stadtparlament einzieht

1986/87 – Gründung der rechtsextremen Partei »Die Deutschen«

1987 – Verfasser der Broschüre »Die Asylantenfrage gestern und heute«

Referent bei der 22. Politischen Akademie der rechtsextremen »Arbeitsgemeinschaft für demokratische Politik« (AFP) in Grein an der Donau/Österreich

1988 – Entlassung aus dem Schuldienst aufgrund einer Entscheidung des Verwaltungsgerichtshofes Baden-Württemberg

Austritt aus der Partei »Die Deutschen«

1989 – Redner beim Jahreskongreß der GFP in Planegg bei München

Referent bei der 13. Gästewoche des »Deutschen Kulturwerks europäischen Geistes«

1991 – Eintritt in die NPD

Übermittlung einer Grußbotschaft an die Wiking Jugend anläßlich ihres Bundesthings

Verbot einer von Deckert am 1. September in Weinheim geplanten Veranstaltung. Als Redner waren u.a. die bekannten »Revisionisten« Udo Walendy und Henri Roques vorgesehen.

Durchführung einer Veranstaltung mit Fred Leuchter am 10. November in Weinheim

1991–1995 – Bundesvorsitzender der NPD

1992 – Verurteilung durch das Landgericht Mannheim wegen Volksverhetzung, übler Nachrede, Verunglimpfung des Andenkens Verstorbener und Aufstachelung zum Rassenhaß

1993 – Unterbreitet der »Deutschen Volksunion« (DVU) und den »Republikanern« (REP) einen Vorschlag für ein Wahlbündnis

Treffen mit Vertretern der »Deutschen Alternative« (DA)

Verurteilung durch das Amtsgericht Weinheim wegen Beleidigung (Deckert bezeichnete die Abteilung Staatsschutz der Heidelberger Polizei als »Stasi«)

1994 – Verurteilung durch das Landgericht Mannheim wegen Volksverhetzung und Aufstachelung zum Rassenhaß

NPD-Kandidat bei den baden-württembergischen Kommunalwahlen. Erringung eines Sitzes im Stadtrat von Weinheim/Rhein-

Neckarkreis

Redner bei dem »Jubiläumskongreß der Jungen Nationaldemokraten anläßlich ihres 25jährigen Bestehens«

NPD-Kandidat für die Wahlen zum Europäischen Parlament

Schriftleiter der NPD-Publikation »Deutsche Stimme«

1995 – Durchführung einer Veranstaltung mit Udo Walendy in Weinheim

Verurteilung durch das Amtsgericht Mannheim wegen Beleidigung, Verleumdung und falscher Verdächtigung von Behörden und Polizeibeamten

Aufhebung des Mannheimer Urteils von 1994 durch den Bundesgerichtshof in Karlsruhe

Verurteilung durch das Landgericht Karlsruhe wegen Volksverhetzung und Aufstachelung zum Rassenhaß

Teilnahme an der »Ijzerbedevaart« in Diksmuide/Belgien[4]

Verurteilung durch das Amtsgericht Weinheim wegen Beleidigung des Vorsitzenden des Zentralrates der Juden in Deutschland, Ignatz Bubis

Bestätigung des Karlsruher Urteils durch den Bundesgerichtshof

Absetzung als Parteivorsitzender durch das Präsidium der NPD. Ein NPD-Schiedsgericht gibt der Beschwerde Deckerts gegen seine Absetzung statt und bestätigt ihn in seinen Parteiämtern

1996 – Abwahl als NPD-Bundesvorsitzender und Wahl zum stellvertretenden Bundesvorsitzenden durch einen außerordentlichen Bundesparteitag der NPD.

Verurteilung durch das Stuttgarter Amtsgericht wegen Volksverhetzung

Bestätigung des Weinheimer Urteils von 1993 durch die 10. Strafkammer des Landgerichts Mannheim

Evert, Hans Jürgen

1985–89 – Referent bei den »Gästewochen« des »Deutschen Kulturwerks europäischen Geistes«

1991 – Referent bei der »1. Hetendorfer Tagungswoche«[5]

1992 – Angekündigt als Referent für eine Veranstaltung des »Österreichischen Kulturwerks«

1993 – Referent bei der »3. Hetendorfer Tagungswoche«

Publikationen: Verschwiegene Zeit-Geschichte. Wende zur Wahrheit, Evert-Verlag, o. J.; Vor fünfundvierzig Jahren, Evert-Verlag, o. J.; In der Zeitenwende, Evert-Verlag, o. J.; Jenseits von Elbe und Oder, Evert-Verlag, o. J.

Faurisson, Robert (geb. 1929)

Ehemaliger Professor für Zeitgenössische Literatur an der Universität Lyon

Mitarbeiter des »Editorial Advisory Committee« der Zeitschrift »Journal of Historical Review«

1979 – Referent bei der 1. »Revisionisten«-Tagung des »Institute for Historical Review«

1980 – Bezeichnet im französischen Rundfunk den Holocaust als »Teil einer geschichtlichen Lüge«

Referent bei der 2. »Revisionisten«-Tagung des »Institute for Historical Review«

1983 – Verurteilung durch ein Pariser Gericht (»Seine Behauptungen haben keinerlei wissenschaftlichen Charakter, sondern ausschließlich polemischen. Sie haben das Gebiet einer wissenschaftlichen Untersuchung verlassen.«)

Referent bei der 5. »Revisionisten«-Tagung des »Institute for Historical Review«

1987 – Referent bei der 8. »Revisionisten«-Tagung des »Institute for Historical Review«

1988 – Zeuge für Ernst Zündel in Kanada

1989 – Referent bei der 9. »Revisionisten«-Tagung des »Institute for Historical Review«

1990 – Zurückweisung seiner Klage gegen Georges Wellers und das jüdische Dokumentationszentrum für Zeitgeschichte durch ein Pariser Gericht

Referent bei der 10. »Revisionisten«-Tagung des »Institute for Historical Review«

1991 – Verurteilung durch ein französisches Gericht wegen Leugnung der Massenmorde in nationalsozialistischen Konzentrationslagern

Als Redner für eine von den Behörden untersagte Veranstaltung der »Nationalistischen Front« in Roding angekündigt

Teilnahme an einem im März von Ewald Althans/»Amt für Volksaufklärung und Öffentlichkeitsarbeit« (AVÖ) organisierten interna-

tionalen »Revisionisten«-Kongreß in München
1992 – Referent bei der 11. »Revisionisten«-Tagung des »Institute for Historical Review«
1994 – Referent bei der 12. »Revisionisten«-Tagung des »Institute for Historical Review«
Publikationen: Es gab keine Gaskammern, hrsg. v. Deutschen Arbeitskreis Witten, Witten, BRD, o. J.; Mein Leben als Revisionist, vierteilige Serie in: »Code« 11, 12/1989 u. 1, 2/1990.

Felderer, Ditlieb (geb. 1942)

Schwedischer Staatsbürger österreichischer Herkunft (geboren in Innsbruck), ehemaliges Mitglied des Redaktionsbeirates des »Journal of Historical Review«
1980 – Referent bei der 2. »Revisionisten«-Tagung des »Institute for Historical Review«
1982 – Referent bei der 4. »Revisionisten«-Tagung des »Institute for Historical Review«
1983 – Gerichtliche Verurteilung wegen Verbreitung von volksverhetzendem Material
1985 – Referent bei der 6. »Revisionisten«-Tagung des »Institute for Historical Review«
1985/86 – Zeuge für Ernst Zündel in Kanada
1991 – Teilnahme an einem im März von Ewald Althans/»Amt für Volksaufklärung und Öffentlichkeitsarbeit« (AVÖ) organisierten internationalen »Revisionisten«-Kongreß in München
1993 – Versendung von antisemitischen Briefen an Berliner Politiker
1994 – Festnahme und Inhaftierung durch die schwedischen Behörden wegen mangelnden Respekts vor dem jüdischen Volk
Publikationen: Jewish Information Bulletin; Anne Franks Tagebuch – Ein Betrug, Marknadsv./Schweden 1978; Verfasser und Herausgeber zahlreicher »revisionistisch«-pornographischer Flugschriften

Förster, Gerhard (geb. 1920)

Vor 1945:
Panzerkommandant bei der Deutschen Wehrmacht
Nach 1945:

Gesellschafter und Geschäftsführer der »Neuen Visionen GmbH« in Würenlos (Schweiz), die sich auf den Vertrieb »revisionistischer« Literatur spezialisiert

Weitere Gesellschafter der »Neuen Visionen GmbH« sind Johannes Ney (BRD, ehemaliger U-Boot-Kapitän und Verfasser des im Grabert-Verlag erschienenen Buches »Reizwort Rasse«), Harald Reich (BRD) und Rosemarie Wernli (Schweiz).

1996 – Anklage durch die Staatsanwaltschaft des Kantons Aargau wegen Verbreitung holocaustleugnender Literatur

Franz-Willing, Dr. Georg (geb. 1915)

Mitglied des »Editorial Advisory Committee« des »Journal of Historical Review«

In der österreichischen Zeitschrift »Aula«[6] werden Bücher von Georg Franz-Willing besprochen (z. B. in der »Aula« 2/1992 das Buch »Umerziehung – Die De-Nationalisierung besiegter Völker im 20. Jahrhundert«, erschienen im Nation-Europa Verlag 1991)

1980 – Referent bei einer Veranstaltung der »Gesellschaft für Freie Publizistik«

1985 – Verleihung des mit 15.000 DM dotierten »Hutten-Preises« durch die »Gesellschaft für Freie Publizistik«

1986 – Referent bei der 7. »Revisionisten«-Tagung des »Institute for Historical Review«

1992/93 – Referent bei den Tagungen des »Österreichischen Kulturwerks«

Publikationen: Umerziehung. Die De-Nationalisierung besiegter Völker im 20. Jahrhundert, Nation Europa Verlag, Coburg 1991; Vergangenheitsbewältigung. Bundesrepublikanischer Nationalmasochismus, Nation Europa -Verlag, Coburg 1992

Frey, Dr. Gerhard (geb. 1933)

Eigentümer der »Druckschriften- und Zeitungsverlag GmbH« (DSZ-Verlag), Herausgeber der »Deutschen National-Zeitung« (DNZ), der »Deutschen Wochen-Zeitung/Deutscher Anzeiger« (DWZ/DA), Bundesvorsitzender der »Deutschen Volksunion« (DVU)

Redner bei den jährlich durchgeführten DVU-Großkundgebungen in Passau

1958 – Gründer der »Deutschen Soldaten-Zeitung Verlags GmbH« Erwerb eines Anteils von 50% an der »Deutschen Soldaten-Zeitung« (DSZ)

1959 – Herausgeber und Chefredakteur der DSZ, Übernahme der DSZ in den DSZ-Verlag

1960 – Alleininhaber der DSZ Umbenennung der »Deutschen Soldaten-Zeitung« in »Deutsche Soldaten-Zeitung und National-Zeitung«

1962 – Mitbegründer der »Aktion Oder/Neiße« (AKON)

1963 – Kauf der Wochenzeitschriften »Der Sudetendeutsche« und »Schlesische Rundschau« Umbenennung der »Deutsche Soldaten-Zeitung und National-Zeitung« in »Deutsche National-Zeitung und Soldaten-Zeitung« (DNZSZ)

1964 – Erwerb eines Anteil von 30,1% an der Zeitschrift »Nation Europa«

1966 – Verkauf des Anteils an der Zeitschrift »Nation Europa«

1968 – Umbenennung der »Deutschen National-Zeitung und Soldaten-Zeitung« in »Deutsche National-Zeitung« (DNZ)

1971 – Gründung der Sammelbewegung bzw. des Vereins »Deutsche Volksunion« (DVU) Gründung des »Deutschen Anzeigers« als Organisationszeitschrift der DVU

1972 – Gründung des »Freiheitlichen Rates« (FR), dem Vertreter der DVU, der »Aktion Oder-Neiße« (AKON), des »Deutschen Block«, der »Wiking Jugend« und des »Stahlhelm e.V. – Kampfbund für Europa« angehören

1974 – Wahl in den Bundesvorstand der AKON

1975 – Mitglied des Bundesvorstandes der »Nationaldemokratischen Partei Deutschlands« (NPD)

1976 – Organisator einer Gedenkveranstaltung für den ehemaligen Waffen-SS-Offizier Jochen Peiper Einstellung der Zusammenarbeit mit der NPD Durchführung einer Großveranstaltung zum Thema »Generalamnestie für alle Kriegsverbrecher« in München

1977 – Bezahlt für Karl-Heinz Hoffmann, den Führer der »Wehrsportgruppe Hoffmann«, eine Geldstrafe von 8.000 DM[7]

1979 – Gründung der »Volksbewegung für Generalamnestie«

(VOGA)

1980 – Gründung der »Initiative für Ausländerbegrenzung« (I.f.A.)

1981 – Redner bei einer Mitgliederversammlung der »Aktion Deutsche Einheit« (AKON)

1982 – Referent bei einer vom österreichischen »Ring Freiheitlicher Studenten« durchgeführten Veranstaltung in Linz

Verleihung des mit 10.000 DM dotierten »Europäischen Freiheitspreises der Deutschen National-Zeitung« an David Irving

Verleihung des ebenfalls mit 10.000 DM dotierten »Andreas-Hofer-Preises des Deutschen Anzeigers« an den ehemaligen österreichischen Nationalratsabgeordneten der »Freiheitlichen Partei Österreichs« (FPÖ), Otto Scrinzi

1983 – Gründung des »Ehrenbundes Rudel – Gemeinschaft zum Schutz der Frontsoldaten«

1984 – Gründung des »Schutzbundes für Leben und Umwelt«

1985 – Verleihung des »Freiheitspreises der Deutschen National-Zeitung« an den verstorbenen ehemaligen Wehrmachts-Obersten Walter Dahl

Vergabe des »Hans-Ulrich-Rudel-Preises« an David Irving

1986 – Gründung der »Deutschen Liste« (umbenannt in »Deutsche Volksliste«)

Annäherung an die NPD

Kauf der »Deutschen Wochen-Zeitung«

Verleihung des »Freiheitspreises der Deutschen National-Zeitung« an den ehemaligen Inhaber der »Deutschen Wochen-Zeitung«, Waldemar Schütz

1987 – Gründung einer von der NPD unterstützten »neuen Rechtspartei« mit dem Namen »DVU-Liste D«

Kontakte zu dem Führer der französischen rechtsextremen Partei »Front National«, Jean Marie Le Pen

Teilnahme der »DVU-Liste D« bei den Bürgerschaftswahlen in Bremen (13.299 Stimmen = 3,41%)

1989 – Teilnahme der DVU an den Europawahlen (444.921 Stimmen = 1,6%)

Teilnahme der »DVU-Liste D« an den Kommunalwahlen in Rheinland-Pfalz (1,6% der Stimmen)

1990 – Lösung des Wahlbündnisses mit der NPD

1991 – Umbenennung der »DVU-Liste D« in »Deutsche Volksunion«

Teilnahme der DVU bei der Wahl zur Bremer Bürgerschaft (22.878 Stimmen = 6,18%) und zur Bremerhavener Stadtverordnetenversammlung (6.502 Stimmen = 10,26%, mit 5 Abgeordneten drittstärkste Fraktion nach SPD und CDU)

Fusionierung des »Deutschen Anzeigers« mit der »Deutschen Wochenzeitung«

1992 – Kontakte zu dem Vorsitzenden der »Liberaldemokratischen Partei Rußlands«, Wladimir Schirinowskij

Teilnahme der DVU an den Landtagswahlen in Schleswig-Holstein (93.295 Stimmen = 6,3%)

1993 – Teilnahme der DVU bei den Kommunalwahlen in Hessen (2,7% der Stimmen) und bei den Hamburger Bürgerschaftswahlen (2,8% der Stimmen)

1994 – Treffen mit dem Bundesvorsitzenden der »Republikaner«, Franz Schönhuber, zwecks Meinungsaustausch über eine mögliche Zusammenarbeit

1995 – Treffen mit dem Vorsitzenden der »Liberaldemokratischen Partei Rußlands«, Wladimir Schirinowskij, in Moskau

Publikationen: Prominente ohne Maske – Teil 1 (Hrsg.), FZ-Verlag, München 1984; Prominente ohne Maske – Teil 2 (Hrsg.), FZ-Verlag, München 1986; Prominente ohne Maske – International (Hrsg.), FZ-Verlag, München 1989; Vorsicht Fälschung (Hrsg.), FZ-Verlag, München 1991; Prominente ohne Maske DDR (Hrsg.), FZ-Verlag, München 1991; Deutschlands Ausplünderung, FZ-Verlag, München 1992

Friedrich, Christof

Pseudonym für Ernst Zündel

Publikation: Germany's Antarctic Claim – Secret Nazi Polar Expeditions

Friedrich, Othmar Michael (1902–1991)

Professor der Montanistischen Hochschule Leoben

Vor 1945:

1935 – Privatdozent an der Technischen Hochschule Graz

1939 – ordentlicher Professor der Hochschule Leoben

Nach 1945:

Obmann der »Körperschaft der Kirchenfreien Österreichs«

1973 – Referent bei der rechtsextremen »Arbeitsgemeinschaft für demokratische Politik« (AFP) – Wien

1977 – Zweiter Präsident der »Deutschen Kulturgemeinschaft«

1977–88 – Referent bei mehreren »Gästewochen« des »Deutschen Kulturwerks europäischen Geistes« in Österreich

1978 – Sprecher des Aktionskomitees zur Rettung der österreichischen neonazistischen Zeitschrift »Sieg«

1979 – Mitunterzeichner des Aufrufes für eine Generalamnestie für NS-Verbrechen in der »Deutschen National-Zeitung« 16, (13.4. 1979)

1979/80 – Mitglied des »Komitees zur Wahl eines nationalen Deutschösterreichers« (Norbert Burgers) bei der österreichischen Bundespräsidentenwahl

1986 – Unterstützung der Präsidentschaftskandidatur von Otto Scrinzibei der österreichischen Bundespräsidentenwahl

1989 – Mitunterzeichner eines Aufrufes, der u.a. in der neonazistischen Zeitschrift »Sieg« veröffentlicht wird. Darin wird kritisiert, daß Österreicher, »die nicht bereit sind, zeitgeschichtliche Ereignisse, die schon bald 50 Jahre zurückliegen, nur durch die Brille der alliierten Kriegspropaganda zu betrachten«, von den Behörden vor Gericht gestellt und auch zu Geldstrafen verurteilt werden.

Publikationen: Verfasser der gerichtlich beschlagnahmten Schrift »Auf dem Stundenplan«, in der die Existenz von Gaskammern in der NS-Zeit geleugnet wird; Beiträge in: Der Kirchenfreie, Mut, Sieg

Gauss, Ernst[8]
Pseudonym für Germar Rudolf

Grabert, Wigbert (geb. 1941)
Mitglied des »Witikobundes e.V.«

Herausgeber des »Euro-Kurier«

1978 – Nach dem Tode seines Vaters Herbert Grabert Übernahme des Grabert-Verlags

Herausgeber der Zeitschrift »Deutschland in Geschichte und Gegenwart«

1980 – Gründung des von Pierre Krebs geleiteten »Thule-Seminars« als deutsche Dependance der »Groupement de recherche et d'etudes pour la civilisation européenne« (GRECE)

1983 – Beendigung der Zusammenarbeit mit Pierre Krebs. Dieser betreibt das »Thule-Seminar« allein weiter

Gründung der Stiftung »Kulturkreis 2000«

Gründung einer »Hoggan-Stiftung« durch den Grabert-Verlag

1985 – Gründung des Hohenrain-Verlags

1989 – Verurteilung durch das Amtsgericht Tübingen wegen der in seinem Verlag erschienenen und vom Gericht als volksverhetzend bewerteten Schrift »Wie die beiden Weltkriege ›gemacht‹ wurden«

1995 – Durchführung einer Hausdurchsuchung beim Grabert Verlag. Beschlagnahme des von Germar Rudolf (Pseudonym: Ernst Gauss) herausgegebenen Buches »Grundlagen zur Zeitgeschichte. Ein Handbuch über strittige Fragen des 20. Jahrhunderts«

1996 – Verurteilung durch das Amtsgericht Tübingen wegen Volksverhetzung, Beleidigung und Verunglimpfung des Andenkens Verstorbener

In den von Wigbert Grabert herausgegebenen »Veröffentlichungen des Instituts für deutsche Nachkriegsgeschichte« sind u.a. folgende »revisionistische« Autoren und Publikationen veröffentlicht worden:

David Hoggan, Der erzwungene Krieg; David Hoggan, Der unnötige Krieg; David Hoggan, Das blinde Jahrhundert, Teile 1 und 2; Wilhelm Stäglich, Der Auschwitz-Mythos; Ernst Gauss, Vorlesungen über die Zeitgeschichte; Ernst Gauss, Grundlagen zur Zeitgeschichte. Ein Handbuch über strittige Fragen des 20. Jahrhunderts

Graf, Jürgen (geb. 1951)

Lehrer in Therwil/Schweiz

1993 – Suspendierung vom Schulunterricht

Teilnahme an einer Veranstaltung der Gruppe »Avalon«,[9] Übersetzer für den dort als Referenten auftretenden Robert Faurisson

1994 – Referent bei der 12. »Revisionisten«-Tagung des »Institute for Historical Review«

1996 – Anklage durch die Staatsanwaltschaft des Kantons Aargau wegen Verbreitung holocaustleugnender Literatur

Publikationen: Der Holocaust auf dem Prüfstand, Basel 1992; Der Holocaust-Schwindel. Vom Werden und Vergehen des Jahrhundertbetrugs, Basel 1993; Auschwitz – Tätergeständnisse und Augenzeugen des Holocaust, Verlag Neue Visionen GmbH, Würenlos 1994; Todesursache Zeitgeschichtsforschung, Verlag Neue Visionen GmbH, Würenlos 1995.

Härtle, Heinrich (gest. 1986)

Vor 1945:
Sekretär des vom Internationalen Militärgerichtshof in Nürnberg zum Tode verurteilten NSDAP-Reichsleiters Alfred Rosenberg
Nach 1945:
Chefredakteur »Deutsche Wochen-Zeitung«, »Reichsruf« und »Klüter-Blätter«
1977–83 – Referent bei mehreren »Gästewochen« des »Deutschen Kulturwerks europäischen Geistes« in Österreich
1980 – Referent bei einer Veranstaltung der »Gesellschaft für Freie Publizistik«
Publikationen (auch unter dem Pseudonym Helmut Steinberg):
Vor 1945:
Nietzsche und der Nationalsozialismus, Zentralverlag der NSDAP, München 1937; Berufsständische Vereine als Machtinstrument des politischen Katholizismus, Berlin 1937 (Die DAF-Schulung, Schriftenreihe der Deutschen Arbeitsfront, Folge C, Heft 1, hrsg. vom Schulungsamt der DAF); Bolschewistische Wissenschaft, Zentralverlag der NSDAP, München 1942 (Schriftenreihe zur weltanschaulichen Schulungsarbeit der NSDAP, Heft 5); Die ideologischen Grundlagen des Bolschewismus, Hoheneichen-Verlag 1944; Die geistige Macht des Judentums, Zentralverlag der NSDAP, München 1944 (Schriftenreihe zur weltanschaulichen Schulungsarbeit der NSDAP, Heft 23)
Nach 1945:
Marxismus-Leninismus-Stalinismus – der geistige Angriff aus dem Osten, Holsten-Verlag, o. O. 1955; Freispruch für Deutschland, Verlag K. W. Schütz, o. O. 1965; Die Kriegsschuld der Sieger. Churchills, Roosevelts und Stalins Verbrechen gegen die Menschlichkeit, Verlag K. W. Schütz, Göttingen 1966; Großdeutschland – Traum und Tragödie. Rosenbergs Kritik am Hitlerismus, Selbstverlag, München 1970; Deutsche und Juden, Druffel-Verlag, 2. Aufl. Leoni am Starnberger See 1977; Was »Holocaust« verschweigt.

Deutsche Verteidigung gegen Kollektivschuld-Lügen, Druffel-Verlag, Leoni am Starnberger See 1979.

Harwood, Richard

(Pseudonym für Richard Verall, Herausgeber der Zeitschrift »Spearhead«, dem Organ der »National Front« in England)
Chefredakteur der Zeitschrift »Holocaust News«, die vom »Center for Historical Review« (CHR) publiziert wird
Publikation: Did Six Million Really Die?, Historical Review Press, Richmond, England. Deutsch: Starben wirklich sechs Millionen?, Historische Tatsachen 1/1975, Verlag für Volkstum und Zeitgeschichtsforschung, Vlotho 1975

Hoggan, David Leslie (1923–1988)

vor 1945:
1943 – aus Protest gegen Präsident Roosevelts Kriegspolitik Aufgabe seiner Arbeit als Lehrer des amerikanischen »Army Student Training Program«
nach 1945:
1948 – Promotion an der Harvard Universität
1949–52 – Assistent am Amerika-Institut der Münchner Universität
1952–55 – Professor an der Berkeley-Universität
seit 1955 – enge Zusammenarbeit mit dem »Revisionisten« Harry Elmer Barnes
1964 – Verleihung des mit 10.000 DM dotierten »Leopold von Ranke-Preises« durch die »Gesellschaft zur Förderung geschichtswissenschaftlicher Forschung«
Verleihung des »Ulrich von Hutten-Preises« in der Höhe von 5.000 DM durch die rechtsextreme »Gesellschaft für Freie Publizistik«
Publikationen: Der erzwungene Krieg, Verlag der Deutschen Hochschullehrer-Zeitung, Tübingen 1961; Frankreichs Widerstand gegen den 2. Weltkrieg. Die französische Außenpolitik von 1934–1993, Tübingen 1963; The Messianic Character of American Education, 1963; The Myth of the New History. The Techniques and Tactics of the Mythologists of American History, 1965; Der unnötige Krieg 1939–1945. Germany must perish, Tübingen 1974; Das blinde Jahrhundert: Band 1: Amerika, das messianische Unheil, Tübingen 1979, Band 2: Europa, die verlorene Weltmitte, Tübingen 1984

Honsik, Gerd (geb. 1941)

Bis Oktober 1987 Vorsitzender der vom österreichischen Innenministerium nicht anerkannten politischen Partei »Volksbewegung« (»Ausländer-Halt-Bewegung«)

Oktober 1987 bis März 1988 »juristischer und ideologischer Berater« der »Volksbewegung«

März 1988 bis April 1991 Vorsitzender der »Volksbewegung«

1961 – Honsik wirft gemeinsam mit Günther Kümel und Peter Melzer eine Brandbombe und Schmähschriften gegen die italienische Botschaft in Wien

Mitglied der Burschenschaft »Rugia-Markomannia« und des österreichischen »Ringes Freiheitlicher Studenten« (RFS)

Schüsse auf das Parlament in Wien

1961–87 – Laut parlamentarischer Anfrage, XIX. GP.-Nr. 706/J vom 10. März 1995, der Abgeordneten Terezija Stoisits, Karl Öllinger, Freundinnen und Freunde an den Bundesminister für Justiz betreffend Maßnahmen gegen »revisionistische« Geschichtspropaganda »1961 Verurteilung zu einer Haftstrafe, 1976 Verurteilung zu 15 Monaten Haft, 1987 Verurteilung zu einer Geldstrafe wegen Herabwürdigung des Staates und seiner Symbole«

1975 – Berichtet über Aufstellung neuer Einsatzgruppen der 1988 in Österreich verbotenen »Nationaldemokratischen Partei (NDP)

1976 – Wahl in den Bundesvorstand der NDP

1979 – Mitglied des Redaktionsteams der Zeitschrift »Der Babenberger« (Vereinsorgan der von den österreichischen Behörden 1980 aufgelösten »Kameradschaft Babenberg«)

1980 – Mitglied des Redaktionskomitees der Zeitschrift »Halt. Wandzeitung des österreichischen Abwehrkampfes«, der Nachfolgezeitung vom »Babenberger« (Pseudonym »Gerhon Endsik«)

1981 – Veröffentlichung des Lyrikbandes »Lüge, wo ist dein Sieg« (Eigenverlag)

Dichterlesung im Wiener Hotel Hilton (Ehrenschutz: Hofrat Dr. Roßkopf und Hofrat Dr. Baldia)

Anmeldung einer Wahlliste gegen Ausländerintegration

1982 – Gründung einer Wahlplattform mit dem Namen »Ausländer-Halt-Bewegung« (AUS) in Wien, Redner auf der Gründungsversammlung der AUS

1983 – Anmeldung der »Volksbewegung«

Gründung der »Knut-Hamsun-Gesellschaft Wien« (Publikation: »Der Babenberger Literaturkreis«)

Veranstaltung der »Knut-Hamsun-Gesellschaft Wien« im Hotel Hilton in Wien: »Neunzig Minuten deutsche Balladen«, Honsik präsentiert seinen Gedichtband »Fürchtet Euch nicht«

1984 – Anmeldung der Partei »Nationale Front« (NF), Gründungsversammlung vom österreichischen Innenministerium untersagt

1987 – Unterstützung der Liste »Ausländer Halt« bei den Gemeinderatswahlen in Krems/Österreich

Der »Nationalen Front« wird mit Erkenntnis des österreichischen Verfassungsgerichtshofes vom 3. März wegen nationalsozialistischer Wiederbetätigung keine Rechtspersönlichkeit zuerkannt.

1988 – Einleitung einer Voruntersuchung wegen § 3g Abs. 1 Verbotsgesetz durch die Staatsanwaltschaft Wien (s. Auszüge aus den einschlägigen österreichischen Gesetzen, S. 267 ff.)

Verhaftung wegen Störung einer Veranstaltung zum Gedenkjahr 1988 im Theater in der Josefstadt

Beschlagnahme des Buches »Freispruch für Hitler? 36 ungehörte Zeugen wider die Gaskammer« durch das Landesgericht für Strafsachen Wien; Einleitung eines Strafverfahrens nach § 3g Verbotsgesetz

Reise zu Ernst Zündel nach Kanada

1990–92 – Laut parlamentarischer Anfrage, XIX. GP.-Nr. 706/J vom 10.3.1995, der Abgeordneten Terezija Stoisits, Karl Öllinger, Freundinnen und Freunde an den Bundesminister für Justiz betreffend Maßnahmen gegen »revisionistische« Geschichtspropaganda »1990 wegen seines Buches ›Freispruch für Hitler‹ Verurteilung durch ein Münchner Amtsgericht zu einer Geldstrafe von 5.000 DM und zu einer bedingten Haftstrafe von neun Monaten, die 1992 durch das Bayerische Oberste Landgericht auf zwölf Monate mit Bewährung erhöht wurde, 1992 wegen NS-Wiederbetätigung Verurteilung zu einer unbedingten Haftstrafe von achtzehn Monaten«

1990 – Teilnahme an einer Veranstaltung von David Irving in Dresden, Lesung aus seinem beschlagnahmten Gedichtband »Fürchtet Euch nicht«

Kandidat der von der Wiener Kreiswahlbehörde wegen NS-Wiederbetätigung nicht zur Nationalratswahl zugelassenen Liste »Nein zur Ausländerflut«

1991 – Veröffentlichung eines »Mauthausen-Gas-Betrugs-Rätsel-Posters« in der von der »Volksbewegung« herausgegebenen Zeitschrift »Halt« 57/1991
Referent bei einer Veranstaltung im Wiener Hotel Wimberger
Als Referent für eine dann von den Behörden untersagte Versammlung der inzwischen in der BRD verbotenen neonazistischen »Nationalistischen Front« angekündigt.
Aufruf zur Teilnahme an einer Demonstration für den verhafteten Franz Radl vor dem Grazer Landesgericht
Referent bei einer Weihnachtsfeier der »Volksbewegung« in Hübners Kursalon in Wien
1992 – Flucht ins Ausland (Barcelona, Spanien)
1993 – Ablehnung eines Asylantrags durch die spanischen Behörden
Zusage einer Teilnahme an den von Thies Christophersen geplanten »Nordischen Dichtertagen«
1994 – Treffen mit dem ebenfalls nach Spanien geflüchteten bundesdeutschen Alt- und Neonazi Otto Ernst Remer
Herausgabe einer 3. Auflage des Buches »Freispruch für Hitler?«
Publikationen: Fürchtet euch nicht, Eigenverlag, Wien o. J. (1983); Lüge, wo ist dein Sieg? Dichtung eines österreichischen Dissidenten, Eigenverlag, Königstetten 1981; Freispruch für Hitler? 36 ungehörte Zeugen wider die Gaskammer, hrsg. v. Burgenländischen Kulturverband, Wien 1988; Schelm und Scheusal. Meineid, Macht und Mord auf Wizenthals Wegen, hrsg. v. Brigth-Rainbow-Limited, Madrid 1993

Irving, David (geb. 1938)

Nicht abgeschlossenes Studium der Physik, Wirtschaftswissenschaften und Geschichte an der London University
1959 – Stahlarbeiter im Ruhrgebiet
1979 – Referent bei einem Kongreß der »Gesellschaft für Freie Publizistik«
1981 – Setzt eine Belohnung von 1.000 $ aus für den Beweis, daß Hitler von Auschwitz wußte
1983 – Erhält den von der »Deutschen National-Zeitung« gestifteten »Europäischen Freiheitspreis« im Wert von 10.000 DM
Referent bei der 5. »Revisionisten«-Tagung des »Institute for Histo-

rical Review«

1984 – Fordert anläßlich einer Pressekonferenz mit dem NDP-Vorsitzenden Norbert Burger und dem Obmann der in Perchtolsdorf/Niederösterreich ansässigen Kameradschaft »Prinz Eugen«, Otto Roßkopf, Rudolf Heß für dessen Englandflug den Friedensnobelpreis zu verleihen, daraufhin Verhängung eines Aufenthaltsverbots für Österreich und Abschiebung in die BRD

1988 – Zeuge für Ernst Zündel in Kanada; beeindruckt vom »Leuchter-Bericht«, wird er zum Holocaust-Leugner

1989 – Referent bei der 9. »Revisionisten«-Tagung des »Institute for Historical Review«

Nach langwierigem Rechtsstreit erklärt der Oberste Gerichtshof die 1984 erfolgte Ausweisung aus Österreich für zu Unrecht erfolgt

Vorwort zur Veröffentlichung des »Leuchter-Berichts«

Vortragsreise durch Österreich wird durch Einschreiten der Behörden abgebrochen, Irving entzieht sich einem Haftbefehl durch Flucht in die BRD

1990 – Auftritt mit Gerd Honsik in Dresden, weitere Vorträge in Dresden, Gera und Leipzig

Referent bei einer Veranstaltung der »Nationalen Liste« in Hamburg

Referent bei einer im April von Ewald Althans organisierten Neonazi-Veranstaltung in München

Teilnahme an einer Veranstaltung der »Deutschen Volksunion« (DVU), Verbot jeder öffentlichen Äußerung durch die Stadt Passau

Referent bei der 10. »Revisionisten«-Tagung des »Institute for Historical Review«

1991 – Referent bei einer Veranstaltung der DVU in Passau sowie bei Veranstaltungen in Rothenburg o.d. Tauber, Augsburg, Stuttgart, Hamburg, Pforzheim, Lentföhrden und Halle a.d. Saale

Aufhebung des von der Stadt Passau verhängten Redeverbots durch das Verwaltungsgericht Regensburg

Stadt Passau und andere Städte erteilen Auflage, nicht über Holocaust zu sprechen

Teilnahme an einem im März von Ewald Althans/»Amt für Volksaufklärung und Öffentlichkeitsarbeit« (AVÖ) organisierten internationalen »Revisionisten«-Kongreß in München

Verhängung eines Strafbefehls durch das Amtsgericht München

wegen eines nicht angemeldeten Aufzugs im April 1990
Referent am 2. Gesamtdeutschen Kongreß der »Gesellschaft für Freie Publizistik«
Verhängung eines Redeverbots in Schleswig-Holstein
1992 – Referent bei einer Veranstaltung der »Nationalen Offensive«
Teilnahme an einer Großkundgebung der DVU
Ausweisung aus Italien
Ausweisung aus Kanada
Verbot von zwei Veranstaltungen mit David Irving (Berlin und Sindelfingen)
Referent bei der 11. »Revisionisten«-Tagung des »Institute for Historical Review«
Redner bei einer von Thies Christophersen durchgeführten Veranstaltung in Antwerpen
1993 – Australische Behörden verweigern ein Einreisevisum
Redner bei zwei Veranstaltungen (Gülden und Hamburg)
Verurteilung durch das Landgericht München wegen Beleidigung und Verunglimpfung des Andenkens Verstorbener
Bestätigung des Redeverbots durch das Oberverwaltungsgericht in Schleswig-Holstein
Ausweisung aus der BRD als unerwünschter Ausländer
1994 – Verurteilung durch das Londoner Obergericht, da er sich trotz gerichtlicher Aufforderung weigert, seine Finanzen offenzulegen
Referent bei der 12. »Revisionisten«-Tagung des »Institute for Historical Review«
1996 – Bestätigung der unbefristeteten Ausweisverfügung durch das Verwaltungsgericht München
Aussagen betreffend die Leugnung von Gaskammern zur Ermordung von Menschen in nationalsozialistisch Konzentrations- und Vernichtungslagern, u. a. veröffentlicht in der rechtsextremen Zeitschrift »Code« und in den österreichischen neonazistischen Publikationen »Halt« und »Sieg«
Publikationen: Der Untergang Dresdens, englische Erstausgabe, William Kimber & Co. Limited, London 1963, deutschsprachige Erstausgabe C. Bertelsmann-Verlag, München-Gütersloh-Wien 1977; Die Tragödie der deutschen Luftwaffe, Berlin 1970; Hitler und seine Feldherren, Ullstein-Verlag, Frankfurt am Main-Berlin-

Wien 1975; Hitlers Weg zum Krieg, Herbig-Verlag, München-Berlin 1979; Rommel. Eine Biographie, Heyne Verlag, München 1980; Von Guernica bis Vietnam. Das Leiden der Zivilbevölkerung im modernen Krieg, München 1982; Der Nürnberger Prozeß, Heyne Verlag, München 1983; Hitlers Krieg. Die Siege 1939–1942, Herbig-Verlag, München 1983; Hitlers Krieg. Götterdämmerung 1942–1945, Herbig-Verlag, München 1986; Der Morgenthau-Plan 1944/45. Amerikanische Deutschlandpolitik, Bremen 1986; Rudolf Heß ein gescheiterter Friedensbote? Die Wahrheit über die unbekannten Jahre 1941–1945, Leopold Stocker-Verlag, Stuttgart-Graz 1987; Göring, Albrecht Knaus-Verlag, München-Hamburg 1987; Führer und Reichskanzler. Adolf Hitler 1933–1945, Herbig-Verlag, München-Berlin 1989; Churchill. Kampf um die Macht, München-Berlin 1990; Deutschlands Ostgrenze. Weder Oder noch Neiße, Kiel 1990; Die Nacht, in der die Dämme brachen, Gladbeck 1992

Kern, Erich alias Erich Kernmayr (1906–1991)

Vor 1945:
Mitglied nacheinander bei: Sozialistische Arbeiterjugend, Kommunistischer Jugendverband, trotzkistische Gruppe
1931/32 – Mitglied der Jugendorganisation »Sturmvolk« in Graz
1934 – Verhaftung wegen illegaler nationalsozialistischer Tätigkeit in Österreich
1936 – Stellvertretender Chefredakteur der Wiener Redaktion der »Essener National-Zeitung«
1938 – Chef vom Dienst der in Wien erscheinenden Zeitung »Deutscher Telegraf«
1939 – Gaupresseamtsleiter in der Gauleitung Wien der NSDAP
1940 – Leiter der Pressestelle des Gauleiters von Saarland/Lothringen, Josef Bürckel
1941 – Eintritt in die SS-Division »Das Reich«, SS-Sturmbannführer
Nach 1945:
1946/47 – Gründer des Gmundner Kreises, in dem er ehemalige führende SS- und NSDAP-Mitglieder versammelt
1955 – Redigiert das Verbandsblatt der »Hilfsgemeinschaft auf Gegenseitigkeit der ehemaligen Angehörigen der Waffen-SS« (HIAG), zu deren Initiatoren er gehört

1982 – Verleihung des mit 15.000 DM dotierten »Hutten-Preises« durch die »Gesellschaft für Freie Publizistik«
Herausgeber mehrerer rechtsextremer Zeitungen, einer der führenden rechtsextremen Publizisten der BRD, Unterstützer der »Sozialistischen Reichspartei« (SRP), der »Deutschen Reichspartei« (DRP) und der NPD, zuletzt Gefolgsmann des Verlegers der »Deutschen National-Zeitung«, Gerhard Frey
Publikationen: Herz im Stacheldraht, Diana Verlag, Salzburg-Wien o. J.; Der große Rausch. Rußlandfeldzug 1941–1945, Eduard Kaiser Verlag, Klagenfurt 1949; Das andere Lidice. Die Tragödie der Sudetendeutschen, Verlag Welsermühl, Wels 1950; Opfergang eines Volkes. Der totale Krieg, Verlag K. W. Schütz, Göttingen 1962; Die Uhr blieb stehn, Verlag Erich Pabel, Rastatt-Baden 1963; Buch der Tapferkeit. Soldatenschicksale unseres Jahrhunderts, Verlag Erich Pabel, Rastatt-Baden 1963; Verbrechen am deutschen Volk. Eine Dokumentation alliierter Grausamkeiten, Verlag K. W. Schütz, Göttingen 1964; Verrat an Deutschland. Spione und Saboteure gegen das eigene Vaterland, Verlag K. W. Schütz, Göttingen 1965; Von Versailles nach Nürnberg. Der Opfergang des deutschen Volkes, Verlag K. W. Schütz, Göttingen 1967; Meineid gegen Deutschland. Eine Dokumentation über den politischen Betrug, Verlag K. W. Schütz, Göttingen 1968; General v. Pannwitz und seine Kosaken, Verlag K. W. Schütz, 3. Aufl. Preußisch Oldendorf 1971; Generalfeldmarschall Ferdinand Schörner. Ein deutsches Soldatenschicksal, Mut Verlag, Asendorf 1976; Die Tragödie der Juden. Schicksal zwischen Propaganda und Wahrheit, Verlag K. W. Schütz, Preußisch Oldendorf 1979

Küssel, Gottfried Heinrich (geb. 1958)

1976 – Mitglied der damals in Österreich aktiven neonazistischen Gruppe »Aktion Neue Rechte« (ANR)
Seit 1977 – nach Eigenangaben Mitglied der NSDAP/AO
1979/80 – Mitglied der im April 1980 von den österreichischen Behörden aufgelösten »Kameradschaft Babenberg«
1980/81 – Herausgeber der Zeitschrift »Halt«
1981–83 – Aktivitäten unter Fußballfans, besonders beim Wiener Fußballclub SC Rapid
1982 – Einsatzleiter der »Volksbewegung«

1983/84 – Verurteilung zu einer bedingten Haftstrafe wegen NS-Wiederbetätigung

1984 – Mitglied der von Gerd Honsik gegründeten »Nationalen Front« (NF), der mit Erkenntnis des österreichischen Verfassungsgerichtshofes vom 3. März 1987 wegen nationalsozialistischer Wiederbetätigung keine Rechtspersönlichkeit zuerkannt wird

1985 – Aktivist der »Volkssozialistischen Partei« (VSP-Österreich)

1986 – Gründung der »Volkstreuen Außerparlamentarischen Opposition« (VAPO), eine der bis 1991/92 in Österreich aktivsten neonazistischen Gruppierungen

In einem Flugzettel bezeichnet Küssel das Tagebuch der Anne Frank als Fälschung

1987 – Teilnahme an einem Treffen von Neonazis in Höchst bei Frankfurt

Küssel wird vom bundesdeutschen Neonaziführer Kühnen zum »Bereichsleiter Ostmark« ernannt

1990 – Organisierung einer Demonstration der VAPO in St. Pölten/Niederösterreich

zusammen mit Hans Jörg Schimanek jun. Teilnahme an Wehrsportübungen im Raume Langenlois/Niederösterreich

In einem in der ORF-Jugendsendung »Zick-Zack« ausgestrahlten Interview bezeichnet sich Küssel als Nationalsozialist

Nach der Festnahme Kühnens Übernahme der Leitung des Parteitages der »Deutschen Alternative« (DA) in Cottbus

Teilnahme an einer Versammlung mit Gary Lauck, dem Chef der NSDAP/AO, in Dänemark

Referent in Wunsiedel nach einer Demonstration von Neonazis aus Anlaß des Todestages von Rudolf Heß

1991 – Zusammen mit Hans Jörg Schimanek jun. Teilnahme an einem im März von Ewald Althans/»Amt für Volksaufklärung und Öffentlichkeitsarbeit« (AVÖ) organisierten internationalen »Revisionisten«-Kongreß in München, bei dem David Irving, Fred Leuchter, Mark Weber, Udo Walendy u. a. als Redner auftreten

Nach Kühnens Tod Mitglied einer Vierergruppe, die die Führung der kühnentreuen Neonazis übernimmt

Verhängung eines Einreiseverbots für Deutschland durch den Innenminister

In einem von Neonazis herausgegebenen Aufruf zur Teilnahme am

Rudolf-Heß-Gedenkmarsch in Wunsiedel wird Gottfried Küssel als österreichische Kontaktadresse angegeben

Teilnahme an einer Neonazi-Demonstration in Dresden, Verhaftung durch die Polizei und Bezahlung einer Geldstrafe

Gerichtliche Verurteilung wegen Sachbeschädigung

Interview mit der österreichischen Tageszeitung »Der Standard«, in dem sich Küssel wieder als Nationalsozialist bezeichnet und den organisierten Massenmord der Nazis leugnet

Zusammen mit Hans Jörg Schimanek jun. und Günther Reinthaler Teilnahme an einer gemeinsamen Wehrsportübung österreichischer und bundesdeutscher Neonazis im Raum Langenlois; Küssel spricht sich in einem Interview mit der Münchner Fernsehstation Tele 5 für die Zulassung der NSDAP als Wahlpartei aus

In einem Interview mit ABC News Nightline (New York) bezeichnet er Hitler als den größten Mann der deutschen Geschichte und leugnet den Holocaust sowie die Existenz von Gaskammern zur Ermordung von Menschen in nationalsozialistischen Konzentrations- und Vernichtungslagern

1992 – Zusammen mit Günther Reinthaler Teilnahme an der Urnenbeisetzung des verstorbenen Michael Kühnen in Kassel

Verhaftung zusammen mit dem bundesdeutschen Neonazi Klaus Kopanski in seiner Wiener Wohnung

1994 – Laut parlamentarischer Anfrage, XIX. GP.-Nr. 706/J vom 10.3.1995, der Abgeordneten Terezija Stoisits, Karl Öllinger, Freundinnen und Freunde an den Bundesminister für Justiz betreffend Maßnahmen gegen »revisionistische« Geschichtspropaganda »1994 wegen NS-Wiederbetätigung Verurteilung zu elf Jahren Haft«

Lachout, Emil (geb. 1928)

1947–71 – Beamter der Stadt Wien

1966–88 – Lehrer für evangelische Religion an Volks- und Hauptschulen und an Polytechnischen Lehrgängen

1987/88 – Veröffentlichung des Lachout-»Dokuments« in mehreren neonazistischen Zeitungen des In- und Auslandes

1988 – Tritt in Kanada in einem Prozeß als Zeuge für den »Revisionisten« Ernst Zündel auf

Der Samisdat-Verlag Zündels macht mit Emil Lachout eine Video-

Aufzeichnung über sein Leben und das »Dokument«. Das Video wird von der rechtsextremen Zeitschrift »Der Bismarck-Deutsche« vertrieben.

Einleitung einer Voruntersuchung durch die Staatsanwaltschaft Wien nach § 3g Verbotsgesetz

1988–90 – Prozesse gegen Journalisten und eine Mitarbeiterin des Dokumentationsarchivs des österreichischen Widerstandes (DÖW) sowie das DÖW selbst, von denen er einige verliert

1989 – Veröffentlichung eines »Gastechnischen Gutachtens« zum KZ Mauthausen in der österreichischen neonazistischen Zeitschrift »Sieg«, Interview mit »Sieg«

Die vom DÖW erstatteten Anzeigen gegen Emil Lachout wegen des Verdachtes des Vergehens der Urkundenfälschung werden auf Antrag der Staatsanwaltschaft Wien in das beim Landesgericht für Strafsachen Wien wegen des Verdachtes des Verbrechens nach § 3g Abs. 1 Verbotsgesetz anhängige Verfahren einbezogen und die Voruntersuchung auf diese Fakten ausgedehnt.

1990 – Veröffentlichung eines »Gutachtens« über das Protokoll der Wannsee-Konferenz in »Sieg«

1991 – Veröffentlichung eines Beweisantrages in »Sieg«

1992 – Ablehnung der Mitwirkung an einer vom Untersuchungsrichter angeordneten psychiatrischen und psychologischen Untersuchung (laut einer parlamentarischen Anfragebeantwortung vom 14. September 1992 durch den Bundesminister für Justiz)

1994 – Einbringung einer Anklageschrift durch das Landesgericht für Strafsachen Wien wegen des Verdachtes des Verbrechens nach § 3g Verbotsgesetz; Einstellung der Voruntersuchung nach §§ 223, 228 StGB gemäß § 109 (1) StPO[10]

Veröffentlichung eines die Gaskammer im KZ Mauthausen betreffenden und von Emil Lachout gezeichneten Aktenvermerkes im von Ernst Gauss herausgegebenen Buch »Grundlagen zur Zeitgeschichte«

1996 – Abbruch des Verfahrens nach § 412 STPO[11]

Landig, Wilhelm (geb. 1909)

Vor 1945:

Kreishauptstellenleiter der NSDAP[12]

Angehöriger eines Mittelschul-Freikorps,

Mitglied der NSDAP

Beteiligung am gescheiterten NS-Putsch im Juli 1934 in Wien, Flucht nach Deutschland, Eintritt in die SS, Mitglied des Sicherheitsdienstes (SD) der SS und der Waffen-SS

Anstellung am Arbeitswissenschaftlichen Institut in Berlin, das der Deutschen Arbeitsfront (DAF) unterstand

Sachbearbeiter des SD in Wien

Einsatz bei der Partisanenbekämpfung in den besetzten Balkanländern

Arbeit in der Abteilung I (Inland) des SD in Wien

Haft bei den Briten[13]

Nach 1945:

1948 – Mitglied des »Verbandes der Unabhängigen« (VdU) in Österreich

1953 – Obmannstellvertreter der »Österreichischen Sozialen Bewegung« (ÖSB)

1958 – Obmann der österreichischen »Demokratisch-Nationalen Arbeiterpartei« (DNAP)

1962 – Gründung des Wiener »Volkstum-Verlags«

Publikationen: von 1955 bis in die achtziger Jahre Eigentümer und Verleger der »Europa-Korrespondenz«; Götzen für Thule, Volkstum-Verlag, Neuauflage Wien 1980/81; Wolfszeit für Thule, Volkstum-Verlag, Wien 1980; Rebellen für Thule, Volkstum-Verlag, Neuauflage Wien 1991

Leuchter, Fred (geb. 1943)

Bachelor of Arts[14] seit 1964, kein naturwissenschaftlicher Universitätsabschluß

1988 – Zeuge für Ernst Zündel in Kanada, erstellt in dessen Auftrag ein »Gutachten«, als »Leuchter-Bericht« bekanntgeworden; dieses enthält die Behauptung von der angeblichen technischen und chemischen Undurchführbarkeit der Massenmorde mittels Giftgas

1989 – Referent bei der 9. »Revisionisten«-Tagung des »Institute for Historical Review«

Herausgabe eines weiteren sogenannten »Gutachtens« zu den Konzentrationslagern Dachau und Mauthausen sowie dem während der NS-Zeit als »Euthanasieanstalt« verwendeten Schloß Hartheim

Gründung einer Ingenieursfirma zum Verkauf von Hinrichtungsgeräten

1990 – Referent bei der 10. »Revisionisten«-Tagung des »Institute for Historical Review«

1991 – Teilnahme an einem im März von Ewald Althans/»Amt für Volksaufklärung und Öffentlichkeitsarbeit« (AVÖ) organisierten internationalen »Revisionisten«-Kongreß in München

Öffentliches Eingeständnis, unrechtmäßig einen Ingenieurstitel geführt zu haben

Referent bei einer vom Bundesvorsitzenden der »Nationaldemokratischen Partei Deutschlands« (NPD), Günter Deckert, organisierten Veranstaltung

1992 – Referent bei der 11. »Revisionisten«-Tagung des »Institute for Historical Review«

1993 – Im Oktober in der BRD verhaftet, Anfang Dezember Entlassung aus der Untersuchungshaft gegen eine Kaution von 20.000 DM

Zur fachlichen Widerlegung Leuchters siehe die Beiträge von Brigitte Bailer-Galanda, Der Leuchter-Bericht, und Josef Bailer, Die »Revisionisten« und die Chemie.

Publikationen: Das erste Leuchter-Report, USA 1988; Der zweite Leuchter-Report, USA 1989; Der dritte Leuchter-Report; Der vierte Leuchter-Report

Lüftl, Dipl. Ing. Walter

Gerichtsgutachter, Präsident der österreichischen Bundesingenieurskammer bis 1992

Verfasser eines »Gutachtens«, in dem die Existenz von Gaskammern zur Ermordung von Menschen in den nationalsozialistischen Konzentrations- und Vernichtungslagern geleugnet wird

1988 – Referent bei der rechtsextremen »Arbeitsgemeinschaft für demokratische Politik« (AFP) – Wien

1991 – Veröffentlichung von Auszügen des »Gutachtens« in der österreichischen neonazistischen Zeitschrift »Halt« 59a/1991

1992 – Rücktritt als Präsident der Bundesingenieurskammer

Strafanzeige nach § 3g Verbotsgesetz durch den Verband Sozialdemokratischer Ingenieure Österreichs im »Bund Sozialdemokratischer Akademikerinnen und Akademiker, Intellektueller, Künstlerinnen und Künstler« (BSA)

Veröffentlichung des »Lüftl-Gutachtens« im »revisionistischen« »Journal of Historical Review« (»The Lüftl Report«)

1992/93 – Veröffentlichung von Artikeln in der neonazistischen Zeitschrift »Recht und Wahrheit«

1993 – Veröffentlichung von Artikeln in der vom rechtsextremen Grabert-Verlag herausgegebenen Zeitschrift »Deutschland in Geschichte und Gegenwart«

1994 – Im internationalen Computernetzwerk »Internet« wird ohne Wissen der Netzwerkbetreiber und gegen den Protest vieler Usergruppen von neonazistischen Kreisen aus den USA neben anderen »revisionistischen« Publikationen auch das »Lüftl-Gutachten« zum Abruf angeboten.

Einstellung der Voruntersuchung wegen des Verdachtes der NS-Wiederbetätigung durch die österreichischen staatsanwaltschaftlichen Behörden und das Bundesministerium für Justiz. Diese Einstellung wird in mehreren rechtsextremen Publikationen des In- und Auslandes (z.B. »Aula« und »fakten« in Österreich, »Deutschland in Geschichte und Gegenwart«, »Recht und Wahrheit«, »Mitteilungsblatt der Gesellschaft für Freie Publizistik«) als ein Freispruch bzw. vorläufiger Detailsieg des »Revisionimus« gefeiert.

Veröffentlichung eines Kapitels zum »Fall Lüftl« sowie von Briefen Walter Lüftls im von Ernst Gauss herausgegebenen Buch »Grundlagen zur Zeitschichte«

McCalden, William David (1951–1991)

1975 – Gründer der »British National Party« (BNP)

bis 1978 – Funktionär der englischen »National Front«

1978 – Mitarbeiter des antisemitischen Magazins »American Mercury«

1978–81 – Leiter des »Institute for Historical Review« (IHR) unter dem Pseudonym »Lewis Brandon«

1981 – Aussetzung einer »Belohnung« von 50.000 Dollar für »Beweise«, daß im nationalsozialistischen Vernichtungslager Auschwitz Gaskammern zur Ermordung von Menschen eingesetzt worden sind

1982 – Verläßt wegen Differenzen mit Willis Carto, dem Gründer des »Institute for Historical Review«, das IHR; Gründung der »Truth Mission« in Kalifornien; Herausgabe der Publikationen

»Holocaust News« und »David McCalden Revisionist Newsletters«
Publikation: Exiles from History

Ochensberger, Walter (geb. 1942)

Gründer des »Bundes Volkstreuer Jugend« in Österreich
Gründungsmitglied der »Nationaldemokratischen Partei« (NDP) –
Vorarlberg

1972 – Delegierter der österreichischen NDP bei einer Tagung der
Schweizer »Nationalen Aktion«

1975 – Organisator eines Europatreffens nationaler Jugendorganisa-
tionen in Bregenz; im Zusammenhang damit behördliche Auflösung des »Bundes Volkstreuer Jugend«

1978 – Erster Landessprecher der NDP-Vorarlberg

1979 – Verurteilung nach dem Pressegesetz
Prozeß wegen NS-Wiederbetätigung, Freispruch

1980 – Versendung von Schulungsmaterial mit Anleitungen für Par-
tisanenkampf, Einsatz von Waffen und dergleichen

1981 – Mitorganisator des verbotenen NDP-Parteitages in Vorarlberg

1983 – Mitunterzeichner eines Manifestes des »Rates deutscher geistiger Kräfte«
Prozeß wegen NS-Wiederbetätigung, Freispruch

1986 – Unterstützer der Präsidentschaftskandidatur von Otto Scrinzi bei der österreichischen Bundespräsidentenwahl

1988 – Gründung einer »Zentralen Erfassungsstelle jüdischer Verbrechen« und einer »Gesamtdeutschen Medienstiftung – Weltbund
der Deutschen« in Österreich

1989 – Prozeß wegen NS-Wiederbetätigung, Freispruch

1990 – Vorbereitung eines weiteren Prozesses wegen NS-Wiederbetätigung

1991–95 – Laut parlamentarischer Anfrage, XIX. GP.-Nr. 706/J
vom 10.3.1995, der Abgeordneten Terezija Stoisits, Karl Öllinger,
Freundinnen und Freunde an den Bundesminister für Justiz betreffend Maßnahmen gegen »revisionistische« Geschichtspropaganda
»1991 wegen NS-Wiederbetätigung Verurteilung zu einer unbedingten Haftstrafe von drei Jahren, die 1992 vom Obersten Gerichtshof
auf zwei Jahre herabgesetzt wurde, 1995 Entlassung aus der Haft«

1992 – Flucht ins Ausland, Haftbefehl vom Landesgericht Feldkirch/Österreich gegen Ochensberger

1993 – Verhaftung beim Versuch, von Litauen nach Deutschland einzureisen; Auslieferung nach Österreich

Von »revisionistischen« Kreisen lancierte internationale Briefkampagne an die »International Helsinki Federation for Human Rights« mit der Aufforderung, Ochensberger zu helfen

Herausgeber von »Aktuell-Jugend-Presse-Dienst« (ab 1978 »Sieg. Aktuell-Jugend-Presse-Dienst«)

1995 – Gründung der in Vorarlberg ansässigen Initiativen »Nationalfreiheitliche Gefangenenhilfe«, »Nationalfreiheitliche Projekt- und Ideenwerkstatt« und »Nationalfreiheitliches Pressearchiv«

Aufruf zur finanziellen Unterstützung der Familie von Rudolf Scheerer (Rudolf Germar)

1995/96 – Herausgabe der österreichischen Publikationen »Top Secret« und »Phönix«

Beiträge: Aktuell-Jugend-Presse-Dienst, Sieg. Aktuell-Jugend-Presse-Dienst, Nationaldemokratische Nachrichten, Top Secret, Phönix

Rami, Ahmed

Ehemaliger Leutnant beim marokkanischen Militär

1972 – Teilnahme an einem Militärputsch gegen den marokkanischen König Hassan II., nach Mißlingen des Putsches Flucht nach Schweden, wird in Abwesenheit von einem marokkanischen Gericht zum Tode verurteilt

seit 1987 – Betreiber des »Radio Islam« in Schweden

1990 – Gerichtliche Verurteilung wegen Verbreitung von antisemitischem und rassistischem Gedankengut, Einziehung seiner Radiolizenz für ein Jahr

1991 – Teilnahme an einem im März von Ewald Althans/»Amt für Volksaufklärung und Öffentlichkeitsarbeit« (AVÖ) organisierten internationalen »Revisionisten«-Kongreß in München und an einem von David Irving organisierten »Revisionisten«-Forum in England; enge Kontakte zur bundesdeutschen und zur US-amerikanischen Neonaziszene (u. a. zur amerikanischen »Nationalsozialistischen Deutschen Arbeiterpartei/Auslands- und Aufbauorganisation« NSDAP/AO)

1992 – Referent bei der 11. »Revisionisten«-Tagung des »Institute

for Historical Review«
1996 – Installierung einer Homepage im Computernetzwerk Internet

Rassinier, Paul (1906–1967)

Vor 1945:
Seit 1922 – Mitglied der Kommunistischen Partei Frankreichs
1932 – Ausschluß aus der Kommunistischen Partei Frankreichs
1934 – Mitglied der von Marceau Pivert geführten föderalistischen Fraktion der Sozialistischen Partei
Während der Besetzung Frankreichs durch deutsche Truppen Beteiligung am Aufbau der nichtkommunistischen Resistancegruppe »Liberation-Nord«
1943 – Verhaftung durch die Gestapo, Deportation in das Konzentrationslager Buchenwald, Außenlager »Dora« im Harz, Arbeit im Krankenrevier, Ordonnanz eines SS-Oberscharführers
Nach 1945:
1947 – Mitarbeit bei den anarchistischen Zeitschriften »Defense de l'Homme« und »La Voix de la Paix«
1950 – Veröffentlichung des Buches »Le Mensonge d'Ulysse« (»Die Lüge des Odysseus«), worin er u. a. schreibt: »Die unmittelbare Berührung mit der SS bringt es mit sich, daß ich sie in einem ganz anderen Licht sehe als unter dem, in welchem sie im Lager erscheint.« (S. 131)
seit 1960 – Leugnung des Holocaust
Enge Kontakte zu rechtsextremen Gruppen in Frankreich und Deutschland
1964–67 – Mitarbeit bei der antisemitischen Publikation »Rivarol«
Publikationen: Die Lüge des Odysseus, Wiesbaden 1957; Was ist Wahrheit? – Die Juden und das Dritte Reich, Druffel-Verlag, 3. Aufl. Leoni am Starnberger See 1978; Das Drama der Juden Europas, Hans Pfeiffer Verlag, Hannover 1965; Der Fall Rassinier. Ein Prozeß um das Buch »Was ist Wahrheit?«, Dokumentation, Druffel-Verlag, Leoni am Starnberger See 1971
Quelle zur Biographie: Lothar Baier, Französische Zustände. Berichte und Essays, Europäische Verlagsanstalt, Frankfurt am Main 1982

Rebhandl, Fritz (Friedrich) (geb. 1921)

Kaufmann

Vor 1945:

Angehöriger der illegalen Hitler-Jugend bis 1938

Freiwilliger der Waffen-SS (Division »Das Reich«)

Nach 1945:

1. Landessprecher der NDP-Salzburg

1974 – Organisator einer »Deutschen Weihnacht« in Salzburg

1975 – Verantwortlicher der »Jungen Nationaldemokraten« für Salzburg

1976 – Herausgabe der Zeitschrift »Aufklärung, Leitsätze, Zitate«

1977 – Organisator einer Ausstellung und Unterschriftensammlung für Rudolf Heß in Salzburg

1981 – Verteilung eines gegen die »Freiheitliche Partei Österreichs« (FPÖ) gerichteten Flugblattes bei der 25-Jahr-Feier der FPÖ in Salzburg

1982 – Kandidat auf der Liste der »Volkstreuen-Sozialen-Ordnung« bei den Gemeinderatswahlen in Salzburg

Gründung der »ARGE Wahrheitsgetreue Zeitgeschichte«

1984 – Organisierung des 15. Bundesparteitages der NDP in Wals bei Salzburg

1985 – Einladung David Irvings als Referent im Rahmen der »ARGE Wahrheitsgetreue Zeitgeschichte«

Teilnahme an einer Veranstaltung der »Deutschen Volksunion« (DVU) in Passau

1986 – Unterstützung der Präsidentschaftskandidatur von Otto Scrinzi bei der österreichischen Bundespräsidentschaftswahl

1990 – Unterstützung der Liste »Nein zur Ausländerflut«, die von der Wiener Kreiswahlbehörde wegen NS-Wiederbetätigung nicht zur österreichischen Nationalratswahl zugelassen wird

1991 – Gerichtsverfahren in Salzburg wegen NS-Wiederbetätigung

1992/93 – Gewährt in seinem Haus dem aus Deutschland ausgewiesenen Neonazi Karl Polacek Unterkunft

Laut parlamentarischer Anfrage, XIX. GP.-Nr. 706/J vom 10.3.1995, der Abgeordneten Terezija Stoisits, Karl Öllinger, Freundinnen und Freunde an den Bundesminister für Justiz betreffend Maßnahmen gegen »revisionistische« Geschichtspropaganda »1992 wegen NS-Wiederbetätigung Verurteilung zu einer bedingten

Haftstrafe, die 1993 durch den Obersten Gerichtshof auf sechs Monate unbedingt und ein Jahr bedingt erhöht wurde«

Remer, Otto Ernst (geb. 1912)

Vor 1945:

1944 – als Kommandeur des Berliner Wachregiments »Großdeutschland« an der Niederschlagung des Aufstandes vom 20. Juli 1944 maßgeblich beteiligt

1945 – Beförderung zum Generalmajor

Nach 1945:

Gründungsmitglied und 2. Vorsitzender der 1952 verbotenen »Sozialistischen Reichspartei« (SRP)

1952 – Gerichtliche Verurteilung wegen übler Nachrede und Verunglimpfung des Andenkens Verstorbener

1982 – Referent bei der 5. »Gästewoche« des »Deutschen Kulturwerks europäischen Geistes« in Österreich

Führender Aktivist des »Freundeskreis Ulrich von Hutten«

Teilnahme bei einer Veranstaltung der DVU in Lübeck

Teilnahme bei einer Feier zum 30jährigen Bestehen der »Wiking Jugend«

Hauptredner bei mehreren von Thies Christophersen organisierten Veranstaltungen

1983 – Verhängung eines Zurückweisungsauftrages im Sinne des Fremdengesetzes durch die österreichischen Behörden gegen Remer

1983–89 – Gründer und Vorsitzender der neonazistischen »Deutschen Freiheitsbewegung e. V.« (DDF)

1986 – Verurteilung durch das Landgericht Kempten wegen Beleidigung und Verunglimpfung des Andenkens Verstorbener

1987 – Referent bei der 8. »Revisionisten«-Tagung des »Institute for Historical Review«

1989 – Rücktritt als Vorsitzender der DDF, Ehrenvorsitzender der DDF

1990 – Teilnahme an einer von Ewald Althans organisierten Neonazi-Veranstaltung in München

1991 – Aufgrund interner Auseinandersetzungen Austritt aus der DDF; Herausgeber der »Remer-Depesche« als Organ der von ihm repräsentierten »J. G. Burg-Gesellschaft«

Verurteilung durch ein Schöffengericht in Bad Kissingen wegen Volksverhetzung und Aufstachelung zum Rassenhaß
1992 – Verurteilung durch das Landgericht Schweinfurt wegen Volksverhetzung und Aufstachelung zum Rassenhaß
Verurteilung durch das Landgericht München wegen Verbreitens der Auschwitz-Lüge
1993 – Verwerfung der Revision gegen das Urteil des Landesgerichts Schweinfurt durch den Bundesgerichtshof
Herausgabe der »Remer-Depesche« durch einen Herausgeberkreis mit angeblichen Sitz in England
1994 – Einstellung der »Remer-Depesche«
Flucht nach Spanien
1996 – Ablehnung eines Auslieferungsantrages der BRD durch den spanischen Obersten Gerichtshof

Roeder, Manfred (geb. 1929)
Rechtsanwalt
1971 – Gründer der »Deutschen Bürgerinitiative« (DBI)
1974 – Mitarbeiter bei Thies Christophersens Zeitschrift »Die Bauernschaft«
Verhängung eines fünfjährigen Aufenthaltsverbot für Österreich
1976 – Belegung mit einem vorläufigen Berufsverbot
Teilnahme am »Nationalistischen Weltkongreß« in New Orleans/ Louisiana
1977 – Abhaltung eines »Reichstags« in Regensburg
Gerichtliche Verurteilung wegen Störung der Aufführung eines umgearbeiteten Nazi-Propagandastückes durch eine Schülergruppe und Widerstandes gegen Polizeibeamte mit vorsätzlicher Körperverletzung
1978 – Flucht in die Schweiz und nach Österreich, von der Bundesanwaltschaft Karlsruhe als Terrorist gesucht; Gründer der »Freiheitsbewegung Deutsches Reich« (Schweizer Anschrift); illegale Einreise in die Bundesrepublik, läßt sich als Sprecher eines »Reichstags« in Flensburg die »Reichsverweserschaft« übertragen
1979 – Festnahme in der Schweiz, keine Auslieferung in die BRD; Vorwort zu Christophersens Broschüre »Die Auschwitz-Lüge«
Herausgabe der Roeder-Schrift »Europäische Freiheitsbewegung« durch den »White Power Publications«-Vertrieb des Deutsch-Ame-

rikaners Georg P. Dietz

1980 – Mehrere Sprengstoffanschläge seiner »Deutschen Aktions-
gruppe«

Heimliche Rückkehr in die BRD, Festnahme und Inhaftierung

1982 – Verurteilung durch das Oberlandesgericht Stuttgart wegen
Rädelsführerschaft, Bildung einer terroristischen Vereinigung sowie
Anstiftung zu sieben Brand- und Sprengstoffanschlägen; als zentraler Aktivist des deutschen Neonazismus unterstützte er die Verbreitung »revisionistischer« Geschichtsfälschungen

1990 – Als Redner bei einer Veranstaltung der »Nationalen Front«
in London vorgesehen. Zurückweisung durch die britischen Sicherheitsbehörden

1992 – Teilnahme an einem von der »Circulo Espanol de Amigos de
Europa«/CEDADE (»Spanischer Kreis der Freunde Europas«) in
Madrid organisierten »Revisionisten«-Treffen

1993 – Gründung eines »Deutsch-Russischen Gemeinschaftswerks
– Förderverein Nord-Ostpreußen« (auch »Preußenwerk« genannt)

1995 – Teilnahme an einer Veranstaltung des »Bündnis Konstrukti-
ver Kräfte Deutschlands«

Roques, Henri (geb. ca. 1924)

Mitglied des Herausgeberkomitees des »Journal of Historical Review« des »Institute for Historical Review«

In den siebziger Jahren Veröffentlichung mehrerer Artikel in dem
rechtsextremen Journal »L'Europe Reelle«

1971 – Kontakte zur rechtsextremen »Parti des Forces Nouvelles«

1980 – Kontakte zu Marc Fredriksens »Federation Nationale et Européenne« (FANE)

1985 – Bestreitet in seiner Dissertation den Einsatz der Gaskammern von Auschwitz für Massenmorde; Dissertation von der Universität Paris zurückgewiesen, Doktorat mit Auszeichnung von der
Universität in Nantes

1986 – Von der Regierung angeordnete Untersuchung stellt Unre-
gelmäßigkeiten bei der Verleihung des Doktorates fest, Aberkennung des Doktorats

1987 – Referent bei der 8. »Revisionisten«-Tagung des »Institute
for Historical Review«

1991 – Teilnahme an einem im März von Ewald Althans/»Amt für

Volksaufklärung und Öffentlichkeitsarbeit« (AVÖ) organisierten internationalen »Revisionisten«-Kongreß in München
Publikation: Die Geständnisse des Kurt Gerstein, Deutsche Argumente 7, Druffel-Verlag, o. O. 1986

Roth, Heinz (geb. 1913)

Vor 1945:
1937 – Mitglied der SA
Nach 1945:
Publikationen: Wieso waren wir Väter Verbrecher?, Heinz Roth-Selbstverlag, Odenhausen 1972; Was geschah nach 1945?, Heinz Roth-Selbstverlag, Odenhausen 1971/72

Rothe, Wolf Dieter (geb. 1939)

Mitglied der »Volksbewegung gegen antideutsche Greuellügen«
1983 – Indizierung der Broschüre »Von kommenden Dingen« durch die Bundesprüfstelle für jugendgefährdende Schriften
Publikationen: Die Wiesenthal-Mafia, o. O. o.J.; Simon Wiesenthal und der Moralkrieg, o. O. o. J.; Simon Wiesenthals jüdische Dokumentation und das KZ Mauthausen, o. O.o.J.; Die Endlösung der Judenfrage, Bierbaum-Verlag, Frankfurt am Main 1974

Rudolf, Germar (verehelicht Scheerer, Germar)

Pseudonym: Ernst Gauss
Dipl.-Chemiker, hat bis zu seiner Entlassung als Doktorand am Max-Planck-Institut für Festkörperforschung in Stuttgart gearbeitet
1991 – Im Auftrag des Düsseldorfer Rechtsanwalts Hajo Herrmann verfaßt er ein »Gutachten über die Bildung und Nachweisbarkeit von Cyanidverbindungen in den Gaskammern von Auschwitz«. Herrmann vertritt als Verteidiger den Alt- und Neonazi Otto Ernst Remer vor Gericht, der dieses »Gutachten« dazu benutzt, die Ermordung von Menschen in den Gaskammern von Auschwitz anzuzweifeln.
1993 – Entlassung durch das Max-Planck-Institut
Das »Gutachten« wird von der englischen »Cromwell Press« zum Verkauf angeboten
1994 – Sollte für den vor dem Mannheimer Landgericht stehenden NPD-Vorsitzenden Günter Deckert als »sachverständiger« Zeuge

auftreten

Vortrag bei der »Europa-B! Arminia Zürich zu Heidelberg e.V.«

Prozeß vor dem Stuttgarter Landgericht wegen Volksverhetzung und Verunglimpfung des Andenkens Verstorbener

1995 – Veröffentlichung eines Artikels in den »Staatsbriefen«

Durchführung von Hausdurchsuchungen in Rudolfs Wohnung durch die Sicherheitsbehörden

Durchführung einer Hausdurchsuchung beim Grabert Verlag, dem Verleger des von Rudolf (Pseudonym: Ernst Gauss) herausgegebenen Buches »Grundlagen zur Zeitgeschichte. Ein Handbuch über strittige Fragen des 20. Jahrhunderts«, durch die Sicherheitsbehörden. Beschlagnahme des Buches

Verurteilung durch das Landesgericht Stuttgart wegen Volksverhetzung und Aufstachelung zum Rassenhaß

1996 – Verurteilung des Verlegers Wigbert Grabert durch das Amtsgericht Tübingen wegen Volksverhetzung, Beleidigung und Verunglimpfung des Andenkens Verstorbener

Flucht aus der BRD nach Spanien

Publikation: Gutachten über die Bildung und Nachweisbarkeit von Cyanidverbindungen in den Gaskammern von Auschwitz, Stuttgart 1991

Unter Pseudonym:

Vorlesungen über Zeitgeschichte. Strittige Fragen im Kreuzverhör, Grabert-Verlag 1993; Grundlagen zur Zeitgeschichte. Ein Handbuch über strittige Fragen des 20. Jahrhunderts, Grabert-Verlag 1994, mit Beiträgen von: Robert Faurisson, Ernst Gauss, Germar Rudolf, Werner Rademacher (Pseudonym?), Manfred Köhler, Claus Jordan, Johannes Peter Ney, Ingrid Weckert (ehemalige führende Aktivistin der von Michael Kühnen gegründeten »Antizionistischen Aktion« in München, Autorin des beim Grabert-Verlag erschienenen Buches »Feuerzeichen – Die ›Reichskristallnacht‹«, das in der BRD auf den Index für jugendgefährdende Schriften gesetzt wurde), Udo Walendy, John Clive Ball, Carlo Mattogno, Franco Deana, Friedrich Paul Berg, Arnulf Neumaier (Autor in »Nation und Europa« und in den »Staatsbriefen«), Herbert Tiedemann

Rudolph, Tjudar

Vor 1945:

Nach Angaben Walendys Tätigkeit beim »Reichssicherheitsdienst«[15]

Nach 1945:

1988 – Zeuge für Ernst Zündel in Kanada

1989 – Von Walter Ochensberger bei dessen Prozeß wegen NS-Wiederbetätigung als Zeuge der Verteidigung angegeben

1992 – Verantwortlicher der österreichischen neonazistischen Zeitschrift »Halt«

1995 – Einladung zu einem »Revisionisten«-Kongreß in Osnabrück

Publikation: Verfasser eines 1991 erstellten, vervielfältigten »Antrages auf Entsendung einer Internationalen Gerichtsmedizinischen Kontrollkommission nach Auschwitz/Birkenau/Majdanek zwecks Erstellung eines gerichtsmedizinischen Berichtes«, fordert darin u. a., im ehemaligen Vernichtungslager Auschwitz »eine Beweis-Vergasung genau nach Angabe der klassischen Holocaustanklage durchzuführen«

Scheidl, Dr. Franz (1890–1971)

Vor 1945:

Lehrbeauftragter für Arbeitsrecht an der Rechts- und Staatswissenschaftlichen Fakultät der Universität Wien

Nach 1945:

1968 – Beschlagnahme des Buches »Deutschland und die Juden« durch die Staatsanwaltschaft Wien; Einleitung einer Voruntersuchung wegen Verbrechens nach § 3g Verbotsgesetz

1969 – In einem gerichtspsychiatrischen Gutachten wird festgestellt, daß Scheidl »bei Verfassung der inkriminierten Bücher von wahnähnlichen Ideen beherrscht und des Gebrauchs der Vernunft vollkommen beraubt« gewesen sei.

Publikationen: Die Geschichte der Verfemung Deutschlands, Dr. Scheidl-Verlag, Wien 1967/68, in 7 Bänden: Deutschland, der Staat Israel und die deutsche Wiedergutmachung; Die Wahrheit über die Millionenvergasungen an Juden; Lügenhetze im 2. Weltkrieg; Die Konzentrationslager; Deutschland und die Juden; Ausrottung der Juden; Zur Hölle mit allen Deutschen

Schmidt, Hans (geb. 1927)

Vor 1945:

Mitglied der Hitler-Jugend und der Waffen-SS
Nach 1945:
1949 – Einreise in die USA
Gründer der »German-American Anti-Defamation League«
1983 – Gründer des »German-American National Political Action Committee« (GANPAC)
Teilnehmer an der 5. »Revisionisten«-Tagung des »Institute for Historical Review«
1986 – Umbennung der »German-American Anti-Defamation League« in »German-American Information and Education Association« (GIEA)
1989 – Veröffentlichung eines Artikels in der amerikanischen Neonazi-Zeitschrift »Liberty Bell« zu Hitlers 100. Geburtstag
Teilnehmer an der 9. »Revisionisten«-Tagung des »Institute for Historical Review«
1990 – Teilnehmer an der 10. »Revisionisten«-Tagung des »Institute for Historical Review«
1995 – Veröffentlichung eines Artikels in den »Staatsbriefen«
Ausstellung eines Haftbefehles durch das Amtsgericht Schwerin wegen Aufstachelung zum Rassenhaß
Einreise in die BRD, Festnahme auf dem Flughafen Frankfurt
1996 – Prozeß vor dem Landgericht Schwerin wegen Volksverhetzung, Entlassung aus der Untersuchungshaft wegen seines schlechten Gesundheitszustandes, Flucht in die USA, neuerliche Ausstellung eines Haftbefehls
Publikation: GANPAC-Brief; Veröffentlichung mehrerer Briefe in der neonazistischen Publikation »Sieg«

Schweiger, Herbert (geb. 1924)
Vor 1945:
SS-Untersturmführer der Division »Leibstandarte Adolf Hitler«
Nach 1945:
1953 – Landesobmann des »Verbandes der Unabhängigen« (VdU) – Steiermark
1956 – Spitzenkandidat der »Freiheitlichen Partei Österreichs« (FPÖ) in Graz
Gründer der »Nationaldemokratischen Partei (NDP)/Landesorganisation Steiermark

1974 – Vortrag in der Urania, Graz, über »Die weltpolitische Lage und die Zukunft des deutschen Volkes«

1975 – Referent beim vom »Deutschen Kulturwerk europäischen Geistes« (DKEG) organisierten Ostarrichi-Treffen in Graz
Redner bei der Feier des zwanzigjährigen Bestandes des DKEG in München

1977–92 – Referent bei den »Gästewochen« des »Deutschen Kulturwerks europäischen Geistes« in Österreich

1980 – Mitglied des »Komitees zur Wahl eines nationalen Deutsch-Österreichers« (Norbert Burgers) bei der österreichischen Bundespräsidentenwahl
Mitglied des Präsidiums des DKEG

1984 – Als Redner bei der Gründungsversammlung der neonazistischen »Nationalen Front« (NF) in Wien vorgesehen, der mit Erkenntnis des österreichischen Verfassungsgerichtshofes vom 3. März 1987 wegen nationalsozialistischer Wiederbetätigung keine Rechtspersönlichkeit zuerkannt wird.

1988 – Referent bei einer Veranstaltung des bundesdeutschen rechtsextremen »Freundeskreises Ulrich von Hutten«

1990 – Mitautor einer spanischen Ausgabe des Honsik-Buches »Freispruch für Hitler?«
Laut parlamentarischer Anfrage, XIX. GP.-Nr. 706/J vom 10.3.1995, der Abgeordneten Terezija Stoisits, Karl Öllinger, Freundinnen und Freunde an den Bundesminister für Justiz betreffend Maßnahmen gegen »revisionistische« Geschichtspropaganda »1990 wegen NS-Wiederbetätigung Verurteilung durch ein Grazer Geschworenengericht zu einer Haftstrafe von drei Monaten bedingt und neun Monaten auf Bewährung«

1991 – Zusammen mit Gerd Honsik Referent bei einer Veranstaltung in Wien
Interview mit der neonazistischen Zeitschrift »Revolte – Zeitung der nationalistischen Bewegung«

1992 – In einem Schreiben der Neonazi-Organisation »Nationalistische Front« als Referent für ein Seminar angekündigt
Redner bei der 16. »Gästewoche« des DKEG
Referent beim 3. Gesamtdeutschen Kongreß der »Gesellschaft für freie Publizistik«

1994 – Referent bei einer Veranstaltung des »Nationaldemokratischen Hochschulbund e.V. zu dem Thema »Deutschland im Würgegriff der Weltplutokratie«

1995 – Verfasser des Buches »Evolution und Wissen. Neuordnung der Politik. Grundsätze einer nationalen Weltanschauung und Politik«

1996 – Hausdurchsuchung in der Wohnung Schweigers durch Beamte der steirischen Sicherheitsbehörden

Beschlagnahme des Buches, Verhaftung und Verhängung einer Untersuchungshaft über Schweiger,

Einleitung einer Voruntersuchung wegen des Verdachtes der NS-Wiederbetätigung durch die Staatsanwaltschaft Leoben/Steiermark,

Entlassung aus der Untersuchungshaft

Beiträge in: Mitteilungen des Deutschen Kulturwerkes europäischen Geistes; Huttenbriefe für Volkstum, Kultur, Wahrheit und Recht; Klartext

Publikationen: Wahre dein Antlitz, Politik und die Zukunft des deutschen Volkes, Türmer Verlag, Lochham bei München 1963; Weltpolitik und die Zukunft des deutschen Volkes, Deutsches Kulturwerk europäischen Geistes, Graz 1983; Das Recht auf Wahrheit. Die Hintergründe des Falles Bronfman- Waldheim, Burgenländischer Kulturverband, Mürzzuschlag 1988; Evolution und Wissen. Neuordnung der Politik. Grundsäätze einer nationalen Weltanschauung und Politik, Arbeitsgemeinschaft für Philosophie, Geschichte und Politik, Günzburg 1995

Smith, Bradley

Media Project Director beim »Institute for Historical Review«

Bis 1986 – Herausgabe der Zeitschrift »Prima Facie«

1986 – Referent bei der 7. »Revisionisten«-Tagung des »Institute for Historical Review«

1987 – Direktor des von William Curry gegründeten »Committee on Open Debate on the Holocaust«/CODOH (»Komitee für offene Debatte über den Holocaust«)

Referent bei der 8. »Revisionisten«-Tagung des »Institute for Historical Review«

Seit 1988 – Herausgabe der »Revisionist Letters«

1990 – Referent bei der 10. »Revisionisten«-Tagung des »Institute for Historical Review«

1992 – Referent bei der 11. »Revisionisten«-Tagung des »Institute for Historical Review«

1995 – Installierung einer Homepage im Computernetzwerk Internet

Stäglich, Wilhelm (geb. 1916)

Vor 1945:
Finanzgerichtsrat, Ordonnanzoffizier im Stab einer Flakabteilung, die einige Monate bei Auschwitz zum Schutze der Industrieanlagen sowie der Arbeits- und Konzentrationslager stationiert war

Nach 1945:
Mitarbeiter des »Editorial Advisory Committee« der Zeitschrift »Journal of Historical Review«

1972 – Mitglied des NPD-Landesvorstandes in Hamburg

1974 – Richter, Disziplinarverfahren wegen seiner Veröffentlichungen in einer rechtsextremen Zeitschrift

1975 – Aufgrund eines Urteils des Oberlandesgerichts Hamburg unter befristeter Kürzung seiner Pension in den Ruhestand versetzt

1980 – Beschlagnahme seines Buches »Der Auschwitz-Mythos« auf Anordnung des Landgerichts Stuttgart

1983 – Bestätigung der Einziehung des Buches durch den Bundesgerichtshof

Referent bei der 5. »Revisionisten«-Tagung des »Institute for Historical Review«

1987 – Aberkennung seines Doktorgrades durch die Universität Göttingen

1991 – Teilnahme an einem im März von Ewald Althans/»Amt für Volksaufklärung und Öffentlichkeitsarbeit« (AVÖ) organisierten internationalen »Revisionisten«-Kongreß in München

1993 – Zusage einer Teilnahme an den von Thies Christophersen geplanten »Nordischen Dichtertagen«

Publikation: Der Auschwitz-Mythos. Legende und Wirklichkeit?, Grabert-Verlag, Tübingen 1979

Steinberg, Helmut

Pseudonym für Heinrich Härtle

Stourac, Ing. Franz (geb. 1912)

Ehemaliges Verbandsleitungsmitglied des »Kärntner Heimatdienstes« (KHD) und Landesobmann-Stellvertreter des »Kärntner Abwehrkämpferbundes« (KAB), Mitglied der »Österreichischen Historiker-Arbeitsgemeinschaft für Kärnten und Steiermark«

1984 – Erster Landessprecher der NDP-Kärnten

1985 – Herausgeber des »Kärntner Klartext«

Teilnahme an einer Veranstaltung der »Deutschen Volksunion« (DVU) in Passau

1988 – Vortrag bei der 23. Politischen Akademie der rechtsextremen »Arbeitsgemeinschaft für demokratische Politik« (AFP) in Feldkirchen/Kärnten

Referent bei der AFP-Wien

bis 1988 – Mitglied des »Vereins der Freunde Kärntens« und Schriftleiter von »Kärnten berichtet«

1988–90 – Obmann des in Kärnten ansässigen rechtsextremen Vereins »Grenzlandbund« und verantwortlicher Redakteur der Zeitschrift »Das Grenzland ruft«

1988 – Bezeichnet in Zusammenhang mit einer Besprechung des Honsik-Buches »Freispruch für Hitler« die Ermordung von Juden durch Giftgas als »politische Lüge« und »Propaganda«

1989 – Laut parlamentarischer Anfrage, XIX. GP.-Nr. 706/J vom 10.3.1995, der Abgeordneten Terezija Stoisits, Karl Öllinger, Freundinnen und Freunde an den Bundesminister für Justiz betreffend Maßnahmen gegen »revisionistische« Geschichtspropaganda »1989 wegen Leugnung des Holocaust Verurteilung nach § 283 StGB zu einer Geldstrafe«[16]

1990 – Vortrag bei der AFP-Wien

ab 1990 – Herausgeber von »Das Grenzland ruft«

1993 – Referent bei der AFP-Wien

Redner bei einer Tagung des rechtsextremen »Vereins Dichterstein Offenhausen« in Offenhausen/Oberösterreich

1994 – In Zusammenhang mit den im Dezember 1993 erfolgten Briefbombenattentaten führen Beamte des Innenministeriums auf Antrag des Wiener Landesgerichtes in der Wohnung Stouracs eine Hausdurchsuchung durch (Das Grenzland ruft 5/1994).

Veröffentlichung eines Artikels über Hans Steinacher in den vom Freiheitlichen Bildungswerk in Wien herausgegebenen »Freien Ar-

Strobl, Johann (Hans) (geb. 1937)

Ehemaliger Aktivist der 1988 verbotenen neonazistischen »Nationaldemokratischen Partei« (NDP) – Burgenland und der österreichischen rechtsextremen »Arbeitsgemeinschaft für demokratische Politik« (AFP)

Zusammenarbeit mit Gerd Honsik, Vorsitzender des »Burgenländischen Kulturverbandes«

bis 1986 – Leiter des »Dietrich Klagges-Heimes« in Wien

1983 – Teilnahme am Bundesparteitag der »Österreichischen Bürgerpartei«

1986 – Teilnahme an »Geländespielen« der von Gerd Honsik gegründeten »Nationalen Front« (NF), der mit Erkenntnis des österreichischen Verfassungsgerichtshofes vom 3. März 1987 wegen nationalsozialistischer Wiederbetätigung keine Rechtspersönlichkeit zuerkannt wird

1988 – Verfasser eines Vorwortes für das von Gerd Honsik verfaßte und vom »Burgenländischen Kulturverband« herausgegebene Buch »Freispruch für Hitler? 36 Zeugen wider die Gaskammer« (wegen Verstoßes gegen NS-Verbotsgesetz gerichtlich beschlagnahmt)

1990 – Kandidatur bei den Handelskammerwahlen mit einer »Liste Strobl«

Laut parlamentarischer Anfrage, XIX. GP.-Nr. 706/J vom 10.3. 1995, der Abgeordneten Terezija Stoisits, Karl Öllinger, Freundinnen und Freunde an den Bundesminister für Justiz betreffend Maßnahmen gegen »revisionistische« Geschichtspropaganda »wegen des Buches ›Freispruch für Hitler‹ 1990 Verurteilung durch das Münchner Amtsgericht zu einer bedingten Haftstrafe von acht Monaten und zu einer Geldstrafe von 5.000 DM«

1991 – April bis Juni Vorsitzender der in Österreich aktiven neonazistischen »Volksbewegung«

1993 – Verfasser eines Vorwortes für das von Gerd Honsik verfaßte und gerichtlich beschlagnahmte Buch »Schelm und Scheusal – Meineid, Macht und Mord auf Wizenthals Wegen«

Studer, Andres Johannes Wolfgang (geb. 1936)

Institutsleiter eines »Freien Instituts für Humanität und Kreativität«

in Regensdorf/Schweiz

1975/1979 – Kandidat für die Linksliberalen bei den Schweizer Nationalratswahlen

1992 – Teilnahme am Prozeß gegen den Neonazi Fritz Rebhandl in Salzburg

Herausgeber von Flugblättern, in denen er den Prozeß gegen Rebhandl als »Schandfleck für Wissenschaft und Demokratie«, »Inquisitionsprozeß« etc. und Auschwitz als »Jahrhundert-Lüge« und »Greuelmärchen« bezeichnet

Verfasser eines Briefes an Prof. Jagschitz vom Institut für Zeitgeschichte an der Universität Wien, in dem er unter Bezugnahme auf »Revisionisten« wie David Irving und Germar Rudolf den Holocaust in Frage stellt; Veröffentlichung des Briefes in der neonazistischen Zeitschrift »Recht und Wahrheit« 9–10/1992.

Verhängung einer Zurückweisungsverfügung an der Grenze durch die österreichischen Behörden (d. h., er darf nicht nach Österreich einreisen)

Erstattet bei der Staatsanwaltschaft Salzburg zusammen mit Gerlinde Haberl[17] gegen den Richter im Rebhandl-Prozeß eine Strafanzeige wegen »Rechtsverweigerung durch Nichtzulassen von Entlastungsmaterial« zugunsten von Rebhandl

Bringt zusammen mit Gerlinde Haberl beim österreichischen Verfassungsgerichtshof eine Nichtigkeitsklage gegen die NS-Verbotsgesetznovelle 1992 ein

1994 – Ablehnung einer von Studer/»Freies Institut für Humanität und Kreativität« und Gerlinde Haberl/»Paracelsus-Vereinigung« in Salzburg gegen Simon Wiesenthal und das Dokumentationsarchiv des österreichischen Widerstandes (DÖW) eingebrachten Klage wegen Ehrverletzung durch das Bezirksgericht Zürich

Kann laut Urteil eines Zürcher Bezirksgerichts als Nazi-Sympathisant bezeichnet werden

1995 – Geschäftsführer einer »Internationalen Vereinigung zum Schutz der Therapiefreiheit und Elternrechte«

1996 – Einleitung eines Verfahrens durch das Obergericht Zürich wegen Leugnung des Holocaust

Publikationen: Herausgabe von Flugblättern wie z.B. »Der Holocaust – eine Geschichtslüge?«

Vogt, Arthur (geb. 1917)

Ehemaliges Mitglied der »Nationalen Aktion« (NA) in der Schweiz führender Aktivist der »Arbeitsgemeinschaft zur Enttabuisierung der Zeitgeschichte« (AEZ) in Regensburg (Schweiz)

1989 – Kontakte zur »Nationalrevolutionären Partei Schweiz« (NPS)

1991 – Referent bei der »Thomas-Dehler-Stiftung« zum Thema »Revisionismusstreit – neuere Erkenntnisse der Geschichtswissenschaft im Widerstreit«

1994 – Verurteilung durch ein Nürnberger Gericht wegen »Verunglimpfung des Andenkens Verstorbener«; Versendung des »Rudolf-Gutachtens« an Politiker, Juristen, Medien und Dozenten der Universität Zürich

Publikation: Aurora (erscheint ca. fünf- bis sechsmal im Jahr); Die Verschwörung des Schweigens, 1979

Wahl, Dr. Max (geb. 1923)

Herausgeber der schweizerischen Zeitschrift »Der Eidgenoss«

1975–81 – Mitbegründer und Mitglied der »Eidgenössisch-Demokratischen Union« (EDU)

seit 1981 – Alleiniger Herausgeber des »Eidgenoss«

1985 – Referent bei der 9. »Gästewoche« des »Deutschen Kulturwerks europäischen Geistes« in Österreich

1990 – Sperre seines bundesdeutschen Postscheck-Kontos durch die Justizbehörden

1992 – Verhängung einer Strafe durch das Landgericht München wegen Volksverhetzung, Aufstachelung zum Rassenhaß, Beleidigung und Verunglimpfung des Andenkens Verstorbener

Referent bei der »Hilfsgemeinschaft für nationale politische Gefangene und deren Angehörige e.V.« (HNG)

Referent bei einer Schulungsveranstaltung der 1993 verbotenen »Heimattreuen Vereinigung Deutschlands« (HVD)

1994 – Einstellung des »Eidgenoss«

1996 – Herausgeber der »Notizen«

Einleitung von Ermittlungen durch die Bezirksanwaltschaft Winterthur wegen Widerhandlung gegen das Antirassismusgesetz

Publikation: Deutschland 1999 – Die letzte Rettung der Sieger?

Walendy, Dipl. Pol. Udo (geb. 1927)

Mitarbeiter des »Editorial Advisory Committee« der Zeitschrift »Journal of Historical Review«

1956/57 – Angestellter im Britischen Hauptquartier in Mönchengladbach

1958 – Lehrbeauftragter im Generalsekretariat des Deutschen Roten Kreuzes

1959/60 – Leiter der Volkshochschule Herford

1963 – Gründung des Verlages für Volkskunde und Zeitgeschichtsforschung

1964 – Bundestagskandidat der NPD und Mitglied des NPD-Bundesvorstandes

1978/79 – Gerichtliche Einziehung von Christophersens Buch »Die Auschwitz-Lüge«, das Walendy vom Kritik-Verlag übernahm, durch die 4. Große Strafkammer des Landgerichtes Bielefeld wegen Volksverhetzung und Aufstachelung zum Rassenhaß

1979 – Referent bei der 1. »Revisionisten«-Tagung des »Institute for Historical Review«

1980 – Referent bei der 4. »Gästewoche« des »Deutschen Kulturwerks europäischen Geistes« in Österreich

1981 – Verwaltungsgericht Köln bestätigt den Beschluß des Landgerichts Bielefeld

1982 – Referent bei der 5. »Gästewoche« des »Deutschen Kulturwerks europäischen Geistes«
Verhängung eines Aufenthaltsverbotes in Österreich

1984 – Oberlandesgericht Münster verwirft die durch das Bielefelder Landgericht ausgesprochene Einziehung

1986 – Beitritt zum »Editorial Advisory Committee« des »Journal of Historical Review«

1987 – Referent beim Jahreskongreß der »Gesellschaft für freie Publizistik«

1988 – Zeuge für Ernst Zündel in Kanada

1991 – Teilnahme an einem im März von Ewald Althans/»Amt für Volksaufklärung und Öffentlichkeitsarbeit« (AVÖ) organisierten internationalen »Revisionisten«-Kongreß in München
Referent bei der »1. Hetendorfer Tagungswoche«

1993 – Zusage einer Teilnahme an den von Thies Christophersen geplanten »Nordischen Dichtertagen«

1996 – Hausdurchsuchung in den Geschäfts- und Privaträumen, Beschlagnahme von mehreren Büchern (u. a. »Der Auschwitz-Mythos«) und von Heften aus der Reihe »Historische Tatsachen« Verurteilung durch das Bielefelder Landgericht wegen Verunglimpfung des Andenkens Verstorbener und wegen Volksverhetzung

Publikationen: Bis 1995 sind 68 Nummern der von Udo Walendy herausgegebenen Publikation »Historische Tatsachen« im »Verlag für Volkstum und Zeitgeschichtsforschung«, Vlotho, erschienen, wie z. B.: Starben wirklich sechs Millionen?, von Richard Harwood, Historical Review Press, Richmond, England, deutsche Ausgabe: Historische Tatsachen 1/1975; Die Methoden der Umerziehung, Historische Tatsachen 2/1976; NS-Bewältigung – Deutsche Schreibtischtäter, von Udo Walendy und Wilhelm Stäglich, Historische Tatsachen 5/1979; Der moderne Index, Historische Tatsachen 7/1980; Holocaust nun unterirdisch?, Historische Tatsachen 9/1981; Behörden contra Historiker, Historische Tatsachen 13/1982; Kenntnismängel der Alliierten, Historische Tatsachen 15/1982; Strafsache wissenschaftliche Forschung, Historische Tatsachen 21/1984; Amtliche Lügen straffrei, Bürgerzweifel kriminell, Historische Tatsachen 29/1985; Die Befreiung von Auschwitz 1945, Historische Tatsachen 31/1987; Die Wannsee-Konferenz vom 20.1.1942, Historische Tatsachen 35/1988; Ein Prozeß, der Geschichte macht, Historische Tatsachen 36/1988; weitere Publikationen von Udo Walendy im selben Verlag: Wahrheit für Deutschland. Die Schuldfrage des Zweiten Weltkrieges, 1965; Europa in Flammen 1939–1945, Bd. 1 1966, Bd. 2 1967; Bild-Dokumente für die Geschichtsschreibung?, 1973; Auschwitz im IG-Farben-Prozeß, Holocaustdokumente?, 1981

Weber, Mark (geb. 1951)

1978 – Nachrichtenredakteur des »National Vanguard« (früher »Attack!«) der neonazistischen Gruppe »National Alliance« von William Pierce

1979 – Veröffentlichung von Artikeln in der antisemitischen US-Zeitschrift »The Spotlight«

1980 – Artikel für das »Journal of Historical Review« Referent bei der 2. »Revisionisten«-Tagung des »Institute for Historical Review«

1982 – Referent bei der 4. »Revisionisten«-Tagung des »Institute for Historical Review«

1984 – Leiter der jährlich stattfindenden internationalen Konferenz des »Institute for Historical Review«

1985 – Referent bei der 6. »Revisionisten«-Tagung des »Institute for Historical Review«

1986 – Referent bei der 7. »Revisionisten«-Tagung des »Institute for Historical Review«

1987 – Mitbegründer und bis 1990 Kodirektor des »Committee for Open Debate on the Holocaust«/CODOH

1988 – Zeuge für Ernst Zündel in Kanada

1989 – Referent bei der 9. »Revisionisten«-Tagung des »Institute for Historical Review«

1990 – Referent bei der 10. »Revisionisten«-Tagung des »Institute for Historical Review«

1991 – Teilnahme an einem im März von Ewald Althans/»Amt für Volksaufklärung und Öffentlichkeitsarbeit« (AVÖ) organisierten internationalen »Revisionisten«-Kongreß in München

1992 – Referent bei der 11. »Revisionisten«-Tagung des »Institute for Historical Review«

1994 – Als Referent für eine im September geplante Tagung des »Institute for Historical Review« vorgesehen

Publikationen: Regelmäßige Beiträge im »IHR Newsletter« des »Institute for Historical Review«, Berater des Herausgebers des »Journal of Historical Review« und wahrscheinlicher Nachfolger des Herausgebers, Beiträge in »The Spotlight«

Yockey, Francis Parker (1917–1960)

1943 – Entlassung aus dem amerikanischen Militärdienst (litt an Verfolgungswahn und Halluzinationen)

1945 – Juristischer Sachberater für das amerikanische Militärgericht bei den Nürnberger Prozessen

1946 – Beendet die Arbeit beim amerikanischen Militärgericht wegen der seiner Meinung nach ungerechten Behandlung der Naziführer

1949 – Verfassung der »Proclamation of London«, in der er die Wiederauferstehung des Nationalsozialismus und die Vertreibung der Juden aus Europa verlangt

1952 – Entzug seines Reisepasses durch das amerikanische Außenministerium
1954 – Kontakte zu Neonazis
1960 – Verhaftung wegen des Besitzes von drei Reisepässen, Selbstmord in der Untersuchungshaft
Publikation: Imperium – The Philosophy of History and Politics

Zündel, Ernst (geb. 1939)

Pseudonym: Christof Friedrich
Gebürtiger Deutscher, seit 1957 in Kanada
Seit 1976 – Inhaber des »Samisdat«-Verlags in Toronto, Versendung des »Germania«-Rundbriefes
1976/77 – Mitherausgeber der neonazistischen US-Zeitschrift »White Power Report«
1981 – Versendung rechtsextremer Materialien an US-Radiostationen, von westdeutschen Polizeibehörden als einer der größten Lieferanten von neonazistischem Propagandamaterial bezeichnet
1985 – Gerichtliche Verurteilung wegen Veröffentlichung falscher Nachrichten über den Holocaust;
1987 – Aufhebung des Urteils durch ein Berufungsgericht wegen eines Formalfehlers
1988 – Neuerlicher Prozeß und Verurteilung, international bekannte »Revisionisten« treten als Zeugen der Verteidigung auf; Bezahlung von ca. 35.000 Dollar für Reisekosten zur Erstellung des »Leuchter-Gutachtens«
1990 – Referent bei der 10. »Revisionisten«-Tagung des »Institute for Historical Review«
1991 – Heimliche Einreise zu einem im März von Ewald Althans/»Amt für Volksaufklärung und Öffentlichkeitsarbeit« (AVÖ) organisierten internationalen »Revisionisten«-Kongreß in München Verhaftung, Verhängung einer Strafe durch das Amtsgericht München wegen Volksverhetzung, Verunglimpfung des Andenkens Verstorbener und Aufstachelung zum Rassenhaß
1992 – Freispruch durch den Obersten Gerichtshof Kanadas Teilnahme an einem von der »Circulo Espanol de Amigos de Europa«/CEDADE (»Spanischer Kreis der Freunde Europas«) in Madrid organisierten »Revisionisten«-Treffen
Redner bei einer von Thies Christophersen durchgeführten Veran-

staltung in Antwerpen

1993 – Betreiber von »revisionistischen« Radio- und Fernsehprogrammen in den USA

Antrag auf Verleihung der kanadischen Staatsbürgerschaft

Ablehnung der Berufung gegen das Urteil des Amtsgericht München durch das Landgericht München

1994 – Als Referent für eine im September geplante Tagung des »Institute for Historical Review« vorgesehen

Publizierte und agierte bis 1978 unter dem Namen Christof Friedrich. In seinem Verlagsprogramm werden u.a. »revisionistische« Videos und Bücher von Arthur R. Butz, Austin J. App, Richard Harwood, Fred Leuchter etc. angeboten.

Herausgeber der Publikation »Die Bauernschaft«

Kontakte zu dem Vorsitzenden der »Liberaldemokratischen Partei Rußlands«, Wladimir Schirinowskij

1995 – Installierung einer Homepage im Computernetzwerk Internet

Anzeigen und Anklagen in Kanada wegen Diffamierung und Volksverhetzung

1996 – Einstellung der Herausgabe der Zeitschrift »Die Bauernschaft«

Einstellung der Anklage wegen Volksverhetzung

Sperre der Zündelhomepage in der BRD, Ermittlungen der bundesdeutschen Behörden wegen Volksverhetzung

Publikationen: Germania, Verlag Samisdat Publishers Ltd., o.O. o.J.; Hitler am Südpol?

Anmerkungen

1 Die Beiträge zu E. Althans, R. Bohlinger, G. Deckert, G. Frey, W. Grabert entstanden durch die Mitarbeit von Susanne Brandt (Antifaschistisches Pressearchiv und Bildungszentrum Berlin e.V.) und Fabian Virchow.

2 In Rajsko befand sich das Hygieneinstitut Südost der Waffen-SS für das SS-WVHA (SS-Wirtschafts-Verwaltungshauptamt)/Amt W V (Land-, Forst- und Fischwirtschaft), in dem auch eine Pflanzenzuchtanstalt untergebracht war. Tagsüber wurden dort Häftlinge aus dem nahe gelegenen KZ Auschwitz I zur Arbeit eingesetzt.

3 Diese Veranstaltung wurde aufgrund massiver Proteste in der Öffentlichkeit nicht durchgeführt.

4 Die »Ijzerbedevaart« ist eine Veranstaltung zum Gedenken an die gefallenen Flamen des Ersten Weltkrieges, die seit 1927 im belgischen Diksmuide druchgeführt wird und an der

jedes Jahr zahlreiche Rechtsextremisten und Neonazis aus verschiedenen europäischen Ländern teilnehmen.

5 Die »Hetendorfer Tagungswoche« wurde von folgenden Organisationen gemeinsam gestaltet: »Artgemeinschaft e.V.«, »Familienwerk e.V.«, »Freundeskreis Filmkunst e.V.«, »Gesellschaft für biologische Anthropologie, Eugenik und Verhaltensforschung e.V.«, »Gesellschaft für freie Publizistik – Arbeitskreis Hamburg«, »Heide-Heim e.V.«, »Heinrich-Anacker-Kreis e.V.«, »Nordischen Ring e.V.«

6 Die »Aula« wird in dem vom Dokumentationsarchiv des österreichischen Widerstandes herausgegebenen »Handbuch des österreichischen Rechtsextremismus«, 3. Auflage, Wien 1994, auf S. 125 f. folgendermaßen charakterisiert: »Der ›Aula-Verlag‹ und vor allem die von ihm herausgegebene Zeitschrift ›Aula‹ sind in den letzten jahren in den Mittelpunkt des rechtsextremen Spektrums Österreichs gerückt und haben sowohl in politisch-organisatorischer Hinsicht als auch und noch stärker in politisch-weltanschaulichen Belangen eine zentrale Funktion erlangt, insbesondere als Brücke von der FPÖ zu allen außerparlamentarischen Strîmungen des Rechtsextremismus und Deutschnationalismus bzw. auch zu einzelnen Vertretern des Rechtskonservatismus. Im wesentlichen repräsentiert die ›Aula‹ das deutschnationale bis rechtsextreme Milieu in Österreich, ausgenommen dem militanten jugendlichen Neonazismus.«

7 Siehe dazu: Bundesminister des Innern (Hrsg.), Verfassungsschutzbericht 1977, S. 4

8 Laut »blick nach rechts« 8, 18.4.1995 ist es »amtlich«, daß sich hinter dem Namen Gauss der »Revisionist« Germar Rudolf versteckt.

9 Die in der Schweiz agierende Gruppe »Avalon« widmet sich der Pflege des »keltisch-germanischen Erbes Europas«. Ein führender Aktivist dieser Gruppe ist Roger Wüthrich, ehemaliger Leiter der »Wiking-Jugend Schweiz«.

10 § 223 des österreichischen Strafgesetzbuches bezieht sich auf das Delikt »Strafbare Handlungen gegen die Zuverlässigkeit von Urkunden und Beweiszeichen« (Urkundenfälschung), § 228 auf das Delikt »mittelbare unrichtige Beurkundung oder Beglaubigung« von Urkunden. § 109 Abs. 1 der österreichischen Strafprozeßordnung regelt die Einstellung oder Schließung einer Voruntersuchung und besagt, daß »die Voruntersuchung durch Verfügung des Untersuchungsrichters einzustellen ist, sobald der Ankläger das Begehren nach strafrechtlicher Verfolgung zurückzieht oder erklärt, daß er keinen Grund zur weiteren gerichtlichen Verfolgung finde«.

11 Der § 412 der österreichischen Strafprozeßordnung (STPO) besagt folgendes: »Wenn der Täter eines Verbrechens oder Vergehens nicht bekannt ist oder nicht vor Gericht gestellt werden kann, so muß doch die Erhebung der Beschaffenheit der Tat auf Antrag des Staatsanwaltes mit der vorschriftsmäßigen Sorgfalt und Genauigkeit gepflogen werden. Das Verfahren ist in solchen Fällen erst, wenn keine Anhaltspunkte zu weiteren Nachforschungen mehr vorhanden sind, bis zur künftigen Entdeckung oder Auffindung des Täters einzustellen.« In den Erläuterungen zu diesem Paragraphen wird weiter festgestellt: »Die Einstellung des Verfahrens nach § 412 ist [...] nur eine vorläufige [...] und enthält keinen Rücktritt des Anklägers von der Verfolgung. Sie wird daher von der Praxis als ›Abbrechung des Verfahrens‹ bezeichnet.«

12 Siehe dazu: Claus Gatterer, Kein Volk, kein Reich und viele Führer, in: Forum, Februar 1960, S. 48.

13 Siehe dazu: Friedrich Paul Heller/Anton Maegerle, Thule. Vom völkischen Okkultismus bis zur Neuen Rechten, Schmetterling Verlag, Stuttgart 1995, S. 96 ff. Die hier angegebenen biographischen Daten basieren, wenn nichts anderes angegeben, auf einem Gespräch Landigs mit einem der Autoren dieses Buches.

14 Das ist der niedrigste akademische Grad in Geisteswissenschaften.

15 Udo Walendy, Ein Prozeß, der Geschichte macht, Vlotho/Weser 1988, S. 13 (Historische Tatsachen 36/1988). Es dürfte der Sicherheitsdienst der SS (SD) gemeint sein.

16 Der § 283 (Verhetzung) des österreichischen Strafgesetzbuches (StGB) besagt folgendes:

(1) Wer öffentlich auf eine Weise, die geeignet ist, die öffentliche Ordnung zu gefährden, zu einer feindseligen Handlung gegen eine im Inland bestehende Kirche oder Religionsgesellschaft oder gegen eine durch ihre Zugehörigkeit zu einer solchen Kirche oder Religionsgesellschaft, zu einer Rasse, zu einem Volk, einem Volksstamm oder einem Staat bestimmte Gruppe auffordert oder aufreizt, ist mit Freiheitsstrafe bis zu einem Jahr zu bestrafen.

(2) Ebenso ist zu bestrafen, wer öffentlich in einer die Menschenwürde verletzenden Weise gegen eine der im Abs. 1 bezeichneten Gruppen hetzt, sie beschimpft oder verächtlich zu machen sucht.

17 Mag. Gerlinde Haberl ist eine führende Aktivistin der »Paracelsus-Vereinigung« in Neumarkt.

Gustav Spann
Auswahlbibliographie

Wissenschaftliche Dokumentationen nationalsozialistischer Massenverbrechen

Benz, Wolfgang (Hrsg.), Dimension des Völkermords. Die Zahl der jüdischen Opfer des Nationalsozialismus, München 1991 (R. Oldenbourg Verlag).

Bracher, Karl-Dietrich/Funke, Manfred/Jacobsen, Hans-Adolf (Hrsg.), Nationalsozialistische Diktatur 1933-1945, Bonn 1986 (Schriftenreihe der Bundeszentrale für Politische Bildung 192).

Buchheim, Hans/Broszat, Martin/Jacobsen, Hans-Adolf/Krausnick, Helmut (Hrsg.), Anatomie des SS-Staates, 2 Bände, 2. Auflage München 1979. Band 1: Die SS – das Herrschaftssystem. Befehl und Gehorsam. Band 2: Konzentrationslager, Kommissarbefehl, Judenverfolgung (dtv dokumente 2915, 2916).

Dachauer Hefte. Studien und Dokumente zur Geschichte der nationalsozialistischen Konzentrationslager. Sklavenarbeit im KZ (Heft 2/1986); Frauen – Verfolgung und Widerstand (Heft 3/1987); Medizin im NS-Staat – Täter, Opfer, Handlanger (Heft 4/1988); Die vergessenen Lager (Heft 5/1989); Erinnern oder Verweigern (Heft 6/1990).

Friedrich, Jörg, Die kalte Amnestie. NS-Täter in der Bundesrepublik, Frankfurt am Main 1984 (Fischer TB 4308).

Gilbert, Martin, Endlösung. Die Vertreibung und Vernichtung der Juden. Ein Atlas, Reinbek bei Hamburg 1982 (rororo 5031).

Hilberg, Raul, Die Vernichtung der europäischen Juden, Berlin 1982 (Verlag Olle & Wolter).

Hilberg, Raul, Sonderzüge nach Auschwitz, Mainz 1981 (Dokumente zur Eisenbahngeschichte 18, Verlag Dumjahn).

Jäckel, Eberhard/Rohwer, Jürgen (Hrsg.), Der Mord an den Juden im Zweiten Weltkrieg, Frankfurt am Main 1987 (Fischer TB 4380).

Jäger, Herbert, Verbrechen unter totalitärer Herrschaft. Studien zur nationalsozialistischen Gewaltkriminalität, Frankfurt am Main 1982 (Suhrkamp Taschenbuch Wissenschaft – stw 388).

Kammer, Hilde/Bartsch Elisabet (Hrsg.), Nationalsozialismus: Begriffe aus der Zeit der Gewaltherrschaft 1933–1945, neu bearb. Ausg. Reinbek bei Hamburg 1992 (rororo 6336).

Klee, Ernst, »Euthanasie« im NS-Staat. Die »Vernichtung lebensunwerten Lebens«, Frankfurt am Main 1983 (Fischer TB 4326).

Klee, Ernst/Dreßen, Willi/Rieß, Volker (Hrsg.), Schöne Zeiten. Judenmord aus der Sicht der Täter und Gaffer, Frankfurt am Main 1988 (S. Fischer Verlag).

Kogon, Eugen/Langbein, Hermann/Rückerl, Adalbert (Hrsg.), Nationalsozialistische Massentötungen durch Giftgas. Eine Dokumentation, Frankfurt am Main 1983 (S. Fischer Verlag, erschienen auch als Fischer TB 4353).

Krausnick, Helmut, Hitlers Einsatzgruppen: Die Truppen des Weltanschauungskrieges 1938–1942, Frankfurt am Main 1985 (Fischer TB 4344).

Lanzmann, Claude, Shoah, 2. Auflage Düsseldorf 1986 (Verlag Claassen, erschienen auch als dtv-TB 10924).

Pätzold, Kurt/Schwarz, Erika, Tagesordnung: Judenmord. Die Wannsee-Konferenz am 20. Januar 1942. Eine Dokumentation zur Organisation der »Endlösung«, Bd. 3 der Reihe Dokumente, Texte, Materialien des Zentrums für Antisemitismusforschung der TU Berlin, Berlin 1992 (Metropol Verlag).

Pressac, Jean-Claude, Die Krematorien von Auschwitz. Die Technik des Massenmordes, München 1994 (Piper).

Segev, Tom, Die Soldaten des Bösen. Zur Geschichte der KZ-Kommandanten, Reinbek bei Hamburg 1992 (rororo Sachbuch 8826).

Sofsky, Wolfgang, Die Ordnung des Terrors: Das Konzentrationslager, 4. Auflage Frankfurt am Main 1993 (S. Fischer).

Rückerl, Adalbert (Hrsg.), NS-Vernichtungslager im Spiegel deutscher Strafprozesse. Belzec Sobibor Treblinka Chelmno, 3. Auflage München 1979 (dtv dokumente 2904).

Rückerl, Adalbert, NS-Verbrechen vor Gericht. Versuch einer Vergangenheitsbewältigung, Heidelberg 1982 (C. F. Müller Juristischer Verlag).

Streit, Christian, Keine Kameraden. Die Wehrmacht und die sowjetischen Kriegsgefangenen 1941-1945, Stuttgart 1978 (Studien zur Zeitgeschichte 13).

Weinmann, Martin (Hrsg.), Das nationalsozialistische Lagersystem, Frankfurt am Main 1990 (Verlag Zweitausendundeins).

Wellers Georges, Die Zahl der Opfer der »Endlösung« und der Korherr-Bericht, in: Aus Politik und Zeitgeschichte. Beilage zur Wochenzeitung Das Parlament B 30/78 (29. Juli 1978), S. 22–39.

Zur Auseinandersetzung mit der Apologie des Nationalsozialismus

Arndt, Ino/Scheffler, Wolfgang, Organisierter Massenmord an Juden in nationalsozialistischen Konzentrationslagern. Ein Beitrag zur Richtigstellung apologetischer Literatur, in: Peter Märtesheimer/Ivo Fränzel (Hrsg.), Im Kreuzfeuer: Der Fernsehfilm Holocaust. Eine Nation ist betroffen, Frankfurt am Main 1979 (Fischer TB 4213).

Baier, Lothar, Die Weißwäscher von Auschwitz, in: Trans-Atlantik 7 (1981), S. 14–26.

Benz, Wolfgang, Die Opfer und die Täter – Rechtsextremismus in der Bundesrepublik, in: Aus Politik und Zeitgeschichte. Beilage zur Wochenzeitung Das Parlament B 27/80 (5. Juli 1980).

Benz, Wolfgang, Judenvernichtung aus Notwehr? Die Legende um Theodore N. Kaufmann, in: Vierteljahrshefte für Zeitgeschichte 29 (1981) 4, S. 615–630.

Benz, Wolfgang (Hrsg.), Rechtsextremismus in Deutschland. Voraussetzungen, Zusammenhänge, Wirkungen, aktualisierte und erw. Neuausgabe Frankfurt am Main 1994 (Fischer TB 12276).

Benz, Wolfgang (Hrsg.), Legenden Lügen Vorurteile. Ein Wörterbuch zur Zeitgeschichte, durchgesehene und erw. Auflage München 1992 (dtv 3295).

Binder, Gerhard, Revisionsliteratur in der Bundesrepublik. Literaturbericht, in: Geschichte in Wissenschaft und Unterricht 17 (1966), S. 179–200.

Bott, Hermann, Die Volksfeind-Ideologie. Zur Kritik rechtsradikaler Propaganda, Stuttgart 1969 (Schriftenreihe der Vierteljahrshefte für Zeitgeschichte 18).

Broszat, Martin, Zur Kritik der Publizistik des antisemitischen Rechtsextremismus, in: Aus Politik und Zeitgeschichte. Beilage zur Wochenzeitung Das Parlament B 19/76 (8. Mai 1976).

Broszat, Martin, Hitler und die Genesis der »Endlösung«. Aus Anlaß der Thesen von David Irving, in: Vierteljahrshefte für Zeitgeschichte 25 (1977) 4, S. 739–775. Nachdruck in: Hermann Graml/Klaus Dietmar Henke (Hrsg.), Nach Hitler. Der schwierige Umgang mit unserer Geschichte. Beiträge von Martin Broszat, München 1987, S. 187–229.

Bussmann, Walter, Zur Entstehung und Überlieferung der »Hoßbach-Niederschrift«, in: Vierteljahrshefte für Zeitgeschichte 16 (1968) 4, S. 373–384.

Dokumentationsarchiv des österreichischen Widerstandes (Hrsg.), Handbuch des österreichischen Rechtsextremismus, aktualisierte und erw. Neuausgabe Wien 1994.

Freund, Florian/Spann, Gustav, Zur Auseinandersetzung mit der Apologie des Nationalsozialismus im Schulunterricht I, II, III, in: Zeitgeschichte 8 (1980/81) 5, S. 192–212, 9 (1981/82) 6, S. 211–226, 10 (1982/83) 9/10, S. 370–392.

Graml, Hermann, Alte und neue Apologeten Hitlers, in: Wolfgang Benz (Hrsg.), Rechtsextremismus in Deutschland. Voraussetzungen, Zusammenhänge, Wirkungen, aktualisierte und erw. Neuausgabe Frankfurt am Main 1994 (Fischer TB 12276), S. 30-66.

Graml, Hermann, David L. Hoggan und die Dokumente, in: Geschichte in Wissenschaft und Unterricht 14 (1963) 8, S. 492–514.

Jäckel, Eberhard, Hitler und der Mord an den europäischen Juden. Widerlegung einer absurden These, in: Peter Märtesheimer/Ivo Fränzel (Hrsg.), Im Kreuzfeuer: Der Fernsehfilm Holocaust. Eine Nation ist betroffen, Frankfurt am Main 1970 (Fischer TB 4213).

Jäckel, Eberhard, Noch einmal: Irving, Hitler und der Judenmord, s. o., S. 163–166.

Jäger, Siegfried (Hrsg.), Rechtsdruck. Die Presse der neuen Rechten, Berlin-Bonn 1988 (Verlag JHV Dietz Nachf.).

Jasper, Gotthard, Über die Ursachen des Zweiten Weltkrieges. Zu den Büchern von A. J. P. Taylor und David L. Hoggan, in: Vierteljahrshefte für Zeitgeschichte 10 (1962) 3, S. 311–340.

Knütter, Hans-Helmut, Ideologien des Rechtsradikalismus im Nachkriegsdeutschland. Eine Studie über die Nachwirkungen des

Nationalsozialismus, Bonn 1961 (Ludwig Rohrscheid Verlag).

Lange, Astrid, Was die Rechten lesen. Fünfzig rechtsextreme Zeitschriften. Ziele, Inhalte, Taktik. Hrsg. von der Arbeitsstelle Neonazismus der Fachhochschule Düsseldorf, München 1993 (C. H. Beck).

Paul, Gerhard (Hrsg.), Hitlers Schatten verblaßt. Die Normalisierung des Rechtsextremismus, Bonn 1989 (Verlag J.H.W. Dietz Nachf.).

Suzmann, Arthur/Diamond Denis, Der Mord an sechs Millionen Juden. Die Wahrheit ist unteilbar, in: Aus Politik und Zeitgeschichte. Beilage zur Wochenzeitung Das Parlament B 30/78 (29. Juli 1978).

Winkler, Lutz, Studien zur gesellschaftlichen Funktion faschistischer Sprache, Frankfurt am Main 1970 (edition suhrkamp 417).

Jugendliche und Rechtsextremismus

Benseler, Frank/Heitmeyer, Wilhelm/Hoffmann, D. (Hrsg.), Risiko Jugend. Leben, Arbeit und politische Kultur, Münster 1988 (Votum Verlag).

Dudek, Peter, Jugendliche Rechtsextremisten. Zwischen Hakenkreuz und Odalsrune 1945 bis heute, Köln 1985.

Dudek, Peter, Hakenkreuz und Judenwitz. Antifaschistische Jugendarbeit in der Schule, Bensheim 1980 (päd. extra buchverlag).

Dudek, Peter/Jaschke Hans-Gerd, Revolte von rechts. Anatomie einer neuen Jugendpresse, Frankfurt am Main-New York 1981 (Campus-Verlag).

Dudek, Peter/Jaschke, Hans-Gerd, Jugend rechtsaußen. Analysen – Essays – Kritik, Bensheim 1982 (päd. extra buchverlag).

Farin, Klaus/Seidel-Pielen, Eberhard, Skinheads, München 1993 (C. H. Beck).

Heitmeyer, Wilhelm, Jugend und Rechtsextremismus. Von ökonomisch-sozialen Alltagserfahrungen zur rechtsextremistisch motivierten Gewalt-Eskalation, in: Gerhard Paul (Hrsg.), Hitlers Schatten verblaßt. Die Normalisierung des Rechtsextremismus, Bonn 1989, S. 101–133.

Heitmeyer, Wilhelm, Rechtsextremistische Orientierungen bei Jugendlichen. Empirische Ergebnisse und Erklärungsversuche einer Untersuchung zur politischen Sozialisation, Weinheim-München, 2. Auflage 1988 (Juventa Verlag).

Heitmeyer, Wilhelm, Rechtsextremismus. »Warum handeln Menschen gegen ihre eigenen Interessen?« Materialien zur Auseinandersetzung mit Ursachen. Ein 'ran-Buch für Jugendliche, Köln 1991 (Bund-Verlag).

Heitmeyer, Wilhelm/Peter, Jörg-Ingo, Jugendliche Fußballfans. Soziale und politische Orientierungen, Gesellungsformen, Gewalt, Weinheim-München 1988 (Juventa Verlag).

Heitmeyer, Wilhelm/Möller, Kurt/Sünker, Heinz (Hrsg.), Jugend – Staat – Gewalt. Politische Sozialisation von Jugendlichen, Jugendpolitik und politische Bildung, Weinheim-München 1989 (Juventa Verlag).

Krafeld, Franz Josef/Möller, Kurt/Müller, Andrea, Jugendarbeit in rechten Szenen. Ansätze – Erfahrungen – Perspektiven, Bremen 1993 (Schriftenreihe der Landeszentrale für politische Bildung der Freien Hansestadt Bremen 5).

Möller, Kurt, Zwei Dutzend Gründe für die aktuelle Hilflosigkeit des politischen und pädagogischen Antifaschismus, in: Neue Praxis. Zeitschrift für Sozialarbeit und Pädagogik 6 (1989), S. 480 ff.

Oltmans, Reimar, Du hast keine Chance, aber nutze sie. Eine Jugend steigt aus, Reinbek bei Hamburg 1983 (rororo 7683).

Paul, Gerhard/Schoßig, Bernhard (Hrsg.), Jugend und Neofaschismus, Provokation oder Identifikation, Frankfurt am Main 1979 (Europ. Verlagsanstalt).

Paul, Gerhard (Hrsg.), Hitlers Schatten verblaßt. Die Normalisierung des Rechtsextremismus, Bonn 1989 (Verlag J.H.W. Dietz Nachf.).

Paul, Gerhard, Grenzen und Möglichkeiten politischer Bildung im Kampf gegen jugendlichen Rechtsextremismus, in: Gerhard Paul/Bernhard Schoßig (Hrsg.), Jugend und Neofaschismus, Provokation oder Identifikation, Frankfurt am Main 1979, S. 178-209.

Spann, Gustav, Jugendliche und Rechtsextremismus. Ursachenforschung und Erklärungsansätze. Ein Forschungsbericht, in: Dokumentationsarchiv des österreichischen Widerstandes (Hrsg.), Handbuch des österreichischen Rechtsextremismus, aktualisierte und erw. Neuausgabe Wien 1994, S. 562–582.

Die Autorinnen und Autoren

Dr. Josef Bailer, Jahrgang 1950, Chemiker

Dr. Brigitte Bailer-Galanda, Jahrgang 1952, Historikerin, Mitarbeiterin des Dokumentationsarchives des österreichischen Widerstandes, Lehrbeauftragte am Institut für Politikwissenschaft der Universität Wien

Prof. Dr. Wolfgang Benz, Jahrgang 1941, Historiker und Publizist, Leiter des Zentrums für Antisemitismusforschung der Technischen Universität Berlin

Martin Dietzsch, Mitarbeiter des Duisburger Institutes für Sprach- und Sozialforschung, Publizist

Barbara Distel, Jahrgang 1943, Leiterin der KZ-Gedenkstätte Dachau

Dr. Constantin Goschler, Jahrgang 1960, Historiker, Hochschulassistent an der Humboldt-Universität zu Berlin

Wilhelm Lasek, Jahrgang 1951, Mitarbeiter des Dokumentationsarchives des österreichischen Widerstandes

Anton Maegerle, Mitarbeiter des Bonner Fachinformationsdienstes „blick nach rechts", Publizist

Dr. Wolfgang Neugebauer, Jahrgang 1944, Historiker, wissenschaftlicher Leiter des Dokumentationsarchives des österreichischen Widerstandes

Adelheid Schmitz, Jahrgang 1959, wissenschaftliche Mitarbeiterin der Arbeitsstelle Neonazismus an der Fachhochschule Düsseldorf

Dr. Gustav Spann, Jahrgang 1942, Historiker, Institut für Zeitgeschichte der Universität Wien

Dr. Gerd R. Ueberschär, Jahrgang 1943, Historiker, wissenschaftlicher Mitarbeiter am Militärgeschichtlichen Forschungsamt, Lehrbeauftragter an der Universität Freiburg

Fabian Virchow, Jahrgang 1960, Sozialwissenschaftler

Dr. Juliane Wetzel, Jahrgang 1957, Historikerin, wissenschaftliche Mitarbeiterin am Zentrum für Antisemitismusforschung der Technischen Universität Berlin

Anja Weusthoff, Jahrgang 1967, Politologin, Mitarbeiterin beim SPD-Parteivorstand

Simon Wiesenthal, Jahrgang 1908, Leiter des Dokumentationszentrums des Bundes jüdischer Verfolgter des Naziregimes

Prof. Wolfgang Wippermann, Jahrgang 1945, Historiker, Freie Universität Berlin

Personenregister

Antifa Edition

JENS MECKLENBURG (HG.)

HANDBUCH DEUTSCHER RECHTSEXTREMISMUS

ELEFANTEN PRESS

Jens Mecklenburg (Hg.)

Handbuch deutscher Rechtsextremismus

1056 Seiten. Gebunden
DM 68,- / öS 503 / sFr 68.-
3-88520-585-8

30 namhafte Autoren zu ideologisch-
politischen Positionen, internationalen und historischen Bezügen, Aktivitäten und Funktionären. Mit einem
Lexikon rechtsextremistischer Organisationen, Personen und Medien.
Eine CD-Rom ist in Vorbereitung,
Auskunft über PF 66, 12414 Berlin.

ELEFANTEN PRESS

Jens Mecklenburg (Hg.)
Antifa Reader
Antifaschistisches Handbuch
und Ratgeber
384 Seiten. Paperback
DM 24,90/öS 184/sFr 24,90
3-88520-574-2

Fundierter Überblick vor allem für
junge Menschen über Neofaschismus und Rechtsextremismus, ihre
Ursachen und Protagonisten und
die Möglichkeiten antifaschistischer
Gegenaktivitäten.

ELEFANTEN PRESS